高等院校"十三五"规划教材

U0653214

仓储与配送管理

主　编　梁　军

副主编　凤　超　徐海峰

微信扫一扫 索取教学资源

南京大学出版社

图书在版编目(CIP)数据

仓储与配送管理/梁军主编. —南京:南京大学
出版社,2019.6
　　ISBN 978 - 7 - 305 - 21706 - 7

　　Ⅰ.①仓…　Ⅱ.①梁…　Ⅲ.①仓库管理 ②物流管理-
物资配送　Ⅳ.①F253 ②F252.14

中国版本图书馆 CIP 数据核字(2019)第 042364 号

出版发行　南京大学出版社
社　　址　南京市汉口路 22 号　　　　邮编　210093
出 版 人　金鑫荣

书　　名　**仓储与配送管理**
主　　编　梁　军
责任编辑　李素梅　武　坦　　　　编辑热线 025 - 83592315

照　　排　南京理工大学资产经营有限公司
印　　刷　南京鸿图印务有限公司
开　　本　787×1092　1/16　印张 21　字数 551 千
版　　次　2019 年 6 月第 1 版　2019 年 6 月第 1 次印刷
ISBN 978 - 7 - 305 - 21706 - 7

定　　价　53.00 元
网　　址:http://www.njupco.com
官方微博:http://weibo.com/njupco
微信服务号:njuyuexue
销售咨询热线:(025)83594756

前　言

当人类社会进入"互联网＋物联网"时代以来,仓储这个既古老又新兴的行业仍然受到普遍的重视,配送作为实现为客户提供定制化服务的手段发展更加迅速。因此,仓储与配送管理水平的高低直接关系到物流成本的降低和服务质量的提高,尤其是在全球经济一体化的环境下,国内外商品交易和流通大幅度增加,顾客对仓储配送的服务水平要求越来越高,仓储与配送管理的理论必须不断更新,仓储与配送的实际操作水平必须不断提高,《仓储与配送管理》一书的出版从理论和实践两个方面,满足了高校教学和物流企业管理者、操作者的要求。

《仓储与配送管理》,可供高等院校物流管理、物流工程等相关专业的师生教学使用,也可作为企业内部培训和经营管理人员工作、学习的参考用书。

本书按照"概念清楚,方法实用"的原则进行编写,在深入阐述仓储与配送管理有关理论的同时,重点介绍仓储与配送业务的操作方法,并设有大量的复习思考题和案例分析,对教和学双方提供更有力的支持。全书共分为15章,包括:仓储管理概述;仓库选址与布局;仓储作业流程管理;仓储安全与特殊货物管理;配送管理概述;配送中心作业管理;电子商务与物流配送;配送中心库存控制;仓储配送机械设备选择与管理;仓储与配送经营管理;信息技术在仓储与配送管理中的应用;物流仓储与配送服务;仓储成本与绩效管理;配送成本与绩效管理;仓储与配送企业经营战略等。

本书由新疆大学科学技术学院(宁波工程学院)梁军担任主编,新疆大学科学技术学院凤超、新疆大学科学技术学院徐海峰担任副主编。本书主要编写人员分工为:梁军编写第1、12、13、14章,凤超编写第2、3、4章,徐海峰编写第5、6章,宁波工程学院陈金山编写第11章,新疆大学科学技术学院张露编写第7章,新疆大学科学技术学院程登军编写第8章,新疆大学科学技术学院王飞扬编写第9章,新疆大学科学技术学院宋月编写第10章,新疆大学科学技术学院靖程栋编写第15章,由梁军教授负责全书的统稿工作。

本书出版过程中,得到了有关高校的支持和协助,在此表示真挚的感谢!

在编写过程中,参考和借鉴了有关仓储管理、配送管理的书籍、报刊和网站,在此向各位学者一并表示衷心的感谢!同时也希望广大读者在使用本书时,对书中存在的错误和不当之处提出意见和建议,以便本书的修订。

编　者
2019 年 5 月

目　录
Contents

第一章
仓储管理概述

学习目标

学习本章,掌握仓储的含义和地位;掌握仓储管理的内容、基本任务、合理化建议及仓储与物流的关系;了解仓储的产生、发展及现代仓储业的发展趋势。

本章案例

河姆渡文化

河姆渡遗址位于浙江省宁波市余姚河姆渡,距今大约 7 000 多年,1973 年开始发掘。河姆渡遗址是一处属于新石器时代中期的聚落遗址,总面积约 4 万平方米。遗址中出土有各种生产工具、生活器具和原始艺术品 6 700 余件。

河姆渡遗址和出土的稻谷

出土的实物中有 7 000 年前人工栽培的稻谷,稻谷芒刺清晰,颗粒饱满,令人叹为观止。此外,出土的还有骨耜、木杵和石磨盘、石球等稻作经济的全套耕作、加工工具,反映了当时这一地区灿烂的原始农业文化。带炭化饭粒的陶片和以夹炭黑陶为主的釜、钵、盘、豆、盆、罐、盉、鼎、盂等炊、饮、贮器,说明早在 7 000 年前中华民族的饮食习惯已基本形成。河姆渡先民发明了农业以后,生活状况有了根本改变,但还是不能满足他们的生活需要。从出土的骨哨、骨箭头、弹丸等渔猎工具,以及酸枣、橡子、芡实、菱角等丰富的果实来看,渔猎和采集仍是河姆渡人不可缺少的经济活动。

河姆渡遗址是"河姆渡文化"的命名地,是长江下游新石器中期文化的首次发现。它的发现,为研究当地新石器时代农耕、畜牧、建筑、纺织、艺术等方面和中国文明的起源提供了珍贵的实物资料,有力地证明了长江流域同黄河流域一样,都是中华民族远古文明的摇篮。

(案例来源:https://baike.so.com/doc/5352562 - 5588020.htm,略有删改。)

思考题

1. 河姆渡遗址有哪些重大发现?
2. 河姆渡文化的重要意义是什么?

第一节 仓储的产生和发展

一、仓储的产生

商品在从生产领域向消费领域转移过程中,商品生产和商品消费在时间上、空间上以及品种和数量等方面不同步,这个客观矛盾促使仓储业的产生。

人类社会自从有了剩余产品以来,就出现了"储备"这个概念。所谓储备,是指将多余的、暂不消费的商品存起来以备再用的活动规范。从宁波余姚的河姆渡遗址出土的稻谷可以看出,人类储存的历史已达 7 000 年。在原始社会的末期,当某个人或某个部落,生产出现暂时的自给有余时,就把多余的产品储藏起来。但是,当时的储备则完全是自发的行为,规模小、数量小、以储备自然采集物和猎物为主,人们使用的是石块和木棒做的粗笨工具,生产力水平极其低下。当时储备的目的,一是为了保存好产品的数量,二是为了保护好产品的所有权。

随着生产力的发展,出现了人类历史上第一次社会大分工,即农业和畜牧业的分离。由于社会的分工,技术的进步,人类学会使用畜力,能够制造简单的车船,也开始修路凿河,生产有了剩余,简单的储存方式(如烘、焙、薰、淹等),以及悬于壁、藏于窖的保管方法产生了。生产有剩余,易物交换也就出现了。随之而来的储运活动产生了,当然这里的储运只是产品的储运。

随着生产力的进一步发展,出现了人类历史上的第二次社会大分工,即手工业从农业中分离出来,成为一个独立的生产部门,这是一种以交换为目的的真正的商品生产。随之而来的贸易,不仅有部落内部的和部落边界的贸易,而且还有海外贸易,交换的范围扩大了。

随着商品生产和商品交换的进一步发展,出现了人类历史上第三次具有决定意义的社会大分工,即工业和商业的分离。它创造了一个不从事生产只从事商品交换的阶段——商人。从此商业逐渐成为专门从事商品流通的独立经济部门而出现在历史舞台上。

工业革命后,庞大的生产规模和较高的生产能力,使越来越多的商品投入流通领域,不断地开辟远方市场成了发展生产的必然,交换的范围则更大了。大规模的商品生产和商品交换,客观上要求商品的储备规模不断扩大,于是,商品储备又逐渐从附属于某部门、某企业的状况,逐渐分离为一个独立的行业——仓储业。

二、仓储和仓储业

仓储是每一个物流系统都不可能缺少的组成部分,是生产者与客户之间的一个主要的联系纽带,在物流系统中起着运输整合、产品组合、物流服务、防范偶发事件、物流过程平稳等一系列增加附加值的作用。

人们经常将仓储解释为储存商品。广义上讲,这种定义包括广域的提供储存功能的特点,而这样的储存功能包括露天矿石的储存,生产车间产品的存放,此外还包括原材料、在制品和转运中的存放。每个人工制造、自然生长或捕获得到的产品在其生命周期(从创造到消费)中至少都会被储存过一次,充分说明仓储在国民经济发展中的重要性。

仓储是指商品在从生产地向消费地的转移过程中,在一定地点、一定场所、一定时间的停滞,储存是物流的一种运动状态,是商品流转的一种作业方式。在储存过程中,对物品进行检查、保管、加工、集散、转换运输方式等多种作业。储存是物流的主要职能,又是商品流通不可缺少的环节。现代物流是采购原材料、产品生产及其销售过程的实物物流的统一管理,实现促进产品销售和降低物流成本的管理。物流过程需要经过许多环节,仓储是不可缺少的重要环节。仓储从传统的物品存储、流通中心发展成为物流产业的节点,作为物流管理的核心环节,发挥着整体物流协调的作用。仓储也是产品制造过程中的一个环节。在我国,仓储有两个含义:一是微观层次上的,即企业所进行的仓储活动,商品的仓储活动是商品生产和商品消费之间的客观矛盾所决定的。商品在从生产领域向消费领域转移的过程中,一般都要经过商品的仓储阶段,这主要是由于商品生产和商品消费在时间上、空间上以及品种和数量等方面的不同步所引起的,也正是在这些不同步中发挥了仓储活动的重要意义。二是宏观层次上的,即专业从事仓储活动的产业,即仓储业。

仓储业是指从事仓储活动的经营企业的总称。随着社会主义市场经济的不断发展,仓储业已成为经济社会发展中不可或缺的力量,在国民经济体系中占有重要的地位。

三、仓储的发展趋势

从我国仓储业发展的历程中可以看出:传统国有仓储业,在历史上承担着"蓄水池""中转站"的作用。随着市场经济的变革,国有仓储业面临着现代物流的冲击,过去那种"被动性、不连续性、不均衡性"的仓储运作早已被打破,商品库存由过去批量大、品种少、周转慢,正向批量小、品种多、周转快的方向转化,特别是电子商务、连锁经营的发展,对仓储业、仓储条件提出了更高的要求。

(一)仓储业走向现代物流的途径

1. 改善仓库的管理功能

传统仓储业对仓库的考核简单地定在库房利用率、出入库差错率、商品的完好率上,大部分标准的制定与统计都是人工操作,并不注重该商品流转何处,何时何地实现其使用价值,对于仓储企业来说,没有商品的时间价值、管理价值的概念。随着现代物流和供应链管理的发展,传统的管理指标已不再是衡量仓储企业优劣的标准,需要制定新的仓库管理标准。新标准要适应市场的变化,适应少批量、多品种、周转快的商品及商品技术参数的要求,应注意改进并引用先进的管理技术,特别是在管理上体现出更深层次的服务,减少人为性、随意性,为客户提供一个良好的仓储平台。

2. 注重仓库的信息化和标准化建设

随着电子商务、连锁经营业态的发展,现代物流必将有更大的作为。特别是现代物流中信息流贯穿始终,衔接好厂家与商家、商家与使用者上下游之间的连接尤为重要,应搭建好仓储这个信息平台,实现仓库信息化功能,以快速、有效地实现这种连接,提供仓库更深层次的服务。

现代物流的发展,对仓储标准化提出了许多新的要求,比如,商品的码放、托盘的使用、仓库的恒温性,乃至仓储技术术语的应用以及管理,等等。ISO 9000 认证在物流仓储业的广泛展开,就是仓储业实施标准化的一个体现。因此,传统仓储业要向现代物流转换应及早地将标准化纳入企业战略中来。

3. 注重仓库自动化、智能化建设

当前,有许多仓库依旧沿袭着人工装卸或半人工装卸、人工验收、人工保管、人工发料、人工盘点等人力操作,这就不可避免地会出现人为事故,不仅影响商品的验收、发货的准确率,也会严重影响企业的诚信度。因此,传统仓储业向现代物流转换,应考虑如何提升仓库装卸及收、发、管的自动化和智能化,把提升自动化和智能化的水平,作为基础工作来抓。

4. 注重加工、配送业务的拓展

现代物流不仅要求仓库有储存、保管功能,还要求有分拣、配货、包装、加工、配送等功能。传统仓储企业可以充分利用自身的优势,为商家在入库保管过程中实现分拣、包装、加工、配送的功能,不仅帮助商家降低流通成本,也能提高仓储企业的创收能力,并完善其服务功能,以实现向现代物流的转换,真正实现商品的场所价值、时间价值。

5. 积极主动建立网络

传统仓储企业要实现现代物流,应积极主动参与到社会经济的大流通中去,与那些先进的物流企业、先进的生产企业、先进的营销企业主动结盟,不仅为他们提供自己的服务,同时从他们当中吸收、引进先进的管理理念,并且有条件地建立自己的网点、配送体系等,形成一个跨地区、跨地域的物流网络。

6. 制定人才战略,加快人才培养

要实现传统仓储业向现代物流转换,离不开有知识、懂管理、有操作能力的物流人才。因此,仓储企业必须制定出自己的人才战略,尽快引进、培养企业所需的真正了解现代物流,有创新意识,愿意献身于物流事业发展的人才。

7. 依靠政府、协会的作用实现转型

物流市场的发展和规范,一靠政府,二靠中介组织。特别是传统仓储业要向现代物流转换,离不开行业协会的指导,需要行业协会帮助沟通企业与政府的联系。因此,政府、行业协会是促进传统储运业转向现代物流的必要条件。

（二）仓储物流业面临的挑战

对外开放,使国内市场国际化,会有更多的外资物流供应商进入国内物流市场,对我国第三方物流业形成严峻的挑战。而作为第三方物流的关键环节,仓储管理应该得到企业家的高度重视。

(1) 仓储业竞争国际化。当美国 UPS、德国敦豪(DHL)等进入我国市场时,业界就盛传"狼来了",总担心被它们分掉市场"蛋糕"。随着时间的推移,我国仓储物流业不但没有受到太大的冲击,反而加快了发展的脚步。我国物流仓储企业有着得天独厚的本土优势,只要经营得当,完全可以和外资企业分庭抗礼,实现共赢。恰恰是"与狼共舞"激活了我国市场,催生了一批国际知名的优秀企业。一些国内物流行业的龙头企业通过和国际知名企业强强联手,不断取长补短。目前,在国内已经产生了如中外运这样营运范围覆盖全国、延伸境外的知名企业。随着更多的物流商和其支持的制造商、经销商进入我国,中外物流企业的对决不可避免,激烈的竞争必将出现。

(2) 数字化生存压力。我国物流仓储业也并非毫无隐患可言。其中突出的问题集中在物流资源供需的不平衡。一方面作为需方的工商企业,大量潜在的物流需求不能转化为有效的市场需求;另一方面作为供方的物流企业,服务质量和效率难以满足社会化物流的需求。这一点虽然和我国薄弱的物流仓储基础有关,但更多的是思想理念和管理方法的缺失。另外,近些年出现的物流仓储组织布局分散、条块分割也日益影响该行业的健康发展。

传统的仓储物流业的经营管理方式已经不能适应市场经济的发展要求,无法满足市场的需求。物流仓储行业必须借助现代理论的指导,从业人员真正融入现代物流仓储产业的发展,实现行业的现代化。

目前有些物流仓储企业运营成本偏高,其中很大原因就是物流信息化建设严重落后。现代物流仓储企业的核心是建立在信息化平台之上。缺乏一个信息化的"大脑",成为我国物流仓储企业赶不上外国同行的主要差距,"互联网＋"是缩小差距的主要途径。

（三）仓储的发展趋势

随着我国经济的发展,商业、生产制造企业、连锁超市、零售业等对物流、仓储业务的外包需求逐步增多,加之中小物流企业对仓储租赁的需求,为仓储业提供了巨大的发展空间。公共仓库的发展,将成为重要的货源和货物集散中心,中小运输企业将在这里找到合适的配载货物。同时,较大的运输企业、物流企业也在加快自有物流中心的建设,一些生产厂家也在纷纷建立集中管理的物流基地,整合成以仓库为核心的区域性的、辐射状的物流网络。

在新形势下仓储影响企业经营的成败,仓储的发展趋势如下:

(1) 以顾客为中心。成功的企业愿意和客户保持交流并倾听客户的意见,因为仓库的作业必须通过在适当的时间、以适当的方式存储或发送适当的产品,在满足客户需要的基础上,实现产品的增值。成功的企业和供应商、顾客是真正的合作伙伴关系,从共享信息、互相商定的计划和双赢的协议中受益。运作高效、反应迅速的仓储是实现这一目标的关键。

(2) 减少作业、压缩时间。今后仓储中心在数量上将减少,但在每个中心的商品数量将增加。因此,以后的分销中心一方面规模很大,另一方面日常所要处理的订单也更多。这意味着装运频次的加快和收货、放置、拣货及装运作业的增加。这一趋势将对物料处理系统提出更高的要求,对叉车和传送带等设备需要量更大。

(3)仓库作业的自动化。为适应仓储业作业量的急速膨胀,仓储业需要大大提高自动化程度。比方说,需要使用更多的传送带来长距离运送小件物品,同时要设定适当数量的重新包装站和装卸作业平台。另外,如使用更多的自动分拣设备,就能在不建造额外场所的情况下提高整体工作能力。因此,在诸如货物搬运这类增值很少甚至无增值的作业方面,自动化设备将继续替代劳动力。

(4)订单批量趋小化。在当代,订单呈现出批量趋小、频次趋高的趋势。造成这一趋势的原因包括:信息更易获得、技术进步、VMI 计划的执行和某些地点的批发仓库的取消,尤其是"直接面向商店"(Direct-to-Store)和"直接面向客户"(Direct-to-Customer)计划的实施,使得大批量装运的作业越来越少。在将来,为任何规模的订单服务对企业来说将不仅仅意味着挑战,更意味着机遇。

(5)不间断供货。不间断供货就是要求产品在供应链系统中同步化顺畅运作,避免巨大的库存。以前的仓储中心,有可能每个月甚至每个季度才发一次货,但现在却是每周一次甚至是每周两次。因此,信息的流动也需要加速,以保持和物流变化协调一致。在线或即时信息系统将替换原先的滞后系统。在信息时代,仓储业在数据处理方面将会有巨大的变化和改进。

(6)直拨。直拨就是物品在物流环节中,不经过中间仓库或者站点,直接从一个运输工具换载到另一个运输工具的物流衔接方式。分销商在将商品存入仓库之前,常常将收到的货物以直拨方式满足被延期交付的订单。在将来,每个仓库需要处理的订单会更多,这一趋势将使大多数的分销中心希望能通过运用直拨方式来提高效率。直拨对参与方之间的紧密合作和即时的信息交换有较高的要求。

(7)运作的电子化。仓库管理者把货物从仓库的进出(包括收货、放货、分拣和装运)作业看作是工作中的最关键部分,但在执行这些工作时遇到的困难是难以及时获取精确的信息。实施仓库工作的无纸化可以改变这一现状。从原则上讲,无纸化仓库意味着所有物流运动的电子化操作,从而减少甚至消除在产品鉴别、地点确认、数据输入和准确分拣方面可能产生的传统错误。同时,电子控制系统还能避免数据输入的延误,即时更新库存,随时找到所需的货物。

(8)第三方仓储。近年来,一些公司认识到培育、巩固核心竞争力的重要性,从而不愿再为库存专门设立存储场所,而是将这一部分业务外包,这在一定程度上促进了第三方仓储的发展。在将来,会有越来越多的中小型企业,借助第三方仓储来减少资本的投入,提高服务水平。从长期来看,第三方仓储因有许多优点,会成为市场主体。但仍然有一些产品和企业并不适于采用第三方仓储。

(9)人力资源。仓库作业的自动化和电子化要求工人必须不断提高技能,尤其是计算机技能。为了提高雇员的素质和教育水平,公司必须雇用和留住最好的雇员,并训练他们掌握基本的机械操作,熟悉所有的仓储作业。

第二节 仓储的地位和作用

一、仓储的基本功能

现代仓储业作为物流与供应链系统中的重要节点和调控中心,是国民经济中的一个重要产业,在现代服务业中占有独特地位。仓储通过改变物的时间状态,克服产需之间的时间差异获得更好的时间效用。具体地说,仓储有整合、分类和交叉站台、加工和延期、堆存和保管等基本经济功能。

(一) 整合

装运整合可使仓储获得经济利益。整合仓库接收来自一系列制造厂指定送往某一特定地点的材料,然后把它们整合成单一的一票装运,其好处是可能实现最低的运输费率,并减少在顾客的收货站台处发生拥塞。仓储人员可以把从制造商到仓库的内向转移和从仓库到顾客的外向转移都整合成更大的一票进行储运。

为了提供有效的整合装运,每个制造厂必须把仓库作为货运储备地点或用作产品分类和组装的地点。整合仓库可以由单独一家厂商使用,也可以由几家厂商联合起来共同使用,提供出租方式的整合服务。通过整合方案的利用,每一个单独的制造商或托运人都能够享受到物流总成本低于其各自分别直接装运的成本。

(二) 分类和交叉站台

除了不对产品进行储存外,分类和交叉站台的仓库作业与整合仓库作业相类似。分类作业接收来自顾客的组合订货,并把货物装运到每个顾客的地点。分类仓库或分类站把组合订货分类或分割成个别的订货,并安排当地的运输部门负责递送。由于长距离运输转移的是大批量货物,所以运输成本相对比较低,也容易对货物进行跟踪。

零售连锁店广泛地采用交叉站台作业来补充快递转移的商店存货。在这种情况下,交叉站台先从多个制造商处运来整车的货物;收到产品后,如果有标签的,就按顾客进行分类,如果没有标签的,就按地带内进行分配;然后,产品就像"交叉"一词的意思那样穿过"站台"装上指定去适当顾客处的拖车;一旦该拖车装满了来自多个制造商的组合产品后,它就被放行,把货物运往零售店。交叉站台的经济利益中包括从制造商到仓库的拖车的满载运输,以及从仓库到顾客的满载运输。由于产品不需要储存,降低了交叉站台的搬运成本。此外,由于所有的车辆都能充分装载,有效地利用了站台设施,使站台装载利用率达到最大。

(三) 加工和延期

仓库还可以通过加工或参与少量的制造活动,被用来延期或延迟生产。具有包装能力或加标签能力的仓库,可以把产品的最后一道生产工序一直推迟到知道该产品的需求时为止。一旦接到具体的顾客订单,仓库就能给产品加上标签,完成最后一道加工,并最后敲定包装。

加工和延期（Processing and Postponement）提供了两个基本经济利益：第一，风险最小化，因为最后的包装要等到敲定具体的订购标签和收到包装材料时才完成；第二，通过对基本产品使用各种标签和包装配置，可以降低存货水平。于是，降低风险与降低存货水平相结合，往往能够降低物流系统的总成本。

（四）堆存和保管

有些物品储存是至关重要的，堆存和保管这种仓储服务可带来直接的经济利益。例如，草坪、家具和玩具是全年生产的，但主要是在非常短的一段市场营销期内销售的。与此相反，农产品是在特定的时间内收获的，但消费则是在全年进行的。这两种情况都需要仓库的堆存（Stock Pilling）来支持市场营销活动。堆存提供了存货缓冲，使生产活动在受到材料来源和顾客需求的限制条件下提高效率。

保管是物品一种静止的状态，也可以说是时速为零的运输，保管产生时间效益。一般情况下，生产与消费之间有时间差，保管的主要功能就是在供应和需求之间进行时间调整。此外，生产或收获的产品，产出多少就销售多少，不进行保管，价格必然暴跌，为了防止这种情况的发生也需要把产品保管在仓库里。可见，保管在提高时间功效的同时还有调整价格的功能。因此，保管具有以调整供需为目的的调整时间和调整价格的双重功能。

二、仓储的地位

仓储在国民经济发展中的地位可以从以下两个方面论述。

（一）宏观方面

仓储是社会再生产过程得以顺利进行的必要条件，是保存物资原有使用价值的必要环节，是促进资源合理利用配置的重要手段。不论一个国家的资源多么富有，包括未加工的初级产品和经过加工的制成品，相对于需求的无限欲望而言，总是有限的，因而合理配置资源，做到物尽其用，总是一个国家谋求发展的重要目标。当物资离开生产过程进入消费过程的准备阶段，即处于库存阶段时，对于实际的再生产过程是必需的，但是物资处于闲置状态，不产生利润（对在库物资进行整理、加工、分装除外）。所以，当一部分企业储备物资超过了再生产所必需的界限时，从整个国家来看，这就是对资源的一种浪费。在实际经济生活当中，我们看到更多的是，即使是同类产品，在一些行业和企业滞留，长期闲置不用；而在另一些行业和企业则表现出短缺，使得开工不足，影响生产。积压和短缺并存是我国经济的一大痼疾。这除了产品结构方面的原因外，物资流通体制不合理和库存管理水平落后也是重要原因之一。从技术上讲，现有的仓储理论能够解决库存的合理数量问题，这就为合理利用资源提供了可能。我国是一个人均资源相对有限的发展中国家，充分利用有限的资源对我国经济协调稳定发展更具有现实意义。

（二）微观方面

仓储可以保证企业生产过程获得及时、准确、质量完好的物资供应，有利于企业通过占有较少的流动资金，降低产品成本，从而提高企业经济效益和竞争力。库存的首要目的是为了保证企业获得稳定的原材料、零配件供应，但这不是仓库管理的唯一职能。如前所述，库存过多，不仅造成物资积压,增加保管费用,而且过多占用流动资金。资金也是一种稀缺的资源,它可以投资于其他方面产生利润,可以存入银行产生利息。但是,当流动资金以库存品的形式存在时,它既不产生利润,也不产生利息。积压物资,实质上是积压资金。所以,一般认为,企业库存资金占资金总额比重的大小,固然与企业性质或行业特点有关,在很大程度上也取决于仓库管理水平的提高。

另外,在企业产品的成本构成中,物料成本占有很大比重,对这部分成本进行控制与管理,正是仓储管理的职能之一。物料成本主要包括购入成本、订购成本和储存成本三项。

购入成本是指物料的单位购入价格,通过对购入成本很高的物资进行重点控制,可使企业占用较少的流动资金。

订购成本是指企业从发出采购定单,到物资验收入库所发生的全部费用,如采购人员差旅费、完成采购或交易所必需的文牍业务费、检验费、装卸运输费等。订购成本与订购次数有密切关系,而这正是仓库管理要加以控制和管理的。

储存成本是指物资在储存过程(或阶段)所发生的全部费用,包括由于占用资金所损失的利息和其他赢利、仓库以及设备的折旧费与维修费用、保险费、损耗费、人力费等。储存成本与储存数量有密切关系。仓储管理可以通过对物资订购次数的计量和储存数量的控制,降低物料成本,从而达到降低企业生产成本,提高企业经济效益之目的。

三、仓储的作用

(一) 搞好仓储活动是社会再生产过程顺利进行的必要条件

商品由生产地向消费地转移,是依靠仓储等物流活动来实现的。可见,仓储活动的意义正是由于生产与消费在空间、时间以及品种、数量等方面存在着矛盾引起的。尤其是在现代化大生产的条件下,专业化程度不断提高,社会分工越来越细,随着生产的发展,这些矛盾又势必进一步扩大。在仓储活动中采取简单地把商品生产和消费直接联系起来的方法已不适用,而需要对复杂的仓储活动进行精心组织,拓展各部门、各生产单位之间相互交换产品的深度和广度,在流通过程中不断进行商品品种上的组合,在商品数量上不断加以集散,在地域和时间上进行合理安排。通过搞活流通,搞好仓储活动,发挥仓储活动连接生产与消费的纽带和桥梁作用,借以克服众多的相互分离又相互联系的生产者之间、生产者与消费者之间在商品生产与消费地理上的分离,衔接商品生产与消费时间上的不一致,以及调节商品生产与消费在方式上的差异,使社会简单再生产和扩大再生产能在建立一定的商品资源的基础上,保证社会再生产的顺利进行。

(二) 搞好仓储活动是保持物资原有使用价值和合理地使用物资的重要手段

任何一种物资,当它生产出来以后至消费之前,由于其本身的性质,所处的条件,以及自然的、社会的、经济的、技术的因素,都可能使物资使用价值在数量上减少、质量上降低,如果不创造必要的条件,就不可避免地给物资造成损害。因此,必须进行科学管理,加强对物资的养护,搞好仓储活动,以保护好处于暂时停滞状态的物资的使用价值。同时,在物资仓储过程中,努力做到流向合理,加快物资流转速度,注意物资的合理分配,合理供料,不断提高工作效率,使有限的物资能及时发挥最大的效用。

（三）搞好仓储活动，是加快资金周转、节约流通费用、降低流通成本、提高经济效益的有效途径

仓储活动是物质产品在社会再生产过程中必然出现的一种形态，这对整个社会再生产，对国民经济各部门、各行业的生产经营活动的顺利进行，都有着巨大的作用。然而，在仓储活动中，为了保证物资的使用价值在时空上的顺利转移，必然要消耗一定的物化劳动和活劳动，尽管这些合理费用的支出是必要的，但由于它不能创造使用价值，因而，在保证物资使用价值得到有效的保护，有利于社会再生产顺利进行的前提下，费用支出得越少越好。那么，搞好物资的仓储活动，就可以减少物资在仓储过程中的物质耗损和劳动消耗，就可以加速物资的流通和资金的周转，从而节省费用支出，降低物流成本，开拓"第三利润源泉"，提高企业的经济效益和社会效益。

（四）搞好仓储活动是提高物资供销管理工作成效的重要方法

物资仓储活动在物资供销管理工作中有特殊的地位和重要的作用。从物资供销管理工作的全过程来看，其包括供需预测、计划分配、市场采购、订购衔接、货运组织、储存保管、维护保养、配送发料、用料管理、销售发运、货款结算、用户服务等主要环节。各主要环节之间相互依存、相互影响，关系极为密切。其中许多环节属于仓储活动，它们与属于"商流"活动的其他环节相比，所消耗和占用的人力、物力、财力多，受自然的、社会的各种因素影响大，组织管理工作有很强的经济性，既涉及经济学、物理学、化学、机械、建筑、气象等方面的知识，又涉及物资流通的专业知识和专业技能，它与产品学、物资经济学、物资计划与供销管理、物资统计学、会计学等都有直接的密切联系。因此，仓储活动直接影响到物资管理工作的质量，也直接关系到物资供销关系的实现。

第三节　仓储管理

一、仓储管理的含义

进入 21 世纪以来，以信息为基础的电子商务在全球迅速发展起来，它对传统的企业运作模式，商品流通方式及人们的购物、消费、生活方式产生了广泛而深远的影响。而保证电子商务交易顺利实现交割，关键在于构建一个与电子商务交易相适应的现代物流系统。因此，物流在现代经济发展中的地位和作用，将显得越来越重要。

未来的市场竞争不仅表现为企业与企业的竞争，而且更表现为供应链与供应链之间的竞争，物流管理成为企业管理的关键环节。从未来发展现代物流产业和企业竞争的需要出发，竞争最终集中在现代物流人才的竞争。物流人才的数量和质量，将会影响到我国在未来国际物流市场竞争中的地位。因此，加快培养适应 21 世纪物流市场竞争需要的复合型人才，是我国企业和教育界面临的重大问题。而人才培养和教育工作的基础，一定要立足于物流科学前沿，注重物流运作,培养实践操作性强的、高质量的物流规划和设计人才,把物流人才培养放在战略的高度,统筹规划,组织实施。

仓储管理简单来说就是对仓库及仓库内的货物进行管理,是仓储企业为了充分利用所具有的仓储资源提供高效的仓储服务所进行的计划、组织、人员配备、领导和控制过程。具体来说,仓储管理主要包括仓储资源的获得、仓储商务、进出库作业、货物的保管保养、库存控制及安全管理等一系列管理工作。

二、仓储管理的内容

所谓仓储管理,是指服务于一切库存物资的经济技术方法与活动。很明显,"仓储管理"的定义指明了其所管理的对象是"一切库存物资",管理的手段既有经济的,又有纯技术的,具体包括如下几个方面:

(1)仓库的选址与建筑问题。例如,仓库的选址原则,仓库建筑面积的确定,库内运输道路与作业的布置等。

(2)仓库机械作业的选择与配置问题。例如,如何根据仓库作业特点和所储存物资的种类及其理化特性,选择机械装备以及应配备的数量,如何对这些机械进行管理等。

(3)仓库的业务管理问题。例如,如何组织物资入库前的验收,如何存放入库物资,如何对在库物资进行保管保养、发放出库等。

(4)仓库的库存管理问题。例如,如何根据企业生产需求状况,储存合理数量的物资,既不致因为储存过少引起生产中断造成损失,又不致因为储存过多占用过多的流动资金等。

此外,仓库业务考核问题,新技术、新方法在仓库管理中的运用问题,仓库安全与消防问题等,都是仓储管理所涉及的内容。

三、仓储管理的基本任务

仓储管理的任务主要表现在以下几个方面。

(一)以市场经济手段获得最大的仓储资源配置

市场经济最主要的功能是通过市场的价格和供求关系调节经济资源配置。市场配置资源是以实现资源最大经济效益为原则的,这也是企业经营的目的。配置仓储资源也应该依据所配置的资源获得最大的效益为原则。具体任务包括:根据市场供求关系确定仓库的建设,依据竞争优势来选择仓库地址,以生产差别产品决定仓储专业化分工和确定仓储功能,以所确定的功能来决定仓库布局等。

(二)以高效率为原则建立仓储管理机构

管理机构是开展有效仓储管理的基本条件,是一切管理活动的保证和依托。生产要素特别是人的要素只有在良好的组织基础上才能发挥其作用,实现整体的力量。仓储组织的确定需要围绕仓储经营的目标,以实现仓储经营的最终目标为原则,依据管理幅度、因事设岗、责权对等的原则,建立结构简单、分工明确、互相合作和促进的管理机构和管理队伍。

（三）以不断满足社会需要为原则开展仓储商务活动

商务工作是仓储对外的经济联系,包括市场定位、市场营销、交易与合作关系、客户服务、争议处理等。仓储商务是仓储企业经营、生存和发展的关键工作,是经营收入和仓储资源充分利用的保证,必须遵循不断满足社会生产和人民生活需要的生产原则,最大限度地提供仓储商品。

（四）以高效率、低成本为原则组织仓储生产作业

仓储生产包括货物入库、保管保养、仓储物交接、验收、在库期间的质量维护等,仓储生产的组织应遵循高效、低耗的原则,充分利用机械设备、先进的保管技术,有效的管理手段、实现仓储快进、快出,提高仓库利用率,降低成本。

（五）以优质服务、诚信经营树立企业形象

企业形象是指企业展现在社会公众面前的各种感性印象和总体评价的整合,包括企业及产品的知名度、社会的认可程度、企业的忠诚度和企业的社会责任等。作为服务产业的仓储业,其形象所面向的对象主要是生产、流通经营者,其企业形象的建立主要通过服务质量、产品质量、诚信和友好合作来获得,并通过一定的宣传手段来推广,提升企业的知名度。

（六）以制度化、科学化的先进手段不断提高管理水平

任何企业的管理水平都不可能是一成不变的,需要随着形势的发展不断发展,适应新的变化,仓储管理也要根据仓储企业的经营目的而改变,随社会需求的变化而变化。良好的管理不可能一步到位,企业管理要从简单管理到复杂管理、从直观管理到系统管理,在管理实践中不断补充、修正、完善和提高,实行动态的仓储管理。

（七）以优秀的企业文化为统领提高员工素质

没有高素质的员工队伍,就没有优秀的企业。企业的一切行为都是人的行为,是每一个员工履行职责的行为表现。员工的精神面貌体现了企业的形象和企业文化。仓储管理的一项重要工作就是不断提高员工的素质,根据企业文化建设的需要,加强对员工的约束和激励。

良好的精神面貌来自企业和谐的氛围、有效的激励、对劳动成果的肯定以及针对性地开展精神文明教育。在仓储管理中要提高员工的地位,而不能将员工仅仅看作是生产的工具,一种等价交换的生产要素。在信赖中约束、在激励中规范,使员工有人尽其才、人格被尊重的感受,形成热爱企业、自觉奉献、积极向上的精神面貌。

复习题

一、单选题

1. 按功能划分,仓储分为（   ）。

A. 企业自营仓储、商业自营仓储、公共仓储和战略储备仓储

B. 普通物品仓储和特殊物品仓储

C. 储存仓储、物流中心仓储、配送仓储和运输转换仓储

D. 保管式仓储、加工式仓储和消费式仓储

2. 通过对储存物的保管保养,可以克服产品的生产与消费在时间上的差异,创造物资的(　　)。

A. 时间效用　　　　B. 增值效用　　　　C. 空间效用　　　　D. 附加效用

3. 根据客户的需要,为客户提供超出常规的服务,或者是采用超出常规的服务方法提供的服务称为(　　)。

A. 仓储经营　　　　B. 仓储增值服务　　　C. 仓储多种经营　　D. 仓储商务管理

4. 在对仓储管理人员培训时,针对不同类型的仓储企业(　　)。

A. 进行不同内容与方式的培训　　　　　　B. 培训内容应有所侧重

C. 进行不同的培训　　　　　　　　　　　D. 培训的要求应有所不同

5. 仓储经营者以其拥有的仓储设施,向社会提供商业性仓储服务的仓储行为称为(　　)。

A. 企业自营仓储　　B. 商业营业仓储　　　C. 公共仓储　　　　D. 战略储备仓储

6. 仓储最基本的任务是(　　)。

A. 流通调控　　　　B. 数量管理　　　　　C. 质量管理　　　　D. 物资存储

7. 仓储增值服务的本质特征是(　　)。

A. 创新、超常规和满足客户个性化需要　　B. 创新、超常规和满足客户多元化需要

C. 创新、经常性和满足客户个性化需要　　D. 创新、经常性和满足客户多元化需要

二、多选题

1. 仓储管理的基本原则包括(　　)。

A. 效率的原则　　　B. 经济效益的原则　　C. 服务的原则　　　D. 增值的原则

E. 科学的原则

2. 仓储管理人员培训的整体素质要求有(　　)。

A. 基本品质

B. 具备良好的书面和口语表达能力

C. 掌握经济、管理学科重点理论

D. 能够对仓储管理中的进出环节进行简单设计

E. 熟练地读写各种物流作业单据

3. 我国仓储业现代化具体体现在(　　)。

A. 仓储社会化、功能专业化　　　　　　　B. 仓储标准化

C. 仓储信息化、信息网络化　　　　　　　D. 仓储机械化

E. 管理科学化

4. 按仓储物的处理方式不同,仓储分为(　　)。

A. 普通物品仓储　　　　　　　　　　　　B. 特殊物品仓储

C. 保管式仓储　　　　　　　　　　　　　D. 加工式仓储

E. 消费式仓储

三、判断题

1. 仓储管理的目标可以概括为使仓库空间利用与库存货物的处置成本之间实现平衡。

(　　)

2. 仓储系统的主要构成要素包括储存空间、货物、人员及设备等要素。　　　　（　　）

四、名词解释

仓储　仓储管理

五、简答题

1. 仓储管理的主要内容有哪些？

2. 仓储管理的基本任务是什么？

3. 仓储的基本功能是什么？

4. 简述仓储在国民经济中的地位。

第二章
仓库选址与布局

学习目标

学习本章,掌握仓库的含义、功能和类型;熟悉自动化立体仓库的组成和功能;掌握仓库选址的原则及应考虑的因素;理解仓库规划设计、仓库选址及合理布局等内容。

本章案例

江门首个保税物流中心完成项目选址

2016 年,广东省人民政府批复同意江门市设立江门大广海湾保税物流中心(B 型)。拟建地址在新会经济开发区临港工业园,此处距国家一类口岸新会港约 2 千米。根据规划,该项目将打造成为融进出口贸易、物流、跨境电商、保税展示交易、金融服务等于一体的现代物流综合平台。

为何选址新会港?新会港位于西江支流与潭江下游交汇的黄金水道银洲湖,是江海联运型港口,经崖门口航道出海,距离香港 98 海里,距澳门 47 海里。作为国家一类开放口岸,新会港年吞吐量为 500 万吨,现有 2 个万吨级泊位,兼顾 3 万吨级功能,以及 2 个 5 000 吨级泊位、1个 500 吨级泊位,是江门市最为优良的港口之一。

江门大广海湾保税物流中心(B 型)项目依托新会港国家一类口岸而建,拟建于新会经济开发区临港工业园,经笔者实地走访,江门大广海湾保税物流中心距离新会港的路程约为 2 千米,道路建设已基本完成。该项目总规划用地面积为 544.9 亩,超过 36 万平方米,计划总投资4.2 亿元。二期、三期工程规划用地分别为 130 亩和 165 亩,目前则作为发展备用地,根据实际需要投入使用。

"B 型保税物流中心建成后,将引进一批从事保税仓储物流业务的企业入驻。"这些企业可以对所存货物展开不改变化学性质的流通性简单加工和增值服务,如分类、简单包装、打膜、刷标签志等,"有商业增值的辅助性作业,使物流产业链向中高端延伸。"还会辐射带动区域跨境电商发展。

(案例来源:http://kb. southcn. com/content/2018-04/12/content_181472645. htm;
http://jm. southcn. com/content/2018-04/17/content_181534345. htm。)

思考题

1. 仓库选址的原则是什么?
2. 根据相关知识,分析选址新会港考虑了什么因素。

第一节 仓库的功能与分类

一、仓库的基本概念

仓库是保管、储存物品的建筑物和场所的总称。从定义字面理解,仓库似乎只是一个空间概念。但我们这里要讲的仓库并不是单独的建筑物或场所,而是指包括各种设备和设施,能够完成指定任务,并为所有者或客户提供各种综合服务的一个系统,是从事储存、包装、分拣、流通加工、配送等物流作业活动的物流节点。

二、仓库的功能

随着社会生产力的发展和人们对物流认识的提高,仓库的功能越来越多。现代仓库具有以下功能。

(一)储存功能

现代社会生产的一个重要特征就是专业化和规模化生产,劳动生产率极高,产量巨大,绝大多数产品都不能被及时消费,需要经过仓储手段进行储存,这样才能避免生产过程堵塞,保证生产过程能够继续进行。另一方面,对于生产过程来说,适当的原材料、半成品的储存,可以防止因缺货造成的生产停顿。而对于销售过程来说,储存尤其是季节性储存可以为企业的市场营销创造良机,适当的储存是市场营销的一种战略,它为市场营销特别的商品需求提供了缓冲和有力的支持。

(二)保管功能

生产出的产品在消费前必须保持其使用价值,否则将会被废弃。这项任务就需要由仓库来承担,在仓储过程中对产品进行保护、管理,防止损坏而丧失价值。

(三)加工功能

保管物在保管期间,一是保管人根据存货人或客户的要求对保管物的外观、形状、成分构成、尺度等进行加工,如对保鲜、保质要求较高的水产品、肉产品、蛋产品等食品,可进行冷冻加工、防腐加工、保鲜加工等;对金属材料可进行喷漆、涂防锈油等防锈蚀加工。二是为适应多样化进行加工,如对钢材卷板的舒展、剪切加工;对平板玻璃的开片加工;以及将木材改制成方材、板材等。三是为使消费者方便、省力的加工,如将木材直接加工成各种型材,可使消费者直接使用;将水泥制成混凝土拌和料,只需稍加搅拌即可使用等。四是为提高产品利用率的加工,如对钢材、木材的集中下料,搭配套材,减少边角余料,可节省原材料成本和费用。五是为便于衔接不同的运输方式,使物流更加合理的加工,如散装水泥的中转仓库担负起散装水泥装袋的流通加工及将大规模散装转化为小规模散装的任务。六是为实现配送进行的流通加工,仓库为实现配送活动,满足客户对物品的供应数量、供应构成的要求,可对配送的物品进行各种加工活动。例如,拆整为零,定量备货,把沙子、水泥等各种材料按比例要求转入水泥搅拌车可旋转的罐中,在配送的途中进行搅拌,到达施工现场后,混凝土已经拌好,可直接投入使用。

(四)整合功能

整合是仓储活动的一个经济功能。通过这种安排,仓库可以将来自于多个制造企业的产品或原材料整合成一个单元,进行一票装运。其好处是有可能实现最低的运输成本,也可以减少由多个供应商向同一客户进行供货带来的拥挤和不便。为了能有效地发挥仓库的整合功能,每一个制造企业都必须把仓库作为货运储备地点,或用作产品分类和组装的设施。这是因为,整合装运的最大好处是能够把来自不同制造商的小批量货物集中起来形成规模运输,使每一个客户都能享受到低于其单独运输成本的服务。

(五)分类和转运功能

分类就是将来自制造商的组合订货分类或分割成个别订货,然后安排适当的运力运送到制造商指定的个别客户。仓库从多个制造商处运来整车的货物,在收到货物后,如果货物有标签,就按客户要求进行分类;如果没有标签,就按在点分类;然后货物不在仓库停留,直接装到运输车辆上运往指定零售店。同时,由于货物不需要在仓库内进行储存,因而降低了仓库的搬运费用,最大限度地发挥了仓库装卸设施的功能。

(六)支持企业市场形象的功能

尽管市场形象所带来的利益不像前面几个功能带来的利益那样明显,但对于一个企业的营销主管来说,仓储活动依然能被其重视起来。因为从满足需求的角度看,从一个距离较近的仓库供货远比从生产厂商处供货方便得多,同时,仓库也能提供更为快捷的递送服务。这样会在供货的方便性、快捷性以及对市场需求的快速反应性方面为企业树立一个良好的市场形象。

(七)市场信息的传感器

任何产品的生产都必须满足社会的需要,生产都需要把握市场需求的动向,社会仓储产品的变化是了解市场需求的极为重要的途径。仓储量减少、周转量加大,表明社会需求旺盛;反之则为需求不足。厂家存货增加表明其产品需求减少或其竞争力低,或者生产规模不合适。仓储环节所获得的市场信息虽然说比销售信息滞后,但更为准确和集中,信息反应快捷,且信息成本极低。现代企业生产特别重视仓储环节的信息反馈,将仓储量的变化作为决定生产的依据。现代物流管理特别重视仓储信息的收集和反应。

(八)提供信用的保证

在大批量的实货交易中,购买方必须查看、检验货物,确定货物的存在和货物的品质,方可成交。购买方可以到仓库查验货物。由仓库保管人出具的货物仓单是实物交易的凭证,可以作为对购买方提供的保证。仓单本身就可以作为融资工具,可以直接使用仓单进行质押。

（九）现货交易的场所

存货人要转让在仓库存放的商品时，购买人可以到仓库查验商品，取样化验。双方可以在仓库转让交割。国内众多的批发交易市场，既是有商品存储功能的交易场所，又是有商品交易功能的仓储场所。众多具有便利交易条件的仓储都提供交易活动服务，甚至部分形成有影响的交易市场。近年来我国大量发展的仓储式商店，就是仓储交易功能高度发展、仓储与商业密切结合的结果。

三、仓库的种类

一个国家、一个地区、一个企业的物流系统中需要有各种各样的仓库，它们的结构形态各异，服务范围和对象也有着较大的差别，仓库按不同的标准可进行不同的分类，一个企业或部门可根据自身的条件选择建设或租用不同类型的仓库。

（一）按使用范围分类

（1）自用仓库。它是生产或流通企业为本企业经营需要而修建的附属仓库，完全用于储存本企业的原材料、燃料、产成品等。

（2）营业仓库。它是一些企业专门为了经营储运业务而修建的仓库。

（3）公用仓库。它是由国家或某个主管部门修建的为社会服务的仓库，如机场、港口、铁路的货场、库房等仓库。

（4）出口监管仓库。它是经海关批准，在海关监管下存放按规定领取了出口货物许可证或批件，已对外买断结汇并向海关办完全部出口海关手续的货物专用仓库。

（5）保税仓库。它是经海关批准，在海关监管下专供存入未办理关税手续而入境或过境货物的场所。

（二）按保管物品的种类的多少分类

（1）综合库。综合库指用于存入多种不同属性物品的仓库。

（2）专业库。专业库指用于存放一种或某一大类物品的仓库。

（三）按仓库保管条件分类

（1）普通仓库。普通仓库也称通用仓库，指用于存入无特殊保管要求的物品的仓库。其设备与库房建造都比较简单，适用范围较广，这类仓库备有一般性的保管场所和设施，按照通用的货物装卸和搬运方法进行作业。在物资流通行业的仓库中，这种通用仓库所占的比重是最大的。

（2）专用仓库。专用仓库是指专门用于储存某一类物品的仓库。或是某类物品数量较多，或是由于物品本身的特殊性质，如对温湿度的特殊要求，或易于对与之共同储存的物品产生不良的影响，因此要专库储存。例如，金属材料、机电产品、食糖、卷烟等即在专用仓库中储存。

（3）特种仓库。特种仓库用以储存具有特殊性能的，要求特别保管条件的物品，如危险品、石油、冷藏物品等。这类仓库必须配备有防火、防爆、防虫等专门设备,其建筑构造、安全设施都与一般仓库不同,冷冻货物仓库、石油仓库、化学危险品仓库等均属于这类仓库。

（四）按仓库建筑结构分类

（1）封闭式仓库。这种仓库俗称库房,该结构的仓库封闭性强,便于对库存物维护保养,适宜存放对保管条件要求比较高的物品。

（2）半封闭式仓库。这种仓库俗称货棚,其保管条件不如库房,但出入库作业比较方便,且建造成本较低,适宜存放那些对温湿度要求不高且出入库频繁的物品。

（3）露天式仓库。这种仓库俗称货场,其最大优点是装卸作业极其方便。

（五）按建筑结构分类

（1）平房仓库。平房仓库的构造比较简单,建筑费用便宜,人工操作比较方便。

（2）楼房仓库。楼房仓库是指二层楼以上的仓库,它可以减少土地占用面积,进出库作业可采用机械化或半机械化。

（3）高层货架仓库。在作业方面,高层货架仓库主要使用电子计算机控制,能实现机械化和自动化操作。

（4）罐式仓库。罐式仓库的构造特殊,呈球形或柱形,主要是用来储存石油、天然气和液体化工品等。

（5）简易仓库。简易仓库的构造简单、造价低廉,一般是在仓库不足而又不能及时建库的情况下采用的临时代用办法,包括一些固定的或活动的简易货棚等。

（六）按库内形态分类

（1）地面型仓库。这种仓库一般指单层地面库,多使用非货架型的保管设备。

（2）货架型仓库。它是指采用多层货架保管的仓库。在货架上放着货物和托盘,货物和托盘可在货架上滑动。货架分固定货架和移动货架。

（3）自动化立体仓库。它是指出入库用运送机械取出,用堆垛机等设备进行机械化自动化作业的高层货架仓库。

（七）按仓库功能分类

现代物流管理力求进货与发货同期化,使仓库管理从静态管理转变为动态管理,仓库功能也随之改变,这些新型仓库具有以下新的称谓。

（1）集货中心。将零星货物集中成批量货物称为集货。集货中心可设在生产点数量很多、每个生产点产量有限的地区。只要这一地区某些产品的总产量达到一定水平,就可以设置这种有集货作用的物流据点。

（2）分货中心。将大批量运到的货物分成批量较小的货物称为分货。分货中心是主要从事分货工作的物流据点。企业可采用大规模包装、集装货散装的方式将货物运到分货中心,然后按企业生产或销售的需要进行分装。利用分货中心可以降低运输费用。

（3）转运中心。它的主要工作是承担货物在不同运输方式间的转运。转运中心可以进行两种运输方式的转运,也可以进行多种运输方式的转运,在名称上有的称为卡车转运中心,有的称为火车转运中心,还有的称为综合转运中心。

(4) 加工中心。它的主要工作是进行流通加工。设置在供应地的加工中心主要进行以物流为主要目的的加工,设置在消费地的加工中心主要进行实现销售、强化服务为主要目的的加工。

(5) 储调中心。储调中心以储备为主要工作内容,其功能与传统仓库基本一致。

(6) 配送中心。配送中心是从事配送业务的物流场所或组织,它基本符合下列要求:① 主要面向社会服务;② 物流功能健全;③ 完善的信息网络;④ 辐射范围大;⑤ 少品种、大批量;⑥ 存储、吞吐能力强;⑦ 统一经营管理物流业务。

第二节 仓库的选址

一、仓库选址的概念和原则

(一) 仓库选址的概念

仓库选址是指运用科学的方法决定仓库的地理位置,使之与企业的整体经营运作系统有机结合,以便有效、经济地达到企业的经营目的。

仓库选址包括两个层次的问题:一是选位,即选择在什么地区设置设施,沿海还是内地,南方还是北方等;二是定址,地区选定以后,具体选择在该地区的什么位置设置仓库,在已选定的地区内选定一片土地作为设施的具体位置。设施选址还包括这样两类问题:一是选择一个单一的仓库位置;二是选择多个仓库的位置。

对企业来说,仓库选址对企业的采购成本、服务成本、服务质量都有极大而长久的影响,其重要性显而易见。一旦选择不当,它所带来的不良后果不是通过建成后的加强和完善管理等其他措施可以弥补的。因此,在进行仓库选址时必须考虑到多方面因素的影响,慎重决策。

(二) 仓库选址的原则

仓库的最优选址与该仓库所属企业的类型有很大的关系。附属于工业企业的仓库其选址主要是为了追求成本最小化;而附属于物流企业的仓库一般都追求收益最大化或服务水平的最优化。

大量成功的案例证明,在选址问题上,定性分析必须遵循以下原则。

1. 经济性原则

仓库选址时要充分考虑到经济因素的影响,建设初期的固定费用、投入运营后的变动费用都与选址有关。

2. 接近用户的原则

对于服务业,几乎无一例外都要遵循这一原则,许多企业将仓库建到服务区域附近,以降低运费、提高对客户需求的反应速度。

3. 协调性原则

仓库的选址要与该地区的整个物流网络体系相协调,否则将造成资源的浪费和设施的重复建设。

4. 战略性原则

仓库选址是一项带有战略性的经营管理活动,因此要有战略意识。选址工作要考虑到企业服务对象的分布状况及未来发展,要考虑市场的开拓。

二、仓库选址考虑的因素

进行仓库选址决策时,需要考虑各种影响因素和要求,在此基础上预选确定仓库地址,列出几个可供选择的可行方案,利用某种评价方法,从这几个可行方案中确定最理想的仓库地址。下面列出影响仓库选址的因素。

(一) 经济因素

1. 宏观经济政策

在进行选址决策时,要充分考虑当地政府的政策法规等因素。有些地区的政府采取比较积极的政策,鼓励在经济开发区进行仓库的建设,并在税收、资本等方面提供比较优惠的政策,同时这些地区的交通、通信、能源等方面的基础设施建设也比较便利。

2. 建设和运营成本

在进行选址决策时,还要仔细计算成本,成本的构成如下:

(1) 运输成本。通过合理选址,使运输距离最短,尽量减少运输过程的中间环节,可以使运输成本最低、服务最好。

(2) 原材料供应成本。企业对原材料的供应要求一般都比较严格,将仓库地址定位在原材料附近,不仅能够保证原材料的安全供应,而且能够降低运输费用,减少时间延迟,获得较低的采购成本。

(3) 劳工成本。无论是手工密集型还是技术密集型的仓库作业,都需要一定素质的人才。不同地区的劳资水平不尽相同,这些都是仓库选址决策时要考虑的因素。

(4) 建筑成本和土地成本。不同的仓库选址方案,在对土地的征用、建筑等方面的要求是不同的,从而导致不同的成本开支。因此,在仓库的选址过程中,应尽量避免占用农业用地和环保用地。

(二) 环境因素

1. 地理因素

(1) 地质条件。根据仓库对地基的一般技术要求,应选择地质坚实、平坦、干燥的地点,其用地应选择承载力较高的地基。因此,仓库地点的选择必须避免有不良地质现象或地质构造不稳定的地段。

(2) 水文及水文地质条件。在沿江河地区选择仓库建筑地址时,要调查和掌握有关的水文资料,特别是汛期洪水最高水位等情况,防止洪水侵害。同时,在水文地质条件方面还要考虑地下水位的情况,水位过高的地方不宜作为工程的基地。

(3) 气候因素。在仓库选址前应详细了解当地的自然气候环境条件,如在自然环境中的湿度、盐分、降雨量、风向、风力等。

2. 配套设施

(1) 交通运输条件。仓库的地点应具有良好的交通运输条件,库址应选择靠近现有的水陆空交通运输线,对于大型仓库还应考虑铺设铁路专用线或建设专用水运码头。

(2) 水电供应条件。仓库应选择靠近水源、电源的地方,以保证方便和可靠的水电供应。了解和掌握仓库供水系统以及周围用水单位的情况,调查用水高峰期间消防水源的保障程度,以防紧急情况下供水不足。

(三) 竞争因素

1. 竞争对手因素

竞争对手的仓库选址对企业的选址工作也是有一定的影响的。对竞争对手的竞争策略,与竞争对手的实力对比,与竞争对手的差异等,都会影响到企业的选址工作。

2. 服务水平

为了能够更好地服务客户,提高对客户需求的反应速度,许多企业都会将仓库建立在服务区域附近。

三、仓库选址的步骤与方法

仓库的选址可分为两个步骤进行:第一步为分析阶段,具体有需求分析、费用分析、约束条件分析;第二步为筛选及评价阶段,根据分析的情况,选定具体地点,并对所选地点进行评价。

(一) 分析阶段

1. 需求分析

根据物流产业的发展战略和产业布局,对某一地区的顾客及潜在顾客的分布进行分析以及分析供应商的分布情况,具体有以下内容:

(1) 工厂到仓库的运输量;

(2) 向顾客配送的货物数量(客户需求);

(3) 仓库预计最大容量;

(4) 运输路线的最大业务量。

2. 费用分析

费用主要有工厂到仓库之间的运输费、仓库到顾客之间的配送费、与设施和土地有关的费用及人工费等。运输费随着距离的变化而变动,而设施费用、土地费用是固定的,人工费是根据业务量的大小而确定的。以上费用必须综合考虑,进行成本分析。

3. 约束条件分析

(1) 地理位置是否合适,是否靠近铁路货运站、港口、公路主干道,道路是否畅通,是否符合城市或地区的规划。

（2）是否符合政府的产业布局，有没有法律制度约束。

（3）地价情况。

（二）筛选及评价阶段

分析活动结束后，得出综合报告，根据分析结果在本地区内初选几个仓库地址，然后在初选的几个地址中进行评价，从而确定一个可行的地址，编写选址报告。

评价方法有以下几种：

1. 量本利分析法

任何选址方案都有一定的固定成本和可变成本，不同选址方案的成本和收入都会随仓库储量的变化而变化。利用量本利分析法，选择盈亏平衡时储量最小的方案为最优方案。

例 2-1：有一仓库初选址有 A、B、C 三个，A 址的固定成本为 500 万元，单位变动成本为 2.6 元，每储存一单位的货物收入为 3.8 元；B 址的固定成本为 450 万元，单位变动成本为 2.8 元，每储存一单位的货物收入为 3.8 元；C 址的固定成本为 560 万元，单位变动成本为 2.5 元，每储存一单位货物的收入为 4.0 元。试用量本利分析法进行选址。

解：A 址的总成本 $= 500 + 2.5Q$

A 址的总收入 $= 3.8Q$

当盈亏平衡时，总成本 $=$ 总收入，此时的盈亏平衡储量 Q_0 为

$500 + 2.5Q_0 = 3.8Q_0$ 求得 $Q_0 = 416.7$ 万单位

同理求得 B 址盈亏平衡时的储量为 450 万单位；C 址盈亏平衡时的储量为 373.3 万单位；所以应选择 C 址进行建设仓库。

2. 加权评分法

对影响选址的因素进行评分，把每一地址各因素的得分按权重累计，比较各地址的累计得分来判断各地址的优劣。具体步骤如下：确定有关因素；确定每一因素的权重；为每一因素确定统一的数值范围，并确定每一地址各因素的得分；累计各地址每一因素与权重相乘的和，得到各地址的总评分；选择总评分值最大的方案为最优方案。

例 2-2：某仓储企业需要确定新建仓库的具体位置，经初步比较，共有初选址 A、B、C 三个。进行选址时的影响因素有投资、交通便利性和能源供给等，对 3 个方案对各因素目标值的满足程度进行评分，结果如下：A 址投资为 90%，交通便利性为 60%，能源供给为 50%；B 址投资为 80%，交通便利性为 70%，能源供给为 60%；C 址投资为 50%，交通便利性为 90%，能源供给为 90%。专家对各因素的重要性确定的加权系数（专家人数为 4 人，加权系数为 0~9）如表 2-1 所示。

表 2-1　专家对各因素的重要性确定的加权系数

	专家 1	专家 2	专家 3	专家 4
投资	5	8	2	7
交通便利性	6	6	9	7
能源供给	9	7	5	6

由此得

投资目标值权重＝1/4(5＋8＋2＋7)＝5.5

交通便利性目标值权重＝1/4(6＋6＋9＋7)＝7

能源供给目标值权重＝1/4(9＋7＋5＋6)＝6.75

进而得到各地址的总评分如下：

A 址总评分＝5.5×0.9＋7×0.6＋6.75×0.5＝12.525

B 址总评分＝5.5×0.8＋7×0.7＋6.75×0.6＝13.35

C 址总评分＝5.5×0.5＋7×0.9＋6.75×0.9＝15.125

所以方案 C 是最优的，即仓库建设的选址应该在 C 地最好。

3. 重心法

重心法是一种布置单个设施的方法，这种方法要考虑现有设施之间的距离和要运输的货运量。它经常用于中间仓库的选择。此种方法利用地图确定各点的位置，并将坐标重叠在地图上确定各点的位置。坐标设定后，计算重心。

选址确定后，还要撰写选址报告，选址报告的主要内容有：

(1) 选址概述。扼要叙述选址的依据、原则，制定几个方案，选出一个最优方案。

(2) 选址要求及主要指标。应说明仓库作业的特点，完成仓储作业应满足的要求，列出主要指标，如库区占地面积、库区内各种建筑物的总面积、年仓储量和费用总量等。

(3) 仓库位置说明及平面图。说明库区的具体方位、外部环境，并画出区域位置图。

(4) 地质、水文、气象情况，交通及通信条件。

(5) 政府对物流产业的扶持力度。

第三节　仓库的布局

一、仓库布局概述

仓库布局的主要任务就是在保证货品储存要求的前提下合理地利用库房面积。在库房内不仅要储存商品，还包括收货、分拣、补货、出货等其他作业。为了提高库房的储存能力，就必须尽可能增加储存空间和面积；而为了方便库内作业，又必须规划出适当的作业面积来满足作业要求。在库房面积有限的情况下，作业场地和作业通道上的占用，就必须减少储存面积。在如何安排库房面积的问题上，商品储存与库内作业往往产生相互矛盾的要求。设法协调这两种不同的需要，保证库房面积得到充分的利用，就成为库房合理布局所要解决的中心问题。

仓库布局就是根据库区场地条件、仓库的作业性质和规模、商品储存要求以及技术设备的使用性能和特点等因素，对仓库的建筑物、站台、货架、通道等设施和库内运输线路进行合理安排和配置，以最大限度地提高仓库的储存和作业能力，并降低各项仓储作业费用。仓库布局是仓储业务和仓储管理的客观需要，其合理与否直接影响到仓库各项工作的效率和储存商品的安全。

二、仓库布局设计

仓库中的作业包含从入库到出库要经过的一系列的业务环节。在这个过程中，仓库的每项业务都有其不同的内容，各项仓储作业要求按一定的程序进行。为了保证客观需要时仓库各个作业环节形成合理的相互联系，使商品有次序地经过装卸、搬运、检验、储存保管、拣选、包装、加工、运输等环节完成整个仓储过程，就必须进行仓库的合理布局。

仓库布局主要包括仓库总平面布局、仓库作业区布局和仓库内部布局。

（一）仓库总平面布局

仓库总平面布局包括：库区的总体布局，建筑物平面位置的确定；库区内运输线路规划；库区安全防护及保安；库区的绿化及环境保护；仓库内部的功能区域划分。

仓库总平面一般可以划分为仓储作业区、辅助作业区、行政生活区、库内道路、停车场和绿化区等。仓储作业区是仓库的主体，仓库的主要业务和商品保管、检验、包装、分类、整理等都在这个区域里进行。主要建筑物和构筑物包括库房、货场、站台以及加工、整理、包装场所等。

在辅助作业区内进行的活动是为主要业务提供各项服务，如设备维修、充电、加工制造、各种物料和机械的存放、垃圾处理等。辅助作业区的主要建筑物包括维修加工及动力车间、车库、工具设备库、物料库等。

行政生活区由办公室和生活场所组成，具体包括办公楼、警卫室、化验室、宿舍和食堂等。行政生活区一般规划在仓库的主要出入口处并与作业区用隔墙隔开。这样既方便工作人员与作业区的联系，又避免非作业人员对仓库生产作业的影响和干扰。另外，如果作业区内来往人员过杂也不利于仓库的安全保卫工作。

在布局各区域时，要遵照相应的法律法规并使不同区域所占面积与仓库总面积保持适当的比例。商品储存的规模决定了主要作业场所规模的大小，同时，仓库的主要作业的规模又决定了各种辅助设施和行政生活场所的大小。各区域的比例必须与仓库的基本职能相适应，保证商品接收、发运和储存保管场所尽可能占最大比例，提高仓库的利用率。

在仓库总面积中需要有库内运输道路。商品出入库和库内搬运要求库内外交通运输线相衔接，并与库内各个区域有效连接。仓库内交通运输网布置得是否合理，对于仓库组织仓储作业和有效地利用仓库面积都将产生很大的影响。

道路运输的配置应符合仓库各项业务的要求，方便商品入库储存和出库发运，还应适应仓库各种机械设备的使用特点，方便装卸、装运运输等作业操作。库内道路的规划必须与库房、货场和其他作业场地的配置相互配合，减少各个作业环节之间的重复装卸、搬运，避免库内迂回运输。各个库房、货场要有明确的进出、往返路线，避免作业过程中相互干扰和交叉，以防止因交通堵塞影响仓库作业。

在进行仓库总平面布局时应满足如下要求：遵守各种建筑及设施规划的法律法规；满足仓库作业流畅性要求，避免重复搬运的迂回运输；保障商品的储存安全；保障作业安全；最大限度地利用仓库面积；有利于充分利用仓库设施和机械设备；符合安全保卫和消防工作的要求；考虑仓库扩建的要求。

（二）仓库作业区布局

1. 仓库作业区布局应考虑的因素

（1）仓库特性。不同类型的仓库对作业区布局有不同的要求。例如，冷库要求作业区紧凑，要求制冷机房与库房间有一定的距离。化工品库房要求严格的隔离区，对通风、防潮、防火有严格的规定。

（2）商品吞吐量。在仓储作业区内，各个库房、货场储存的商品品种和数量不同，且不同商品的周转速度也不同，这些都直接影响库房的出入库作业量。在进行作业区布置时应根据各个库房和货场的吞吐量确定它们在作业区内的位置。对于吞吐量较大的库房，应使它们尽可能靠近铁路专用线或库内运输干线，以减少搬运和运输距离。

（3）库内道路。库内道路的配置与仓库主要建筑设施的规划是相互联系、相互影响的。在进行库房、货场和其他作业场地布置时就应该考虑作业场地和道路的配置，尽可能减少运输作业的混杂、交叉和迂回。另外，在布置时还应根据具体要求合理确定干、支线的配置，适当确定道路的宽度，最大限度减少道路的占地面积。

（4）仓库作业流程。仓库作业流程不同是布局库房的重要考虑因素。简单的储存型库房，布局起来比较简单；综合性的物流中心可以完成繁杂的库房作业，包括接货、检验、分拣、再包装、简单加工、配货、出库等作业环节。为了以最少的人力、物力耗费和以最短的时间完成各项作业，就必须按照各个环节之间的内在联系对作业场地进行合理布局，使作业环节之间密切衔接，环环相扣。

2. 仓库作业区布局的基本任务

（1）减少运输和搬运的距离，力求使用最短的作业路线。从整个仓库业务过程来看，始终贯穿着商品、设备和人员的运动，合理布置作业场地可以减少设备和人员在各个设施之间的运动距离，节省作业费用。

（2）有效地利用时间。不合理的布局必然造成人员设备的无效作业，增加额外的工作量，从而延长作业时间。合理布局的主要目的之一就是避免各种时间上的浪费。合理的布局可以避免阻塞等原因造成的作业中断，并且由于方便于作业，减少了各个环节上人员和设备的闲置时间，从而有利于缩短作业时间，提高作业效率。

（3）充分利用仓库面积。通过对不同布局方案的比较和选择，减少仓库面积的浪费，使仓库布局紧凑、合理。

3. 仓库作业区布局的形式

在一代物流系统中，仓库的作用由储存转向周转的方向变化。仓库中的主要作业成本也由储存发生成本向货品移动发生成本变化，因此，如何加快货品在仓库中的流动速度、减少流动环节、缩短移动距离就成为仓库管理的努力方向。

在仓库布局中考虑的优先原则是货品的快速移动原则。货品在仓库中移动时，经过以下4个步骤：收货、批量存货、拣货和批量配货、出货。

货品在仓库中的自然流动过程体现了以上4个阶段，在仓库布局时必须尽量缩短每个步骤之间的移动距离，使移动过程尽可能通畅连续。通常货品在仓库中的流动有3种方式：直线型流动、U型流动和T型流动，如图2-1～图2-3所示。

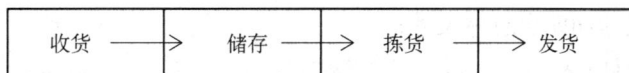

图 2 - 1　直线型流动

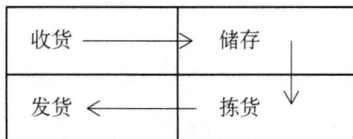

图 2 - 2　U 型流动

图 2 - 3　T 型流动

直线型流动的出货和收货区域建筑物的方向不同。它往往用于接收邻近工厂的货物,或用不同类型的车辆来发货。直线型布置受环境和作业特性限制,比如中国北方不适于直线型库房,因为冬季形成穿堂风,影响作业。

U 型流动在建筑物一侧有相邻的两个收货站台和发货站台,并且具有以下特点:

(1) 站台可以根据需要作为收货站台或发货站台;

(2) 如有必要可以在建筑物的两个方向发展;

(3) 使用同一个通道供车辆出入;

(4) 易于控制和安全防范;

(5) 环境保护问题较小。

T 型流动是在直线型流动的基础上增加了存货区域的功能,具有以下特点:

(1) 可以满足快速流转和储存两个功能;

(2) 可以根据需求增加储存面积;

(3) 仓库适用的范围更广。

4. 仓库作业区布局的原则

为了降低货品单件的流动距离,提高流动效率,一般的做法是批量操作,不到最后关头不拆散货物。因为整托盘操作比起拆成单箱操作在成本上更加节省,在经济意义上更加有效。在所有货物都必须频繁移动的仓库中,批量储存能使货物快速移动,也能减少库位不足的矛盾。

在仓库中,劳动力适用最多的地方是拣货作业区域,这里最容易出错,最容易影响服务水平,人员也最集中,所以关注货品流动速度也应该把重点放在这里。依据上面曾经提到的原则,需要快速移动的货品要尽量靠近拣货区,以便减少货品频繁搬动。以下是仓库布局时应注意的几个原则:

(1) 快速流动的物品靠近拣货区;

(2) 拣货区域按货品流动速度区分;

(3) 拣货区域按货品订货发生频率区分。

(三) 仓库内部布局

仓库内部布局包括库房布局和通道布局。

1. 库房布局

一般库房布局是指仓库内库房和货场的设计。库房布局的具体内容包括:

(1) 确定仓库形式和作业形式;

（2）确定货位尺寸和库房总体尺寸；

（3）物资堆码设计；

（4）设备配置；

（5）存取模式和管理模式；

（6）建筑和公用工程设计。

2．通道布局

通道的布局是仓库布局中很重要的内容之一，通道的布置合理与否，将影响仓库作业和物流合理化，以及生产率的提高。

（1）仓库通道。

仓库通道指出入库区的通道及库区内连接各库房、货场之间的通道。

① 有铁路专线的入库区。铁路专线的长度应根据出入库物资的数量和频度来确定，线路的宽度及两边的留量应根据铁路有关规定执行。

② 汽车通道。应根据运输量、日出入库的车辆数量、机动车辆的载重量、型号等设计道路的宽度、地面承载能力等。库区的出入口，应按作业流程设置，做到物流合理化。

（2）库房通道。

一般库房都应设有纵向（或横向）进、出库的通道，大型库房还应同时设纵向和横向进、出库通道。

在库房内货位之间还应留有作业通道。通道的宽窄应根据装卸搬运机械的类型确定，同时应考虑库房面积的充分利用和各种作业的方便、安全。

汽车进库房，其通道宽度不应小于 4 米，并应设有进、出口（不同道）。

叉车作业时，其最小作业宽度分别为：直叉平衡重式叉车 3.6 米，前移式叉车 2.7 米，插腿式叉车 2.1 米。

第四节　自动化立体仓库

自动化立体仓库是指采用高层货架存放货物，以巷道式堆垛起重机和出入库机械设备进行作业，由自动控制系统进行操纵的现代化仓库。

一、自动化立体仓库的产生和发展

自动化立体仓库（AS/RS）最早应用于军事后勤领域，随着信息技术的迅速发展，自动化立体仓库的范围逐步扩大，并得到了传统优势行业的青睐。

自动化立体仓库的出现是物流技术的一个划时代的革新。它不仅彻底改变了仓储行业的劳动密集型、效率低下的局面，而且大大扩展了仓库功能，使之从单纯的保管型向综合的流通型方向发展。自动化立体仓库使用高层货架储备货物，以巷道堆垛起重机存取货物，并通过装卸搬运设备，自动进入库存作业的仓库。

自动化立体仓库具有普通仓库无可比拟的优越性。

（1）节约空间、节约劳动力。采用自动化的立体仓库，充分利用空间。自动化立体仓库是现代化仓储的一个重要组成部分，采用多层存放货物的高架仓库系统，高度可以达到 30 米以上，根据需要可以设置不同的高架类型：高层（大于 12 米）、中层（5～12 米）、低层（5 米以下）。这与平库相比可以节约将近 70％ 的占地面积。据国际仓库自动化会议资料，以库存 10 000 托盘、月吞吐 10 000 托盘的冷库为例，自动化立体仓库与普通仓库的比较情况为：用地面积为 13％、工作人员为 21.9％。立体仓库的单位面积储量为普通仓库的 4～7 倍。

（2）提高仓储管理水平，减少货损，优化、降低库存，缩短周转期和节约资金。自动化立体仓库系统由货架、堆垛机、出入库输送机、自动控制系统与管理信息系统等构成，能按照指令自动完成货物的存取作业，并对仓库的货物进行自动化管理，使物料搬运仓储更加合理。由于采用货架储存，并结合计算机管理，易于实现先入先出、发陈储新的出入库原则，防止货物自然老化、变质、生锈等现象的出现，从而实现机械化、自动化，并提高仓库的管理水平。

（3）降低对人工需求的依赖，特别是降低特殊仓储环境中的人力资源成本。由于采用了自动化技术，自动化仓储能适应黑暗、有毒、低温等特殊场合的需要。

但是，自动化立体仓库也有其固有的劣势，使得在应用自动化立体仓库的过程中受到一定的限制。

（1）投资较大，建设周期长。自动化立体仓库需要很高的资金投入和安装建设费用。这就要求对过去和未来 3～5 年中仓库的吞吐量、仓储容量、订单货物的类别等要素进行分析，还要对设备进行性能评估和选择，这些都需要很长的时间周期和很大的人力、物力、时间投入。

（2）物资吞吐量和种类固定，缺乏弹性。当一个自动化的仓库按照计划建设完成之后，仓库的类型、物资的吞吐量和仓库的容量就固定了下来，这时如果外部的因素发生了突然的变化，仓库对其变化不具有较强的适应和变化能力，也就是缺乏弹性。

二、自动化立体仓库的组成

自动化立体仓库主要由高层货架、巷道堆垛起重机、装卸堆垛机器人、电气与电子设备等组成，如图 2-4 所示。

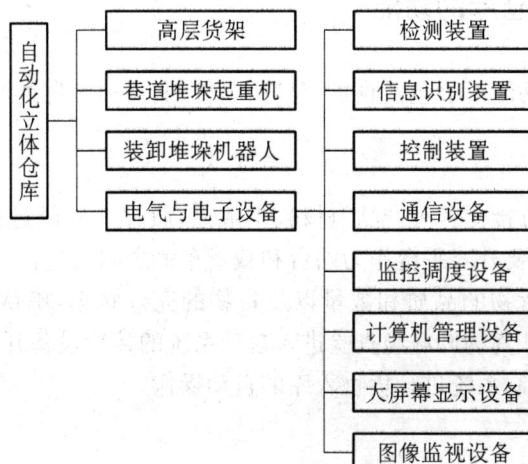

图 2-4　自动化立体仓库的组成

（一）高层货架

高层货架是立体仓库的主要构筑物。货架的高度是自动化立体仓库的主要参数,直接决定了仓库的运营成本。自动化立体仓库的主要特征是货架密度高,高度和长度较大,排列较多,巷道较窄。典型的自动化立体仓库的高度多为 10～30 米,少数会超过 30 米,最高达 40 米。按照高度可将仓库分为低层立体仓库(<5 米)、中层立体仓库(5～10 米)和高层立体仓库(≥15 米)。国内现有高层货架的高度多为 10～20 米,一般认为这一高度是比较经济的。

（二）巷道堆垛起重机

巷道式堆垛机是立体仓库中最重要的运输设备。它是随着立体仓库的出现而发展起来的专用起重机,主要用途是在高层货架的巷道内来回穿梭运行,将位于巷道口的货物存入货格,或者相反,取出货格内的货物运送到巷道口。

（三）装卸堆垛机器人

工业机器人是典型的机电一体化高科技产品,自从 20 世纪 50 年代美国制造的第一台机器人问世以来,机器人技术及其产品发展很快,它对于提高生产自动化水平、劳动生产率和经济效益及保证产品质量、改善劳动条件等方面的作用日益显著。

（四）电气与电子设备

自动化立体仓库中的电气与电子设备主要指检测装置、信息识别装置、控制装置、通信设备、监控调度设备、计算机管理设备、大屏幕显示设备及图像监视设备等。

此外,还有一些特殊要求的自动化立体仓库。比如,储存冷冻食品的立体仓库中,对环境温度要进行检测和控制;储存感光材料的立体仓库,要使整个仓库内部完全黑暗,以免感光材料失效而造成产品报废;储存某些药品的立体仓库,对仓库的温度、气压等均有一定要求,因此,需特殊处理。

三、自动化立体仓库的功能

自动化立体仓库的功能一般包括收货、存货、取货、发货和信息查询等。

（一）收货

收货指仓库从供应方接受各种产品、材料、半成品,收存入库的过程。收货时需要站台或场地供运输车辆停靠,需要升降平台作为站台和载货车辆之间的过桥,需要装卸机械完成装卸作业。卸货时需要检查货物的品质和数量以及货物的完好状态,确认完好后方能入库存放。一般的自动化立体仓库从货物卸载经查验进入自动系统的接货设备开始,将信息输入计算机,生成管理信息,由自动控制系统进行货物入库的自动操作。

（二）存货

存货指自动化系统将货物存放到规定的位置,一般是放在高层货架上。存货之前首先要确定存货的位置。某些情况下可以采取分区固定存放的原则,即按货物的种类、大小、包装形式来实行分区存放。随着移动货架和自动识别技术的发展,已经可以做到随意存放,既能提高仓库的利用率,又可以节约存取时间。

(三) 取货

取货是指自动化系统根据需求从库房货架上取出所需货物。取货可以有不同的取货原则,通常采用的是先进先出原则,即在出库时,先存入的货物先被取出。对某些自动化立体仓库来说,必须能够随时存取任意货位的货物,这种存取货要求搬运设备和地点能频繁更换。

(四) 发货

发货是指取出的货物按照严格的要求发往用户。根据服务对象不同,有的仓库只向单一用户发货,有的则需要向多个用户发货。发货时需要配货,即根据使用要求对货物进行配套供应。

(五) 信息查询

信息查询是指能随时查询仓库的有关信息和伴随各种作业产生信息报表单据。在自动化立体仓库中可以随时查询库存信息、作业信息以及其他相关信息。这种查询可以在仓库范围内进行,有的可以在其他部门或分厂进行。

复习题

一、单选题

1. (　　)属于仓库的储存作业区。

A. 装卸台　　　　　B. 车库　　　　　C. 油库　　　　　D. 变电室

2. 直接影响仓库规模的因素是(　　)。

A. 库区场地条件　　B. 仓库业务性质　　C. 仓库商品储存量　D. 仓储技术条件

3. 影响库场选址的成本因素是(　　)。

A. 社区环境　　　　B. 政治稳定性　　　C. 扩展机会　　　　D. 原材料供应

4. 仓库选址分析中主要考虑的因素是服务可得性和(　　)。

A. 服务成本　　　　B. 采购成本　　　　C. 储存成本　　　　D. 运输成本

5. 适用于品种较少而数量较多的货物存储的自动化立体仓库是(　　)。

A. 单元货格式自动化仓库　　　　　　B. 重力货格式自动化仓库

C. 水平旋转式自动化仓库　　　　　　D. 移动货格式自动化仓库

二、多选题

1. 仓库货区内要留有必要的(　　)。

A. 废次品存放区　　B. 物料暂存区　　　C. 待验区　　　　　D. 发货区

E. 装载区

2. 仓储系统规划条件的设定包括( )。

A. 确定目标   B. 制定衡量标准   C. 约束条件   D. 分析方法

E. 项目计划

3. 仓库建筑位置的一般要求包括( )。

A. 客户条件   B. 地质和水文条件   C. 交通运输条件   D. 环境条件

E. 水电供应条件

4. 仓库内部场所布置应适应储运生产流程,表现在( )。

A. 单一的物流方向   B. 最短的运距

C. 最少的装卸环节   D. 最大限度地利用空间

E. 最快的配送

三、判断题

1. 仓库范围的房、棚、场以及库房内的走道、支道、段位的编号,基本上都以进门的方向左双右单或自右而左的规则进行。   ( )

2. 在规划仓库布局的过程中,必须在空间、人力、设备等因素之间进行权衡比较。宽敞的空间总是有利的。   ( )

3. 作业空间指为了作业活动顺利进行所必备的空间,如作业通道、货品之间的安全间隙等。   ( )

四、名词解释

出口监管仓库   自动化立体仓库

五、简答题

1. 库房布局的具体内容是什么?

2. 仓库选址时应进行分析的内容有哪些?

3. 仓库总平面布局的主要内容有哪些?

4. 简述仓库选址的原则。

5. 简述自动化立体仓库的组成。

6. 仓库选址时要考虑的因素有哪些?

7. 简述仓库选址的步骤和方法。

8. 简述仓库布局的主要内容。

第三章
仓储作业流程管理

学习目标

学习本章,掌握仓储的作业流程,包括入库作业、储存保管作业、出库作业三个基本作业环节;重点掌握进货作业、搬运作业、储存作业、盘点作业、订单处理作业、拣货作业、发货作业等内容;熟悉商品在库养护管理的基本方法。

本章案例

仓管员——平凡岗位上的不平凡价值

2004年,还在读书的蔡颂清从电视上看到了碧桂园广州凤凰城的广告,20岁初出茅庐的她,义无反顾地坐上了台山往番禺的大巴,直奔碧桂园而来。2006年,碧桂园在她的家乡台山摘牌,蔡颂清得以回乡发展,成为台山碧桂园的仓库主管。

经历过没有固定办公室、办公和住宿都在临建板房的艰辛,经历过四次仓库搬迁,每当项目赶开盘、赶收楼的日子,大伙儿都需要没日没夜地加班;遇上示范区抢工的时候,每一分每一秒都在争抢,凌晨去现场清点陶瓷、饰品对她来说是平常事……所有的辛酸苦辣,都在看到展示区完美开放、货量区完美交付的那一刻,化成心中的甘甜。

"严格把好验收关,确保货品数量、质量,保障各部门日常用品的正常供给,为项目高品质建设保驾护航……"入职12年,凭着一份坚持,蔡颂清在平凡的岗位创造着属于她,也属于碧桂园的伟大而不平凡的业绩。

(案例来源:http://gz. house. ifeng. com/detail/2017 - 06 - 05/51101999_0. shtml。)

思考题

1. "严格把好验收关……保驾护航",仓储作业流程的哪些阶段会涉及?
2. 作为仓管员,如何做好商品的在库管理?
3. 作为仓管员,如何做好商品的储位管理?

第一节　入库作业管理

一、入库前的准备

仓库应根据仓储合同或者入库单、入库计划,及时进行库场准备,以便货物能按时入库,保证入库过程的顺利进行。仓储管理者应定期同货主、生产厂家以及运输部门联系,了解将要入库的货物情况,如货物的品种、类别、数量和到库时间,从而做好货物的入库准备工作。入库准备需要由仓库的业务部门、仓库管理部门、设备作业部门分工合作,共同完成,主要的工作有以下几个方面:

(1)熟悉入库货物。仓库业务、管理人员应认真查阅入库货物资料,掌握入库货物的品种、规格、数量、包装状态、单件体积、到库确切时间、货物存期、货物的物理化学特性、保管的要求等,根据这些信息做好库场安排和准备。

(2)掌握仓库库场情况。要了解货物入库期间、保管期间仓库的库容、设备和人员的变动,以便安排工作。必要时对仓库进行清查、清理、归位,以便腾出仓容。

(3)制订仓储计划。仓库业务部门根据货物情况、仓库情况以及设备情况,制订出仓储计划,并将任务下达到各相应的作业单位、管理部门。

(4)妥善安排仓库库位。仓库部门根据入库货物的性能、数量、类别,结合仓库分区分类保管的要求,核算货位的大小,根据货位使用原则,妥善安排货位、验收场地,确定堆垛方法、苫垫方案等准备工作。

(5)准备货位。仓管员要及时进行货位准备,彻底清洁货位,清除残留物,清理排水管道或排水沟,必要时安排消毒、除虫、铺地,检查照明、通风设备,发现损坏要及时通知修理。

(6)准备苫垫材料、作业用具。在货物入库前,根据所确定的苫垫方案,准备相应的材料,并组织苫垫铺设作业。对作业所需的用具,准备妥当,以便能及时使用。

(7)验收准备。仓库理货人员根据货物情况和仓库管理制度,确定验收方法,准备验收所需要的点数、称量、测试、开箱、装箱、丈量、移动照明等工具。

(8)装卸搬运工艺设定。根据货物、货位、设备条件、人员等情况,合理科学地制定卸车搬运工艺,保证作业效率。

(9)准备文件单证。仓管员对货物入库所需的各种报表、单证、账簿要准备好,以备使用。

在实际操作中,不同仓库、不同货物的业务性质不同,入库准备工作也有所区别,需要根据具体情况和仓库管理制度做好充分准备。

二、确定货位

货位是指仓库中实际可用于堆放商品的一定面积。货位选择要充分满足货物的保管要求,确保作业方便。确切地来说,货位选择的时候要注意以下几个原则:

(1)根据货物的货量、尺度、特性、保管要求选择货位。应当根据储存物品存量的多少,比较准确地确定每种物品所需的货位大小及数量。若储存货位超过实际需要,则不利于仓容的充分利用;货位尺度与货物尺度要匹配,特别是大件、长件、不规则货物要能存入所选货位;为了避免物品在储存过程中相互影响,性质相同或者保管条件相近的物品可以集中存放;货位的通风、光照、温湿度、排水、防风、防雨等条件应该满足货物保管的需要。

(2)根据物品周转情况安排货位。"先进先出"是仓储保管的重要原则。在安排货位时,要尽量避免后进货物围堵先进货物;存期长的货物不能围堵存期短的货物;出入库频繁的物品应尽可能安排在靠近出入口或专用线的位置,以加速作业和缩短搬运距离。

(3)根据存储物品的作业要求合理选择货位。对于体大笨重的物品,应考虑装卸机械的作业是否方便。使用货架时,重货放在货架下层,需要人力搬运的重货,存放在腰部高度的货位。总之,安排的货位应该尽可能地保证搬运、堆垛、上架的作业方便。要有足够的作业场地,能使用机械进行直达作业。

(4)作业分布均匀。所安排的货位尽可能避免仓库内或同一作业线路上多项作业同时进行,以免互相妨碍。尽量实现各货位的同时装卸作业,以提高效率。

(5)保留机动货位。在规划货位时,应该注意保留一定的机动货位,以便当物品大量入库时可以调剂货位,避免打乱货位安排。

三、货物接运

(一)货物接运管理

由于货物到达仓库的形式不同,除了一小部分货物由供货单位直接运到仓库交货外,大部分货物要经过铁路、公路、海运、空运和短途运输等运输工具转运。凡经过交通运输部门转运的货物,均需经过仓库接运后,才能进行入库验收。

货物接运的主要任务是向托运者或承运者办清业务交接手续,要求手续清楚,责任分明,及时将货物安全接运回仓库,为仓库验收工作创造条件。接运工作是仓库业务活动的开始,是货物入库和保管的前提,接运工作的好坏直接影响到仓库的后期活动。因此,接运人员接运转运货物时,必须认真检查,分清责任,取得必要的单证,避免将一些在运输过程中或运输前就已经损坏的货物带入仓库,给后期的验收和保管工作带来困难和损失。

货物接运人员要熟悉各交通运输部门及有关供货单位的制度和要求,根据不同的接运方式,处理接运中的各种问题。

(二)货物接运方式

1. 专用线接运

专用线接运是铁路部门将转运的商品直接运送到仓库内部专用线的一种接运方式。仓库接到车站通知后,就确定卸车货位,力求缩短场内搬运距离,准备好卸车所需的人力和机具。车皮到达后,要引导对位。

在卸车过程中应注意以下两点:

(1)卸车前进行检查。主要内容包括:核对车号;检查货封是否脱落、破损或印纹不清、不符;校验商品名称、箱件数与商品运单上填写的名称、箱件数是否相符等。

(2)卸车过程中正确操作。要按车号、品名、规格分别堆放,按外包装的指示标志,正确勾挂、铲兜、升起、轻放,防止包装和商品损坏;妥善处理苫盖,防止受潮和污损;对品名不符、包装损坏或损坏商品,应另外堆放,写明标志,并会同承运部门进行检查,编制记录;正确使用装卸机具、工具和安全防护用具,确保人身和商品安全等。

2. 车站、码头提货

凭提货单到车站、码头提货时,应根据运单和有关资料认真核对商品的名称、规格、数量、收货单位等。货到库后,接运人员应及时将运单连同提取回的商品向保管人员当面清点,然后由双方办理交接手续。

3. 到供货单位提货

仓库接受货主委托直接到供货单位提货时,应根据提货通知,了解所提货物的性能、规格、数量,准备好提货所需的机械、工具、人员,配备保管员在供方当场检验质量、清点数量,并做好验收记录,接货与验收合并一次完成。

4. 供货单位送货到库

存货单位或供货单位将商品直接运送到仓库储存时,应由保管员或验收人员直接与送货人员办理交接手续,当面验收并做好记录。若有差错,应填写记录,由送货人员签字证明,据此向有关部门索赔。

5. 承运单位送货到库

交通运输等承运部门受供货单位或货主委托送货到仓库,接货要求与供货单位送货到库的要求基本相同。所不同的是发现错、缺、损等问题后,除了要送货人当场出具书面证明、签章确认外,还要及时向供货单位和承运单位发出查询函电并做好有关记录。

6. 过户

过户是指对已入库的货物通过购销业务使货物所有权发生转移,但仍储存于原处的一种入库业务。此类过户入库手续,只要收下双方下达的调拨单和入库单,更换户名就可以了。

7. 转库

转库是因故需要出库,但未发生购销业务的一种入库形式,仓库凭转库单办理入库手续。

8. 零担到货

各种形式的零担到货应由零担运输员负责填写零担到货台账并填写到货通知单。

四、交接与初检

接货人员或运输单位送货到仓库与理货员办理内部交接时,理货员须根据到货凭证,对货物进行初检。

(一)核对凭证

货物运抵仓库后,理货员首先要检验商品入库凭证,然后按商品入库凭证所列的收货单位、货物名称、规格及数量等具体内容,与商品各项标志核对。经复核复查无误后,即可进行下一道程序。通常凡入库商品应该具备下列证件:存货单位提供的入库通知书、订货合同等;存货单位提供的质量证明书或合格证、装箱单、磅码单、发货明细等;运输单位提供的运单,如入库前在运输途中发生残损,应有笔录内容。验收时若发现问题,应根据具体情况做具体分析,采取相应措施。

(二)大数点收

大数点收是按照商品的大件包装(即运输包装)进行数量清点。点收的方法有两种:一是逐件点数计总;二是集中堆码点数。

对于花色品种单一,包装大小一致,数量大或体积小的商品,适于用集中堆码点数法,即将入库的商品堆成固定的垛形(或置于固定容量的货架),排列整齐,每层、每行件数一致,一批商品进库完毕,货位每层(横列)的件数乘层数可得出每垛总数。再乘总垛数即可得出商品总数。最后一垛其顶层的件数往往是零头,与以下各层的件数不一样。

(三)检查货物的表面状态

在大数点收的同时,对每件货物的外表状态要认真查验。如发现包装破损、内容外泄、油污、散落、标志不当等不良质量状况,必须单独存放,并详细检查内部有无短缺、破损和变质。逐一查看包装标志,目的在于防止不同商品混入,避免差错,并根据标志指示操作确保入库储存安全。

(四)办理交接手续

入库货物经过上述工序,在检查完毕后,就可以与接货人员办理货物交接手续。交接手续通常是仓库保管员在送货回单上签名盖章表示货物收讫。如果在上述程序中发现差错、破损等情形,必须在送货单上详细注明或由接货人员出具差错、异状记录,详细写明差错数量、破损情况等,以便与运输部门分清责任,作为查询处理的依据。

货物入库交接除了要履行规范的手续外,还要进行卸车作业。如果把入库卸车、验收和堆码作业连续一次性完成,即一次性作业,对于减少入库环节、提高作业效率、降低成本有着十分重要的意义,应力争实现一次性作业。

五、货物入库验收

货物入库验收,是仓储工作的起点,是分清仓库与货主或运输部门责任的界线,并为保管养护打下基础。商品入库的验收工作,主要包括数量验收、质量验收和包装验收三个方面。在数量和质量验收方面应分别按商品的性质、到货情况来确定验收的标准和方法。

(一)商品验收的基本要求

(1)及时。到库商品必须在规定的期限内完成入库验收工作。这是因为商品虽然到库,但未经过验收的商品没有入账,不算入库,不能供应给用料单位。只有及时验收,尽快做出验收报告才能保证商品尽快入库入账,满足用料单位需求,加快商品和资金的周转。同时,商品的托收承付和索赔都有一定的期限,如果验收时发现商品不合规定要求,要提出退货、换货或赔偿等要求,均应在规定的期限内提出;否则,供方或责任方不承担责任,银行也将办理拒付手续。

(2)准确。以商品入库凭证为依据,准确查验入库货物的实际数量和质量状况,并通过书面材料准确地反映出来,做到货、账、卡相符,提高账货相符率,降低收货差错率,提高企业的经济效益。

(3)严格。仓库的各方都要严肃认真地对待商品验收工作。验收工作的好坏直接关系到各方的利益,也关系到以后各项仓储业务的顺利开展。因此,仓库领导应高度重视验收工作,直接参与验收人员要以高度负责的精神来对待这项工作,明确每批商品验收的要求和方法,并严格按照仓库验收入库的业务操作程序办事。

（4）经济。商品在验收时，多数情况下，不但需要检验设备和验收人员，而且需要装卸搬运机具和设备以及相应工种工人配合。这就要求各项工作密切协作，合理组织调配人员、设备，以节省作业费用。此外，在验收工作中，尽可能保护原包装，减少或避免破坏性试验，也是提高作业经济性的有效手段。

（二）商品验收准备

验收准备是货物入库验收的第一道程序。仓库接到到货通知后，应根据商品的性质和批量提前做好验收的准备工作，包括以下五个方面的内容：

（1）人员准备。安排好负责质量验收的技术人员和用料单位的专业技术人员以及配合数量验收的装卸搬运人员。

（2）资料准备。收集、整理并熟悉待验商品的验收凭证、资料和有关验收要求，如技术标准、订货合同等。

（3）器具准备。准备好验收用的计量器具、卡量工具和检测仪器仪表等，并检验好准确性。

（4）货位准备。落实入库货物的存放货位，选择合理的堆码垛型和保管方法，准备所需的苫垫堆码物料。

（5）设备准备。大批量商品的数量验收，必须有装卸搬运机械的配合，应做好设备的申请调用。

此外，对特殊商品的验收，如毒害品、腐蚀品、放射品等，还需配备相应的防护用品，采取必要的应急防范措施，以防万一。对进口货物或存货单位要求对货物进行内在质量检测时，要预先联系商检部门或检验部门到库进行检验或质量检测。

（三）核对凭证

核对凭证应从下列三个方面进行：

（1）审核验收依据。包括业务主管部门或货主提供的入库通知单、订货合同、协议书等。

（2）核对供货单位提供的验收凭证。包括质量保证书、装箱单、码单、说明书和保修卡及合格证等。

（3）核对承运单位提供的运输单证。包括提货通知单和货物残损情况的货运记录、普通记录和公路运输交接单等。

在整理、核实、查对以上凭证时，如果发现证件不齐或不符等情况，要与货主、供货单位、承运单位和有关业务部门及时联系解决。

（四）确定验收比例

由于受仓库条件和人力的限制，对某些批量大、在短时间内难以全部验收，或全部打开包装会影响商品的储存和销售，或流水线生产的产品质量有代表性无须全部验收等情况，可采用抽验方法。抽验比例应首先考虑以合同规定为准，合同没有规定时，确定抽验的比例一般应考虑以下因素：

（1）商品的价值。商品价值高的，抽验比例大，反之则小，有些价值特别大的，商品应全验。

（2）商品的性质。商品性质不稳定的或质量易变化的，验收比例大，反之则小。

（3）气候条件。在雨季或黄梅季节,怕潮商品抽验比例大,在冬季怕冻商品抽验比例大,反之则小。

（4）运输方式和运输工具。对采用容易影响商品质量的运输方式和运输工具运输的商品,抽验比例大,反之则小。

（5）厂商信誉。厂商信誉好,抽验比例小,反之则大。

（6）生产技术。生产技术水平高或流水线生产的商品,产品质量较稳定,抽验比例小,反之则大。

（7）储存时间。入库前,储存时间长的商品,抽验比例大,反之则小。

在按比例抽验时,若发现商品变质、短缺、残损等情况,应考虑适当扩大验收比例,直至全验,彻底验清商品的情况。

（五）实物验收

实物验收包括内在质量、外观质量、数量、重量和精度验收。当商品入库交接后,应将商品置于待检区域,仓库管理员及时进行外观质量、数量、重量及精度验收,并进行质量送检。

（1）外观质量验收。外观质量验收的方法主要采用看、听、摸和嗅等感官检验方法。要准确进行外观质量检验,就要求保管员拥有丰富的识货能力和判断经验。外观质量验收的内容包括:外包装完好情况、外观质量缺陷、外观质量受损情况和受潮、霉变和锈蚀情况等。

（2）数量验收。主要包括以下三种方法:

① 点数法,指逐件清点,一般适用于散装的或非定量包装的商品。

② 抽验法,指按一定比例开箱点件的验收方法,适合批量大、定量包装的商品。

③ 检斤换算法,指通过重量过磅换算该商品的数量,适合商品标准和包装标准的情况。

（3）重量验收。商品的重量一般有毛重、皮重、净重之分。人们通常所说的商品重量是指商品的净重。重量验收是否合格,是根据验收的磅差率与允许磅差率的比较判断的,若验收的磅差率未超出允许磅差率范围,说明该商品合格;若验收的磅差率超出允许磅差率范围,说明该批商品不合格。磅差是指由于不同地区的地心引力差异、磅的精度差异及运输装卸损耗的因素造成重量过磅数值的差异。

表3-1所示为金属允许的磅差率范围。

表3-1　金属允许的磅差率范围

品　种	有色金属	钢铁制品	钢　材	生铁、废钢	贵金属
允许磅差	±1‰	±2‰	±3‰	±5‰	±0‰

重量验收方法包括以下几种:

① 检斤验收法,是指对于非定量包装的、无码单的商品,进行打捆、编号、过磅和填制码单的一种验收方法。磅码单如表3-2所示。

表 3-2　磅码单

供货单位＿＿＿＿＿＿＿＿＿＿＿　　　　　品　　名＿＿＿＿＿＿＿＿＿＿＿
合同编号＿＿＿＿＿＿＿＿＿＿＿　　　　　型号规格＿＿＿＿＿＿＿＿＿＿＿

序　号	重　量	序　号	重　量	序　号	重　量
1		6		11	
2		7		12	
3		8		13	
4		9		14	
5		10		15	

$$实际磅差率 = \frac{实际重量 - 应收重量}{应收重量} \times 1\,000‰$$

$$索赔重量 = 应收重量 - 实收重量$$

② 抄码复衡抽验法，是指对定量包装的、附有码单的商品，按合同规定的比例抽取一定数量商品过磅的验收方法。

$$抽验磅差率 = \frac{\sum 抽验重量 - \sum 抄码重量}{\sum 抄码重量} \times 1\,000‰$$

$$索赔重量 = 抽验磅差率 \times 应收总重量$$

③ 平均扣除皮重法，是指按一定比例将包装拆下过磅，求得包装物的平均重量，然后再将未拆除包装的商品过磅，从而求得该批货物的全部皮重和毛重。在使用这种方法时，一定要合理选择应拆包装物数量，使净重更趋准确。

④ 除皮核实法，是指选择部分商品拆开过磅，分别求得商品的毛重和净重，再与包装上标记的重量进行核对。核对结果未超过允许差率，即可依其数值计算净重。

⑤ 约定重量法，是指存货单位和保管单位在签订《仓储保管合同》时，双方对商品的皮重已按习惯数值有所约定，则可遵从其约定净重。

⑥ 整车复衡方法，是指大宗无包装的商品，如生铁、煤、砂石等，检验时要将整车引入专用地磅，然后扣除空车重量，即可求得商品的净重。这种方法适合散装的块状、粒状或粉状的商品。

⑦ 理论换算法，适合于定尺长度的金属材料、塑料管材等。仓库在重量验收过程中，要根据合同规定的方法进行。为防止人为因素造成磅差，一旦验收方法确定后，出库时必须用同样的方法检验商品，这就是进出库商品检验方法一致性原则。

（4）精度验收。精度验收主要包括仪器仪表精度和金属材料尺寸精度检验两个方面。

对仪器、仪表精度检验时，除用简易的指标在仓库验收时检验外，一般专门由质检部门或厂方负责质量检验，仓库免检。

对金属材料的尺寸精度检验是仓库的一项十分重要的工作。金属材料的尺寸，分公称尺寸和实际尺寸两种：公称尺寸是指国际标准和国家标准中规定的名义尺寸，即在生产过程中希望得到的理想尺寸，是生产、储运和使用的依据；实际尺寸是指验收中直接测得的长、宽和直径的尺寸。在实际生产中,产品的实际尺寸与理想尺寸总存在着一定的差距。

尺寸精度是用公称尺寸与实际尺寸的差异范围来表示的,包括偏差和公差。偏差是实际尺寸与公称尺寸之间的差数,实际尺寸小于公称尺寸,两者差数为负数,则称负偏差;实际尺寸大于公称尺寸,两者差数为正数,则称正偏差。公差是指尺寸允许的误差。

金属材料在交货时,都有一定的正负偏差范围。偏差范围内,则符合尺寸检验要求。

(六)商品验收过程中发现问题的处理

在商品验收中,可能会发现一些问题,验收人员应根据不同情况,在有效期内进行处理。处理问题要做到及时、准确,并要认真填写商品验收记录。在问题未解决之前,有问题的商品应分开存放,妥善保管,尽量保持原包原捆,不得发放出库。

(1)证件未到或不齐全时,应及时向供货单位或存货单位索取,到库商品作为待检验商品堆放在待检区,妥善保管,待证件到齐后再进行验收。证件未到之前,不能验收,不能入库,更不能发料。

(2)凡质量不符合规定的,验收人员应如实慎重填写商品验收记录,并及时通知存货单位,由存货单位向供货单位交涉处理。

(3)数量、型号、规格不符合规定,主要有以下几种原因:供货单位少发、错发;承运部门错装、错运、错送或者在运输过程中造成货损货差;提货人员在车站、码头等错提、少提、多提、串提或在途中造成货物丢失、被盗等。遇到这种情况时,提货人员应积极查询,追回少提部分,退回多提部分,换回错提、串提部分,无法追回的部分由仓库处理,并负责赔偿。

(4)入库通知单或其他证件已到,但在规定的时间内商品未到库时,应及时向存货单位反映,以便存货单位向供货单位或承运部门查询。

(5)价格不符时,供方多收部分应予拒付,少收部分经检验核对后,应主动及时更正。如果总额计算错误,应通知供货单位及时更正。

(6)对仓库收到的无存货单位的无主商品,仓库收货后应及时查找该批货物的产权部门,主动与发货人联系,了解货物的来龙去脉,并作为待处理商品,不得动用,依其现状做好记录,待查清后再做处理。

(7)发现货物出现残损、潮湿、短件等情况时,必须取得承运部门的货运记录和普通记录。验收人员应将残损、潮湿、短件等详细情况记入商品验收记录,并和承运部门的记录一并交回存货单位处理。如属供货单位或承运部门的责任,由存货单位与供货单位或承运部门交涉处理;如系仓库责任(在提、接、运过程中发生的),则由仓库与存货单位协商处理或赔偿。

六、商品入库手续

商品检验合格,即应办理入库手续,这是商品验收入库阶段的最后环节,也是一项严肃的基础工作。

(一)安排货位

安排货位时,必须将安全、方便、节约的思想放在首位,使货位合理化。货物因自身的自然属性不同而具有不同的特性,如有的商品怕冻,有的易受潮等。如果货位不能适应储存货物的特性,就会影响货物质量,要尽可能缩短收、发货时间;以最少的仓容,储存最大限量的货物,提高仓容使用效能。

(二)搬运

经过充分的入库准备及货位安排后,搬运人员就可把验收场地上经过点验合格的入库货物,按每批入库单开制的数量和相同的品种集中起来,分批送到预先安排的货位,要做到进一批、清一批,严格防止品种互串和数量溢缺。分类工作应力争送货单位的配合,在装车起运前,就做到数量准、批次清。对于批次多和批量小的入库货物,分类工作一般可由保管收货人员在单货核对、清点件数过程中同时进行,也可将分类工作结合在搬运时一起进行。

在搬运过程中,要尽量做到"一次连续搬运到位",力求避免入库货物在搬运途中的停顿和重复劳动。对有些批量大、包装整齐的货物,仓库具备机械操作能力,应尽量采用机械搬运方式。

(三)堆码

货物堆码是指货物入库存放的操作方法和方式。堆码时要保证人身和货物的安全、清点数量的便利及仓库容量利用率的提高。

(四)登账

商品入库登账,除仓库的财务部门有商品账凭以结算外,保管业务部门则要建立详细反映库存商品进、出和结存的保管明细账,现一般用仓库与库存管理系统来进行,用以记录库存商品动态,并为对账提供主要依据。登账必须以正式合法的凭证为依据,如商品入库单和出库单、领料单等。

(五)立卡

"卡"又称"料卡"或"商品验收明细卡",能够直接反映该垛商品品名、型号、规格、数量、单位及进出动态和积存数,一般挂在上架货物的下方或故在堆垛商品的正面。货卡按其作用不同可分为货物状态卡、商品保管卡。商品保管卡包括标志卡和储存卡等。商品保管卡采用何种形式,应根据仓储业务需要来确定。

(1)货物状态卡是用于表明货物所处业务状态或阶段的标志,根据 ISO 9000 国际质量体系认证的要求,在仓库中应根据货物的状态,按可追溯性要求,分别设置待检、待处理、不合格和合格等状态标志。

(2)货物标志卡用于表明货物的名称、规格、供应商和批次等。根据 ISO 9000 质量体系认证的要求,在仓库中应根据货物的不同供应商和不同入库批次,按可追溯性要求,分别设置标志卡。

(3)储存卡是用于表明货物的入库、出库与库存动态的标志。卡片应按"入库通知单"所列内容逐项填写。商品入库堆码完毕,应立即建立卡片,一垛一卡。对于卡片的处理,通常有两种方式:一是由保管员集中保存管理。这种方法有利于责任制的贯彻,即专人专责管理。但是,如果有进出业务而该保管员缺勤时就难以及时进行。二是将填制的料卡直接挂在物资垛位上。挂放位置要明显、牢固。这种方法的优点是便于随时与实物核对,有利于物资进、出业务的及时进行,可以提高保管人员作业活动的工作效率。

(六) 建立商品档案

建立商品档案是将物资入库业务全过程的有关资料证件进行整理、核对,建立资料档案,以便货物管理和保持客户联系,为将来发生争议时提供依据,同时也有利于总结和积累仓库管理经验,为物资的保管、出库业务创造良好的条件。

(1) 档案资料的范围。

① 货物出厂时的各种凭证、技术资料。

② 货物到达仓库前的各种凭证、运输资料。

③ 货物入库验收时的各种凭证、资料。

④ 货物保管期间的各种业务技术资料。

⑤ 货物出库和托运时的各种业务凭证、资料。

(2) 建档工作的具体要求。

① 应一物一档:建立商品档案应该是一物(一票)一档。

② 应统一编号:商品档案应进行统一编号,并在档案上注明货位号,"实物保管明细账"上注明档案号,以便查阅。

③ 应妥善保管:商品档案应存放在专用的柜子里,由专人负责保管。

(七) 签单

商品入库后,应及时按照"仓库商品验收记录"要求签回单据,以便向供货单位和货主表明收到商品的情况。另外,如果出现短少等情况,也可作为货主向供货方交涉的依据,所以签单必须准确无误。

第二节 商品在库管理

一、在库商品的养护与保管

商品在储存过程中,由于商品本身自然属性及外界因素的影响,随时会发生各种各样的变化,从而降低甚至丧失产品的使用价值。保管是指对物品进行储存,并对其进行物理性管理的活动。商品保管的目的就在于根据各种不同商品的特点,为储存商品提供和创造适宜的保管条件;采取相应的措施和手段,最大限度地减少或延缓商品的自然损耗,以保证商品的使用价值。

要做好商品养护和保管工作,首先必须了解商品质量变化的形式及导致商品质量变化的因素。

(一) 库存商品质量变化的形式

商品在库存过程中的质量变化归纳起来有物理机械变化、化学变化、生理生化变化及其他生物引起的变化等。

1. 商品的物理机械变化

物理变化是指只改变物质本身的外表形态，不改变其本质，没有新物质的生成，并且有可能反复进行的质量变化现象。物品的机械变化是指物品在外力的作用下，发生形态变化。物理机械变化的结果不是数量损失，就是质量降低，甚至使物品失去使用价值。物品常发生的物理机械变化主要有挥发、熔化、溶化、渗漏、串味、冻结、沉淀、沾污、破碎与变形等。

（1）挥发。低沸点的液体商品，在空气中经汽化而散发到空气中的现象。这种挥发的速度与气温的高低、空气流动速度的快慢、液体表面接触空气面积的大小呈正比关系。防止商品挥发的主要措施是加强包装的密封性。此外，要控制仓库温度，高温季节要采取降温措施，保持在较低温度条件下储存，以防挥发。

（2）熔化。低熔点的商品受热后发生软化以致熔化为液体的现象。商品的熔化，除受气温高低的影响外，还与商品本身的熔点、商品中杂质种类和含量高低密切相关。熔点越低，越易熔化；杂质含量越高，越易熔化。商品熔化，有的会造成商品流失、粘连包装、沾污其他商品；有的因产生熔解热而体积膨胀，使包装爆破；有的因商品软化而使货垛倒塌。预防商品的熔化应根据商品的熔点高低，选择阴凉通风的库房储存。在保管过程中，一般可采用密封和隔热措施，加强库房的温度管理，防止日光照射，尽量减少温度的影响。

（3）溶化。有些固体商品在保管过程中能吸收空气和环境中的水分，当吸收数量达到一定程度时，就会溶化成液体。易溶性商品具有吸湿性和水溶性两种性能。商品溶化与空气温度、湿度及商品的堆垛高度有密切关系。商品溶化后本身的性质并没有变化，但由于形态改变，给储存带来很大的不便。对易溶化商品应按商品性能，分区分类存放在干燥阴凉的库房内，避免与含水分较大的商品同储。在堆码时要注意底层商品的防潮和隔潮，垛底要垫得高一些，并采取吸潮和通风相结合的温、湿度管理方法来防止商品吸湿溶化。

（4）渗漏。液体商品，特别是易挥发的液体商品，由于包装容器不严密、包装质量不符合商品性能的要求及在搬运装卸时碰撞震动破坏了包装，而使商品发生跑、冒、滴、渗的现象。商品渗漏，与包装材料性能、包装容器结构及包装技术优劣有关，还与仓储温度变化有关。因此，对液体商品应加强入库验收和在库商品检查及温湿度控制和管理。

（5）串味。吸附性较强的商品吸附其他气体、异味，从而改变本来气味的变化现象。商品串味与其表面状况、与异味物质接触面积的大小、接触时间的多少以及环境中异味的浓度有关。预防商品串味，应对易被串味的商品尽量采取密封包装，在储存中不得与有强烈气味的商品同库储藏，同时还要注意仓储环境的清洁卫生。

（6）沉淀。含有胶质和易挥发成分的商品，在低温和高温等因素影响下，引起部分物质的凝固，进而发生沉淀和膏体分离的现象。预防商品的沉淀，应根据不同商品的特点，防止阳光照射，做好商品冬季保温工作和夏季降温工作。

（7）沾污。商品外表沾有其他脏物，染有其他污秽的现象。其主要原因是生产、运输储存中卫生条件差以及包装不严所致。对一些外观质量要求较高的商品，如服装、仪器等要特别注意。

（8）破碎与变形。常见的机械变化，指商品在外力作用下所发生的形态上的改变。对于容易破碎和变形的商品，要注意妥善包装，轻拿轻放。在库房内堆垛高度不能超过一定的压力限度。

2. 商品的化学变化

商品的化学变化与物理变化有本质的区别。它的产生,不仅改变了商品的外表形态,也改变了商品的本质,并且有新物质生成,且不能恢复原状的变化现象。商品化学变化过程即商品质变过程,严重时会使商品失去使用价值。商品的化学变化形式主要有氧化、分解、水解、化合、聚合、锈蚀、风化等形式。

(1) 氧化。商品与空气中的氧及其他能放出氧的物质,所发生的与氧结合的变化。商品发生氧化,不仅会降低商品的质量,有的还会在氧化过程中,产生热量,发生自燃,有的甚至会发生爆炸事故。此类商品,只有储存在干燥、通风、散热和温度比较低的库房,才能保证其质量安全。

(2) 分解。某些性质不稳定的商品,在光、热、电、酸、碱及潮湿空气的作用下,由一种物质生成两种或两种以上物质的变化现象。商品发生分解反应后,不仅使其数量减少、质量降低,有的还会在反应过程中产生一定的热量和可燃气体,并引起事故。

(3) 水解。某些商品在一定条件下,遇水所发生分解的现象。例如,硅酸盐和肥皂,其水解产物是酸和碱,这样就同原来的商品具有不同的性质。

(4) 化合。商品在储存期间,在外界条件的影响下,两种或两种以上的物质相互作用而生成一种新物质的反应。此种反应,一般不是单一存在于化学反应中,而是两种反应(分解和化合)依次先后发生。如果不了解这种情况,就会给保管和养护此类商品造成损失。

(5) 聚合。某些商品,在外界条件的影响下,能使同种分子互相加成而结合成一种更大分子的现象。储存和保管养护此类商品时,要特别注意日光和储存温度的影响,以便防止发生聚合反应,造成商品质量的降低。

(6) 锈蚀。金属或金属合金,同周围的介质相接触时,相互间发生了某种反应,而逐渐遭到破坏的过程。金属商品之所以会发生锈蚀,其一是由于金属本身化学性质不稳定,在其组成中存在着自由电子和成分的不纯;其二是由于受到水分和有害气体的作用所造成的。

(7) 风化。含结晶水的商品,在一定温度和干燥空气中,失去结晶水而使晶体崩解,变成非结晶状态的无水物质的现象。

3. 商品的生理生化变化及其他生物引起的变化

生理生化变化是指有生命活动的有机体商品,在生长发育过程中,为了维持它的生命,本身所进行的一系列生理变化。这些变化主要有呼吸、发芽、胚胎发育、后熟。其他生物引起的变化有霉腐、虫蛀等。

(1) 呼吸。有机商品在生命活动过程中,不断地进行呼吸,分解体内有机物质,产生热量,维持其本身的生命活动的现象。呼吸作用可分为有氧呼吸和无氧呼吸两种类型。不论是有氧呼吸还是无氧呼吸,都要消耗营养物质,降低商品的质量。保持正常的呼吸作用,是有机体的基本生理活动,商品本身也具有一定的抗病性和耐储存性。因此,鲜活商品的储藏应保证它们正常而最低的呼吸,利用它们的生命活性,减少商品损耗、延长储藏时间。

(2) 发芽。有机体商品在适宜条件下,冲破"休眠"状态,发生的发芽、萌发现象。发芽的结果会使有机体商品的营养物质转化为可溶性物质,供给有机体本身的需要从而降低有机体商品的质量。在发芽萌发过程中,通常伴有发热、生霉等情况,不仅增加了损耗,而且降低了质量。因此,对于能够萌发、发芽的商品,必须控制它们的水分,并加强温湿度管理,防止发芽、萌发现象的发生。

（3）胚胎发育。主要是指鲜蛋的胚胎发育。在鲜蛋的保管过程中，当温度和供氧条件适宜时，胚胎会发育成血丝蛋、血环蛋。经胚胎发育的禽蛋新鲜度和食用价值将大大降低，为抑制鲜蛋的胚胎发育，应加强温湿度管理，最好是低温储藏或减少供氧，亦可采用石灰水浸泡、表面涂层等方法。

（4）后熟。瓜果、蔬菜等类的食品在脱离母株后继续其成熟过程的现象。瓜果、蔬菜等的后熟，能改进色、香、味以及适口的硬脆度等食用性。但当后熟作用完成后，则容易发生腐烂变质，难以继续储藏甚至失去食用价值。因此，对于这类鲜活食品，应在其成熟之前采收并采取控制储藏条件的办法，来调节其后熟，以达到延长储藏期限、均衡上市的目的。

（5）霉腐。商品在霉腐微生物作用下所发生的霉变和腐败现象。在气温高、湿度大的季节，如仓库温湿度控制不好，有些商品将会生霉或腐烂，使商品受到不同程度的损失，严重的可使商品完全失去使用或食用价值，甚至造成人畜食用后中毒。

（6）虫蛀。商品在储存期间，常常会遭到仓库害虫的蛀蚀。经常危害商品的仓库害虫有多种，仓库害虫不仅破坏商品的组织结构，使商品发生破碎和孔洞，而且其排泄的各种代谢废物污染商品，影响商品质量和外观，降低商品使用或食用价值，因此害虫对商品的危害性是很大的。凡是含有有机成分的商品，都容易遭受害虫蛀蚀。

（二）影响库存商品质量变化的因素

商品在储存期间发生的质量变化，是由一定因素引起的。为了确保商品的安全，了解商品质量变化的规律，必须找出其变化原因。通常引起商品变化的因素有内因和外因两种，内因是变化的根据，外因是变化的条件。

1. 商品质量变化的内因

（1）商品的物理性质，主要包括商品的吸湿性、导热性、透气性、透水性等。吸湿性是指商品吸收和放出水分的特性，很多商品质量变化都与其含水的多少以及吸水性的大小有直接关系；导热性是指商品耐温度变化而不致被破坏或显著降低强度的性质；透气性是指商品能被水蒸气透过的性质；商品能被水透过的性质叫透水性。

（2）商品的机械性质，是指商品的形态、结构在外力作用下的反应。商品的这种性质与其质量关系极为密切，是体现适用性、坚固耐久性和外观的重要内容，它包括商品的弹性、可塑性、强度等，这些商品的机械性质对商品的外形及结构变化有很大的影响。

（3）商品的化学性质，是指商品的形态、结构以及商品在光、热、氧、酸、碱、温度、湿度等作用下，发生改变商品本质的性质。与商品储存密切相关的商品的化学性质包括商品的化学稳定性、毒性、腐蚀性、燃烧性、爆炸性等。

2. 商品质量变化的外因

（1）空气中的氧。空气中约含有 21% 左右的氧气。氧是非常活跃的，能和许多商品发生作用，对商品质量变化影响很大。因此，在商品养护中，对受氧气影响比较大的商品，要采取各种方法隔绝氧气。

（2）日光。日光中含有热量、紫外线、红外线等，它对商品起着正反两方面的作用：一方面，日光能够加速受潮商品的水分蒸发，杀死杀伤微生物和商品害虫，在一定条件下，有利于商品的养护;另一方面,某些商品在日光的直射下会发生破坏作用,如挥发、褪色、老化等。因此,要根据各种不同商品的特性,注意避免或减少日光的照射。

(3) 微生物和仓库害虫。微生物和害虫的存在是商品霉腐、虫蛀的前提条件。微生物可使商品产生腐臭味和色斑霉点,影响商品的外观,同时使商品受到破坏、变质,丧失其使用或食用价值;害虫在仓库里,不仅蛀食动植物性商品和包装,有些仓虫还能危害塑料、化纤等化工合成商品。此外,白蚁和老鼠还会蛀蚀仓库建筑物和纤维质商品。

(4) 温度。气温是影响商品质量变化的重要因素,温度能直接影响物质微粒的运动速度,一般商品在常温或常温以下,都比较稳定。高温能够促进商品的挥发、渗漏、熔化等物理变化及各种化学变化;而低温又容易引起某些商品的冻结、沉淀等变化;温度忽高忽低,会影响到商品质量的稳定性;此外,温度适宜时会给微生物和仓库害虫的生长繁殖创造有利条件,加速商品腐败变质和虫蛀。因此,控制和调节仓储的温度是商品养护的重要工作之一。

(5) 空气的湿度。空气湿度的改变,能引起商品的含水量、化学成分、外形或体态结构发生变化。湿度降低,将使商品因放出水分而降低含水量,减轻重量。所以,在商品养护中,必须掌握各种商品适宜的湿度要求,尽量创造商品适宜的空气湿度。

(6) 卫生条件及有害气体。卫生条件不良,不仅使灰尘、油垢、垃圾等污染商品,造成某些外观疵点和感染异味,而且还为微生物、仓库害虫创造了活动场所。因此,在储存过程中,一定要搞好储存环境的卫生,保持商品本身的卫生,防止商品之间的感染。大气中的有害气体,主要来自燃料燃放时放出的烟尘以及工业生产过程中的粉尘、废气。商品储存在有害气体浓度大的空气中,其质量变化明显,特别是金属商品,必须远离二氧化硫发源地。

(三) 库存商品保管措施

商品保管不仅是技术问题,也是管理问题。它是一门综合性应用科学,对于普通商品的养护工作而言,维持它们质量、数量、包装的完好,重要的不是技术措施的保证,而是管理水平的高低。制定必要的管理制度和操作规程并严格执行是各项管理工作的基础。"以防为主,以治为辅,防治结合"是商品保管工作的方针。具体应做好以下几个方面的工作。

1. 坚持在库检查

商品在储存期间会受到各种因素的影响,而它的变化往往会经历一个量变到质变的过程。有些商品在进入仓库前未发现异状,可是经过一段时间会发生变质。如果仓库的管理人员能够及时地发现并采取相应的措施和手段,有效地控制外界因素的影响,就可以避免商品受到损失。这就要求仓库的管理人员根据储存商品的性质、保管条件、气候变化,确定检查对象、检查周期,经常对商品进行检查测试。

商品在库检查时不可能每批每件都查,可以排出重点,有计划、有步骤地进行定期检查。一般可将下列商品作为重点排查对象:

(1) 入库时发现已有问题的商品。

(2) 性能不稳定或不够熟悉的商品。

(3) 堆放场所不适宜的商品。

(4) 已有轻微异状但尚未处理的商品。

(5) 储存时间较长的商品(即久储商品)。

（6）储存在最易发生问题的部位的商品,如近窗、沿墙、垛底、垛心等处的商品。

必要时可进行翻堆倒垛、抽芯挖底检查,以便深入发掘问题。总之,对库存商品的质量情况,应进行定期或不定期的检查,及时发现在库商品存在的异常情况。同时,要检查库场的虫、鼠害等方面的情况。

2. 确保仓库清洁卫生

垃圾、尘土、杂草为霉菌、害虫提供了生存空间,而霉菌、害虫的繁殖直接导致了仓储商品霉变、虫蛀、变质等。因此,要保管好商品,必须经常清除这些杂物,保持库房环境的整洁。

库房内要做到墙壁、窗台、墙沟、垛底无垃圾和污土;垛顶无积尘,走道、支道要每天打扫,货垛出清后要清扫货位,尾角、垛顶要清除蛛网、积尘。为了防止尘土飞扬,在水泥地坪上可用湿木屑洒地。露天场地要做到货位四周无积水、无垃圾、无杂草,保持环境整洁。

3. 加强仓库的温湿度管理

存储商品质量的变化及变化的快慢,取决于其自身的某些特性和保管环境两个方面的因素。商品自身的特性仓库无法控制,但保管环境对仓库来说是可控因素,也就是说,仓库无法阻止商品质量发生变化,但可以通过改善保管条件来延缓变化的速度,在合理的时间范围内维持合乎要求的商品质量。

保管环境中的温度和湿度是保证商品质量的决定性因素。各种商品按其内在特性,有不同的温、湿度要求,如果仓库内的温、湿度长期超过适度范围,就会加速商品质量变化。例如,沥青制品受热后会软化、水泥受潮之后会结块,从而降低了使用性能。所以,仓库必须根据气候条件,采取各种措施,使库房内的温度、湿度得到控制与调节,创造适宜商品储存的温、湿度条件。

仓库平时要做好温、湿度监测工作,并填写好仓库温、湿度记录表,早晚各监测一次。仓库温、湿度记录表所提供的资料即为采取相关措施的主要依据。常见的温、湿度控制措施有:

（1）密封。密封即采用一定方法把整厅、整垛或整件商品尽可能严密地封闭起来,减弱外界不良气候条件的影响,切断外界虫、霉菌感染和空气氧化途径,以达到商品安全储存的目的。密封是温、湿度调节的基础。没有良好的密封,通风、吸湿等措施形同虚设。

商品在密封前应对其进行检查,如发现有锈蚀、发黏、变质等现象,必须立即处理,待商品处于良好状态后方进行密封。密封时要选择适当的气候条件,一般选择在空气湿度较低的情况下进行。密封之后要定期检查,及时发现和纠正不良状况。

（2）通风。通风即根据空气流动的规律,科学地利用库内外的空气交换,调节库内的温、湿度。通风是利用自然条件的好办法,费用低廉,一般仓库均可运用。常用的有自然通风和机械通风两种方法。例如,利用库外干燥空气的大量流通,能降低库内商品的含水量;利用库外的低温空气,能降低库内商品的温度等。合理的通风可以保持库内适宜的温、湿度,从而保证商品质量的稳定性。

通风不是随时随地都可以进行的。仓库必须结合商品的保管需要,选择适当的通风时机,合理运用通风措施。通风与否主要是根据当时的库内外温、湿度的比较来判定。一般来讲,通风具有季节性,秋冬季空气干燥适于通风,春季机会不多,夏季机会更少。即使在冬季也要尽可能利用好的气象条件,一般西北风较干燥,东南风较潮湿,所以,最好在刮西北风时进行通风降湿,但是风力超过五级的风沙天气以及雾天、雪天、空气含有有害气体时,尽量不要通风,否则通风效果会适得其反。

(3)吸潮。梅雨季节或阴天,当库内湿度过高时对商品保管很不利,而库外湿度又过大、不宜进行通风降湿时,可以在密封库内采用吸潮的办法降低库内湿度。目前,国内常用的吸潮方法包括去湿机吸潮和吸潮剂吸潮。

① 去湿机吸潮。空气去湿机吸湿量较大,操作方便、效率较高、成本较低、无污染。目前,市场上去湿机的品牌和型号比较多,仓库可根据库场的实际情况,选择合适的品牌和型号。

② 吸湿剂吸潮。吸潮剂具有较强的吸潮性,能够迅速吸收库内空气中的水分,从而降低空气中的相对湿度。吸潮剂的媒质很多,常见的仓库使用的吸潮剂有生石灰、氯化钙、硅胶。

(4)降温。降温措施有很多,普通商品可采用苫盖遮阳,避免放在阳光直射的地方;对温度敏感的商品,气温高时可采用直接或间接洒水降温;对于容易自燃的商品,必要时可以采取在库内存放冰块、释放干冰的方法降温,以保证库内温度的适宜。

以上各种温、湿度控制措施应根据当时情况择优选用或者与其他方法结合使用,以达到综合治理的效果。

二、堆码与苫垫

(一)堆码

堆码是指根据货物的包装、外形、性质、质量和数量,结合季节和气候情况,以及储存时间的长短,将物品按一定的规律码成各种形状的货垛。

1. 堆码的基本要求

(1)合理。合理是指针对不同物品的性质、品种、规格、等级、批次和不同客户的物品,分开堆放。货垛形式适应物品的性质,有利于物品的保管,能充分利用仓容和空间;货垛间距符合作业要求以及防火安全要求;大不压小,重不压轻,缓不压急,不会围堵物品,特别是后进物品不能堵先进物品,确保先进先出。

(2)牢固。牢固指堆放稳定结实,货垛稳定牢固,不偏不斜,必要时采用衬垫物固定,不压坏底层物品或包装,不超过库场地坪承载能力。货垛较高时,上部适当向内收小,易滚动的物品,使用木楔或三角木固定,必要时使用绳索、绳网对货垛进行绑扎固定。

(3)定量。定量是指每一货垛的物品保持数量一致,采用固定长度和宽度,且为整数,每层货量相同或呈固定比例递减,做到过目成数。每垛的数字标记清楚,货垛牌或料卡填写完整,摆放在明显位置。

(4)整齐。整齐是指货垛堆放整齐,垛形、垛高、垛距标准化和统一化,货垛上每件物品都摆放整齐、垛边横竖成列、垛不压线。物品外包装的标记和标志一律朝垛外。

(5)节约。节约则是指尽可能地堆高,避免少量物品占用一个货位,以节约仓容,提高仓库利用率。妥善组织安排,做到一次作业到位,避免重复搬运,节约劳动消耗。合理使用苫垫材料,避免浪费。

(6)方便。方便是指选用的垛形、高度、堆垛方法应方便堆垛、搬运装卸作业,提高作业效率。垛形方便理数、查验物品,方便通风、苫盖等保管作业。

2. 货物堆码的类型

根据物品的性质、形状、重量等因素,结合仓库储存条件,将物品堆码成一定的货垛。货品在仓库内的存放和堆码方式一般有自身堆码、托盘堆码、货架存放、散堆存放等。

(1) 自身堆码。

自身堆码就是将同一种货物,按其形式、质量、数量和性能等特点,码垛成一个个货堆。在货堆与货堆之间留有供人员或搬运设备出入的通道。常见的堆码方法有重叠式堆码(板材)、纵横交错式堆码、正反交错式堆码和旋转交错式堆码等。

① 重叠式,即各层码放方式相同,上下对应。这种方式的优点是,工人操作速度快,包装货物的四个角和边重叠垂直,承载能力大。缺点是各层之间缺少咬合作用,容易发生塌垛。在货物底面积较大的情况下,采用这种方式具有足够的稳定性,如果再配上相应的紧固方式,则不但能保持稳定,还可以保留装卸操作省力的优点,如图 3-1 所示。

② 交错式,包括三类:纵横交错式,相邻两层货物的摆放旋转 90 度,一层横向放置,另一层纵向放置。每层间有一定的咬合效果,但咬合强度不高。适用于管材、捆装、长箱装等物品,如图 3-2(a)所示。

正反交错式,同一层中不同列的物品以 90 度角垂直堆码,而层间是 180 度角进行堆放方式,咬合强度较高,但不适宜机械化操作,如图 3-2(b)所示。旋转交错式堆码,每层物品间堆码总体上成风车型,而层间物品互相咬合交叉,稳定性高,不易塌垛,但码放难度大,面积利用率降低,如图 3-2(c)所示。

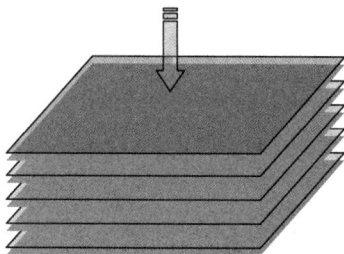

图 3-1 重叠式堆码

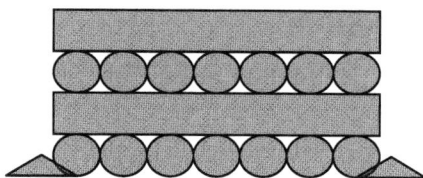

图 3-2(a) 纵横交错式堆码

奇数层

偶数层

图 3-2(b) 正反交错式堆码

图 3-2(c) 旋转交错式堆码

③ 仰伏相间式,对上下两面有大小差别或凹凸的物品,如槽钢、钢轨等,将物品仰放一层,再反一面伏放一层,仰装相同相扣。该垛极为稳定,但操作不便,如图3-3所示。

④ 压缝式,将底层并排摆放,上层放在下层两件物品之间。如果每层物品都不改变方向,则形成梯形形状。如果每层都改变方向,则类似于纵横交错式,如图3-4所示。

图3-3　仰伏相间式堆码

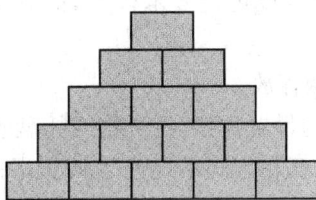

图3-4　压缝式堆码

⑤ 通风式,物品在堆码时,每件相邻的物品之间都留有空隙,以便通风。层与层之间采用压缝式或纵横交错式。通风式堆码可用于所有箱装、桶装以及裸装物品,起到通风防潮、散湿散热的作用,如图3-5所示。

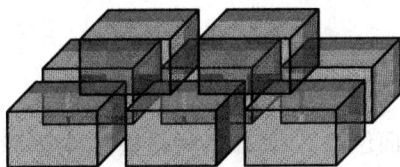

图3-5　通风式堆码

⑥ 栽柱式,码放物品前在货垛两侧栽上木桩或者钢棒,然后将物品平码在桩柱之间,几层后用铁丝将相对两边的桩柱拴连,再往上摆放物品。此方法适用于棒材、管材等长条状物品,如图3-6所示。

⑦ 衬垫式,码垛时,隔层或隔几层铺放衬垫物,平整牢靠后,再往上码。适用于不规则且较重的物品,如无包装电机、水泵等。

⑧ 直立式,根据商品的属性,将其保持垂直方向码放的方法,一般是将每批商品按件排成行列的形式,每行或列堆放一层或数层,垛形成长条形。适用于不能侧压的商品,如玻璃、片状砂轮易碎品,桶装、罐装、坛装商品,橡胶、塑料、沥青等侧压易粘制品。

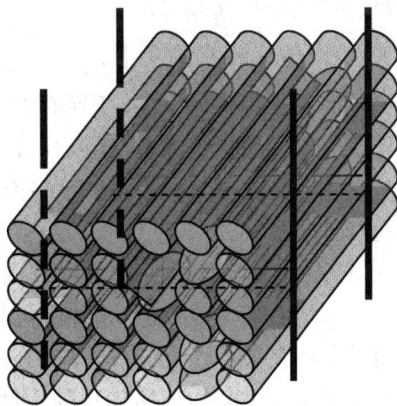

图3-6　栽柱式堆码

采用自身堆码时,货堆的高度受受货物强度的制约,一般以最低层货物不被压坏为前提,另外货堆的高度还受堆垛设备(如叉车)提升高度的限制。故货堆的高度一般小于4米。这种堆码方式是一种最简单、最原始的堆码方式。

如果货物的包装比较规整,而且有足够的强度时,则可采用无托盘的自身堆码方式。在叉车上装一些属具,如纸箱夹、推出器等进行作业。

(2) 托盘堆码。

托盘堆码即将货物码在托盘上,货物在托盘上码放方式可采用自身堆码采用的码放形式,然后用叉车将托盘货一层层堆码起来。对于一些怕挤压或形状不规则的货物,可将货物装在货箱内或带立柱的托盘上。由于货箱堆码时,是由货箱或托盘立柱承受货垛的重量,故这种托盘应具有较高的强度和刚度。

采用托盘堆码时,其堆码和出入库作业常采用叉车或其他堆垛机械完成,采用桥式堆垛机时,堆垛高度可达 8 米以上,故其仓库容积利用率和机械化程度比自身堆码有较大的提高。

(3)货架存放。

在仓库内设置货架,将货物或托盘放在货架上。采用货架存入的最大优点为:货物的重量由货架支撑,互相之间不会产生挤压,可实现有选择的取货或实现先进先出的出库原则。总之,货架存放形式为仓库的机械作业和计算机管理提供了必要的条件。

(4)散堆存放。

适用于露天存放的、没有或不需要包装的各种大宗商品,如煤炭、矿石、黄沙等散装货物。由于散货具有较强的流动性和散落性,且多在露天存放。所以,堆码的货垛要注意保持规定的温度、湿度,做到热天不自燃,下雨不流失,刮风不飞扬,损耗不超过国家标准。

(二)垫垛

1. 垫垛的目的

垫垛是指在商品堆垛前,在预定的货位地面位置上,使用各种衬垫材料进行铺垫。其主要目的是为了隔离地面的潮气和积水的侵蚀,并便于通风透气,防止商品受潮、霉变、残损,避免重物损坏地坪。常见的衬垫材料有废钢轨、钢板、枕木、木板、水泥墩、垫石、货板架、油毡、帆布、芦席、塑料薄膜等。

2. 垫垛的基本要求

商品如何垫底,取决于所存商品的性能和库场的现实情况。具体要求如下:

(1)所选衬垫物不会影响待存商品的品质。堆存商品时,要选择坚固耐压的衬垫物。

(2)堆场在使用前必须平整夯实,衬垫物要铺平放正,保持同一方向,露天堆场要布置畅通的排水系统。

(3)衬垫物不能露在货垛外面,以防遇水顺着衬垫物内流浸湿商品。

(4)垫底高度应视商品特性、气候条件、库场地理位置等具体情况而定,如无通风要求的商品存放在地面干燥的库房内,在垛底铺层油毡或帆布、芦席即可。一般情况下,露天货场垫高不低于 30 厘米,库房内垫高不低于 20 厘米。

(三)苫盖

苫盖是指为了减少日晒雨淋、扬尘湿气、风雪冰冻等自然环境对商品的直接侵蚀,利用专门的遮盖材料对货垛采取的保护性措施。常用的苫盖材料有苫布(包括各种篷布、塑料布、帆布等)、塑料薄膜、油毡纸、芦席、竹席、玻璃钢瓦、铁皮等。

1. 苫盖的方法

(1)就垛苫盖法。直接使用苫盖物覆盖在货垛上。该法操作方便,但不具备通风条件,适用于起脊形垛或大件商品的苫盖。可用帆布、油布或塑料布作为苫盖物。

（2）鱼鳞式苫盖法。将苫盖材料从货垛底部开始，自下而上呈鱼鳞式逐层交叠围盖，每件苫盖材料都需要固定，可于苫盖材料下端处加隔离板或向内反卷以达到通风透气的效果。该法通风条件较好，但操作比较烦琐。

（3）隔离苫盖法。苫盖材料与商品货垛不直接接触，用竹竿、木条、隔离板等架空苫盖物，使之与货垛间留有一定空隙，有利于隔热，又便于排水通风。

（4）活动棚苫盖法。将苫盖物制成一定形状的棚架，棚架支脚装有滑轮，可整体推动到达或退出货位。该法操作方便，具有良好的通风条件，但购买成本较高，且伞身还占用一定的仓库面积。

2. 苫盖的要求

苫盖的目的是为了防晒、防雨、防风、防尘。为了实现这个目的，苫盖必须具备下列基本要求：

（1）选料合理。苫盖材料的选用应符合"防火、安全、经济、耐用"的要求。还要结合商品对苫盖物的要求，如在易燃易爆品仓库，不得使用芦席、油毡纸等易燃苫盖物。

（2）符合苫盖的技术规范。无论采用何种苫盖方法，苫盖材料都应该加以固定，确保风刮不开。苫盖的接口要有一定程度的叠盖，不能留有空隙。苫盖材料表面平整没有凹陷，避免雨雪后积水渗入货垛。苫盖的底部与垫垛平齐，不腾空或拖地，一般离开地面10厘米以上，既防雨水渗入，又利于垛底通风。

三、盘点作业

商品在储存过程中，因其本身性质、自然条件的影响、计量器具的合理误差或人为的原因，易造成商品数量和质量的变化。为及时了解和掌握商品在储存过程中的变化，就需要经常地进行盘点和检查。

（一）商品盘点的目的

（1）确定现存量。由于多记、误记和漏记，使库存资料记录不实；由于商品损坏、丢失、验收和发货清点有误，造成库存量不实；由于盘点方法不当，产生误盘、重盘和漏盘时，造成库存不实。为此，必须确认现存数量。

（2）确认企业损益。企业的损益与总库存金额有着极其密切的关系，而库存金额与商品库存及单价呈正比，为准确计算出企业实际损益，必须进行商品的盘点。

（3）核实商品管理成效。通过盘点，可以发现呆品和废品及呆废品处理情况、存货周转率以及商品保管、保养、维修情况，从而采取相应的改善措施。

（二）商品盘点的种类与方法

1. 商品盘点的种类

盘点分为账面盘点及现货盘点。

账面盘点又称为永续盘点，就是把每天入库及出库商品的数量及单价记录在电脑或账簿上，而后不断地累计加总算出账面上的库存量及库存金额。

现货盘点亦称为实地盘点或实盘,也就是实地去点数、调查仓库内商品的库存数,再依商品单价计算出库存金额的方法。

在实际工作中将账面盘点与现货盘点的结果进行对比,如存在差异,即产生账货不符的现象,就应分析寻找错误原因,弄清究竟是账面盘点记错还是现货盘点点错,从而划清责任。

2. 商品盘点的方法

(1)动态盘点法(又叫永续盘点),是指对有动态的商品即发生过收、发业务的商品,及时核对该批商品余额是否与账、卡相符的一种盘点方法。动态盘点法有利于及时发现差错和问题处理。

(2)循环盘点法,是在每天、每周按顺序一部分一部分地进行盘点,到了月末或期末则每项商品至少完成一次盘点的方法。这种方法是按照商品入库的前后顺序,不论是否发生过进出业务,有计划地循环进行盘点的方法。

(3)重点盘点法,是指对商品进出动态频率高的,或者是易损耗的,或者是昂贵商品的一种盘点方法。

(4)定期全面盘点法,是指利用半年或年终财务结算前,在一定时间内对在库商品进行全面盘点清查的一种方法。这种方法下盘点的工作量大,检查的内容多,是把数量盘点、质量检查、安全检查结合在一起进行的方法。

(三)定期全面盘点的步骤

1. 做好盘点准备

盘点是一项费时、费力、工作量相当大的工作,没有充分的准备、严密的操作流程以及员工高度的责任心是无法顺利完成的。

(1)成立盘点组织。定期盘点需要建立临时性的,具有一定形式的联合组织。盘点组织由保管机构主管,技术管理机构、财务管理机构派人参加。

(2)人员的集训。盘点前必须对盘点人员进行必要的指导和培训,特别是新进入公司的员工,应讲清盘点要求、盘点常犯错误及异常情况的处理方法等。

(3)准备好盘点工具。需准备盘点表及红/蓝色圆珠笔、复写纸、计算器、大头针等。

(4)告知顾客。最好在3天前以各种方式通知顾客,供应商在盘点期间不收货、不退货、不发货。

(5)盘点工作分派。由于品项繁多,差异性大,不熟悉商品的人员进行盘点难免会出现差错,所以在初盘时,最好还是由管理该类商品的理货员来实施盘点,然后再请后勤人员及部门主管进行交叉的复盘及抽盘工作。

(6)整理储存场所。一般应在盘点前一日做好环境整理工作,包括:检查各个区位的商品陈列情况及仓库存货的位量和编号是否与盘点布置图一致;对尚未办理入库手续或出库手续的商品,应予以标明不在盘点之列;整理货垛、货架,使其整齐有序,以便点算。

2. 盘点时间确定

一般来说,为保证账物相符,货物盘点次数愈多愈好,但盘点需投入人力、物力、财力,有时大型全面盘点还可能引起生产的暂时停顿,所以,合理确定盘点时间非常必要。

一般性货品就货账相符的目标而言,导致盘点误差的关键原因主要在于出入库的过程。出入库越频繁,引起的误差也会随之增加,可能是因出入库作业单据的输入、检查点数的错误,或是出入库搬运造成的损失,因此一旦出入库作业次数多时,误差也随之增加。

仓库物品的流动速度较快,在尽可能投入较少资源的同时,要加强库存控制,可以根据物品的不同特性、价值大小、流动速度、重要程度来分别确定不同的盘点时间,盘点时间间隔可以从每天、每周、每月、每年盘点一次不等。另外,必须注意的问题是,每次盘点持续的时间尽可能短,全面盘点以 2～6 天内完成为佳,盘点的日期一般会选择在财务决算前夕,这样通过盘点决算损益,以查清财务状况。也可以在淡季进行,因淡季储货较少,业务不太频繁,盘点较为容易、投入资源较少,且人力调动也较为方便。对仓库来说,通常盘点时间的确定可参考表 3－3。

表 3－3　盘点时间确定表

盘点的对象	盘点的时间
主要物品(A类物品)	每天或每周盘点一次
一般物品(B类物品)	每二、三周盘点一次
次要物品(C类物品)	每月盘点一次

3. 盘点具体作业

盘点时,因工作单调琐碎,人员较难持之以恒。为了确保盘点质量,除人员组织培训时加强宣传教育外,工作进行期间应加以领导和督促。

在计算机信息管理系统里,通常是按仓卡编号和仓位编号进行盘点,打印出盘点清单供盘点人员使用;保管员将盘点结果输入计算机,并对盘点中产生差异的物品进行复核,对所报的物品损益进行复核,打印出盘点损益单;最后生成损益结算的财务凭证。

盘点作业的关键是点数,其工作强度极大,且手工点数差错率较高。通常可使用手掌机进行盘点,以提高盘点的速度和精确性。

4. 查找盘点差异的原因

当盘点结束后,会将一段时间以来积累的作业误差及其他原因引起的账物不符暴露出来。发现账物不符且差异超过容许误差时应立即追查产生差异的主要原因。

盘点差异的原因通常可能来自以下一些方面:

(1) 记账员素质不高,登录数据时发生错登、漏登等情况。

(2) 账务处理系统管理制度和流程不完善,导致数据出错。

(3) 盘点时发生漏盘、重盘、错盘现象,导致盘点结果出现错误。

(4) 盘点前数据资料未结清,使账面数不准确。

(5) 出入库作业时产生误差。

(6) 货物损坏、丢失等原因。

5. 盘点盘盈、盘亏的处理

差异原因查明后,应针对主要原因进行适当的调整与处理,至于呆滞品、废品、不良品减价的部分需与盘亏一并处理。货品除了盘点时产生的盈亏外,有些货品价格上会产生增减,这些变更经主管审核后必须利用货品盘点盈亏及价目增减更正表修改。

四、订单处理作业

仓库与其他经济实体一样,具有明确的经营目标和服务对象。由于物流配送的业务活动是以客户订单发出的订货信息作为其驱动源,在配送活动开始前应根据订单信息,对客户的分布、所订物品的品名、物品特性和订货数量、送货频率和要求等资料进行汇总和分析,以此确定所要配送的货物种类、规格、数量和配送时间,最后由调度部门发出配送信息(如拣货单、出货单等)。订单处理是调度、组织配送活动的前提和依据,是其他各项作业的基础。

订单处理是配送服务的第一个环节,也是配送服务质量得以保证的根本。其中,订单的分拣和集合是订单处理过程中的重要环节。

订单处理是实现企业顾客服务目标最重要的影响因素。改善订单处理过程,缩短订单处理周期,提高订单满足率和供货的准确率,提高订单处理全程跟踪信息,可以大大提高顾客服务水平与顾客满意度,同时也能够降低库存水平,降低物流成本,使企业获得竞争优势。

一般的订单处理过程主要包括五个部分,即订单准备、订单传递、订单登录、按订单供货、订单处理状态跟踪,如图 3-7 所示。

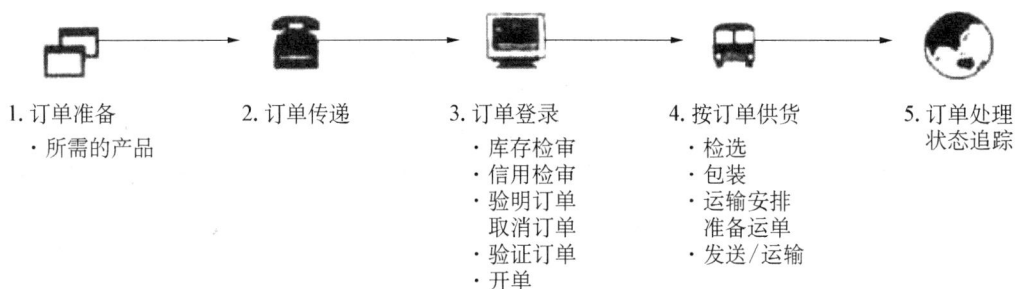

1. 订单准备	2. 订单传递	3. 订单登录	4. 按订单供货	5. 订单处理
·所需的产品		·库存检审	·检选	状态追踪
		·信用检审	·包装	
		·验明订单	·运输安排	
		取消订单	准备运单	
		·验证订单	·发送/运输	
		·开单		

图 3-7　订单处理过程

(一) 订单准备并汇总订单

订单准备是指顾客寻找所需产品或服务的相关信息并做出具体的订货决定。具体内容包括选择合适的厂商和品牌,了解产品的价格、功能、售后服务以及厂商的库存可供水平等信息。减少顾客订单准备的时间,降低顾客的搜寻成本,能够显著地增加企业产品的市场份额。

仓库在接收到订货通知后,要在规定的送货截止时间之前将各个用户的订货单进行汇总,以此来确定所要配送的货物的种类、规格、数量和配送时间等。

(二) 订货方式与订单传递

1. 订货方式

接受客户订单的方式分为传统订货方式和电子订货方式。

（1）传统订货方式。

①厂商铺货。供应商直接将物品放在货车上，一家家去送货，缺多少补多少，适用于周转率快的物品，或新上市物品。

②厂商巡货、隔天送货。供应商派巡货人员前一天先到各客户处查寻需补充的物品，隔天再予以补货。可利用巡货人员为商店整理货架、贴标签或提供经营管理意见、市场信息等，也可促销新品。传统的供应商采用这种方式，但成本较高，可能造成零售业者难以管理。

③电话口头订货。订货人员将物品名称及数量以电话口述的方式向厂商订货。由于每天需向许多供应商要货，且需订货的品项可能达数十种，故花费时间长，错误率高。

④传真订货。客户将缺货信息整理成文，利用传真机传给供应商。利用传真机虽然可以快速地传递订货信息，但传送资料的品质不良难以确认。

⑤客户自行取货。客户自行到供应商处看货、补货，此种方式多为传统杂货店因地缘较近而采用。客户自行取货可省却物流中心的配送作业，但个别取货可能影响物流作业的连贯性。

⑥业务员跑单接单。业务员到各客户处去推销产品，而后将订单带回或紧急时用电话先与公司联系、通知客户订单。

上述几种订货方式都需人工输入资料，经常重复输入、传票重复填写，在输入输出间常造成时间耽误及产生错误。

随着市场竞争的日趋加剧，传统的订货方式已无法应付订货的高频率和快速响应需求。于是，新的订货方式便应运而生，这就是电子订货方式。

（2）电子订货方式。

这是一种借助计算机信息处理，以取代传统人工书写、输入、传送的订货方式，将订货信息转为电子信息由通信网络传送，故称电子订货系统（EOS）。

电子订货系统具体做法有以下三种：

①订货簿或货架标签配合手持终端机及扫描器。

订货人员携带订货簿及手持终端机巡视货架，若发现物品缺货就用扫描器扫描订货簿或货架上的物品条形码标签，再输入订货数量，当所有订货资料皆输入完毕后，利用数据机将订货信息传给供应商或总公司。

②POS。

客户若有POS收银机，则可在物品库存档内设定安全存量。每当销售一笔物品时，电脑自动扣除该物品库存。当库存低于安全存量时，便自动生成订单，经确认后便通过通信网络传给总公司或供应商。

③订货应用系统。

客户的计算机信息系统里有订单处理系统，可将订货信息以与供应商约定的格式在约定的时间里将订货信息传送出去。

2. 订单传递

订单传递就是把订货信息从顾客传递到产品的供应商处，包括手工传输、电话或传真传输、网络传输。一般而言，通过电脑直接连线的方式最快也最准确，而手工传输、电话或传真传输的方式较慢。由于订单传递时间是订货前置时间内的一个因素，其可经由存货水准的调整来影响客户服务及存货成本，因而传递速度快、可靠性及正确性高的订单处理方式，不仅可大幅提升客户服务水准,对存货相关的成本费用也能有效地缩减。由于网络传输方式速度快、运行成本低、可靠性好、准确性高,逐渐成为最重要的订货信息传输方式。

五、拣货作业

每张客户的订单中都至少包含一项以上的商品,如何将这些不同种类数量的商品由仓储中心取出集中在一起,这就是拣货作业。

(一) 拣货作业的目的及功能

在仓储中心内部所涵盖的作业范围里,拣货作业是其中十分重要的一环,拣货作业的目的是正确而且迅速地集合顾客所订购的商品。从成本分析的角度来看,物流成本约占商品最终销售价格的 30％。一般而言,拣货成本占物流搬运成本的绝大部分。因此,若要降低物流搬运成本,由拣货作业上着手改进,可达事半功倍的效果。

从人力需求的角度来看,目前大多数的仓储中心仍属劳动力密集的产业,其中拣货作业直接相关的人力成本更占 50％ 以上,且拣货作业的时间投入占整个物流中心的 30％～40％。由此可见,规划合理的拣货作业方法对日后物流中心的运作效率具有决定性的影响。

(二) 拣货单位

基本上,拣货单位可分成栈板、箱及单品三种。一般而言,以栈板为拣货单位的体积及重量最大,其次为箱,最小单位为单品。为了能够做出明确的判别,进一步做以下划分:

(1) 单品:拣货的最小单位。单品可由箱中取出,可以用人手单手拣取。

(2) 箱:由单品组成,可由栈板上取出,人手必须用双手拣取。

(3) 栈板:由箱叠栈而成,无法用人手直接搬运,必须利用堆高机或拖板车等机械设备。

(4) 特殊品:体积大、形状特殊,无法按栈板、箱归类,或必须在特殊条件下作业。大型家具、桶装油料、长杆形货物、冷冻货品等等,都属于具有特殊性的商品,拣货系统的设计将严格受限。

拣货单位是根据订单分析出来的结果而决定的,如果订货的最小单位是箱,则不要以单品为拣货单位。库存的每一品项都需要做以上分析,判断出拣货的单位,但一些品项可能有两种以上的拣货单位,则在设计上要针对每一种情况区分考虑。

(三) 拣货策略

拣货策略的决定是影响日后拣货效率的重要因素,因而在决定拣货作业方式前,必先对常见的拣货基本策略有所了解,一般可做如下划分。

1. 按订单拣取

按订单拣取(Single-Order-Pick)是针对每一张订单,作业员巡回在仓库内,将客户所订购的商品逐一从仓储中挑出集中的方式,是较传统的拣货方式。

优点:作业方法单纯;前置时间短;导入容易且弹性大;作业员责任明确,派工容易、公平;拣货后不用再进行分类作业,适用于大量订单的处理。

缺点：商品品项多时，拣货行走路径加长，拣取效率降低；拣货区域大时，搬运系统设计困难。

2. 批量拣取

批量拣取（Batch Pick）是指把多张订单集合成一批，依商品类别将数量加总后再进行拣取，之后依客户订单做分类处理。

优点：适合订单数量庞大的系统；可以缩短拣取时行走搬运的距离，增加单位时间的拣货量。

缺点：对订单的到来无法做即时的反应，必须等订单累积到一定数量时才做处理，因此会有停滞的时间产生。只有根据订单到达的状况做等候分析，决定批量大小，才能将停滞时间减到最低。

订单拣取和批量拣取是两种最基本的拣货策略，比较而言，订单拣取弹性较大，临时性的产能调整较为容易，适合客户少样多量订货，订货大小差异较大，订单数量变化频繁，有季节性趋势，且货品外形体积变化较大，货品特性差异较大，分类作业较难进行的物流中心。批量拣取的作业方式通常在系统化、自动化后，产能调整能力较小，适用于订单大小变化小，订单数量稳定，且货品外形体积较规则固定的物流中心。

六、仓储加工和包装作业

（一）仓储加工作业

仓储加工是流通加工的一种，通过加工，可以大大提高客户的满意程度，提高配送质量，增加配送效益，减轻生产企业的负担，提高配送的总体经济效益。

仓储加工是仓储企业在进行配送作业时，按用户要求，改变或部分改变商品的形态和包装形式的一种生产性辅助加工活动。例如，根据用户的需求对物品进行套裁、简单组装、分装、贴标、包装等加工活动，以及卷板展平、开片、下料，原木锯材，型煤加工，玻璃集中套裁等。

仓储企业必须按照所配送物品的特点和用户的基本要求来确定其加工内容，并设置加工设备，配备一定加工及其技术管理人才，按生产加工程序组织生产，努力提高劳动生产率和加工质量，降低劳动消耗，提高配送加工的经济效益。

仓库所进行的加工作业在整个物流配送作业系统中处于可选择性的附带货物作业，它是一项可提高服务水平、增加附加价值的作业。

1. 仓储加工的主要目的

虽然仓储加工的加工目的单一，但是可以取得多种社会效果，比如可以提高运输效率、降低消耗、减轻生产企业负担、满足用户需要、提高配送质量、增加配送效益等等。同时，也可以完善配送功能，提高配送的总体经济效益。

（1）方便运输。

铝制门窗框架、自行车、缝纫机等产品若在制造厂装配成完整的产品，在运输时将耗费很高的运输费用。为了运输方便一般都是把它们的零部件（如铝制门窗框架的杆材、自行车车架和车轮）分别集中捆扎或装箱，到达销售地点或使用地点以后再分别组装成成品，这样不仅使运输方便，而且经济。作为加工活动的组装环节是在流通过程中完成的。

（2）方便用户。

由于用户需要的多样化，必须在流通部门按照顾客的要求进行加工。

（3）便于综合利用，节约物流总成本。

为了综合利用，在流通中将货物分解，分类处理。猪肉和牛肉等在食品中心进行加工，将肉、骨分离，其中肉只占65％左右，向零售店输送时就能大大提升输送效率。骨头则送往饲料加工厂，制成骨粉加以利用。由于流通加工属于深加工性质，直接面对终端用户，综合多家需求，集中下料，合理套裁，充分利用边角余料，做到最大限度的"物尽其用"，节约大量原材料，因此，流通加工这一环节的发展，可以使流通与加工总体过程更加合理化。流通加工一般都在干线运输和支线运输的节点进行，这样能使大量运输合理分散，有效地缓解长距离、大批量、少品种的物流与短距离、小批量、多品种物流的矛盾，实现物流的合理流向和物流网络的最佳配置，从而避免不合理的重复、交叉、迂回运输，大幅度节约运输、装卸搬运和保管等费用，降低物流总成本。

2. 仓储加工的方式

一般较常见的仓储加工主要有初级加工活动，如按照用户的要求下料、套裁、改制等；辅助性加工活动，如给物品加贴条码、贴标签、简单包装等；深加工活动，如把蔬菜、水果等食品进行冲洗、切割、过秤、分级和装袋，把不同品种的煤炭混合在一起，加工成"配煤"等。加工作业不仅是一种增值性经济活动，而且完善了仓库的服务功能。

（1）贴标签作业。

贴标签作业大致可分为贴中文说明标签和贴价格标签。贴中文说明标签大部分是以进口物品为主。当物品入库后就开始进行作业，标签贴完后再入库。这主要是针对贸易进口商的一种物流服务项目。另外一种是贴价格标签，这是针对零售店的要求所进行的流通加工，其作业大部分是在拣货完成后进行的。

（2）热缩包装。

在流通加工作业中，热缩包装作业也是一种比较常见的加工方式，主要是针对超市或大卖场的需求，把某些物品按促销要求组合，用热收缩塑料包装材料固定在一起。常用的薄膜收缩温度范围为88 ℃至149 ℃，受热时变软，冷却后收缩，收缩强度相当大，可承受较大、较重的物品。

（3）礼品包装。

主要是针对逢年过节时，有部分物品必须组合成礼品销售盒，如礼酒礼盒、南北货礼盒、食品礼盒等。

（4）小包装分装。

主要是针对国内外厂商的大包装物品或散装物品，以计量（或计重）包装方式改为物品的销售包装。

（5）钢板剪切。

汽车、冰箱、冰柜、洗衣机等生产制造企业，每天需要大量的钢板，除了大型汽车制造企业外，一般规模的生产企业如若自己单独剪切，难以解决因用料高峰和低谷的差异引起的设备忙闲不均和人员浪费问题，如果委托专业钢板剪切加工企业，可以解决这个矛盾。这类专业加工企业不仅提供剪切加工服务和配送服务，还出售加工原材料和加工后的成品。

（6）水泥加工。

在水泥流通服务中心，将水泥、沙石、水以及添加剂按比例进行初步搅拌，然后装进水泥搅拌车,事先计算好时间,水泥搅拌车一边行走,一边搅拌,到达工地后,搅拌均匀的混凝土直接进行浇注。

（7）玻璃加工。

平板玻璃的运输货损率较高,玻璃运输的难度比较大。在消费比较集中的地区,建立玻璃流通加工中心,按照用户的需要对平板玻璃进行套裁和开片,可使玻璃的利用率从 62%～65%,提高到 90%,大大降低了玻璃破损率,增加了玻璃的附加价值。

（8）自行车、助力车加工。

自行车和助力车整车运输、保管和包装的费用高、难度大、装载率低,但这类产品装配简单,不必进行精密调试和检测,所以,可以将同类部件装箱批量运输和存放,在商店出售前现场组装。这样做可以大大提高运载率,有效地衔接批量生产和分散消费。这是一种只改变物品状态、不改变物品功能和性质的流通加工形式。

（9）水产品、肉类、蔬菜、水果等食品加工。

鱼等海产品的开膛、去鳞,猪肉、鸡肉等肉类食品的分割、去骨,常常在运到商店后进行并分类出售。超市货架上摆放的各类洗净的蔬菜、水果、肉末等无一不是配送加工的产物。

（二）包装

在国家标准《包装流通术语》(CB/T 18354—2001)中对包装所下的定义是:"所谓包装是指为在流通过程中保护商品、方便运输、促进销售,按照一定技术方法而采用的容器、材料及辅助物等的总体名称,也指为了达到上述目的而采用容器、材料和辅助物的过程中施加一定技术方法等的操作活动。"现代物流观认为,包装是生产的终点,物流的始点,包装贯穿于整个物流活动的始终,可以说,没有完善的包装,就没有现代化的物流。

1. 包装的作用

包装的基本作用有保护功能、便利功能和促销功能。

（1）保护功能。包装的第一项功能,便是对于物品的保护作用。例如,避免搬运过程中的脱落,运输过程中的振动或冲击,保管过程中由于承受重物压力所造成的破损,避免异物的混入和污染,防湿、防水、防锈、防光,防止因为化学或细菌的污染而出现的腐烂变质,防霉变、防虫害等。

（2）便利功能。恰当的包装有利于运输和使用(消费),有利于物流各个环节衔接作业。例如,对运输环节来说,包装尺寸、重量和形状最好能配合运输、搬运设备的尺寸、重量,以便于搬运和保管;对仓储环节来说,包装则应方便保管、移动简单、标志鲜明、容易识别、具有充分的强度。

（3）促销功能。包装的商品功能是因为包装能够创造商品形象、促进商品销售。对于以大量销售方式为特征的商品,如超市、便利店销售的由顾客在购物架上自由选择的商品,大都采用预先包装(Pre-packaging)的方式,使顾客由包装就能选购自己所需的商品,因此,包装具有连接商品与消费者的作用。商品包装外部的文字图画有利于对商品的介绍,美观的商品包装可以通过文字、图案和色彩效果引起顾客的购买欲,起到商品促销的作用。

（4）包装在物流中比较重要的其他功能主要有:

① 成组化功能。为了材料搬运或运输的需要而将物品整理成适合搬动、运输的单元,如使用托盘包装,将托盘上的货物与托盘一起构成一个物流运作的单元。

② 效率功能。恰当的包装设计充分考虑到物流系统各环节处理的需要,对提高物流系统

各环节的作业效率都有重要的影响。例如,多数货物经过成组包装后进行运输,以便于运输过程中的搬运和装卸,缩短作业时间,减轻劳动强度,提高机械化作业的效率。另一方面,一类货物的统一包装能使货物堆放、清点变得更加容易,从而提高了仓储工作的效率。

③ 跟踪功能。良好的货物包装能使物流系统在收货、储存、取货、出运的各个过程中跟踪商品,如将印有时间、品种、货号、编组号等信息的条形码标签贴在物品上供电子仪器识别,能使生产厂家、批发商和仓储企业迅速准确地采集、处理和交换有关信息,加强了对货物的控制,减少了物品在流通过程中的货损货差,提高了跟踪管理的能力和效率。

2. 包装的保护技术

(1)防震包装技术。防震包装又称缓冲包装,在各种包装方法中占有重要的地位。产品从生产出来到开始使用要经过一系列的运输、保管、堆码和装卸过程,置于一定的环境之中。在任何环境中都会有力作用在产品之上,并使产品发生机械性损坏。为了防止产品遭受损坏,就要设法减小外力的影响,所谓防震包装就是指为减缓内装物受到冲击和振动,保护其免受损坏所采取的一定防护措施的包装。防震包装主要有以下三种方法:全面防震包装方法、部分防震包装方法、悬浮式防震包装方法。

(2)防破损包装技术。缓冲包装有较强的防破损能力,因而是防破损包装技术中有效的一类。此外,还可以采取以下几种防破损包装技术:捆扎及裹紧技术、集装技术、选择高强保护材料。

(3)防锈包装技术。主要包括防锈油包装技术防锈蚀和气相防锈包装技术。防锈油包装技术就是将金属涂封防止锈蚀,使金属表面与引起大气锈蚀的各种因素隔绝,将金属表面保护起来,就可以达到防止金属大气锈蚀的目的。气相防锈包装技术就是用气相缓蚀剂(挥发性缓蚀剂),在密封包装容器中对金属制品进行防锈处理的技术。

(4)防霉腐包装技术。在运输包装内装运食品和其他有机碳水化合物货物时,货物表面可能生长霉菌,在流通过程中如遇潮湿,霉菌生长繁殖极快,甚至延伸至货物内部,使其腐烂、发霉、变质,因此要采取特别防护措施。包装防霉烂变质的措施,通常是采用冷冻包装、真空包装或高温灭菌方法。

(5)防虫包装技术。防虫包装技术,常用的是驱虫剂,即在包装中放入有一定毒性和臭味的药物,利用药物在包装中挥发气体杀灭和驱除各种害虫。常用驱虫剂有萘、对位二氯化苯、樟脑精等。也可采用真空包装、充气包装、脱氧包装等技术,使害虫无生存环境,从而防止虫害。

(6)危险品包装技术。危险品有上千种,按其危险性质,交通运输及公安消防部门规定分为十大类,即爆炸性物品、氧化剂、压缩气体和液化气体、自燃物品、遇水燃烧物品、易燃液体、易燃固体、毒害品、腐蚀性物品、放射性物品等,有些物品同时具有两种以上危险性能。对这些物品可以采用相应的物理和化学方法来处理。

(7)特种包装技术。包括充气包装、真空包装、收缩包装、拉伸包装、脱氧包装等。

第三节　出货作业管理

一、商品出库的依据

商品出库必须依据货主开的"商品调拨通知单",才能出库。不论任何情况下,仓库都不得擅自动用、变相动用或者外借货主的库存商品。

"商品调拨通知单"的格式不尽相同,不论采用何种形式,都必须是符合财务制度要求的,有法律效力的凭证。要坚决杜绝凭信誉或无正式手续的发货。

二、商品出库的要求和基本方法

(一)商品出库要求:做到"三不三核五检查"

"三不",即未接单据不登账,未经审单不备货,未经复核不出库;"三核",即在发货时,要核实凭证、核对账卡、核对实物;"五检查",即对单据和实物要进行品名检查、规格检查、包装检查、件数检查、重量检查。具体地说,商品出库要求严格执行各项规章制度,提高服务质量,使用户满意,包括对品种规格要求,积极与货主联系业务,为用户提货创造各种方便条件,杜绝差错事故。

(二)商品出库的形式

(1)送货。仓库根据货主单位预先送来的或电脑传递的"商品调拨通知单",通过发货作业,把应发商品交由运输部门送达收货单位,这种发货形式就是通常所称的送货制。仓库实行送货,要划清交接责任。仓储部门与运输部门的交接手续,是在仓库现场办理完毕的。运输部门与收货单位的交接手续,是根据货主单位与收货单位签订的协议,一般在收货单位指定的到货目的地办理。

送货具有"预先付货、按车排货、发货等车"的特点。仓库实行送货具有多方面的好处:仓库可预先安排作业,缩短发货时间;收货单位可避免因人力、车辆等不便而发生的取货困难;在运输上,可合理使用运输工具,减少运费。仓储部门实行送货业务,应考虑到货主单位不同的经营方式和供应地区的远近,既可向外地送货,也可向本地送货。

(2)自提。由收货人或其代理持"商品调拨通知单"直接到库提取,仓库凭单发货,这种发货形式就是仓库通常所称的提货制。它具有"提单到库,随到随发,自提自运"的特点。为划清交接责任,仓库发货人与提货人在仓库现场,对出库商品当面交接清楚并办理签收手续。

(3)代办托运。代办托运是由仓库将货物通过运输单位托运,发到货物需用单位的一种出库方式。它是在仓库备完货后,到承运单位办理货运手续,通过铁路、水路、公路、航空、邮局等将货物运到购货单位指定的地点,然后由用户自行提取。在办理托运前,仓库应按需用单位的要求备好货,并做好发运记录,适用于异地、同地业务单位之间购货。仓库按照规定程序办理完托运手续并取得运输部门的承运凭证,将应发货物全部点交承运部门后,责任才开始转移。

(三)商品出库的作业程序

出库作业程序是保证出库工作顺利进行的基本保证,为防止仓库工作失误,在进行出库作业时必须严格履行规定的出库业务工作程序,使出库有序进行。商品出库的程序主要包括商品出库前的准备—审核出库凭证—出库信息处理—拣货与分货—出货检查—包装—刷唛—点交—装车发运—发货后的清理等。

1. 出库前的准备

通常情况下,仓库在接到客户通过网络传来或送来的提货单后,为了能准确、及时、安全、节约地搞好商品出库,提高工作效率,仓库应根据出库凭证的要求做好如下准备工作:

(1) 选择发货的货区、货位;

(2) 检查出库商品,拆除货垛苫盖物;

(3) 安排好出库商品的堆放场地;

(4) 安排好人力和机械设备;

(5) 准备好包装材料等;

(6) 送货上门的商品要备好运输车辆,代办托运的要与铁路、公路、水路等承运部门联系。

2. 审核出库凭证

仓库部门接到出库凭证(提货单、领料单)后,必须对出库凭证进行审核:① 审核出库凭证的合法性、真实性;② 审核出库凭证手续是否齐全,内容是否完整;③ 核对出库商品的品名、型号、规格、单价、数量;④ 核对收货单位、到站、开户行和账号是否齐全和准确。

凡在证件审核中,发现有物品名称、规格、型号不对的,印鉴不齐全的,数量有涂改的,手续不符合要求的均不能发料出库。但在特殊情况(如救灾、抢险等)下,可经领导批准先发货,事后及时补办手续。

3. 出库信息处理

出库凭证经审核确实无误后,将出库凭证信息进行处理。

当采用人工处理方式时,记账员将出库凭证上的信息,按照规定的手续登记入账时在出库凭证上批注出库商品的货位编号,并及时核对发货后的结存数量。

当采用计算机进行库存管理时,出库凭证的信息录入微机后,由出库业务系统进行信息处理,并打印生成相应的拣货信息即拣货单。

4. 拣货与分货

拣货作业就是依据客户出库单或仓储部门的拣货单位置或其他区域拣取出来的作业过程。分货作业又称配货作业。在拣货作业完成后,根据客户订单进行货物分类工作,即分货。

5. 出货检查

出货检查即复核,为了保证出库商品不出差错,配好货后,企业应立即进行出货检查。出货检查就是将货品一个个点数并逐一核对出货单,进而查验出货物的数量、品质及状态情况。

出货检查由复核员按出库凭证对出库商品的品名、规格、单位、数量等进行复核。既要复核单货是否相符,又要复核货位结存量来验证出库量是否正确。检查无误后,复核人在出库凭证上签字,方可包装或交付装运。在包装装运过程中要再次进行复核。

6. 包装

出库商品有的不需要包装,直接装运出库,如钢管、螺纹钢等。有的则需要经过包装才可装运出库。特别是发往外地的商品,为了适应安全的要求往往需要进行重新组装或加固原包装。

7. 刷唛

包装完毕后,要在外包装上写清收货单位、收货人、到站、本批商品的总包装件数、发货单位等。字迹要清晰,书写要准确。并在相应位置上印刷或粘贴条码标签,回复利用的包装,应彻底清除原有标志,以免造成标志混乱,导致差错。

8. 点交

出库商品无论是要货单位自提,还是交付运输部门发送,发货人员必须向收货人或运输人员按车逐件交代清楚,划清责任。如果本单位内部领料,则将商品和单据当面点交给提货人,办清交接手续。若是送料或将商品调出本单位办理托送的,则与送货人或运输部门办理交接手续,当面将商品交点清楚,交清后,提货人员应在出库凭证上签字盖章。发货人员在经过接货人员认可后,在出库凭证上加盖商品付讫印戳,同时给接货人员签发出门证,门卫按出门证核检无误后方可放行。

9. 装车发运

点交手续办完后,应装车发运,装车应遵循以下原则:

(1) 为了减少或避免差错,尽量把外观相近、容易混淆的货物分开装载。

(2) 重不压轻,大不压小,轻货应放在重货上面,包装强度差的应放在包装强度好的上面。

(3) 尽量做到"后送先装"。由于配送车辆大多是后开门的厢式货车,先卸车货物应装载车厢的后部,靠近车厢门,后卸车的货物装在前部。

(4) 货与货之间,货与车辆之间应留有空隙并适当衬垫,防止货损。

(5) 不将散发臭味的货物与具有吸臭性的货物混装。

(6) 尽量不将散发粉尘的货物与清洁的货物混装。

(7) 切勿将渗水货物与易受潮货物一同存放。

(8) 包装不同的货物应分开装载,如板条箱货物不要与纸箱、袋装货物堆放在一起。

(9) 具有尖角或其他突出物的货物应和其他货物分开装载,或用木板隔开,以免损伤其他货物。

(10) 装货完毕,应在门端处采取适当的稳固措施,防止开门卸货时,货物倾倒造成货损或人身伤亡。

10. 发货后清理

(1) 清理现场垃圾,多余货物或差规格、颜色等货物,归还原货区货位。

(2) 客户反映货品混串,应及时纠正。

(3) 凡属用户原因导致规格开错货品,经制票员同意方可退货。

(4) 凡属产品质量问题,用户要求退货,应由质检部门出具证明。

(5) 退货和换货必须达到验收入库标准,堆码原货位。

第四节 储位管理

一、储位管理概述

仓储储位存在的意义是保证管理者可以随时控制货物的"状态",即通过对储位的管理实现对物品的跟踪、控制,以达到在高效率高质量地保管货品的基础上有效掌握货品的去向及数量。

储位管理的重点已经从静态存储作业的"保管"向配送作业的"动管"转移。储位管理的目的就是辅助其他作业顺利进行,方便存取作业并掌握货品库存,提供其他作业进行的判断依据,而其最主要的辅助作业对象就是拣货作业。

一般而言,储位管理必须达到以下目标:

(1) 空间的最大化使用。

(2) 劳力及设备的有效使用。

(3) 储存货品特性的全盘考虑。

(4) 做到所有品项皆能随时准备存取。

(5) 货品的有效移动。这一点尤其要注意,有效移动不光要有工作效率和经济效益,还在于对于货品物理位置和时间位置的有效把握。

(6) 货品品质的确保。

二、储存要素的分析

储位管理的基本考虑要素有储位空间,物品,人员,储放设备、搬运与输送设备,作业目标,资金等关联要素。

(一) 储位空间

不同型态的仓储中心,其所重视的功能也不同,有的重视保管机能,有的重视分类配送功能。故在储位空间的考虑上,重视保管功能的主要是仓库保管空间的储位分配,重视分类配送的则为拣货动管及补货的储位配置。而在储位配置规划时,要先确定储位空间。必须考虑到空间大小、柱子排列、梁下高度、走道、机器回旋半径等基本因素,再配合其他外在因素,方可做出完善的配置。

(二) 物品

管理放置在储位空间中的物品需做到以下几点:

(1) 必须考虑的是物品的影响因素。常见的物品影响因素包括如下几个方面:

① 供应商。商品是别处供应而来,还是自己生产而来,有无自身的行业特性。

② 商品特性。商品的体积大小、重量、单位、包装、周转率快慢、季节性的分布、物理化学性质(腐蚀或溶化等)、温湿度的要求、气味的影响等。

③ 量的影响。如生产量、进货量、库存决策、安全库存量等。

④ 进货时效。采购前置时间,采购作业特殊要求。

⑤ 品项。种类类别、规格大小等。

(2) 摆放商品时要考虑的内容主要有:

① 储位单位。储位的单位是单品、箱,还是栈板,且其商品特性为何。

② 储位策略的决定。是定位储放、随机储放、分类储放,还是分类随机储放,亦或其他的分级、分区储放。

③ 储位指派原则的运用。靠近出口,以周转率为基础。

④ 商品相依需求性。

⑤ 商品特性。

⑥ 补货的方便性。

⑦ 单位在库时间。

⑧ 以订购概率为基础。

（3）商品摆放好后，就要做好有效的在库管理，随时掌握库存状况，了解其品项、数量、位置、入出库状况等所有资料。

（三）人员

人员包括仓管人员、搬运人员、拣货和补货人员等。仓管人员负责管理及盘点作业，拣货人员负责拣货作业，补货人员负责补货作业，搬运人员负责入库、出库作业、翻堆作业（为了商品先进先出、通风、气味避免混合等目的）。而人员在存取搬运商品时，讲求的是省时、有效率。而在照顾员工的条件下，讲求的是省力。因此，要达成存取效率高、省时、省力，则作业流程方面要合理化，精简作业；而储位配置及标示要简单、清楚，一目了然；且要好放、好拿、好找。在作业流程中使用的表单要简单、统一且标准化。

（四）储放设备、搬运与输送设备

除了上述三项基本要素，其他主要的关键要素为储放设备、搬运与输送设备。亦即当物品储放不是直接堆叠在地板上，则必须考虑相关之栈板、料架等。而人员不是以手抱、捧物品时，则必须考虑使用输送机、笼车、堆高机等输送与搬运设备。

1. 储放设备

储放设备也同搬运与输送设备考虑的一样，如商品特性、物品的单位、容器、栈板等商品的基本条件，再选择适当的设备配合使用。例如，使用自动仓库设备；或是固定料架、流力架等料架。有了料架设备时，必须做标示、区隔，或是颜色辨识管理等。若是在拣货作业，则要使用电子辅助标签。而出货、点货时，无线电传输设备的导入等皆要纳入考虑范围。而后，将各储位及料架等做统一编码，以方便管理。编码必须遵循简明易懂，容易作业的原则。

2. 搬运与输送设备

在选择搬运与输送设备时，考虑商品特性、物品的单位、容器、栈板等因素，以及人员作业时的流程与状况，储位空间的配置等，选择适合的搬运与输送设备。当然还要考虑设备成本与人员使用操作的方便性。

（五）作业目标

除了上述的基本要素与关联要素之外，作业目标也应考虑。作业目标是决策时的指导原则。常见的作业目标主要有：

（1）空间使用率要高。

（2）作业方便确实。

（3）进出货效率快。

（4）先进先出。

（5）商品好管理。

（6）盘点容易确实。

（7）库存掌握无浪费。

（8）配送快，无缺货。

（六）资金

所有考虑规划，最后仍需要归结到花费多少，是否超出预算能力。因此，投入成本及经济效益具有决定性的影响。

综合以上所述，做储位管理时，事先面面俱到，方能做到有效的管理。从图 3-8 可以清楚地看出储位管理的构成要素。

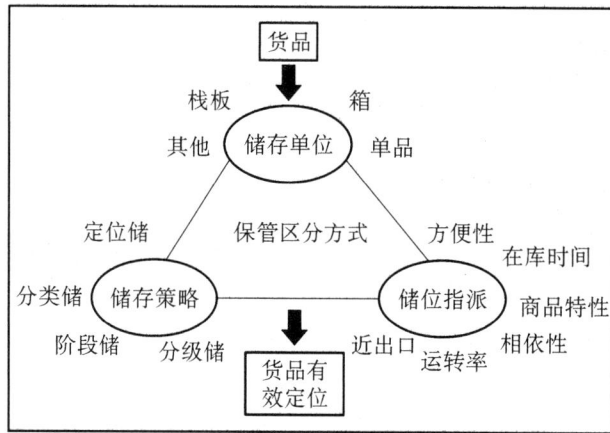

图 3-8　储位管理的构成要素

三、储区空间规划布置

（一）储位布局的主要形式

储存场所布置是将各种物资合理地布置到库房、物料棚或货场的某个具体位置。储存场所的合理布置对提高物资保管质量、充分利用仓储能力、加速物资收发、降低仓储费用等具有重要意义。

储存场所布置分为平面布置和空间布置。

1. 平面布置

储存场所的平面布置是指在有效的平面上，对库房、物料棚、货场内的货垛、货架、通道、收发料区、垛间距、墙间距等进行合理的安排布置。要注意正确处理相互之间位置的关系。在平面布置过程中，必须考虑仓储业务的顺利进行，同时要确保最大限度利用仓库面积。平面布置常见的形式有：

（1）横列式。横列式是指货位、货架或货垛与库房的宽向平行排列布置。其特点是货垛整齐美观、存取盘点方便、通风采光良好,但仓容利用率较低。

(2)纵列式。纵列式是指货位、货架或货垛与库房的宽向垂直排列布置。其特点是仓容利用率较高,主干道货位利于存放周转期短的物品,支干道货位存放周转期长的物品,但不利于通风采光及机械化作业。

(3)混合式。混合式是指横列式和纵列式在同一库房内混合布置货位或货架的一种形式。其兼有上述两种方式的特点,是最常用的一种方式。

(4)倾斜布置。货垛的长度方向与运输通道呈一锐角(30°、45°或60°),具体可分为货垛倾斜和通道倾斜两种情况。倾斜式布置有一定的优点,但有很大的局限性,仅适用于单一品种、大批量、集装单元堆垛和利用叉车作业的场合。

露天货场货位的布置形式一般采取与货场的主作业通道呈垂直方向排列,以便于装卸和搬运。

2. 空间布置

从有效利用仓储空间的角度出发,必须综合考虑储存场所的平面和高度两个方面的因素,才能使仓储空间得到充分利用。储存场所的空间布置,就是库存物资在库房、物料棚和货场高度方向上的布置。通常有以下几种形式:

(1)物资堆垛。物资堆垛是大批量物资的垂直布置形式,它是将物资的单位包装直接堆码到垛基上,层层堆码到一定高度。可利用原包装堆码或利用托盘和集装箱堆码。

(2)利用货架。物资进行竖向布置的主要手段是利用各种货架。货架的类型和高度决定了竖向布置的形式和高度。有的物品利用原包装直接存入货架,有的可装入货箱或码到托盘上再存入货架,这样可以充分利用仓储空间,并利于迅速发货。

(3)采用架上平台。在库房净空比较高,货架比较矮的情况下,可以采用架上平台的方式充分利用空间,在货架的顶部铺设一层承压板构成两层平台,这样可以在平台上直接堆放货物,也可排布货架。

(二)储位存储策略

良好的储存策略,可以减少出入库移动距离,缩短作业时间,充分利用储存空间。一般常见的储存方法有以下五种:

(1)定位存储。即每一项货物都有固定的储位。例如,有的货物要求的储存条件是控制温度,易燃易爆物必须存于一定高度并满足安全标准及防火条件的储位;按照管理要求某些货物必须分开存储,一般化学原料和药品必须分开存储,重要保护物品要有专门的储位。这种定位储位方法易于管理,搬运时间较少,但是需要较多的储存空间。

(2)随机储存。所谓随机储存是每一个货物的储位不是固定的,而是随机产生的。这种方法的优点在于共同使用储位,最大限度地提高了储区空间的利用率。但是,给货物的出入库管理及盘点工作带来了困难。特别是周转率高的货物可能被置于离出入口较远的储位,增加了出入库的搬运距离。

一个良好的储位系统中,采用随机储存能有效利用货架空间。通过模拟实验,随机储存比定位储存节约35%的移动储存空间及增加了30%的储存空间。这种方法适用于空间有限,货物品种少而体积小的情况。

（3）分类储存。所谓分类储存通常是按照产品相关性、流动性、尺寸和重量以及产品特性来分类储存。

（4）分类随机储存。这种方法是每一货物有固定的存放储区，在各类储区中，每个储位的指定是随机的。其优点在于吸收了分类储存的部分优点，又可节省储位数量，提高了储区利用率。

（5）共同储存。这种方法是当确切知道各货物进出库的时间时，那么不同货物，只要相容，就可以共用相同的储位。这虽然在管理上会带来一定的困难，但是减少了占用储位空间，缩短了搬运时间，有一定的经济性。

四、储位编码与货物编号

储存定位的含义是储物位置的确定。储存定性管理的前提条件是储位编号。所谓储位编号，就是按照一定的排列规则，采用统一标记对仓库储位编上顺序号码，并做出明显标志。如果定位系统有效，能大大节约寻找、存放、取出的时间，节约不少物化劳动及活劳动，而且能防止差错。储存定位既可以采取先进的计算机管理，也可采取一般的人工管理。

（一）储位编码

1. 储位编号的要求

在品种、数量很多，进出库频繁的仓库里，保管员必须正确掌握每批货物的存放位置。货位编号就好比货物在库的"住址"，做好货位编号工作，应根据不同仓库条件、货物类别和批量整零情况，搞好货位划分及编排序号，以符合"标志明显易找、编排循规有序"的要求。

（1）标志设置。货位编号的标志设置，要因地制定，采取适当方法，选择适当位置。例如，仓库标志，可在库门外挂牌；多层建筑库房的走道、支道、段位的标志，一般都刷置在水泥或木板地坪上。但存放粉末类、软性笨重类货物的库房，其标志也有印制在天花板上的；泥土地坪的简易货棚内的货位标志，可利用柱、墙、顶、梁刷置或悬挂标牌。

（2）标志制作。目前，仓库货位编号的标志制作很不规范、统一，可谓五花八门。储位编号应按照统一的规则进行。储位编号所用的代号和连接符号必须一致，每种代号的先后顺序必须固定，每个代号必须代表特定的位置。根据仓库的规模和经营状况，储位编号方法可以有所不同。例如，有以甲、乙、丙、丁为标志的；有以 A、B、C、D 为标志的；也有以东、西、南、北为标志的。这样，很容易造成单据串库，货物错收、错发事故。若统一使用阿拉伯字码制作货位编号标志，则可以避免以上弊病。

另外，制作库房、走道和支道的标志，可在阿拉伯字码外，辅以圆圈标示。可用不同直径的圆标示不同处的标志。例如，库房标志圆的直径为 24 厘米；走道、支道标志圆的直径为 6 厘米。走道、支道的标志还可以在圆圈上附加箭头指示标志。

（3）编号顺序。仓库范围的库房、货棚、货场以及库房内的走道、支道、段位的编号，基本上都以进门的方向左单右双或自左而右的规则进行。

（4）段位间隔。段位间隔的宽窄，取决于储存货物批量的大小。

2. 储位编号的方法

货位编号应按照统一的规则和方法进行，根据仓库货位的多少、储存条件等具体情况和使用上的习惯而加以区别。

（1）库房、货棚货位编号。

对于库房、货棚货位，在编号时，对库房、货棚应有明显区别，可加注"库""棚"等字样，或加注"K""P"字样。若库房是多层的，首先对多层库房进行编号，可采用三个数字号码表示，个位数表示仓间编号，十位数表示楼层编号，百位数表示仓库的编号。例如，352 号楼库，就是 3 号库、第 5 层、第 2 号仓间。库房或货棚内货位编号，一般采用"四号定位"法，就是一个货位号用 4 位表示。从左到右分别为："库房和货棚"编号，用油漆写在库房或货棚大门口和货物入口处。"货区或货架"位置编号，顺序数码写在货位上方顶梁上或悬挂在顶梁上。"货区排次或货架层次"编号，写在货架或货垛上。"商品具体位置、顺序"编号，写在地面上或货架的货格上、或用标签插在商品的包装上。例如，有一商品存放在第四号库房、第七货区、第五排、第六货位上，它的货位缩号就可写"4 库—7—5—6"。

货位号要记入保管账、卡的"货位号"栏中，如果商品调整厂货位，账、卡号的货位号同时调整，这样可以做到"见账知物"和"见物知账"。

（2）货架货位编号。

在以整件货物进出的仓库里，货架的作用主要是提高库房高度利用率。货架的货位编号一般都是从属于段位编号，只需在段位末尾加注"上"字样，即可按位找货。

（二）商品编码

1. 商品编码的概念

所谓商品编码是指用一组有序的代表符号来表示分类体系中不同类商品的过程。在进货时，商品本身大部分已有商品代码及条码，但有时为了物流及存货管理，配合自身的物流作业资讯系统，而给商品重新编一个商品代号及物流条码，以方便储存管理系统运作，并能掌握商品的动向。

2. 商品编码的作用

（1）增加商品资料的正确性，提高商品储存活动的工作效率；

（2）可以利用电脑整理分析，节省人力、减少开支、降低成本；

（3）可正确记录，可提供储存或拣取商品的核对，便于拣货及送货；

（4）因统一编码，可以防止重复订购相同的商品，并能够削减存货；

（5）可考虑选择作业的优先性，并达到商品先进先出的目的。

3. 商品编码的原则

（1）唯一性。虽然同一个编码对象可以有很多不同的名称，也可以按不同的方式对其进行描述，但在一个分类编码标准体系中，每个编码对象有一个代码，一个代码只表示一个编码对象，即一个代码只代表一项商品。

（2）简易性。代码结构应尽量简单，长度尽量短，以便于记忆，也可以节省机器存储空间，减少代码处理中的差错，提高信息处理效率。

（3）完全性。每一种货物都有一种代码来表示，而且必须统一，有连贯性。

（4）可扩充性。为将来可能增加的商品留有扩充编号的余地。

（5）适应性。代码要尽可能反映商品的特点，易于记忆、暗示和联想。此外，代码还必须适应管理工作的具体需要。

4. 商品编码的方法

代码的种类很多,常见的有无含义代码和有含义代码。无含义代码通常可以采用顺序码和无序码来编排;有含义代码则通常是在对商品进行分类的基础上,采用序列顺序码、数值化字母顺序码、层次码、特征组合码及复合码等编排。不同的代码,其编码方法不完全一样,在商品编码中,常见的方法有:

(1) 顺序码。顺序码又称流水编码法,即将阿拉伯数字或英文字母按顺序往下编码。其优点是代码简单,使用方便,易于延伸,对编码对象的顺序无任何特殊规定和要求。缺点是代码本身不会给出任何有关编码对象的其他信息。在物流管理中,顺序码常用于账号及发票编号等。在少品种、多批量配送中心也可用于商品编码,但为使用的方便,必须配合编号索引。

(2) 层次码。层次码是以编码对象的从属层次关系为排列顺序组成的代码。编码时,将代码分成若干层次,并与分类对象的分类层级相对应,代码自左至右表示的层级由高到低,代码的左端为最高位层级代码,右端为最低位层级代码,每个层级的代码可采用顺序或系列顺序码(见表3-4)。层次码能明确表明分类对象的类别,有严格的隶属关系,代码结构简单,容量大,便于计算机统计,但其层次较多,代码位数较长。

表 3-4 1010050312 层次码

层 级	大 类	小 类	品 名	形 状	规 格
编码	1	01	005	03	12
含义	烤烟型	一类烟	帝豪	铁盒	12 支装

(3) 实际意义编码。根据商品的名称、重量、尺寸以及分区、储位、保存期限或其他特性的实际情况来考虑编号。这种方法的特点在于通过编号即能很快地了解商品的内容及相关信息(见表3-5)。

表 3-5 YY259B01 实际意义编码

编　　码		意　　义
YY259B01	YY	云南烟
	259	表示 2×5×9,尺寸大小
	B	表示 B 区,货物储存区号
	01	表示第一排货架

④ 暗示编码。用数字与文字的组合编号,编号暗示货物的内容和有关信息(见表3-6)。

表 3-6 BY05WB10 暗示编码

属 性	货物名称	尺 寸	颜色与型式	供应商
编码	BY	05	WB	10
含义	自行车	大小为 5 号	白色、小孩型	供应商号码

五、储位指派方式

在库管中心的保管空间、储位设备、储位编码等一切工作完成后,系统就可以实现储位的指派。储位的指派可以分成人工指派方式、计算机辅助指派方式、计算机指派方式等三种。

(一)三种储位指派方式

1. 人工指派方式

人工指派方式是指完全由管理人员的人脑来安排储位的方式,受管理者本身对储位管理的相关经验与应用程度的影响较大。优点是电脑及相关事务机器投入少,费用不必投入太多;以人脑来调配储位,弹性大。缺点是过分依赖管理者的经验,执行效率差。在执行过程中要求做好以下要点工作:

(1)要求仓管人员必须熟记储位指派原则,并能灵活应用。例如,进行 ABC 分析来排列货架,因为从货架上存取货物以腰部的高度最容易取出货品,而在人体工学上也认为此高度最适合存取作业,因此若将货架分成三段,把经常存取的 A 类商品放在中段,下段则放置出货量仅次于 A 类品的 B 类商品,而进出货频率不高的 C 类商品则放在上段。

(2)仓储人员必须按指派单证把商品放在指定储位上,并做好详细记录。

2. 计算机辅助指派方式

计算机辅助指派方式是利用图形监控系统,收集储位信息,并显示储位的使用情况,把这作为人工指派储位依据进行储位指派作业。计算机辅助指派是在做进货批次作业时,管理者由计算机查询出库存储位状况,指示进货人员摆放货品,且在货品摆放后,由读取条形码的掌上型终端机做储位变动记录。

3. 计算机指派方式

计算机指派方式是通过计算机分析后直接完成储位指派工作。由计算机运算后,指示进货人员,进货人员由无线电传输终端机接收储位摆放指示将货品上架,并将储位变动信息输入无线电传输终端机中传入计算机主机计算,以便进行下一次之进货作业指派。

计算机辅助指派与计算计指派两种方式由于其资料输入/输出均以条形码读取机扫入,故错误率低,且其一切控制均为实时控制方式。资料扫读后,透过无线电或网络即刻把回馈资料传回,而其中储位的搬移布置又用软件明确设立,绝不会有人为的主观影响,其效率远胜人工指派方式。缺点是设备费用高,维护困难。

(二)储位单元与指派方式

1. 储位单元

货品指派储位单元就是每一次指派时的计算管理单位,由于其进货量的大小,或储存设备的使用种类之不同,而使得指派货品上架时会有大小数量不同的指派单元,其大致可区分为三种:

(1)个别储位单元表示每一储位的储存状况均列入管理状态。

（2）纵深储位单元表示以每道纵深的储位为一个管理单元，每单元以放置一种货品为原则，其储存状况均列入管理状态。主要储放设备为后推式料架、驶入式料架、流动式栈板料架。

（3）区域储位单元表示以客户单一货品之最常进货批量、最适宜进货批量或最小进货批量为公倍数，设置一个储区作为管理单元。例如，10 个栈板所占的区域为一单元，每区域单元储位以放置一种货品为原则，其储存状况均列入管理状态。

个别储位单元作业繁杂，故在管理上必须较为严密；而区域式则作业单纯，管理上较不严密，且各区域货品存量多，因此存量掌握不易精确。

2. 储位单元与指派方式

对于不同的仓储中心的管理模式，可以采用不同的储位指派模式，并不是全由计算机来自动指派储位就是最佳的储位指派的方式，必须因地制宜，配合物料的储存单元来互相评价。具体如表 3-7 所示。

表 3-7　储位单元与指派方式表

储位储存单元 / 计算机化程度	个别储位单元	纵深储位单元	区域储位单元
未应用计算机，以人工管理指派储位	×	×	○
应用计算机建立货品储位管理文件，以人工管理指派储位	×	△	○
应用计算机辅助人工管理指派储位	△	○	○
计算机全自动管理指派储位	○	○	○

注：×——不适合；△——勉强可用；○——适合

复习题

一、单选题

1. 从物流来看，商品包装（　　）。

A. 是商品生产的重要组成部分

B. 能合理地保护商品，达到减少损失的效果

C. 能扩大经营范围，增强商品竞争力

D. 给消费者带来的利益在日益增大

2. 大型和重型商品的重要包装种类是（　　）。

A. 塑料包装　　　　B. 玻璃包装　　　　C. 金属包装　　　　D. 木材包装

3. 关于精密仪器和家用电器类商品包装，下列说法正确的是（　　）。

A. 必须采用耐腐蚀陶瓷容器，并严密封口　　B. 必须采用缓冲包装，以减轻冲击震动

C. 必须采用真空包装或充气包装　　　　D. 必须采取涂油的防锈蚀包装

4. 将商品的包装分为运输包装和销售包装的标志是（　　）。

A. 以包装在商品流通中的作用为分类标志

B. 以包装使用次数为分类标志

C. 以包装使用范围为分类标志

D. 以包装制造材料为分类标志

5. 入库业务管理任务不包括(　　)。

A. 安排货位　　　　　　　　　　　B. 根据商品入库凭证,清点商品数量

C. 对入库商品进行接收检查　　　　D. 按照规定程序办理各种入库手续和凭证

6. (　　)便于采用现代化的大型机械设备,节省包装材料,提高仓容的利用率,降低运费。

A. 散堆方式　　　　B. 垛堆方式　　　　C. 货架方式　　　　D. 成组堆码方式

7. (　　)属于熏蒸剂。

A. 樟脑精　　　　B. 对位二氯化苯　　　C. 溴甲烷　　　　D. 精萘

8. 先进先出是指(　　)。

A. 先入库的商品先出库　　　　　　B. 后入库的商品先出库

C. 积压的商品先出库　　　　　　　D. 在仓库入口处的商品先出库

9. 在储存期间,物资的质量变化主要影响因素有储存时间、储存环境和(　　)。

A. 储存操作　　　　　　　　　　　B. 仓储人员业务水平

C. 储存技术　　　　　　　　　　　D. 仓库管理水平

10. 在梅雨季节或阴雨天,采用的商品温湿度的控制方法是(　　)。

A. 密封　　　　B. 通风　　　　C. 吸潮　　　　D. 烘干

11. 关于货物验收,下列说法不正确的是(　　)。

A. 货物验收由保管方负责　　　　　B. 验收货物的品名、规格、数量、外包装状况

C. 货物验收采取全验方法　　　　　D. 散装货物按国家有关规定或合同规定验收

12. 关于商品接运,下列说法不正确的是(　　)。

A. 仓库接到专用线到货通知后,就确定卸车货位

B. 凭提单到车站、码头提货时,应根据运单和有关资料认真核对商品

C. 仓库接受货主委托直接到供货单位提货时,应在仓库当场验收

D. 存货单位将商品直接运到仓库储存时,应由保管员直接与送货人员办交接手续

13. 对库房内各货位编号采用的方法是(　　)。

A. 根据所在地面位置按顺序编号,编码数字写在醒目处

B. 按库房内干支道的分布,划分若干货位,按顺序编号,并标于明显处

C. 将货场划分排号,再对各排按顺序编上货位号

D. 先按一个仓库内的货架进行编号,然后再对每一个货架的货位按层、位进行编号

14. (　　)不能作为密封材料。

A. 防潮纸　　　　B. 塑料薄膜　　　　C. 油毡纸　　　　D. 稻谷壳

15. 由于不慎将茶叶和汽油储存在一起,使茶叶发生味道的变化以致不能食用的原因是(　　)。

A. 物理存在状态的变化　　　　　　B. 破损变化

C. 串味变化　　　　　　　　　　　D. 渗漏变化

16. 按客户订货要求,在物流据点进行分货、配货工作,并将配好的货物送交收货人的作业称为(　　)。

A. 送货　　　　　　B. 装载　　　　　　C. 配送　　　　　　D. 配载

17. （　　）要选择不低于 0 ℃的货位储存。

A. 茶叶　　　　　　B. 西药的制剂　　　C. 油墨　　　　　　D. 酒精

18. （　　）适合于存放小件商品或不易堆高的商品。

A. 散堆方式　　　　B. 垛堆方式　　　　C. 货架方式　　　　D. 成组堆码方式

19. （　　）适宜于盛装不怕挤压的商品。

A. 专用包装　　　　B. 软质包装　　　　C. 通用包装　　　　D. 硬质包装

二、多选题

1. 仓库害虫对环境的适应能力较强,有一定的抗药能力,同时能（　　）。

A. 耐热　　　　　　B. 耐冻　　　　　　C. 耐干　　　　　　D. 耐饥

E. 耐湿

2. 堆码的基本要求包括（　　）。

A. 合理　　　　　　B. 牢固　　　　　　C. 定量　　　　　　D. 整齐

E. 方便

3. 商品包装的作用体现在（　　）。

A. 保护商品　　　B. 便于流通　　　C. 促进销售　　　D. 方便消费

E. 提高知名度

4. 实现先进先出的有效方法包括（　　）。

A. 使用贯通式货架系统　　　　　　B. 采用"双仓法"储存

C. 使用计算机存取系统　　　　　　D. 采取高垛方法

E. 减少库内通道数量

三、判断题

1. 入库验收是商品入库操作的第一道程序,它是指商品在入库前和入库中按规定的程序和手续所必须进行的数量和质量检验的全部技术工作。　　　　　　　　　　　　（　　）

2. 入库商品在验收过程中,可能会出现一些问题.验收人员应区别不同情况,在有效期内进行处理。在认真填写"商品检验记录"后,对商品进行验收入库。　　　　　　　　　（　　）

3. 对于证件不齐全的到货,可先进行预验,单独存放,妥为保管,不得发放出库,待证件到齐再做正式验收,办理入库手续。　　　　　　　　　　　　　　　　　　　　　　（　　）

4. "商品验收明细卡"填写错误时,应予涂改、擦除。　　　　　　　　　　　　　（　　）

5. 卸车即送货车将商品从工厂或车站、码头等地送达仓库,由仓库收货人员(收货员、验收员、保管员)收单后,指定卸货场地,把商品分批卸下。　　　　　　　　　　　　　（　　）

6. 商品的维护保养是根据商品的性能、特点,结合当地具体条件,采取各种手段,对商品进行科学的养护,以防止商品短少的一项技术性工作。　　　　　　　　　　　　　　　（　　）

7. 分区分类就是对储存商品在"三一致"(性能一致、养护措施一致、消防方法一致)的前提下,把库房、货棚、货场划分为若干保管区域,根据货物大类和性能等划分为若干类别,以便分类集中保管。　　　　　　　　　　　　　　　　　　　　　　　　　　　　　　　（　　）

8. 商品到库接收与商品接运是两个不同环节。　　　　　　　　　　　　　　　（　　）

9. 储存货品的空间叫作储存空间。储存是仓库的核心功能和关键环节。储存区域规划

合理与否直接影响到仓库的作业效率和储存能力。 （ ）

10. 只有综合考虑保管场所的平面和高度两个方面的因素,才能使仓储空间得到充分利用。 （ ）

11. 地面堆码适合大量可堆叠货品的储存。 （ ）

12. 分类储存策略是指将所有货物按照一定特性加以分类,每一类货品都有固定存放的位置,而同属一类的不同货品又按一定的原则来指派货位。 （ ）

13. 仓库的主要作业是货品的入库、在库管理和出库作业。入库、出库作业时间一般较短而货品在库时间较长。 （ ）

14. 一般的储存方式有定位储存、随机储存、分类储存和共同储存等。 （ ）

15. 随机分类储存是指每一类货品有固定存放位置,但在各类储区内,每个货位的指派是随机的。 （ ）

16. 烟、香皂和茶叶可以存放在一起。 （ ）

17. 人工分配货位方法的优点是计算机等设备投入费用少。其缺点是分配效率低,出错率高,需要大量人力。 （ ）

18. 种类少或体积大的货品适合于定位储存的方式。 （ ）

19. 随机储存的缺点主要是货位必须按各项货品的最大在库量设计,因此储区空间平时的使用效率较低。 （ ）

20. 随机原则一般是由储存人员按习惯来确定储存位置,而且通常按货品所属供应商的不同储存于靠近出入口的货位。 （ ）

21. 先进先出的原则一般适用于寿命周期短的货物,如感光纸、软片、食品等。 （ ）

22. 定位储存是指每一储存货品都有固定货位,货品不能互用货位,因此,在规划时,每一项货品的货位容量不得小于其可能的最大在库量。 （ ）

23. 货品具有供应商、货品特性、数量和进货规定四个特征。 （ ）

24. 货位管理就是指货品进入仓库之后,对货品如何处理、如何放置、放置在何处等进行合理有效的规划和管理。 （ ）

25. 产品互补性原则是指互补性高的货物应存放在邻近位置以便缺货时可迅速地以另一品项替代。 （ ）

四、名词解释

防震保护技术 拣货作业

五、简答题

1. 实物验收的主要内容有哪些?
2. 简述商品出库的基本作业程序。
3. 盘点差异的主要原因有哪些?
4. 简述商品验收的基本要求。
5. 货位选择要考虑哪些原则?
6. 入库前的准备工作有哪几个方面?
7. 卸车过程中应注意哪些问题?
8. 简述库存商品质量变化的形式。

9. 库存商品保管有哪些措施?

10. 简述盘点的种类和方法。

六、案例题

1. 位于日本东京和平岛流通基地内的学研社以出版和销售杂志、书籍为主,兼营与教育相关的教学器材等。随着销售量的急剧上升,学研社总公司为全日本的 4 000 多家特约销售店服务,每天的物流量高达 1 万吨左右。

为适应迅速发展的业务需要,该公司曾几次改进仓储进出库作业方式。1964 年公司决定将传统的仓库改建为仓储配送中心,引进托盘化作业、传送带包装拣货等,为现代装卸搬运、仓储保管打下了基础。1974 年公司采用了自动化立体仓库技术,商品出入库作业全部实现自动化,并将计算机用于库存管理和编制出库作业路线图等。1985 年以来,公司为提升服务、节省成本,开发了新一代仓储、配送信息网络系统。学研社的书籍、教材类均属多品种、少批量,规格、形状、尺寸各异的商品。该类入库商品在 4 楼卸车码盘验收后暂时保管。其后打包成标准包装进入拣选作业线。零星出库商品用纸箱重力式货架移动,等待拣选。根据由联机打印出的运输用标签进行拣选。拣选商品中的标准包装贴上标签进入自动分拣系统。传送带全长430 米,水平搬运,并从 4 楼向 1 楼的垂直搬运带出货,送往高速自动分拣系统。经激光扫描器扫描,自动阅读标签上的条形码,自动分拣到指定的分拣滑道。每天的处理能力约为 300吨。杂志类属少品种、大批量,规格、形状、尺寸基本统一的商品。该类入库商品在 1 楼收货、验货,热缩包装集装化后装载在托盘上,暂时储存在托盘重力式货架上保管。部分存放在 2 楼重力式货架的杂志,得到补货指令,便自动通过垂直输送机运到 1 楼出库。根据出库的信息,商品自动地被拣选,计算机系统打印出配送用的标签,自动粘贴在纸箱上。在 1 楼的出货站台,一旦汽车到达,出货商品由水平输送机等自动送到出货处装车。而零星商品在 3 楼拣货、配货后,由垂直输送机向 1 楼运送出货,一天的出货量 300 吨。

根据上述资料,回答下列问题:

(1) 该公司的商品是如何分类分区储存的?

(2) 若想确保商品质量安全,在选择货位时应注意哪些问题?

2. 最近几年来,可回收包装物的使用程度越来越高。10 年前,在美国汽车加工行业中,只有 5% 的企业使用这种包装物,如今这一比例上升到 85%。一家名为 Teradyne 的公司就非常热衷于使用可回收包装箱。这些箱子运到公司位于全美各地的分支机构,又返回公司的仓库。过去 Teradyne 公司用的都是纸板箱,现在改用可回收的塑料箱,每年损耗不足 2%。一家包装箱生产公司的经理称,随着可回收箱子的利用日益增加,这些箱子多在一种系统中运行,过去卡车把装在纸箱里的货物装卸到仓库后,通常都空车返回,现在卡车卸货后,箱子会随卡车返回再装货。大多数可回收的包装箱是塑料的,比纸板箱贵 4 至 6 倍,但耐用程度高于纸板箱20 至 30 倍。因此,许多公司愿意出高于一点的价格购买塑料箱,这样就不必每运一次货物就丢弃一个纸箱,从而节约了大量的成本。当这些塑料箱用旧了,经过简单的修理翻新,大部分还能再度发挥作用。许多仓库希望不论是运送还是搬运货物,都实现标准化,在这种情况下,包装箱的材料越耐用就越经济。

根据上述材料,回答下列问题:

(1) Teradyne 公司的包装有什么特点?

（2）一般来说,仓库对商品包装有什么要求?

3. 2019 年某物流公司仓库由于备货时不够仔细,导致错发货,将货主计划近期只在 B 地区销售的品种发送至异地,从而打乱了货主的整个营销策略,使货主的预期目标不能实现。根据合同中的有关条款,该物流公司将赔付高达 10 万元的罚款,后经与货主多次协商,对方做出了较大让步。

根据上述资料,回答下列问题:

（1）你认为该仓库问题出在哪些环节上?

（2）商品出库时有哪些要求?

第四章
仓储安全与特殊货物管理

学习目标

学习本章,了解消防安全知识和仓储安全新技术;重点掌握粮食仓储管理、油品库管理、危险品库的管理,树立安全管理的理念;理解仓储企业建立安全管理责任制的重要意义;掌握安全管理考核内容。

本章案例

海口开展仓储场所消防安全专项整治

海口市决定从某年5月22日起至9月20日在全市范围内开展仓储场所消防安全专项整治行动,切实消除火灾隐患,确保消防安全。

此次专项整治行动共分动员部署、排查整治、总结验收等三个阶段,整治范围包括全市各类仓储场所,其中物流产业园区、大型物流公司的货物仓库(堆场)等场所为整治重点。

排查整治内容包括:是否依法通过消防行政许可或消防备案抽查;建筑物或场所使用情况是否与消防验收或者竣工验收消防备案时的使用性质相符;消防安全布局、防火间距、消防车通道等是否符合消防技术标准要求;建筑物是否按照消防技术标准设置防火分区和疏散设施,疏散通道和安全出口是否畅通;建筑消防设施的设置是否符合国家工程建设消防技术标准,并保持完好有效;电器设备安装使用和线路敷设是否符合相关技术标准,用火用电管理是否到位等。

此次消防安全专项整治对深入推进海口火灾防控工作具有重要意义。

(案例来源:http://news.ifeng.com/a/20180516/58316403_0.shtml。)

思考题

1. 简述仓储安全管理的基本内容。
2. 结合案例,谈谈如何防范仓库安全事故发生。

第一节　仓储安全管理

一、概　述

（一）仓储安全管理的概念

仓库安全管理是仓库管理的重要组成部分，在仓库物资管理过程中，由于仓库存储物资具有易燃、易爆以及易腐蚀、有毒等不安全因素，危险性大，一旦发生事故，将可能造成人员伤亡和物资的大量损失，因此应重视仓储安全管理。仓库安全管理的基本任务是发现、分析和消除仓库物资管理过程中的各种危险，保护仓库中的人、财、物不遭受破坏、损害和损失，并在一定条件下取得最佳的经济效益和社会效益；基本目的为保护仓储工作人员安全，对仓储设施设备进行良好管理避免发生安全事故，妥善保管货物避免货物发生变质及被盗等现象。

现代安全管理的对象是特定的系统安全，所以安全工作也是一项复杂的系统工程，其基本程序为：① 总结本仓库的历史经验并吸取和借鉴其他仓库安全管理的经验，找出管理方面的差距及失误；② 从仓库实际出发，分析现实的需要和可能，全面的研究，有选择地吸收仓库安全管理的制度和方法；③ 综合研究应用各种管理的基本原则、方法及其实践成果，确立必须遵循的基本原则和适用的方法；④ 运用现代科学技术提供的先进手段，为安全管理的决策提供科学的依据，并为安全管理组织实施提供可靠的保障。

（二）现代仓库安全管理的基本特点

现代仓库安全管理就是如何应用现代科学知识和工程技术去研究、分析、评价、控制以及消除物资储存过程中的各种危险，有效地防止灾害事故，避免损失。加强仓库安全管理，重要的是找出仓库事故发生发展的规律，弄清仓库安全管理工作的特殊规律，针对性地采取相应措施，现代仓库安全管理的基本内容和要求主要有以下特点。

1. 以预防事故为中心，进行预先安全分析与评价

为保障仓库安全，对于储存危险性的物资，既有足够潜在能量形成足以毁坏大量库存物资或造成人员伤亡的条件，又有引起火灾、爆炸等灾害的实际可能性情况，必须预先建立完善的和可靠的安全防护系统。对各项安全设施与装置的选择以及设置的数量，应通过安全评价确定。其评价方法以分析和预测系统可能发生的故障、事故及潜在危险，通过有组织的评价活动，确定危险度等级，并以此为依据，制定相应的合理的安全措施。

2. 从总体出发，实行系统安全管理

系统安全管理应当从仓库储存规划可行性研究中的安全论证开始，包括安全设计、安全审核、安全评价、安全制度、安全检查、安全教育与训练以及事故管理等各项管理工作。由于仓库安全管理内容繁多，各个环节之间形成相关联系、相互制约的体系。因此，仓库安全管理不能孤立地从个别环节或某一局部范围内分析和研究安全保障，必须从系统的总体出发，全面地观察、分析和解决问题，才可能实现系统安全的目标。

3. 对安全进行数量分析，为安全管理、事故预测和选择最优化方案提供科学的依据

对安全进行数量分析，是安全科学发展日益完善的一个标志。运用数学方法和计算技术研究故障和事故同其影响因素之间的数量关系，揭示其间的数量变化及规律，就可以对危险性等级及可能导致损失的严重程度进行客观的评定，从而为选取最优的安全措施方案和决策提供依据。安全的定量化分析包括以事故发生频率、事故严重率、安全系数、安全极限和以预选给定数值作为尺度进行分析比较的相对方法，以及用时间发生的频率值作为安全量度的概率方法。

二、消防安全基础知识

(一) 燃烧的类型

物质的燃烧可分为闪燃、着火、自燃和爆炸四类。

（1）闪燃。闪燃是由于固态或液态物质因蒸发、升华或分解产生的可燃气体或蒸汽与空气混合后，借助火焰时发生的瞬间燃烧过程。

（2）着火（点燃）。可燃物在空气中受着火源的作用而发生持续燃烧的现象称为着火。在规定的条件下，可燃物质开始持续燃烧所需的最低温度称为着火点（燃点）。燃点越低，越容易着火。灭火时，当燃烧中的物质的温度降低到燃点以下，火就熄灭。

（3）自燃。可燃物受热升温，在没有明火作用的条件下，能自行着火的现象，称为自燃。

（4）爆炸。爆炸是指物质氧化还原反应的速度急剧增加，并在极短的时间内放出大量能量的一种破坏力很大的现象。

(二) 灭火的基本方法

1. 隔离法

针对可燃物，将在火场周围的可燃物与燃烧物分隔开来不使火势蔓延，并使燃烧因缺乏可燃物而停止。例如，将燃烧物迅速转移到安全地点或投入水中；移走火源附近的可燃、易燃、易爆物品；关闭可燃气体或液体进入燃烧地点的开关等。

2. 窒息法

窒息法是用一种不燃的物质覆盖燃烧物表面使之与空气隔绝，或者释放某种惰性气体冲淡空气中的含氧量或关闭火场的通风筒、门窗，停止或减少氧气的供给，使燃烧因得不到足够的助燃物而熄灭。常用的覆盖物有：石棉毯、黄沙、泡沫等。常用于冲淡火场空气中含氧量的不燃气体有：二氧化碳气体、卤化烃、水蒸气和氮气等。

3. 冷却法

冷却法是将灭火剂喷洒到燃烧物上，迅速降低其温度，当燃烧的温度降低到燃点以下时，火就会熄灭。通常用水来冷却降温，将水洒在火场附近的建筑物或燃烧物上，使之降温可以阻止火灾的蔓延。

4. 抑制法（中断法）

抑制法（中断法）就是使用灭火剂渗入到燃烧反应当中去，使助燃的游离基消失，或产生稳

定的或活动性很低的游离基,使燃烧反应中止。例如,用卤化烃灭火。

(三) 灭火剂

灭火剂的最重要特性是它的不燃性。燃烧是物质与氧的化合反应,故常用的灭火剂是已被氧化了的物质,因而不能再与氧化合。灭火剂的一般功能是使可燃物与氧气有效地分离。

1. 水

由于蒸发时能从烟中移去热量,因而水是一种良好的灭火剂。水具有吸收较大热量的能力,液体蒸发形成水蒸气时,吸收的热量最大,其吸热量为 539 千卡/千克,并产生 1.7 立方米的蒸气。水的汽化热很高,故用水来灭火十分有效。液体汽化必须从某些热源吸收热量,把水喷到火焰上时,即从燃烧物质中吸收热量,最终得以汽化,当热量由高温物质转移给冷水时,物质的温度下降,从而使火熄灭。

2. 二氧化碳

二氧化碳由于可起覆盖作用,并能减少火场空气中的含氧量使火焰熄灭而被作为一种良好的灭火剂。与水相反,二氧化碳对火场破坏很少,而且二氧化碳不导电,因此可用于扑救带电设备的火灾。在一般情况下,二氧化碳是化学性质不活泼的气体,但在高温下,它能与钠、钾、镁等金属起反应。例如,金属镁能在二氧化碳中燃烧,在反应中释放大量的热,因此二氧化碳不能用于锂、钾、镁、锑、钛、镉、铀的金属及其氢化物的火灾,同样也不能用于扑灭那些惰性介质中自身供氧燃烧的物质(如硝化纤维火药)引起的火灾。

3. 泡沫

灭火的泡沫是泡沫液与水混合,通过化学反应或机械方法产生的。泡沫能在燃烧物表面形成覆盖层,使之与空气隔绝,起窒息和防止辐射热的作用;泡沫受热蒸发可起到冷却作用,产生的水蒸气又可降低氧气的浓度。泡沫灭火剂也有它的局限性,对可以溶解于水的易燃液体,它的灭火作用就不显著,如对于醇类、酮类、酐类以及有机酸引起的火灾,用一般的水溶性蛋白空气泡沫施救,泡沫里的水分会很快被这些易燃液体所溶解,起不到隔绝空气的作用。因而必须用抗溶性的泡沫液来代替一般的水溶性船用泡沫液。另外,由于泡沫带水,没切断电源的电器火灾、忌水化学物品火灾均不宜使用。

4. 化学干粉

干粉灭火剂主要用于扑救液体、可燃气体的火灾和一般带电设备的火灾,液化气船上则广泛使用干粉灭火剂。由于干粉无多大冷却作用,故扑救炽热物后,容易引起复燃。另外,干粉对蛋白泡沫和一般泡沫有较大的破坏作用,因此不能与上述两种泡沫联用。干粉使用时,粉末飞扬,会影响救火人员呼吸,须加以注意。

5. 砂土

黄沙、干土也常被作为灭火剂使用,主要用于初期小火。火灾初始时常是一个火点,面积不大,产生热量不多,如附近没有其他灭火剂,随手使用黄沙、干土等去覆盖,也能隔绝空气,阻止氧气进入,达到灭火效果。对于镁粉、铝粉、闪光粉等易燃固体引起的火灾,使用砂土扑救是很适宜的。应该注意的是,砂土不能用来扑救爆炸品的火灾。

三、仓储安全管理措施

(一) 仓储安全管理措施的基本内容

仓储管理首先要树立安全管理的理念,做到全员参与安全管理,主要通过严格执行仓储安全管理措施来实现。仓储安全管理措施分析仓储对象及所需的仓储设施设备,制定仓储安全管理目标,制定仓储安全管理的相关制度,建立安全管理责任制,并对安全管理进行考核管理,对相关的事故进行分析,做到预防安全事故的发生等。其中仓储安全目标管理是目标管理方法在安全工作上的应用。安全目标管理是目标管理的重要组成部分,是围绕实施安全目标开展安全管理的一种综合性较强的管理方法。

(二) 安全目标管理

安全目标管理的基本内容包括:安全目标体系的设定、安全目标的实施、安全目标的考核与评价。

1. 安全目标体系的设定

安全目标体系的设定是安全目标管理的核心,目标设立是否恰当直接关系到安全管理的成效。目标体系设定之后,各级人员依据目标体系层层展开工作,从而保证安全工作总目标的实现。

(1) 目标设定的依据。

① 党和国家的安全生产方针、政策,上级部门的重视和要求;

② 本系统本部门安全生产的中、长期规划;

③ 工伤事故和职业病统计数据;

④ 部门长远规划和安全工作的现状;

⑤ 部门的经济技术条件。

(2) 目标设定的原则。

① 突出重点。目标应体现组织在一定时期内在安全工作上主要达到的目的,要切中要害,体现组织安全工作的关键问题;要集中控制重大伤亡事故和后果严重的工伤事故、急性中毒事故及职业病的发生、发展。

② 先进性。目标要有一定的先进性,目标要促人努力、促人奋进,要有一定的挑战性;要高于本部门前期的安全工作的各项指标,要略高于同行业平均水平。

③ 可行性。目标制定要结合本组织的具体情况,经广泛论证、综合分析,确保保证经过努力可以实现,否则会影响操作者参与安全管理的积极性,失去实施目标管理的作用。

④ 全面性。制定目标要有全局观念、整体观念,目标设定既要体现组织的基本战略和基本条件,又要考虑外部环境的影响。既要考虑组织的全面工作和在经济、技术方面的条件以及安全工作的需要,也要考虑各职能部门、各级各类人员的配合与协作的可能性。

⑤ 尽可能数量化。目标要具体并尽可能数量化,不但有利于对目标的检查、评比、监督与考核,而且有利于调动操作者努力工作实现目标的积极性。

⑥ 目标与措施要对应。目标的实现需要具体措施做保证,只设立目标而没有实现目标的措施,目标管理就会失去作用。

⑦ 灵活性。所设定的目标要有可调性。在目标实施过程中组织内部、外部的环境均有可能发生变化,要求主要目标的实施有多种措施做保证,使环境的变化不影响主要目标的实现。

(3) 目标设定的内容。

① 安全目标是全体人员在计划期内完成的劳动安全的工作成果,一般包括以下几个方面:重大事故次数,包括死亡事故、重伤事故、重大设备事故、重大火灾事故、急性中毒事故等;死亡人数指标;伤害频率或伤害严重率;事故造成的经济损失,如工作日损失天数、工伤治疗费、死亡抚恤费等;作业点尘害达标率;劳动安全卫生措施计划完成率、隐患整改率、设施完好率;全员安全教育率、特种作业人员培训率等。

② 保证措施包括技术措施、组织措施、措施进度和责任者。保证措施大致有以下几个方面:安全教育措施,包括教育的内容、时间安排、参加人员规模、宣传教育场地;安全检查措施,包括检查内容、时间安排、责任人,检查结果的处理等;危险因素的控制和整改,对危险因素和危险点要采取有效的技术和管理措施进行控制和整改,并制定整改期限和完成率;安全评比,定期组织安全评比,评出先进班组;安全控制点的管理,制度无漏洞、检查无差错、设备无故障、人员无违章。

(4) 目标的分解。

总目标设定以后,必须按层次逐级进行目标的分解落实,将总目标从上到下层层展开,从纵向、横向或时序上分解到各级、各部门直到每个人,形成自下而上层层保证的目标体系。

目标分解的结果对目标的实现和管理绩效将产生重要影响,分解时应注意:上层目标应具有战略性和指导性,下层目标要具有战术性和灵活性,上层目标的具体措施就是下层的目标;不论目标分解的方法和策略如何,只要便于目标实现都可以采用;落实目标责任的同时要明确利益和授予相应的权利,做到责权统一;上下级之间、部门之间、人员之间的目标、责任和权利要协调一致,责权要与单位、个人的能力相符;目标分解要便于考核。

目标分解的形式多种多样,常见的有以下三种:

① 按管理层次纵向分解,即将总目标自上而下逐级分解为每个管理层次直至每个人的分目标。

② 按职能部门横向分解,即将目标在同一层次上分解为不同部门的分目标。例如,安全目标的实现涉及安全专职机构、生产部门、技术部门、计划部门、动力部门、人事部门等。

③ 按时间顺序分解,即总目标按照时间的顺序分解为各时期的分目标。企业在一定时期内的安全总目标可以分解为不同年度的分目标,不同年度的分目标又可分为不同季度的分目标等。

在实际应用中,上述三种方法往往是综合应用。只有横向到边,纵向到底,结合不同时期的工作重点,才能构成科学、有效的目标体系。

在安全目标分解的实践中,编制各种形式的安全目标管理责任书,也叫目标管理卡。目标管理卡分单位目标管理卡和个人目标管理卡,如表4-1、表4-2所示,其内容一般包括:目标项目、目标值、权限和保障条件,以及对策、成果评价、签发日期、签发人等。

表 4-1　单位目标管理卡

责任单位			授权单位			签发日期	
目标项目	权限	目标值	对策措施	目标要求	惩罚规定	自我评价	领导评价
						签名	签名

表 4-2　个体目标管理卡

目标项目				
责任者			签发者	
目标要求	权限及保障条件	奖惩办法	自我评价	领导评价

2. 安全目标的实施

安全目标的实施是指在落实保障措施,促使安全目标实现的过程中所进行的管理活动。主要是各级目标责任者充分发挥主观能动性和创造性,实行自我控制和自我管理,辅之以上级的控制与协调。

(1) 目标实施中的控制。

控制是管理的一项基本职能,它是指管理人员为保证实际工作与计划相一致而采取的管理活动。控制要以实现既定目标为目的,鼓励目标责任者的创造精神,与目标责任相关的部门和人员要相互协调、配合。控制分为以下三种方式:

① 自我控制。它是目标实施中的主要控制形式,通过责任者自我检查、自行纠偏达到目标的有效实施。

② 逐级控制。它是指按目标管理的授权关系,由下达目标的领导逐级控制被授权人员,一级控制一级,形成逐级检查、逐级调节、环环相扣的控制链。逐级控制可以使发现的问题及时得到解决。

③ 关键点控制。关键点是指对实现安全总目标有决定意义和重大影响的因素。控制关键点可以是重点目标、重点措施和重点单位等。

(2) 目标实施中的协调。

通过有效的协调可以消除实施过程中各阶段、各部门之间的矛盾,保证目标按计划顺利实施。目标实施中协调的方式大致有以下三种:

① 指导型协调。它是管理中上下级之间的一种纵向协调方式,采取的方式主要有指导、建议、劝说、激励、引导等。

② 自愿型协调。它是横向部门之间或人员之间自愿寻找配合措施和协作方法的协调方式。其目的在于相互协作、避免冲突,更好地实现目标。

③ 促进型协调。它是各职能部门、专业小组或个人,相互合作,充分发挥自己的特长和优势,为实现目标而共同努力的协调方式。

3. 安全目标的考核与评价

为做好安全目标的考评工作,考评中应遵循以下原则:

第一,考评要公开、公正。考评标准、考评过程、考评内容和考评结果及奖惩要公开,要增加考评的透明度。考评要有统一的标准,标准要定量化,无法定量的要尽可能细化,使考评便于操作。

第二,以目标成果为考评依据。目标管理是强调结果的管理,对达到目标的过程和方法不做规定。这一方法能够激励人们的创造精神,工作中讲究实效,避免形式主义。

第三,考评标准简化、优化。考评涉及的因素较多,标准尽量简化,避免项目过多,引起考评工作的烦琐和复杂。考评标准要优化,要抓反映目标成果的主要问题,评定等级要客观。

第四,实行逐级考评。安全目标的设定和分解逐级进行,进而构成目标体系,由上至下逐级考评,有利于考评的准确性。

目标的考评内容包括:① 目标的完成情况。包括完成的数量、质量和时间。② 协作情况。目标实施过程中组织内部各部门或个人间的联系与配合情况等。考评可采取分项计划方法、目标成果考评法、岗位责任考评法等。

四、仓储安全新技术

(一) 安全管理信息系统

管理信息系统(MIS)主要包括对信息的收集录入,信息的存储,信息的传输,信息的加工和信息的输出与反馈五种功能。仓储部门推行的事故控制技术,其中的事故隐患检查方法是一种适合仓库的安全管理手段,它是根据危险源辨识和系统安全分析的结果,把主要的潜在事故隐患作为检查和控制的对象,编制成各类标准安全检查表。这就需要获取大量的事故信息量,需要及时对事故信息进行处理和综合分析判断,仓库安全管理信息系统可完成这些工作。

1. 安全管理信息系统分析及设计

安全管理系统的症结主要是安全管理中作为决策依据的信息流通不畅,根据事故控制的基本模式,在系统设计时,要考虑两个信息反馈基回路。

其一:制表(安全检查表)→检查(工作岗位)→隐患评价→打印(整改通知)→有关部门→整改(工作岗位)。

其二:隐患总库→制表(安全检查表)→检查→发现新隐患→(新隐患)存档→总库。

因此,仓库安全管理信息系统应按如下方式运行:

通过危险源辨识发现来自各仓库的事故隐患,输入计算机,经汇总分析后,建立两个事故隐患档案:一个是按不同岗位区分的事故隐患档案,作为安全检查表的制定依据;另一个是按其所属的不同部门区分的事故隐患档案,可用来区分事故隐患的类型,以便制定出各种报表,发送至各部门和作业岗位。工作人员依表进行安全检查和事故隐患整改。

在系统中,还可建立伤亡事故档案,以及仓库特殊作业岗位工作人员的素质、岗位安全教育培训档案等。

2. 仓库安全管理信息系统说明

(1) 危险源辨识。

危险源辨识是建立安全管理信息系统的基础。进行危险源辨识时,不仅要分析以往发

生的伤亡事故资料,还要参照来自系统外部的其他有关信息资料。危险源辨识,应掌握下列几项内容:

① 仓库设施、设备本质安全化水平,设计缺陷及作业环境缺陷;

② 人机匹配问题;

③ 事故严重度和发生概率;

④ 事故可能发生的模式及波及范围预测。

(2) 仓库信息管理系统。

该系统的模块设计包括两个方面:数据存储设计和处理过程设计。数据存储设计主要是确定存储的内容和文件的组织方式,包括各类档案文件的建立及分类。处理过程设计把模块分为四类:输入汇总、查询、打印报表和复制。

3. 安全检查表

安全检查表依据从危险源辨识和系统安全分析得到的事故隐患档案确定,因而其内容全面、客观,具有严格的科学性。检查表的主要内容包括:检查项目,检查内容及标准,检查结果以及检查人和检查日期。仓库各部门人员应严格按照检查表进行检查,及时将事故隐患反馈给安全管理部门。如发现的事故隐患,已由仓库作业人员解决,也需记入检查表内。

4. 隐患整改

隐患整改是安全管理信息系统的最后实施体现,是系统起作用的极为重要的手段。应建立以仓库业务管理、仓库设施设备、仓库车辆、仓库库区警卫、仓库安全监控等为主体的隐患整改机制,这种按系统管理,分级负责的方法有利于充分发挥各部门的仓库安全责任。事故隐患整改过程是一个系统调节反馈过程,是控制危险因素,及时消除事故隐患,实施安全作业的重要环节。

(二) 仓储安全监控电子化

仓储安全管理要突破传统的经验管理模式,增加安全管理的科技含量,推广应用仓储安全监控技术,提高仓储安全水平。例如,智能探头可以持续不断地测量探头所在环境的物理量变化,可以对干扰效应和因素按照给定的结构和算法进行测定予以消除,能够根据现场火灾的特征与探头内存储的火灾特性曲线参数进行比较,预测火灾,提高火灾预报的可靠性。

仓储安全监控模式将由集中监视、集中控制向集中监视、集中管理、分散控制转变;中央计算机监控系统通过通信网络将分散控制现场的区域智能分站连接起来,实现对仓库内各种保安防范措施和功能的集中监控管理、报警处理和联动控制。

第二节　特殊货物管理

一、危险品的仓储管理

(一) 危险品概述

仓储中的危险品是指具有燃烧、爆炸、腐蚀、有毒、放射性或在一定条件下具有这些特性,并能致人伤害或造成财产损失而需要特别防护的货物。危险品储存在仓库的类型、布局、结构和管理上有其特别要求。

危险品的特征就是具有危险性，根据其首要危险性将危险品分为九大类：第1类是爆炸品；第2类是压缩气体和液体气体；第3类是易燃液体；第4类是易燃固体；第5类是自燃物品和遇湿易燃物品；第6类是氧化剂和有机过氧化剂；第7类是有毒品；第8类是腐蚀品；第9类是杂类。

（二）危险品仓库的建筑要求

危险品仓库，一般占地面积较大。在布局上，应以"安全第一"为原则，区别各类商品的性能，搞好仓库的区域规划。要按照储存危险品的类别和性能，充分利用地形，合理划分各类物品的存放地区；并按地势的标高和气象资料设置必要的防雷网；按安全需要科学布置消防系统。此外，危险品仓库在库区布局上要按公安部建筑设计防火规范的要求，预留符合规定的防火安全距离。典型危险品仓库的建筑要求如表4-3所示。

表4-3 典型危险品仓库的建筑要求

仓库分类	建筑要求
爆炸性商品仓库	专库专用，最好是利用山势、洼地作为屏障，建筑地下式库，要有2/3～1/3的高度设在地面以下，外露墙壁砌成45℃斜坡，库顶要用轻质不燃材料覆盖；对于地上库应与四周保持足够的安全距离，并在周围筑堤（堤基离库墙1～3米，堤顶宽度不小于1米，且高出屋檐1.5米以上），采用轻质隔热库顶；每幢建筑面积在100平方米以内，要通风良好，四壁做防水层，地坪用沥青抹平；为防日光照射，库房门窗安装要不透明玻璃或用白色涂料涂刷，库内照明可安装电灯（最好安防爆式电灯），电源开关应设在库房外避雨的地方；无电源的地方可用干电池照明，不可用明火工灯具
易燃液体仓库	要远离生活区，用水方便，库间要有足够的消防车通道，消火栓的分布要周密合理；库房应采用钢筋混凝土结构，门窗向外开启；对于低沸点商品，应存放在低温库房或窑洞、地窖内；防爆灯在库外通过玻璃窗向库内照明，库内外墙壁上不能安装任何电器设备；库内应安装排毒净化设备，以排除易燃液体放出的有毒气体
腐蚀性商品仓库	库顶最好是水泥的平顶结构，里面涂耐酸漆，以防腐蚀；地坪可以用一般的水泥地面；对于木结构的屋顶、门窗和各个结构部位的铁附近，都应涂上耐酸漆，以防酸性商品挥发出来的气体或蒸气库房建筑结构；库内不宜安装电灯，在建筑时必须考虑库房的采光，也可以采取在库外向库内照明的方法
放射性商品仓库	应建特型库，最好是地下式；库房建筑宜用混凝土结构，墙壁厚度应不少于50厘米，房顶、四壁、地坪要用拌有重品石粉的混凝土抹平；地坪表面要光滑，以便冲洗残存的放射性灰尘；仓库四壁、天花板、门窗应由铅板衬制或覆盖，库内要有下水道和专用渗井

（三）危险品的安全储存管理

要根据危险品的不同性能来选择适宜的储存场所，危险品在装卸、搬运、堆码及管理、养护等方面，必须采取科学的方法。危险品仓库管理一般要求做到以下几点。

1. 分区分类储存

根据各类危险品性质的特点,实行分区分类储存。危险品仓库分为大型危险品仓库、中小型危险品仓库和县以下(含县)危险品仓库,大型危险品仓库是大城市的专业仓库,可划分为若干存货区,库区之间有一定的安全距离和明显的界限;中小型危险品仓库在中小城市,库存总量不大、库区面积有限;县以下(含县)危险品仓库分布广,数量多,但是面积有限,库存量小。还要根据仓库建筑、设备和水源与消防条件,适当划分各类危险品的货区和货位,区与区、仓与仓、垛与垛之间,要有一定的安全间距。划定的货区、货段和货位,应进行货位编号。

危险品在储存过程中,要根据其类型的不同采取不同的保养措施,进行定期检查与观测,做好商品检查记录,加强温湿度的控制与调节。

2. 设备管理

危险化学品的仓库实行专用仓库的使用制度,设施设备不能用于其他用途。各种设施设备要按照国家相应标准和有关规定进行维护、保养,进行定期检测,保证其符合安全运行要求。对储存剧毒化学品的装置和设施要每年进行一次安全评价;储存其他危险品的,储存装置每年进行一次安全评价。对评价不符合要求的设施设备应停止使用,立即更换或维修。

3. 库场使用

危险化学品必须储藏在专用仓库、专用场地或专用储藏室内。对危险品专用仓库的要求,不仅包括专区专用,不能存放普通货物,还包括不同种类的危险品应分类存放在不同的专用仓库,各仓库存放确定种类的危险品。危险品的危害程度还与其存放数量有关,仓库需要根据危险品的特性和仓库的条件,确定各仓库的存量。例如,黄浦港务公司仓库第12仓楼下的堆存限额为1 078升,不能堆放一级易燃液体和一级有机氧化物。

危险品仓库实行定期检查制度,检查间隔不宜超过5天;在检查中若发现问题应及时填写"问题商品通知单",并上报仓库领导;仓库保管员需保持仓库内的整洁,特别是对残余化学物品应随时清扫。对残损、质次、储存过久的货物应及时向有关单位联系催调。

4. 从业人员要求

从事危险化学品生产、经营、储存、运输、使用或者处置废弃危险化学品活动的人员,必须接受有关法律、法规、规章和安全知识、专业技术、职业卫生防护和应急援救知识的培训,并经考核合格,方可上岗作业。

(四)危险品事故应急处理

危险品仓库必须根据库存危险品的特性、仓库的条件以及法规和国家管理机关的要求,制定仓储危险品应急预案。应急预案包括发生危害时采取的措施和人员的应急职责,具体包括危险判定、危险事故信号汇报、现场紧急处理、人员撤离、封锁现场、人员分工等。

应急预案要作为仓库工作人员的专业知识,务必使每一个员工熟悉且熟练掌握所在岗位的职责行为和操作技能。仓库应该定期组织员工开展应急预案演习,当人员有一定变动时也要进行演习。

二、粮食的仓储管理

（一）粮仓管理

1. 粮食的仓储特性

（1）呼吸性和自热性。

粮食仍然具有植物的新陈代谢功能，能够吸收氧气和释放二氧化碳，通过呼吸作用，能产生和散发热量。因此，当大量的粮食堆积时，释放的二氧化碳就会使空气中的氧气含量减少；大量堆积的粮食所产生的热量若不能散发，就会使粮堆内温度升高。另外，粮食中含有的微生物也具有呼吸和发热的能力。粮食的自热不能散发，在大量积聚后，会引起自燃。粮食的呼吸性和自热性与含水量有关，含水量越高，自热能力越强。

（2）吸湿性和散湿性。

粮食本身含有一定的水分，当空气干燥时，水分会向外散发，而当外界湿度大时，粮食又会吸收水分，在水分充足时还会发芽，芽胚被破坏的粮食颗粒就会发霉。由于具有吸湿性，粮食在吸收水分后不容易干燥，而储存在干燥环境中的粮食也会因为散湿而形成水分的局部聚结而致霉。不同粮食的含水量标准如表 4-4 所示。

表 4-4　粮食的含水量标准

粮食种类	含水量	粮食种类	含水量
大米	15％以下	赤　豆	16％以下
小麦	14％以下	蚕　豆	15％以下
玉米	16％以下	花　生	8.5％以下
大豆	15％以下	花生果	10％以下

（3）吸附性。

粮食具有吸收水分、呼吸的性能，能将外界环境中的气味、有害气体、液体等吸附在内部，不能去除。因此，一旦受到异味沾污，粮食就会因无法去除异味而损毁。

（4）易受虫害。

粮食本身就是众多昆虫幼虫和老鼠的食物。未经杀虫处理的粮食中含有大量的昆虫、虫卵和细菌，当温度、湿度合适时将会大量繁殖，形成虫害。即使是经过杀虫处理的粮食，也会因为吸引虫鼠而造成二次危害。

（5）散落流动性。

散装粮食因为颗粒小，颗粒之间不会粘连，在外力（重力）作用下，具有自动松散流动的散落特性，当倾斜角足够大时就会出现流动性。根据粮食的这种散落流动性，可以采用流动的方式作业。

（6）扬尘爆炸性。

干燥粮食的麸壳、粉碎的粮食粉末等在流动和作业时会产生扬尘，伤害人的呼吸系统。当能燃烧的有机质粮食的扬尘达到一定浓度时（一般为 50～65 克/立方米），遇火源会发生爆炸。

2. 粮仓的设施

粮仓是指贮藏粮食的专用建筑物,主要包括仓房、货场(或晒场)和计量、输送、堆垛、清理、装卸、通风、干燥等设施,并配备有测量、取样、检查化验等仪器。

粮食存储是仓储最古老的项目,"仓"在古代就是表示粮食的储藏的场所。粮食包括小麦、玉米、燕麦、大麦、大米、豆类和种子等。粮食仓储是实现粮食集中保管、分散消耗的手段,同时也是国家战略物资储备的方式之一。

粮食作为大宗货运输,需要较大规模的集中和仓储。为了降低粮食的储藏成本、运输成本,提高作业效率,主要以散装的形式进行运输和仓储,进入消费市场流通的粮食才采用袋装包装。

粮食仓库的设计应考虑粮食品种、贮藏量(仓容)和建筑费用等因素,在构造上主要应满足粮食安全贮藏和粮食仓库工艺操作所需的条件。选址和布局应考虑粮源丰富、交通方便、能源充足等因素。

(二) 粮仓管理的基本要求

1. 干净无污染

粮仓必须保持清洁干净。为了达到仓储粮食的清洁卫生条件,要尽可能用专用的粮筒仓;通用仓库拟用于粮食仓库,应是能封闭的,仓内地面、墙面要进行硬化处理,不起灰扬尘、不脱落剥离,必要时使用木板、防火合成板固定铺垫和镶衬;作业通道进行防尘铺垫。金属筒仓应进行除锈处理,如电镀、喷漆、喷衬、内层衬垫等,在确保无污染物、无异味时才能够使用。

在粮食入库前,应对粮仓进行彻底清洁,清除异物、异味,待仓库内干燥、无异味时,粮食才能入库。对不满足要求的地面,应采用合适的衬垫,如用帆布、胶合板严密铺垫。使用兼用仓库储藏粮食时,筒仓内不能储存非粮食的其他货物。

2. 保持干燥,控制水分

保持干燥是粮食仓储的基本要求。粮仓内不能安装日用水源,消防水源应妥善关闭,洗仓水源应离仓库有一定的距离,并在排水沟的下方。仓库旁的排水沟应保持畅通,确保无堵塞,特别是在粮仓作业后,要彻底清除哪怕是极少量的散漏入沟的粮食。

应该随时监控粮仓内湿度,将其严格控制在合适的范围之内。仓内湿度升高时,要检查粮食的含水量,当含水量超过要求时,须及时采取除湿措施。粮仓通风时,要采取措施避免将空气中的水分带入仓内。

3. 控制温度,防止火源

粮食本身具有自热现象,温度、湿度较高,自热能力也越强。在气温高、湿度大时需要控制粮仓温度,采取降温措施。每日要测试粮食温度,特别是内层温度,及时发现自热升温情况发生。当发现粮食自热升温时,须及时降温,采取加大通风,进行货堆内层通风降温,内层放干冰等措施,必要时进行翻仓、倒垛散热。

粮食具有易燃特性,飞扬的粉尘遇火源还会爆炸燃烧。粮仓对防火工作有较高的要求。在粮食进行出入库、翻仓作业时,更应避免一切火源出现,特别是要消除作业设备运转的静电,粮食与仓壁、输送带的摩擦静电,加强吸尘措施,排除扬尘。

4. 防霉变

粮食除了因为细菌、酵母菌、霉菌等微生物的污染分解而霉变外,还会因为自身的呼吸作用、自热而霉烂。微生物的生长繁殖需要较适宜的温度、湿度和氧气含量,在温度 25～37 ℃、湿度 75%～90% 时,其生长繁殖最快。霉菌和大部分细菌需要足够的氧气,酵母菌则是可以进行有氧呼吸、无氧呼吸的兼性厌氧微生物。

粮仓防霉变以防为主。要严把入口关,防止已霉变的粮食入库;避开潮湿货物,如通风口、仓库排水口,远离会淋湿的外墙,地面妥善衬垫隔离;加强仓库温、湿度的控制和管理,保持低温和干燥;经常清洁仓库,特别是潮湿的地角,清除随空气飞扬入库的霉菌;清洁仓库外环境,消除霉菌源。

经常检查粮食和粮仓,发现霉变,立即清出霉变的粮食,进行除霉、单独存放或另行处理,并有针对性地在仓库内采取防止霉变扩大的措施。

应充分使用现代防霉技术和设备,如使用过滤空气通风法、紫外线等照射、施放食用防霉药物等。但使用药物时需避免使用对人体有毒害的药物。

5. 防虫鼠害

粮食的虫鼠害主要表现在直接对粮食的耗损、虫鼠排泄物和尸体对粮食的污染、携带外界污染物入仓、破坏粮仓设备、降低保管条件、破坏包装物造成泄漏、昆虫活动对粮食的损害等。

危害粮仓的昆虫种类很多,如甲虫、蜘蛛、米虫、白蚁等,它们往往繁殖力很强,危害严重,能在很短时间内造成大量的损害。

粮仓防治虫鼠害的方法如下:

(1) 保持良好的仓库状态,及时用水泥等高强度涂料堵塞建筑破损、孔洞、裂痕,防止虫鼠在仓内隐藏。库房各种开口隔栅完好,保持门窗密封。

(2) 防止虫鼠随货入仓,对入库粮食进行检查,确定无害时方可入仓。

(3) 经常检查,及时发现虫害鼠迹。

(4) 使用药物灭杀,使用高效低毒的药物,不直接释放在粮食中进去驱避、诱食灭杀,或者使用无毒药物直接喷洒、熏蒸除杀。

(5) 使用诱杀灯、高压电灭杀,合理利用高温、低温、缺氧等手段灭杀。

复习题

一、单选题

1. 粮食自热的根源是粮食的(　　)。

A. 呼吸作用　　　　B. 吸附性　　　　C. 吸湿性　　　　D. 导热性

2. (　　)的标志为符号是黑色,底色是柠檬黄色。

A. 可燃气体　　　B. 氧化剂　　　　C. 有毒气体　　　D. 有害品

3. (　　)属于仓库中的明火。

A. 施工中的电弧　　B. 雷电波　　　　C. 静电　　　　　D. 电气超负荷

4. 常见的着火源是(　　)。

A. 酒精　　　　　B. 氯酸钾　　　　C. 火星　　　　　D. 过氧化钠

5. 与空气接触后,会因发生剧烈氧化而产生热,当热量达到本身的燃点时就自行燃烧的危险品称为(　　)。

A. 自燃物品　　　B. 遇水燃烧物品　C. 易燃液体　　　D. 氧化剂

6. 仓储安全管理的重要措施是(　　)。

A. 建立、健全安全生产责任制和各项安全保卫制度

B. 保证仓储安全生产的投入

C. 加强对有关安全生产的法律、法规和安全知识的宣传

D. 提高警惕,严防不法分子破坏

7. 用水扑灭一般固体物资的火灾,通过水大量吸收热量,使燃烧物的温度迅速降低,最后使燃烧终止的灭火方法称为(　　)。

A. 窒息法　　　　B. 冷却法　　　　C. 隔离法　　　　D. 化学抑制法

二、多选题

1. (　　)的分类图形标志用绿色表示。

A. 针纺织品类　　B. 食品类　　　　C. 农药类　　　　D. 农副产品类

E. 百货类

2. 油品的防火和防爆的方法有(　　)。

A. 控制可燃物　　B. 断绝火源　　　C. 防止电火花　　D. 防止金属摩擦

E. 防止油蒸汽积聚

3. 适宜采用地下库储存的危险品有(　　)。

A. 易燃液体　　　B. 压缩气体　　　C. 放射性物品　　D. 液化气体

E. 毒害品

4. 仓库火灾的特点包括(　　)。

A. 易发生,损失大　B. 易蔓延扩大　　C. 隐蔽性强　　　D. 危险性大

E. 扑救困难

5. 扑救带电火灾的办法包括(　　)。

A. 水　　　　　　B. 泡沫　　　　　C. 1211　　　　　D. 二氧化碳

E. 干粉灭火剂

6. 粮库应根据使用性质的不同而划分为(　　)。

A. 储量区　　　　B. 烘干区　　　　C. 加工区　　　　D. 器材区

E. 化学药品储存区

三、名词解释

危险品　助燃物质

四、简答题

1. 危险品堆码有何要求?

2. 简述灭火的基本方法。

3. 简述燃烧的三要素。

4. 简述仓储安全管理的基本内容。

5. 简述爆炸性商品的基本特点。

6. 简述典型危险品仓库的建筑要求。

五、案例题

1. 2008 年 8 月 5 日 13 时 15 分,深圳市安贸危险品储运公司清水河仓库 4 仓,因违章将

过硫酸铵、硫化钠等化学危险品混储,引起化学反应而发生火灾爆炸事故。火灾蔓延导致连续爆炸,爆炸又使火灾蔓延。前后共发生了 2 次大爆炸,7 次小爆炸,共有 18 处起火燃烧。这起火灾爆炸事故,死亡 15 人,受伤 873 人,其中重伤 136 人,烧毁、炸毁建筑物面积 39 000 平方米和大量化学物品等,直接经济损失约 2.5 亿元。

根据上述资料,回答下列问题:

(1) 危险品仓库应该怎样分区分类储存?

(2) 危险品堆码有哪些要求?

第五章
配送管理概述

学习目标

学习本章,了解配送水平对经济发展的重要性,掌握配送与配送中心的概念、种类及职能,理解配送中心的规划。

本章案例

联华超市集团配送服务

联华超市股份有限公司于 1991 年起在上海开展业务,于 16 余年间,以直接经营、加盟经营和并购方式发展成为一家具备全国网点布局、业态最齐全的零售连锁超市公司。于 2006 年 12 月 31 日,联华超市的总门店数目已经达到 3 716 家(不包括本公司联营公司经营的门店),遍布全国 20 个省份及直辖市,继续保持中国最大的零售连锁超市公司的行业领先地位,连续 10 年成为以营业额计中国最大的快速消费品连锁零售企业。其提供的配送服务如下。

一、配送时段

提供的送货时间为 09:00—20:30(张江高科地区配送时间为 09:00—18:00),根据商品的供应情况,具体配送服务如下:

(1)商品一旦订购,您可以选择距离订购时间 3 小时内的送货时段,对于特殊情况不能及时送达,我们将随时电话联系协商送货。

在 6:00—16:00 订购的用户当天订购当天配送。

在 16:01 以后订购的用户当天订购隔天送货。

(2)商品一旦订购,您可以选择距离订购时间 72 小时以内的送货时段,如有特殊情况我们将在 72 小时内与您取得联系。

订购时段	最早送货时段	送货时段
0:00—15:59	后日 09:00—11:00	任选
16:00—24:00	大后日 09:00—11:00	任选

备注:① 如遇大雨、台风等自然因素,为确保商品品质和送货安全,本公司会酌情延迟送货,敬请谅解。② 预定商品配送范围限外环线以内用户。③ 预定商品每周日,周一不配送,国定假日另行安排。

(3)如果订购商品,您可以选择一个参考送货时段,我们会在订单确认后由供应方同您联系是否有货后再确定最终的时间。

二、配送方式

(1)"门店送货上门"。您在网上订购超市类商品,就近服务门店会按您所要求的时间和指定的地址,送货到您家。

(2)"供方送货上门"。您在网上订购非超市类预定商品,我们供应商会按您所要求的时间和指定的地址,送货到您家。

(3)"顾客自提"。您在网上选购商品(限超市商品),然后可以前往就近的超市门店提货。

三、配送费用

每张独立类型订单的商品总额高于20元,免收配送费,如果追加订单不满20元的也不收取2元送货费;低于20元,我们将收2元配送费。

如果由于商品质量问题,顾客拒收该商品而导致商品总额不足20元时,免收配送费。若由于顾客无正当理由拒收而致使货款总额低于20元,将相应补收2元配送费。

(案例来源:联华电子商务网站,http://www.lhok.com。)

思考题

1. 联华超市配送服务有何特点?

2. 目前联华超市配送服务还可以在哪些方面拓展?

第一节　配送与配送管理

一、配送的概念

配送是物流活动中一种特殊的、综合的具有商流特征的形式。从物流来讲,配送包括了物流的全部职能,是物流的缩影或在特定范围内物流全部活动的体现。一般地讲,配送是集包装、装卸搬运、保管、运输于一身,并通过一系列的作业活动,完成将货物送达的目的,如图5-1所示。从商流来讲,物流是商物分离的产物,而配送则是商物合一的产物;从本质上讲,配送可看作是一种商业形式。虽然,具体实施配送时,所有的作业活动是以商物分离形式出现的,但是,从配送的发展趋势来看,商流与物流越来越紧密地结合,这是配送职能发挥的重要保障。根据上述的分析,对于配送概念的理解可以描述为:配送是按用户订货的要求,以现代送货形式,在配送中心或其他物流据点进行货物配备,以合理的方式送交用户,实现资源的最终配置的经济活动。

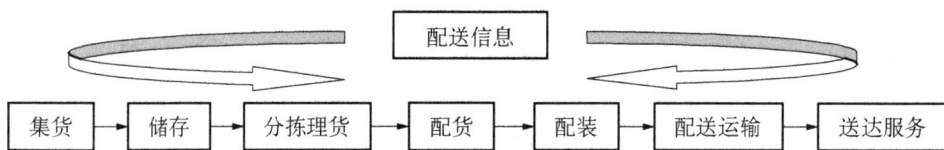

图5-1　配送一般流程

上述概念说明了以下几个方面的内容:

(1)首先明确指出"按用户订货的要求",所以,配送是以用户为出发点,用户处于主导地位,配送处于服务地位。因此,配送在观念上必须明确"用户第一""质量第一"。

(2)配送的实质是送货,但与一般送货有区别。一般送货可以是一种偶然行为;而配送是一种固定的形态,是一种有确定组织、确定渠道,有一套设施、装备和管理力量、技术力量,有一套规范的制度和体制。

(3)配送是从物流据点至用户的一种特殊送货形式,它表现为中转型送货,而不是工厂至用户的直达型;更重要的是,用户需要什么送什么,而不是有什么送什么。

(4)"配"与"送"有机结合。配送利用有效的分拣、配货等理货工作,使送货达到一定的规模,以利用规模优势取得较低的送货成本。

(5)"以合理的方式送交用户",是讲配送者必须在以用户要求为依据的同时追求合理性,并指导用户,实现双方都有利可图的商业原则。

(6)对资源的配置作用,是最终配置,因而是接近顾客配置。这种配置方式在市场环境下对实现经营战略具有重要的作用。

二、配送的分类

配送作为一种现代流通组织形式,具有集商流、物流于一身的职能。但由于配送者、主体、配送对象、服务对象,以及流通环境的不同等,配送可以按不同的标志进行不同的分类。

(一) 按实施配送的节点不同进行分类

1. 配送中心配送

这种配送的组织者是配送中心,规模大,有一套配套的实施配送设施、设备和装备等。配送中心配送专业性较强,和用户一般有固定的配送关系,配送设施及工艺是按用户专门设计的。所以,配送中心配送具有能力强、配送品种多、数量大等特点。但由于服务对象固定,其灵活机动性较差,而且由于规模大,要有一套配套设施、设备,使其投资较高,这就决定了配送中心的建设和发展受到一定的限制。

2. 仓库配送

仓库配送一般是以仓库为据点进行的配送,也可以是以原仓库在保持储存保管功能前提下,增加一部分配送职能,或经对原仓库的改造,使其成为专业的配送中心。

3. 商店配送

商店配送形式是除自身日常的零售业务外,按用户的要求将商店经营的品种配齐,或代用户外订外购一部分本店平时不经营的商品,和本店经营的品种配齐后送达用户,因此,在某种意义上讲,它是一种销售配送形式。连销商店配送也是商店配送中的一种形式,它分为两种情况:一种是独立成立专门从事为连销商店服务的配送企业,这种形式除主要承担连销商店配送任务外,还兼有为其他用户服务的职能;另一种是存在于连销商店内的配送,它不承担其他用户的配送,其任务是服务于连销经营。

4. 生产企业配送

配送业务的组织者是生产企业。一般认为这类生产企业是具有生产地方性较强的产品的特点,如食品、饮料、百货等。

(二) 按配送商品的种类和数量的多少进行分类

1. 单(少)品种大批量配送

这种配送适应于那些需要量大、品种单一或少品种的生产企业。由于这种配送品种单一、数量多,可以实行整车运输,有利于车辆满载和采用大吨位车辆运送。

2. 多品种少批量配送

由于这种配送的特点是用户所需的物品数量不大、品种多,因此在配送时,要按用户的要求,将所需的各种物品配备齐全,凑整装车后送达用户。

3. 配套成套配送

这种配送的特点是用户所需的物品是成套的。例如,装配性的生产企业,为生产某种整机产品,需要许多零部件,需要将所需的全部零部件配齐,按生产节奏定时送达生产企业,生产企业随即将此成套零部件送入生产线装配产品。

（三）按配送时间和数量的多少进行分类

1. 定时配送

这种配送是按规定的时间间隔进行配送,每次配送的品种、数量可按计划执行,也可以在配送之前以商定的联络方式通知配送时间和数量。它可以区分为日配送和准时—看板方式配送。

2. 定量配送

定量配送是指按规定的批量在一个指定的时间范围内进行配送。这种配送方式由于配送数量固定,备货较为简单,可以通过与用户的协商,按托盘、集装箱及车辆的装载能力确定配送数量,这样可以提高配送效率。

3. 定时定量配送

这种方式是按照规定的配送时间和配送数量进行配送,兼有定时配送和定量配送的特点,要求的配送管理水平较高。

4. 定时定路线配送

这种配送方式是在规定的运行路线上制定到达时间表,按运行时间表进行配送,用户可按规定路线站和规定时间接货,或提出其他配送要求。

5. 即时配送

这种配送是完全按用户提出的配送时间和数量随即进行配送,它是一种灵活性很高的应急配送方式。采用这种方式的物品,用户可以实现保险储备为零的"零库存",即以即时配送代替了保险储备。

（四）按经营形式不同进行分类

1. 销售配送

这种配送主体是销售企业,或销售企业作为销售战略措施,即所谓的促销配送型。这种配送的对象一般是不固定的,用户也不固定,配送对象和用户取决于市场的占有情况,因此,配送的随机性较强,大部分商店配送就属于这一类。

2. 供应配送

用户为了自己的供应需要采取的配送方式,它往往是由用户或用户集团组建的配送据点,集中组织大批量进货,然后向本企业或企业集团内若干企业配送。商业中的连销商店广泛采用这种方式。这种方式可以提高供应水平和供应能力,可以通过批量进货取得价格折扣的优惠,达到降低供应成本的目的。

3. 销售—供应一体化配送

这种配送方式是销售企业对于那些基本固定的用户及其所需的物品,在进行销售的同时还承担着用户有计划的供应职能,既是销售者,同时又是用户的供应代理人。这种配送有利于形成稳定的供需关系,有利于采取先进的计划手段和技术,有利于保持流通渠道的稳定等。

4. 代存代供配送

这种配送是用户把属于自己的货物委托配送企业代存、代供，或委托代订，然后组织对本身的配送。这种配送的特点是货物所有权不发生变化，所发生的只是货物的位置转移，配送企业仅从代存、代供中获取收益，而不能获得商业利润。

（五）按加工程度的不同进行分类

1. 加工配送

这种配送与流通加工相结合，在配送据点设置流通加工，或是流通加工与配送据点组建一体实施配送业务。流通加工与配送的结合，可以使流通加工更具有针对性，并且配送企业不但可以依靠送货服务、销售经营取得收益，还可以通过流通加工增值取得收益。

2. 集疏配送

这种配送只改变产品数量组成形式，而不改变产品本身的物理、化学性质并与干线运输相配合的配送方式，如大批量进货后小批量多批次发货，或零星集货后形成一定批量再送货等。

（六）按配送企业专业化程度进行分类

1. 综合配送

这种配送的特点是配送的商品种类较多，且来源渠道不同，但在一个配送据点中组织对用户的配送，因此综合性强。同时，由于综合性配送的特点，决定了它可以减少用户为组织所需全部商品进货的负担，只需和少数配送企业联系，便可以解决多种需求。

2. 专业配送

专业配送是按产品性质和状态划分专业领域的配送方式。这种配送方式由于自身的特点，可以优化配送设施，合理配备配送机械、车辆，并能制定适用合理的工艺流程，以提高配送效率。诸如中、小件杂货配送，金属材料配送，燃料煤、水泥、木材玻璃、化工产品、生鲜食品等的配送，都属于专业配送。

（七）共同配送

共同配送是为了提高物流效益，对许多用户一起配送，以追求配送合理化为目的的一种配送形式。共同配送可分为以下几种形式：

（1）由一个配送企业综合各用户的要求，在配送时间、数量、次数、路线等方面的安排上，在用户可以接受的前提下，做出全面规划和合理计划，以便实现配送的优化。

（2）由一辆配送车辆混载多货主货物的配送，是一种较为简单易行的共同配送方式。

（3）在用户集中的地区，由于交通拥挤，各用户单独配置按货场或处置场有困难，而设置的多用户联合配送的接收点或处置点。

（4）在同一城市或同一地区中有数个不同的配送企业，各配送企业可以共同利用配送中心、配送机械装备或设施，对不同的配送企业的用户共同实行配送。

三、配送的作用

发展配送,对于物流系统的完善,流通企业和生产企业的发展,以及整个经济社会效益的提高,无不具有重要的作用。

(1) 配送可以降低整个社会物资的库存水平。发展配送,实行集中库存,整个社会物资的库存总量必然低于各企业分散库存总量。同时,配送有利于灵活调度,有利于发挥物资的作用。此外,集中库存可以发挥规模经济优势,降低库存成本。

(2) 配送有利于提高物流效率,降低物流费用。采用配送方式,批量进货,集中发货,以及多个小批量集中一起大批量发货,都可以有效地节省运力,实现经济运输,降低成本,提高物流经济效益。

(3) 对于生产企业来讲,配送可以实现低库存。实行高水平的定时配送方式之后,生产企业可以依靠配送中心准时配送或即时配送而不需保持自己的库存,这就可以实现生产企业的"零库存",节约储备资金,降低生产成本。

(4) 配送可以成为流通社会化、物流产业化的战略选择。实行社会集中库存、集中配送,可以从根本上打破条块分割的分散流通体制,实现流通社会化、物流产业化。

第二节　配送中心的分类和职能

一、配送中心的含义

配送中心是组织配送性销售或供应,专门从事实物配送工作的物流节点。物流活动发生于两类场所——物流经路(运输路线)和物流节点(车站、港口、仓库等),配送中心是物流节点的一种重要形式。

配送中心是物流领域社会分工、专业分工细化的产物,它适应了物流合理化、生产社会化、市场扩大化的客观需求,集储存、加工、集货、分货、装卸、情报等多项功能于一体,通过集约化经营取得规模效益。

具体来讲,配送中心的含义可描述为:配送中心是从事货物配备(集货、加工、分货、拣货、配货)和组织对用户的送货,以高水平实现销售或供应的现代流通设施。

理解这个含义要注意以下几个问题:

(1) 含义中的"货物配备",即配送中心按照生产企业的要求,对货物的数量、品种、规格、质量等进行的配备。这是配送中心最主要、最独特的工作,全部由其自身完成。

(2) 含义中的"组织送货",即配送中心按照生产企业的要求,组织货物定时、定点、定量地送抵用户。由于送货方式较多,有的由配送中心自行承担,有的利用社会运输力量完成,有的由用户自提,因此就送货而言,配送中心是组织者而不是承担者。

(3) 含义中强调了配送活动和销售供应等经营活动的结合,配送成为经营的一种手段,以此排除了这是单纯物流活动的看法。

（4）含义中强调配送中心为"现代流通设施"，着意于和以前的流通设施者（如商场、贸易中心、仓库等）相区别。这个流通设施以现代装备和工艺为基础，不但处理商流，而且处理物流、信息流，是集商流、物流、信息流于一身的全功能流通设施。

二、配送中心的分类

按照不同标准，配送中心可分为以下几种类型。

（一）专业配送中心

专业配送中心大体上有两个含义：一是配送对象、配送技术属于某一专业范畴，在某一专业范畴有一定的综合性，综合这一专业的多种物资进行配送，如多数制造业的销售配送中心。我国目前在石家庄、上海等地建的配送中心大多采用这一形式。专业配送中心的第二个含义是，以配送为专业化职能，基本不从事经营的服务型配送中心。

（二）柔性配送中心

这是在某种程度上与第二种专业配送中心对立的配送中心。这种配送中心不向固定化、专业化方向发展，能够随时变化，对用户要求有很强的适应性，不固定供需关系，不断发展配送用户和改变配送用户。

（三）供应配送中心

这是专业为某个或某些用户（如联营商店、联合公司）组织供应的配送中心，如为大型联营超级市场组织供应的配送中心、代替零件加工厂送货的零件配送中心。

（四）销售配送中心

这是以销售经营为目的、以配送为手段的配送中心。销售配送中心大体有三种类型：第一种是生产企业将本身产品直接销售给消费者的配送中心，在国外这种配送中心有很多；第二种是流通企业作为本身经营的一种方式，建立配送中心以扩大销售，我国目前拟建的配送中心大多属于这种类型；第三种是流通企业和生产企业联合的协作性配送中心。比较起来看，国外和我国的发展趋向，都以销售配送中心为主要发展方向。

（五）城市配送中心

这是以城市范围为配送中心。城市范围一般处于汽车运输的经济里程，汽车配送可直接送抵最终用户。由于运距短、反应能力强，这种配送中心往往和零售经营相结合，在从事多品种、少批量、多用户的配送上占有优势。

（六）大区域型配送中心

这是以较强的辐射能力和库存准备，向相当广大的一个区域进行配送的配送中心。这种配送中心规模较大，用户和配送批量也比较大，配送目的地既包括下一级的城市配送中心，也包括营业所、商店、批发商和企业用户；零星配送虽有从事，但不是主体形式。该类型配送中心在国外十分普遍。

(七) 储存型配送中心

这是有很强储存功能的配送中心。一般来讲,买方市场下,企业成品销售需要有较大库存支持;卖方市场下,企业原材料、零部件供应需要有较大库存支持;大范围配送也需要较大库存支持。我国目前拟建的配送中心都采用集中库存形式,库存量较大,应当为储存型。

(八) 流通型配送中心

这是基本上没有长期储存功能,仅以暂存或随时进随时出方式进行配货、送货的配送中心。这种配送中心的典型方式是,大量货物整进并批量零出,采用大型分货机,进货时直接进入分货机传送带,分送到各用户货位或直接分送到配送汽车上,货物在配送中心里仅做少许停滞。

(九) 加工配送中心

从提高原材料利用率、提高运输效率、方便用户等多重目的出发,许多材料都需要配送中心的加工职能。但是,加工配送中心的实例目前见到的不多。

三、配送中心的职能

配送中心的职能全面完整,众多配送任务均通过职能完成。下述职能配送中心一般都具备,但侧重点不同,其中对某些职能重视程序的差异,决定了配送中心的性质及具体规划。

(一) 集货职能

为了能够按照用户要求配送货物,首先必须集中用户需求规模备货,从生产企业取得种类、数量繁多的货物,这是配送中心的基础职能,是配送中心取得规模优势的基础所在。一般来说,集货批量应大于配送批量。

(二) 储存职能

配送依靠集中库存来实现对多个用户的服务,储存可形成配送的资源保证,是配送中心必不可少的支撑职能。为保证正常配送特别是即时配送的需要,配送中心应保持一定量的储备;同时,为对货物进行检验保管,配送中心还应具备一定的检验和储存设施。

(三) 分拣、理货职能

为了将多种货物向多个用户按不同要求、种类、规格、数量进行配送,配送中心必须有效地将储存货物按用户要求分拣出来,并能在分拣基础上,按配送计划进行理货,这是配送中心的核心职能。为了提高分拣效率,应配备相应的分拣装置,如货物识别装置、传送装置等。

(四) 配货、分放职能

将各用户所需的多种货物,在配货中心有效地组合起来,形成向用户方便发送的货载,这也是配送中心的核心职能。事实上,分拣职能和配货职能作为配送中心不同于其他物流组织的独特职能,作为整个配送系统水平高低的关键职能,已不单纯是完善送货、支持送货的准备,它是配送企业提高竞争服务质量和自身效益的必然延伸,是送货向高级形式发展的必然要求。

(五) 倒装、分装职能

不同规模的货载在配货中心应能高效地分解组合,形成新的装运组合或装运形态,从而符合用户的特定要求,达到有效的载运负荷,提高运力,降低送货成本。这是配送中心的重要职能。

(六) 装卸搬运职能

配送中心的集货、理货、装货、加工都需要辅之以装卸搬运,有效的装卸能大大提高配送中心的水平。这是配送中心的基础性职能。

(七) 送货职能

虽然送货过程已超出配送中心的范畴,但配送中心仍对送货工作指挥管理,起着决定性的作用,送货属于配送中心的末端职能。配送运输中的难点是,如何组合形成最佳路线,如何使配装和路线有效搭配。

(八) 情报职能

配送中心在干线物流与末端物流之间起衔接作用,这种衔接不但靠实物的配送,也靠情报信息的衔接。配送中心的情报活动是全物流系统中重要的一环。

第三节　配送中心规划

一、配送中心的规划原则

配送中心的规划就是根据现状和发展的预期,确定配送中心应如何分布,特定条件下其位置又应如何确定。

由于配送中心的长期使用和难以更改,其规划是一项带有战略性的决策。事实证明,配送中心一旦建成,其现实布局对它的经济活动将产生举足轻重的影响,国内外不乏先例。由于配送中心分布不合理,难以与用户进行有效的衔接,活动功能受到了很大的抑制乃至失败。

为了追求配送中心的合理分布,保证功效的充分发挥,在它未形成之前需要慎重规划。配送中心的布局受多方因素制约,是一项复杂的系统工程。解决这个问题应从以下分析原则入手,辅以相应的数学实证方法。

(一) 动态的原则

影响配送中心的经济环境和相关因素处于时刻的变动之中,如交通条件的变化、价格因素的变化、用户数量的变化、用户需求的变化。布局选址时,首先应抛弃绝对化的观念,从动态原则出发,对这些动态因素予以充分考虑,使配送中心建立在详细分析现状和准确预期未来的基础上。同时,配送中心在规划设计时还要留有宽容度,以便能够在一定范围内适应数量、用户、价格等多方面的波动。否则,布局一旦实现,就可能出现不能满足配送要求或配送需求不足的被动情况。

(二)统筹的原则

配送中心的布局、层次、数量与生产力布局、消费布局等紧密相关,存在相互促进、相互制约的关系。因此,设定合理的配送中心布局,必须从宏观微观两个方面加以考虑,统筹兼顾,全面安排。

(三)竞争的原则

配送中心的业务活动贴近用户,服务性强,必须充分体现竞争原则。在市场机制中,配送服务竞争的强弱是由用户可选择性的宽窄范围决定的,为了扩大用户选择,配送中心的布局应体现出多家竞争,即每一家配送中心只能占领局部市场,只能从局部市场的角度规划。如果忽略了这种市场机理的作用,单纯从路线最短、成本最低、速度最快等角度片面考虑,一旦布局形成,用户的选择就会被弱化,从而导致垄断的形成和配送服务质量的下降。

但体现竞争并不等于过度竞争,在市场容量有限的情况下,过多设置和布局配送中心可能会导致过度竞争和资源浪费。

(四)低运费原则

配送中心利用规划的、技术的方法,组织对用户的配送运输,低运费原则在成本—收益分析中至关重要,成为竞争原则在运费方面的具体体现。

由于运费和运距有关,最低运费原则可以简化为最短距离问题,用数学方法求解,得出配送中心与预计供应点之间的最短理论距离或最短实际距离,以此作为配送中心布局的参考。但运费与运量也有关系,最短距离求解并不能说明抵达各供应点的运量,即使求解出最短距离,也不等于掌握了最低运费。因此,最低运费原则也可以转化为运量问题(吨或吨千米),通过数学方法求解。在市场环境中,运量处于经常的波动之中,不像供应点位置那样固定不变,所以这种转化也只能做布局上的参考。

(五)交通原则

配送中心的内部活动依赖于该中心的设计及工艺装备,而配送中心的外部活动散布于中心周围相当广泛的一个辐射地区,需要依赖于交通条件。竞争原则、低运费原则的实现都和交通条件密切相关,通过交通条件最终实现。交通原则是配送中心布局的特殊原则。

交通原则的贯彻包括两个方面:一是布局时要考虑现有交通条件,二是布局配送中心时,交通作为同时布局的内容之一。只布局配送中心而不布局交通,往往导致布局的失败。

二、配送中心总体规模的确定

配送中心的总体设计是在物流系统设计的基础上进行的。由于配送中心具有收货验货、库存保管、拣选分拣、流通加工、信息处理以及采购组织货源等多种功能,配送中心的规划首先要确定总体的规模。规划时,要根据业务量、业务性质、内容、作业要求确定总体规模。

(一)预测物流量

物流量预测包括历年业务经营的大量原始数据分析,以及根据企业发展的规划和目标进行的预测。在确定配送中心的能力时,要考虑商品的库存周转率、最大库存水平。通常以备齐商品的品种作为前提,根据商品数量的 ABC 分析,做到 A 类商品备齐率为 100%,B 类商品为95%,C 类商品为 90%,由此来研究、确定配送中心的平均储存量和最大储存量。

(二)确定单位面积的作业量定额

根据规范和经验,可确定单位面积的作业量定额,从而确定各项物流活动所需的作业场所面积。例如,储存型仓库比流通型仓库的保管效率高,即使使用叉车托盘作业,储存型仓库的走支道面积占仓库面积的 30% 以下,而流通型仓库往往要占到 50%。同时,应避免一味追求储存率高,而造成理货场堵塞、作业混杂等现象,以及无法达到配送中心要求周转快、出货迅速的目标。

(三)确定配送中心的占地面积

一般来说,辅助生产建筑的面积为配送中心建筑面积的 5%~8%;另外还得考虑办公、生活户建筑面积为配送中心的 5% 左右。于是,配送中心总的建筑面积便可大体确定。再根据城市规划部门对建筑覆盖率和建筑容积率的规定,可基本上估算出配送中心的占地面积。

三、配送中心内部布局

配送中心的规划,首先要求具有与装卸、搬运、保管等与产品活动完全适应的作业性质和功能,还必须满足管理,提高经济效益,对作业量的变化和商品形状变化能灵活适应等要求。

(一)商品数量分析

首先要对不同品种商品数量进行分析。制定配送中心设计规划时,“以何种产品,多大的作业量为对象”是确定实施计划的前提条件。为此,通常按照如下顺序分析:

(1)对商品的类别,按照商品出、入库的顺序进行调整,同时还按照类似的货物流加以分组;

(2)确定不同种类商品的作业量;

(3)以作业量的大小为顺序做坐标图,图中横轴为种类,纵轴为数量。根据曲线图分析:曲线斜度大的区间商品品种少,数量大,是流通快的商品群;曲线倾斜缓慢的区间商品品种多,数量少,是流通慢的商品群。

(二)进行物流分析

按照全面分析的作业量和出、入库次数等资料分析,编制产品流程的基本计划。也就是按照作业设施的不同,标示流程路线图,同时计入货物数量比率。

（三）进行设施的关联性分析

在制定计划时,把作为设计对象的设施及评价项目总称为业务活动。所以,业务活动除了建筑物内的收货场所、保管对象、流通加工场所及配送场所等设施外,还包括事务所、土地利用情况及道路等。这些设施中,关联密切的设施应相互靠近进行配置。

业务活动分析的顺序如下:

（1）列举必要的设施。除了正门、事务所、绿化地、杂品仓库、退货处理场所、福利保健场所等外,还有配送中心的建筑物及其具体的各项内部设施,都要列举出来。

（2）业务活动相互关系表。对上述各项业务活动,应作靠近性分析。所谓靠近性分析是指不仅要研究产品的流程,还要研究作业人员的管理范围,以及卡车的出入和货物装卸系统等,从不同角度进行合理性的判断。

（3）业务活动线路图。关于各个业务活动相互位置的关系,根据前项评价的结果进行一般的设计。

（四）设施面积的确定

按照上述方法确定出设施关联方案后,再计算这些设施需要的面积。其面积是按照作业量计算的。根据经验确定的单位面积作业量为:

（1）保管设施（库存剩余货物量）:1吨/平方米;

（2）处理货物的其他设施:0.2吨/平方米。

上述的设计顺序,是确定配置方案的主要因素以及可能数据化的合理设计方法,还要根据装卸路线、保管场所、剩余面积、人员配置、经济效益等条件加以详细的研究、设计。另外,配送中心的作业,不可能像在工厂的作业过程那样划分,往往一些设施是兼用的,只用理论方法无法解决所有问题。所以,在采用科学方法确定设计方案的同时,还要听取现场工作人员的意见,根据实际情况研究、修正后,才能确定出最优的设计方案。

四、配送中心内车流的布置

配送中心的车流量很大。一个日处理量达10万箱商品的配送中心,每天的车流量达250辆次;而实际上送货、发货的车辆,大多集中在几个时间带（即高峰时间）,如日本东京流通中心是一个超大型配送中心,其日车流量达8000辆次。因此,道路、停车场地及车辆运行线路的设计显得尤为重要。可以说,配送中心总体设计的成败,很大程度上取决于车流规划的合理与否。配送中心的设计必须包括"车辆行驶线路图"。

为了保证配送中心内车辆行驶秩序井然,一般采用"单向行驶、分门出入"的原则。不少配送中心还规定了大型卡车、中型卡车、乘用小车的出入口以及车辆行驶线路。配送中心内部的车道必须是继承环状,不应出现尽端式回车场,并结合消防道路布置。

配送中心的主要道路宽度较大,通常为4车道,甚至6车道;考虑到大型卡车、集装箱车进出,最小转弯半径不小于15米;车道均为高级沥青路面,并标有白色界线、方向、速度等标记。

复习题

一、单选题

1. 商店配送是按照实施配送的（　　）不同对配送进行分类的。

A. 配送时间　　　　B. 配送商品的种类　C. 节点　　　　　　D. 配送数量的多少

2. 以较强的辐射能力和库存准备，向相当广大的一个区域进行配送的配送中心属于（　　）类型的配送中心。

A. 专业配送中心　　　　　　　　B. 柔性配送中心

C. 城市配送中心　　　　　　　　D. 大区域型配送中心

3. 分拣职能和（　　）是作为配送中心不同于其他物流组织的独特职能。

A. 集货职能　　　　B. 储存职能　　　　C. 配货职能　　　　D. 装卸搬运职能

4. 代存代供配送是按照（　　）不同对配送进行分类的。

A. 加工程度　　　　　　　　　　B. 经营形式

C. 配送企业专业化程度　　　　　D. 配送商品的种类

5. 基本上没有长期储存功能，仅以暂存或随时进随时出方式进行配货、送货的配送中心属于（　　）。

A. 专业配送中心　　B. 流通型配送中心　C. 城市配送中心　　D. 大区域型配送中心

6. 配送中心配送是按照实施配送的（　　）不同对配送进行分类的。

A. 节点　　　　　　B. 配送商品的种类　C. 配送时间　　　　D. 配送数量的多少

7. 为大型联营超级市场组织供应的配送中心、代替零件加工厂送货的零件配送中心属于（　　）配送中心。

A. 专业　　　　　　B. 柔性　　　　　　C. 供应　　　　　　D. 销售

8. （　　）是按功能角度来分类的。

A. 零售商型配送中心　　　　　　B. 批发商型配送中心

C. 加工配送中心　　　　　　　　D. 化妆品配送中心

9. 配送具有（　　）的特征。

A. 商流和物流的合一　　　　　　B. 物流与商流的分离

C. 纯粹是送货　　　　　　　　　D. 纯粹储存

10. 杭州娃哈哈集团给市内各饮用水供应点配送饮用水，此种配送形式称之为（　　）。

A. 共同配送　　　　B. 定量配送　　　　C. 定时配送　　　　D. 生产企业配送

11. 配送中心总体设计的成败因素取决于（　　）的合理与否。

A. 内部布局　　　　　　　　　　B. 总物流量流程图

C. 作业定额量　　　　　　　　　D. 车流规划

12. 配送中心的核心职能是（　　）。

A. 集货职能　　　　　　　　　　B. 储存职能

C. 分拣、配货职能　　　　　　　D. 情报职能

13. 销售—供应—体化配送是按照（　　）不同对配送进行分类的。

A. 经营形式　　　　　　　　　　B. 加工程度

C. 配送企业专业化程度　　　　　D. 配送商品的种类

14. 流通企业作为本身经营的一种方式,建立配送中心以扩大销售。这种类型属于( )。

A. 专业配送中心　　B. 柔性配送中心　　C. 供应配送中心　　D. 销售配送中心

15. 被认为具有生产地方性较强的产品配送是( )。

A. 配送中心配送　　　　　　　　B. 仓库配送

C. 商店配送　　　　　　　　　　D. 生产企业配送

16. ( )一般没有长期储存功能,货物在此只做少许停滞。

A. 储存型配送中心　　　　　　　B. 大区域配送中心

C. 流通型配送中心　　　　　　　D. 城市配送中心

17. ( )几乎包括了所有的物流功能要素,是物流在小范围内全部活动的体现。

A. 运输　　　　　B. 配送　　　　　C. 送货　　　　　D. 储存

18. 杭州中萃可口可乐公司给市内各商店配送可口可乐,此种配送形式称之为( )。

A. 共同配送　　　B. 定量配送　　　C. 定时配送　　　D. 生产企业配送

19. 完全按用户提出的时间和数量随即进行配送的配送方式是( )。

A. 即时配送　　　　　　　　　　B. 定时配送

C. 定量配送　　　　　　　　　　D. 定时定路线配送

二、多选题

1. 配送中心的规划要受多种因素制约,( )是规划时要考虑的一些基本原则。

A. 动态的原则　　B. 统筹的原则　　C. 竞争的原则　　D. 低运费原则

E. 交通原则

2. 配送的特征是( )。

A. 配送对资源的优化配置有着重要作用

B. 配送就是送货

C. 配送是配与送的有机结合形式

D. 配送是以用户要求为出发点的活动

E. 配送处于供应链的上游

3. 配送中心的职能有( )。

A. 集货职能　　　B. 倒装分装职能　　C. 送货职能　　　D. 情报职能

E. 储存职能

4. 配送中心不同于其他物流组织的独特职能是( )。

A. 集货职能　　　B. 储存职能　　　C. 分拣职能　　　D. 配货职能

E. 情报职能

5. 配送中心内部布局要进行( )。

A. 商品数量分析　　　　　　　　B. 物流分析

C. 设施的关联性分析　　　　　　D. 交通流量的分析

E. 设施面积的确定

三、判断题

1. 配送中心的总体设计是在物流系统设计的基础上进行的。　　　　　　(　　)

2. 配送是物流的一个缩影或在特定范围内物流全部活动的体现。　　　　(　　)

3. 流通加工只便于流通,不增加物流商品价值。　　　　　　　　　　　(　　)

4. "以何种产品,多大的作业量为对象"是确定配送中心内部布局计划的前提条件。(　　)

5. 由于配送业务可实现生产企业的"零库存",因此今后的发展可以做到消灭库存。(　　)

6. 需要量大、品种单一或少品种的生产企业适用于多品种少批量配送。　　(　　)

四、名词解释

配送中心　共同配送　集疏配送

五、简答题

1. 配送有何作用?

2. 配送中心的类型有哪些?

3. 简述配送中心的职能。

六、案例题

1. 大田集团是拥有 2006 年度"中国物流民营企业 100 强""中国物流行业十大影响力品牌""中国最具竞争力物流企业 50 强"等诸多荣誉的企业,2007 年 3 月 1 日,随着大田集团向联邦快递出让快递业务,标志着大田集团将拉开自己第三次创业的序幕。

大田集团在全国各主要城市分布有 12 个综合物流配送中心,50 个配送站点,22 个国际货运代理公司,7 个保税和监管仓库,构筑起完善的物流网络平台。大田集团在物流配送网络建设和 VMI 仓储业务上实现了重大突破,成功地为世界知名企业提供一站式的整体物流解决方案和专业化的优质服务。

大田配送业务,利用日趋完善的国内陆路运输网络和先进的信息化系统,服务于需要快速回应、准时分拨的高附加值产品或商品运输的客户。配合企业供应链整合的需求,为客户提供包括运输、仓储及其他增值服务在内的供应链管理方案并实施。

大田集团主要配送服务内容:

(1) 以集散、核心站、营业点等不同等级的国内服务网络,实现覆盖全国 350 个主要地区与城镇的服务范围。

(2) 国内公路、铁路、水路与航空运输为一体的多式联运。

(3) 开设区域班车运输服务。

(4) 利用支干线运输完成普通和快速货运(整车、零担、包裹)。

(5) 先进的物流信息服务平台,提供网上订单、货物追踪与查询、结算等功能。

(6) 项目组为大客户提供量身订制的贴身服务。

(7) 为实现货物配送所提供的普通仓储服务,并可提供 WMS 系统支持及其他增值服务。

(8) 配合集团国际货运与仓储系统为客户提供整体物流解决方案与规划。

大田集团配送业务流程:

大田提供的所有服务及操作环节将以标准操作流程(SOP)方式由客户确认后在内部执行,其中包括:订单处理、货运计划、货品发送/跟踪、货品装载、货品运输(配送)、送货上门、返程运输、产品包装与包装质量控制、不良品管理、运输应急事件处理、绩效指标、项目组管理、货物动态追踪管理、货物状态动态查询、货物缺失管理、结算。

根据上述资料,回答下列问题:

(1) 大田集团配送服务有何特点?

（2）大田集团第三次创业指的是什么？成功的关键在于什么？

2. 日本世界物流中心株式会社成立于 1991 年 4 月，资本额 24 亿日元，占地 92 870 平方米，地下一层，地上五层。该中心配有载货电梯 23 台，垂直输送机 46 台，油压升降台 169 台，垂直升降平台 23 台。进出货月台设在一楼的前后，货物的上下是利用电梯和垂直输送机的搬运方式，而不是采用卡车上下各楼层的方式。该物流中心的主要功能是处理商品的进出货、装卸、拣货、配送、流通加工、储存保管、库存管理、品质管理等，是一大型综合物流中心。

世界物流中心位于东京港，邻接大型货柜站群（大井货柜场及青海货柜场），是世界主要港口及货柜商船的主要航路。中心离著名的成田机场只有 70 千米，从中心到首都高速路只要数分钟，到东京市中心只要 10 分钟就可以到达。世界物流中心在几分钟内可以到达湾岸道路，同时与日本全国高速公路网连接，且接近铁路货运站。

世界物流中心连接的腹地——东京都圈，是世界最大规模的经济活动地区，在 100 千米半径内有日本人口的 1/4，约 3 000 多万人在此生活，是世界最大的消费地区。

根据上述资料，回答下列问题：

（1）在规划世界物流中心的总体规模时，要确定哪些最基本的量？

（2）从世界物流中心的内部结构和其腹地的特点看，该中心主要从事哪类商品的流转？

（3）物流中心在内部的布局上主要有哪些要求？

第六章
配送中心作业管理

学习目标

学习本章，了解配送中心进货作业、出货作业、配货作业；掌握检验商品条形码、点验作业，配货作业方法及车辆排程系统的灵活应用。

本章案例

上海宝井钢材加工配送中心

上海宝井钢材加工配送有限公司（以下简称上海宝井）是采用国际标准进行金属材料的加工、配送及管理服务的合资企业，由上海宝钢国际经济贸易有限公司与日本三井物产株式会社共同投资，公司兼具钢厂与国际商社强大的资源、技术、物流、信息服务等支持背景。上海宝井位于上海市的浦东新区，公司本部及其投资控股的加工中心网络将运用现代化的技术为国内外的金属材料用户提供全新的供应模式与高质量的服务标准。

上海宝井以"服务创造价值"的核心理念,强调通过钢材加工配送的增值服务为用户创造最大的价值。公司确定如下质量方针,并在整个体系内贯彻执行:一次做对、提供精确服务;高效及时、追求配送价值;持续改进、超越用户要求优化管理;达到行业一流、让用户享受省时、省心、省力、省钱的钢材消费服务。

上海宝井服务流程:

(1)配送业务流程:用户供货内容及方式评审→宝井报价→用户确认→签订合同或签订配送协议→订货/采购→加工→送货→结算。

(2)来料加工业务流程:加工评审→宝井报价→用户确认→签订合同→加工→付款提货。

(3)仓储物流服务:询价→报价→仓储合同→实物检验入库→仓储保管→收款→发货。

(案例来源:上海宝井钢材配送中心. http://www.baomd.com/baojing/default.jsp。)

思考题

1.上海宝井钢材加工配送平台有何特点?

2.上海宝井钢材加工配送的优势在哪?

第一节 进货作业

进货作业是实现商品配送的前置工作。配送中心的收货环节是商品从生产领域向消费领域转移过程中进入流通领域的第一步。基本的环节包括商品从货运卡上卸货、点数、分类、验收,并搬运到配送中心的储存地点。

一、卸货作业

配送中心卸货一般在收代货站台上进行。送货方到指定地点卸货,并将抽样商品、送货凭证、增值税发票交验;卸货方式通常有人工卸货、输送机卸货和码托盘叉车卸货。

二、检验商品条形码、点验作业

(一)收货验收的目的

收货检验是商业物流工作中的一个重要环节。验收的目的是保证商品能及时、准确、安全地发运到目的地。供应商送来的商品来自各工厂和仓库,在送货过程中相互有个交接关系,验收的目的之一在于与送货单位分清责任;其次在商品运输过程中,因种种原因,可能造成商品溢缺、损坏,包括从件溢缺,更应供需双方当面查点交接,分清责任。

(二)收货检验的内容

收货检验是一项细致复杂的工作,一定要仔细核对,才能做到准确无误。从目前实际情况来看,有两种核对方法,即"三核对"和全核对。

"三核对"即核对商品条形码(或物流条形码),核对商品的件数,核对商品包装上的品名、规格、细数。只有做到这"三核对"，才能达到品类相符、件数准确。由于用托盘收货时，要做到"三核对"有一定难度，故收货时采取边收边验的方法，才能保证"三核对"的执行。有的商品即使进行了"三核对"后，仍会产生一些规格和等级上的差错，如品种繁多的小商品，对这类商品则要采取全核对的方法，要以单对货，核对所有项目即品名、规格、颜色、等级、标准等，才能保证单货相符，准确无误。

(三) 商品验收的要求和方法

商品验收是交接双方划分责任的界限，要实现把完好的商品收进来，通过配送再把完好的商品送给门店（或客户），必须要经过商品条形码标志、数量、质量、包装四个方面的验收。

1. 商品条形码验收

在作业时要抓住两个关键，一是检验该商品是否是在送货预报的商品，二是验收该商品的条形码与商品数据库内已登录的资料是否相符。

2. 数量验收

由于配送中心的收货工作非常繁忙，通常会几辆卡车接连到达，逐车验收很费时间，而送货卡车又不愿久等，所以一般采取"先卸后验"的办法，即由卡车送货人员按不同的商品分别码托盘；收货员接过随货同行单据，并用移动式计算机终端（如手掌机）查阅核对实送数量与预报数量是否相符。几辆卡车同时卸车，先卸毕的先验收，交叉进行，既可节省人力，又可加快验收速度；既便于点验，又有利于防止出现差错。

对易碎流质商品，在卸车时，应采取"边卸边验"的方式，采取"听声响、看异状"等手段，以便发现问题、分清责任，这样既完成了数量验收又可附带完成质量验收。

从"数量"两字的含义来说，除了验收大件外，还需验收"细数"以及散装、畸形、零星等各种商品。细数是指商品包装内部的数量，即商品价格计算的单位，如"双""条""支""瓶""根"的数量就统称为细数。

数量验收在单据与货物核对时还有一种叫"规格验收"，它是包含在数量验收范畴内的，如商品包装上的品名、规格、数量。例如，洗衣粉核对牌名，同牌名不同规格的还要核对每小包的克数，以及包装的区别。

3. 质量验收

由于交接时间短促和现场码盘等条件的限制，在收货点验时，一般只能用"看""闻""听""摇""摸"等感官检验方法，检查范围也只是包装外表。

在验收流汁商品时，应检查包装箱外表收货有无污渍（包括干渍和湿渍），若有污渍，必须拆箱检查并调换包装。

在验收玻璃制品（包括部分是玻璃制作的制品）时，要件件摇动或倾倒细听声响，这种验收方法是使用"听"的方法，经摇动发现破碎声响，应当场拆箱检查破碎细数和程度，以明确交接责任。

在验收香水、花露水等商品时，除了"听声响"外，还可以在箱子封口处"闻"一下，如果闻到香气刺鼻，可以判定内部商品有异状。即使开箱检查内部没有破碎，也至少是瓶盖密封不严,若经过较长时间储存或运输中的震动,香水、花露水等流汁商品肯定会外溢损耗。

在验收针棉织品等怕湿商品时,要注意包装外表有无水渍。

在验收有有效期的商品时,必须严格注意商品的出厂日期,并按照连锁超市公司的规定把关,防止商品失效和变质。

4. 包装验收

包装验收的目的是为了保证商品在运行途中的安全。物流包装一般在正常的保管、装卸和运送中,经得起颠簸、挤轧、摩擦、叠压、污染等影响。在包装验收时,应具体检查纸箱是否破裂、箱盖(底)摇板是否粘牢、纸箱内包装或商品是否外露、纸箱是否受过潮湿。

三、收货操作程序和要求

(1) 当供应商送货卡车停靠收货站台时,收货员"接单",对于没有预报的商品需办理有关手续后方可收货。

(2) 货品核对验收。验收商品条形码、件数、质量、包装等。

(3) 在核对单(包括预报)货相符的基础上签盖回单和在收货基础联上盖章并签注日期;对于一份送货单分批送货的商品,应将每批收货件数记入收货检查联,待整份单据的商品件数收齐后,方可签盖回单给送货车辆带回;对于使用分运单回单制度的单位,除分批验收签盖回单外,货收齐后可签盖总回单。

(4) 在货堆齐后,每一托盘标明件数,并标明这批商品的总件数,以便与保管员核对交接。在送货操作过程中,为了做到单货相符、不出差错,在送货与复核之间最好要求两人进行。

(5) 收货检查在商品配送工作中具有相当重要的地位,所以要求每一个收货员在工作中一定要做到忙而不乱、认真核对;一定要做到眼快手勤,机动灵活地选择验收方法;一定要熟悉商品知识;一定要一丝不苟地检验,发现商品件数不符,必须查明原因,按照实际情况纠正差错,决不含糊。

总之,收货员必须严格按照岗位责任制进行操作。

第二节 出货作业

将拣取分类好的货品做好出货检查,装入妥当的容器,做好标记,根据车辆调度安排的趟次等,将物品搬运到出货待运区,最后装车配送。这一连串的物流活动就是出货作业的内容。

一、分拣

拣货作业完成后,再将物品按照不同的客户或不同的配送路线做分类工作,就称之为"分货",又称为"分拣"。分拣作业一般在理货场地进行,它的任务是将发给同一客户(如商场)的各种物品汇集在一处，以待发运。

分拣的操作方式大致上可分为人工分拣和自动化分拣两种。

（一）人工分拣

它是用人工以手推车为辅助工具，将被分拣商品分送到指定的场所堆放待运。批量较大的商品则用叉托盘作业。目前，我国的仓库、配送中心基本上都采用人工分拣。其优点是机动灵活，不需复杂、昂贵的设备，不受商品包装等条件的制约。缺点是速度慢、工作效率低、易出差错，只适用于分拣量小、分拣单位少的场合。因此，人工分拣作业的复核工作是非常重要的，通常是由计算机系统打印仓间配货明细表，供理货员根据各门店配货数进行复核，并打印配送汇总表（配送中心内勤与运输车队之间的交接汇总单）。

（二）自动化分拣

随着消费者"多品种、少批量"消费需求的日趋强烈，配送中心商品分拣和拆零拣选作业量越来越大，分拣作业已成为物流配送中心的一个重要作业环节。例如，一个配送中心的日分拣量超过 5 万，一次分拣的客户数超过 100 个的情况已很常见时，对服务质量要求也越来越高，人工分拣根本无法满足大规模配送的要求。如何大幅度提高分拣作业的效率和质量，已成为配送中心的一种核心竞争能力。

科学技术的进步日新月异，激光扫描、计算机控制和条形码等高新技术导入物流领域，使自动分拣技术向高速、高准确率和低分拣成本方向发展。目前，国外许多大中型配送中心都广泛地使用自动分拣机进行分拣。自动分拣系统具有以下优点：提高单位时间内的商品处理量大于人工作业；降低分货的差错率（通常自动分拣系统的分拣错误率在万分之零点几，这是人工所无法比拟的）；自动分拣机成倍地缩短了分拣作业的前置时间，降低了物流成本，同时解决了劳动力不足的问题，把配送中心人员从繁重的分货作业中解放出来。

自动分拣系统类型众多，但其主要组成部分基本相仿。自动分拣系统大体上由收货输送机、分拣指令设定装置、合流输送机、送喂料输送机、分拣传送装置及分拣机构、分拣卸货道口、计算机控制系统等七部分组成。

1. 收货输送机

卡车送来的货物，放在收货输送机上，经检查验货后，送入分拣系统。

为了满足物流中心吞吐量大的要求，提高自动分拣机的分拣量，往往采用多条输送带组成的收货输送机系统，以供几辆、几十辆乃至百余辆卡车同时卸货。这些输送机多是由辊柱式或胶带式输送机组成。例如，连锁零售业的配送中心以分配商品为主，收货系统大多由几条辊柱式输送机组成。而在货物集散中心，往往沿卸货站台设置胶带输送机，待验货后，放在输送机上进入分拣系统。

值得一提的是，有些配送中心使用了伸缩式输送机，它能利用该输送机伸入卡车车厢内的那部分长度，从而大大减轻了卡车工人搬运作业的劳动强度。

2. 分拣指令设定装置

自动分拣机上移动的货物向哪个道口分拣，通常在待分拣的货物上贴上标有到达目的地标记的标签,或在包装箱上写上收货方的代号,并在进入分拣机前,先由信号设定装置把分拣信息(加配送目的地、客户户名等)输入计算机中央控制器。在自动分拣系统中,分拣信息转变成分拣指令的设定方式有以下几种:

(1) 人工键盘输入。由操作者一边看着货物包装上粘贴的标签或书写的号码,一边在键盘上将此号码输入。一般键盘为十码键(Tenkey),键盘上有 0 到 9 数字键和重复键、修正键等。键盘输入方式的操作简单、费用低、限制条件少,但操作员必须注意力集中,劳动强度大,易出差错(看错、键错,据国外研究资料统计,差错率为 1/300),而且键入的速度一般只能达到1 000~1 500 件/小时。

(2) 声控方式。首先需将操作人员的声音预先输入控制器电脑中,当货物经过设定装置时,操作员将包装箱上的标签号码依次读出,计算机声音接受并转为分拣信息,发出指令,传送到分拣系统的各执行机构。

声音输入法与键盘输入法相比速度要快些,可达 3 000~4 000 件/小时,并可"手口并用"。但由于需事先储存操作人员的声音,当操作人员偶尔因咳嗽声哑等,就会发生差错。据国外物流企业实际使用情况来看,声音输入法效果不理想。

(3) 利用激光自动阅读物流条码。被拣商品包装上贴(印)代表物流信息的条码,在输送带上通过激光扫描器(Lacer Scanner)识别条码上的分拣信息,输送给控制器。由于激光扫描器的扫描速度极快,达 100~120 次/秒,来回对条形码扫描,故能将输送机上高速移动货物上的条形码正确读出。

激光扫描条形码方式费用较高,商品需要物流条码配合,但输入速度快,可与输送带的速度同步,达 5 000 件/小时以上,差错率极小,规模较大的配送中心都采用这种方式。

(4) 计算机程序控制。根据各客户需要商品的数量,预先编好合计程序,把全部分拣信息一次性输入计算机,控制器即按程序执行。计算机程序控制是最先进的方式,它需要与条形码技术结合使用,而且还须置于整个企业计算机经营管理系统之中。一些大型的现代化配送中心把各个客户的订货单一次输入计算机,在计算机的集中控制下,商品货箱从货架上被拣选取下,在输送带上由条码喷印机喷印条码,然后进入分拣系统,全部配货过程实现自动化。

3. 合流输送机

大规模的分拣系统因分拣数量较大,往往由 2~3 条传送带输入被拣商品,在分别经过各自的分拣信号设定装置后,必须经过由辊柱式输送机组成的合流装置,才能让达汇合处的货物依次通过。通常 A、B、C 三条输送机上的商品,经过合流汇交,由计算机合流程序控制器按照"谁先到达谁先走,若同时到达按 A—B—C 的程序先后走"的原则控制。

4. 送喂料输送机

货物在进入分拣机之前,先经过送喂料机构。它有两个作用:一是依靠光电管的作用,使前、后两货物之间保持一定的间距(最小为 250 毫米),均衡地进入分拣传送带;二是使货物逐渐加速到分拣机主输送机的速度。其中,第一阶段输送机是间歇运转的,它的作用是保证货物上分拣机时满足货物间的最小间距。由于该段输送机传送速度一般为 35 米/分钟左右,而分拣机传送速度的驱动均采用直流电动机无级调速。由速度传感器将输送机的实际带速反馈到控制器,进行随机调整,保证货物在第三段输送机上的速度与分拣输送机完全一致。这是自动分拣机成败的关键之一。

5. 分拣传送装置及分拣机构

它是自动分拣机的主体,包括两个部分:货物传送装置和分拣机构。前者的作用是把被拣货物送到设定的分拣道口位置;后者的作用是把被拣货物推入分拣道口。各种类型的分拣机,其主要区别就在于采用不同的传送工具(如钢带输送机、胶带输送机、托盘输送机、辊柱输送机等)和不同的分拣机构(如推出器、浮出式导轮转向器、倾盘输送机、辊柱输送机等)。

上述的传送装置均设带速反锁器,以保持带速恒定。

6. 分拣卸货道口

它是用来接纳由分拣机构送来的被拣货物的装置,它的形式各种各样,主要取决于分拣方式和场地空间。一般采用斜滑道,其上部接口设置动力辊道,把被拣商品"拉"入斜滑道。

斜滑道可看作是暂存未被取走货物的场所。当滑道满载时,由光电管控制,阻止分拣货物再进入分拣道口。此时,该分拣道口上的"满载指示灯"会闪烁发光,通知操作人员赶快取滑道上的货物,消除积压现象。一般分拣系统还设专用道口,以汇集"无法分拣"和因"满载"无法进入设定分拣道口的货物,以另行处理。有些自动分拣系统使用的分拣斜滑道在不使用时可以向上吊起,以便充分利用分拣场地。

7. 计算机控制系统

它是向分拣机整个执行机构传送分拣信息,并控制整个分拣系统的指挥中心。自动分拣的实施主要靠控制系统分拣信号传送到相应的分拣道口中,并指示启动分拣装置,把被拣商品推入道口。分拣机控制方式通常用脉冲信号跟踪法。

送入分拣运输机的货物,经过跟踪定时检测器,并根据控制箱存储器的记忆,计算出到达分拣道口的距离及相应的脉冲数。当被拣货物在输送机上移动时,安装在该输送机轴上的脉冲信号发生器产生脉冲信号并计数。当数到与控制箱算出的脉冲数相同时,立即输出启动信号,使分拣机构动作,货物被迫改变移动方向,滑入相应的分拣道口。

二、出货检查

出货检查作业包括把拣取的物品依照客户、车次对象等按出货单逐一核对货品的品项及数量。同时,还必须核查货品的包装与质量。出货检查最常用的做法是纯人工进行,也就是将货品一个个点数,并逐一核对出货单,再进而查验出货货品的质量及包装状况。以质量与包装的检验而言,纯人工方式逐项或抽样检查的确有其必要性,但对于货品的品项和数量的核对,需耗用大量的时间和人力,而且差错仍在所难免,因此作业的效率经常是大问题。

如今,在现代化的配送中心里,对出货的品项和数量的核对检查已有不少新的突破。此处介绍利用物品条形码的检查方法,以供参考。

此方法最大的原则是要导入条码,让条码跟着货品跑。当进行出货检查时,只需将拣出货品的条码用扫描器读出,电脑便自动将出货资料与出货单对照,以此来检查是否有数量或品项上的差异。

第三节 配货作业

一、配货作业基本流程

配货作业是指把拣取分类完成的货品经过配货检验过程后,装入容器和做好标示,再运到配货准备区,待装车后发送。其作业流程如图6-1所示。

二、配货作业方法

配送作业是将储存的货物按发货要求分拣出来,放到发货物所指定位置的作业活动的总称。配货作业可以采用机械化、半机械化或人工作业,常采取"摘果方式"或"播种方式"完成配货作业。

（1）摘果方式。摘果方式又称挑选方式,它是用托运车辆,巡回一次完成一次配货作业。一般情况,这种方式适宜于不易移动或每项——用户需要货物品种多而数量较小的情况。

（2）播种方式。播种方式是将需要配送数量较多的同种货物集中托运到发货场所,然后将每一用户所需要的数量取出,分放到每项货位处,直至配货完毕的过程。这种方式适宜于较容易移动的货物,即储存货物的灵活性较强,以及需要量较大的货物。

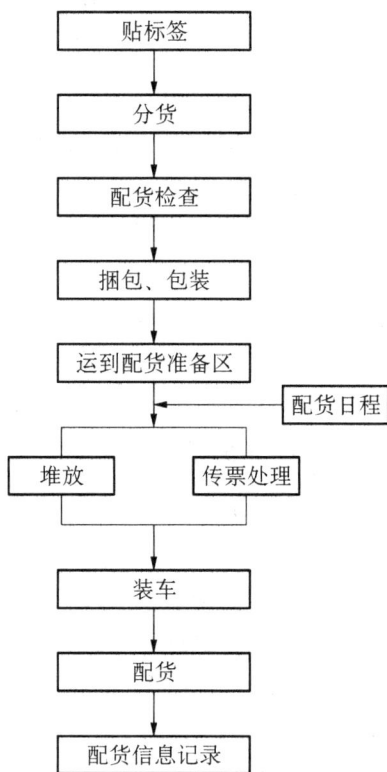

图6-1 配货作业流程图

三、组织配送的工作步骤

为了发挥配送的作用,实现配送效益,配送工作包括拟订配送计划,下达配送计划,按配送计划确定商品需要量,配送点向分拣、运输、分货、包装及财务部门下达具体配送任务,配送发运,送达等工作。

（一）拟订配送计划

从物流的观点来看,配送几乎包括了物流的全部活动;从整个流通过程来讲,它又是物流与商流、信息流的统一体。因此,配送计划的制订是以市场信息为导向、商流为前提、物流为基础的基本思想,这就是说要以商流信息为主要依据来制订配送计划,并且还要具体考虑以下条件:

（1）商流所处的角度，订货合同所提供的信息是制订配送计划的重要依据。订货合同包括了用户的送达地、接货人、接货方式的要求，以及用户订货的品种、规格、数量、送货时间和其他送接货的要求等。

（2）研究分析所需配送的各种货物的性能、运输条件，并在考虑需求数量的条件下，确定运输方式及相应的运载工具等。

（3）根据交通条件、道路等级，以及运载设备、工具等条件，研究分析并制订运力配置计划，这对充分发挥运载设备、工具效率起着重要作用。

（4）各配送点的运力与货物的资源情况，包括货物的品种、规格、数量等。

在考虑上述条件下，编制按用户所在地点和所需要的货物的品种、规格、数量，以及时间和其他要求的配送计划。

（二）下达配送计划与组织实施

配送计划确定后，按照计划的职能，组织实施。

（1）将配送计划所确定的到货时间以及到货品种、规格、数量通知用户和配送点，以便使用户按计划准备接货，使配送按计划准备发货。

（2）按配送计划确定需要的货物配送量。这一步主要是指对各配送点按配送计划库存货物保证配送能力情况的审定。如果不符合配送计划要求，或数量不足，或品种不齐等，需要组织进货。

（3）配送点下达配送任务。这里主要是指各配送点接到配送计划后，向其运输部门、仓储部门、分货包装部门，以及财务等部门下达具体的配送任务，并由各部门完成配送的各项准备工作等。

（三）配送发运与送达

配送的发运与送达是两个既有联系又有区别的步骤，前者由理货作业完成，后者由运输完成。

（1）配送发运。这一步骤是理货部门按要求将各用户所需的各种货物进行分货与配货，然后进行适当的包装，并印制包装标记和标志，包括用户名称、地址、配送时间、货物明细，以及输送装卸托运过程应注意的事项等。同时，还需按计划将用户货物组合、装车，并将发货单交给随时车送货人或司机。

（2）送达。按指定的路线将货物送达用户，并由用户在回执上签字。配送工作完成后，通知财务部门结算。

四、送货作业

送货作业是利用配送车辆把用户订购的物品从制造厂、生产基地、批发中心或配送中心送到用户手中的过程，送货通常是一种短距离、小批量、高频率的运输形式。

送货的基本作业流程图如6-2所示。

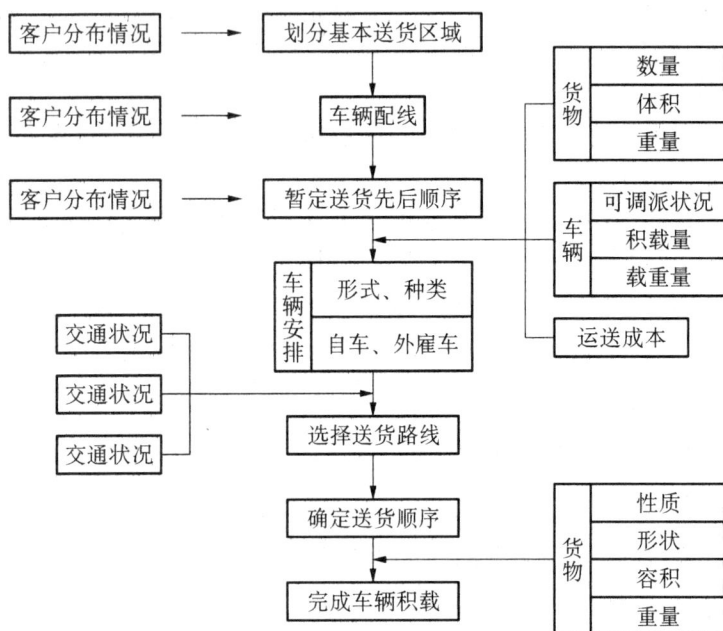

图 6-2 送货的基本作业流程图

(一) 划分基本送货区域

首先将客户所在的具体位置做较系统的统计，并做区域上的整体划分，再将每一客户包括在不同的基本送货区域中，以作为配送决策的基本参考。例如，按行政区域或交通条件划分不同的送货区域，在区域规划的基础上再做弹性调整来安排送货顺序。

(二) 车辆配载

由于配送货物品种、特性各异，为提高送货效率，确保货物质量，必须首先对特性差异大的货物进行分类。在接到订单后，将货物按特性进行分类，以分别采取不同的送货方式和运输工具，如按冷冻食品、速食品、散装货物、箱装货物等货物类别进行分类配载；其次，配送货物也有轻重缓急之分，必须初步确定哪些货物可配于同一辆车，哪些货物不能配于同一辆车，以做好车辆的初步配装工作。

(三) 暂定送货先后顺序

在考虑其他影响因素，做出确定的送货方案前，应先根据客户订单的送货时间将送货的先后次序大致预定，为后面车辆积载做好准备工作。计划工作的目的是为了保证达到限定的目标。所以，预先确定基本送货顺序可以保证送货时间，提高运作效率。

(四) 车辆安排

车辆安排要解决的问题是安排什么类型、吨位的配送车辆进行最后的送货。一般企业拥有的车型有限,车辆数量也有限,但公司车辆有限时,可使用外雇车辆。

(五)选择送货路线

知道了每辆车负责配送的具体客户后,如何以最快的速度完成对这些货物的配送,即如何选择配送距离短、配送时间短、配送成本低的线路,还需根据客户的具体位置、沿途的交通情况等做出优先选择和判断。除此外,还必须考虑有些客户或其所在地点环境对送货时间、车型等方面的特殊要求,如有些客户不在中午或晚上收货,有些道路上在某高峰期实行特别的交通管制等。

(六)确定最终的送货路线

做好车辆安排及选择好最佳的配送线路后,依据各车辆负责配送的先后顺序,即可将客户的最终送货顺序加以明确的确定。

(七)完成车辆积载

明确了客户的送货顺序后,接下来就是如何将货物装车,按什么次序装车的问题,即车辆的积载问题。原则上,知道了客户的配送顺序之后,只要将货物依"后送先装"的顺序装车即可。但有时为了有效利用空间,可能还要考虑货物的性质、形状、体积及重量等做出弹性调整。此外,对于货物的装卸方法也必须考虑货物的性质、行政、重量、体积等因素后再做具体决定。

在以上各阶段的操作过程中,需注意以下几点:
(1) 明确订单内容;
(2) 了解货物性质;
(3) 明确具体送货地点;
(4) 适当选择配送车辆;
(5) 选择最优的配送线路;
(6) 充分考虑各作业的装卸货时间。

第四节　配送方案的编制

一、编制配送计划

在配送之前,必须制作配送计划,这是导致配送省时化、省力化的主要因素。在配送计划中,对配送的人员的安排、货物摆放、车辆的安排以及路线都要规划好,才能保证在满足客户要求的前提下,节约成本,提高工作效率。制作配送计划的要点包括:企业的中长期计划,人员的采用及训练计划,增车及车检计划,对主要顾客的配送分析及服务的计划流程。

当配送计划确定后,配送路线也经由各项评估决定优先级。装载货物上车时需依照"先达后进"的原则,使货品到达目的地时能顺利卸货,不至于因顺序混淆而使不需卸货的货物挡住配送车的出口,需要卸货的货物却堵在配送车内,这不但会造成人力与时间的浪费,甚至会使以后各批货物延迟送抵客户手中,造成商誉的损失。因此,在移动储位的管理上应依照下列各点:

（1）依配送计划决定的送货优先级应在时间与送货量方面做严密的考虑。

（2）当优先级决定后，在驾驶记录表上应写明路线优先级与到达时间，并告诉驾驶员。

（3）货物装载的单位（如栈板），应尽量使用标准尺寸，以提高装载车的容积率。

（4）装载车内的储存空间应预留一块位置，以利于配送物品顺序的移转、调配以及人员取货活动等。

（5）货品装载单位（如栈板）上，应附上客户名称、卸货顺序的标示卡，并将货物正确存放在事先规划好的移动储位编号上，注意：卸货顺序依"先达后进"的原则。若无事先规划好的移动储位编号，则每家店的货物必须以隔板或其他装置加以明确区隔。

二、车辆排程系统的应用

一般物流中心从接受订单至出货所花费的时间相当长，配送路线的决定不明确，致使效率低下，许多状况无法满足客户需求。为了解决这类问题，车辆排程系统（简称 VSS）的应用日益显得重要，其主要的功能在于提高管理水准与作业效率，并借此确立配送系统的效率。车辆排程系统主要的输入与输出如表 6-1 所示。

表 6-1　车辆排程系统主要的输入与输出

输　入	输　出
道路网络资料、区域范围分割资料	最短途径
仓库位置、仓库管理范围	
顾客位置、仓库所属顾客	时间上的最短途径
十字路	距离上的最短途径
道路分析	最短途径的路径
行车距离	区域范围分割记录
单向行驶信号	
车辆资料、订购资料	配送时间表
车辆、顾客编号	哪辆车、车辆利用状况
能力、希望配送时间	何时、配送状况
台数、商品	至何地
数量	携带什么
其他	其他
在库资料	区域范围分割结果
仓库别、商品别在库量	哪个仓库配送哪些客户
其他	

三、配送路线的选择

配送路线是否合理，直接影响到配送效率和配送效益。合理确定配送路线所涉及的因素较多且是一项较为复杂的问题，包括用户的要求、配送资源状况、道路拥堵情况等等。在配送路线选择的各种方法中,都要考虑配送要达到的目标,以及为实现配送目标的各种限制条件等,即在一定约束条件下,选择最佳的方案。

(1) 配送路线确定原则。配送路线确定的原则与配送目标在原则上是一致的,这原则包括成本要低、效益要高、路线要短、吨千米要小、准时性要高、劳动消耗要少、运力运用要合理等。

(2) 配送路线确定的限制条件。实现配送目标总是要受到许多条件的约束和限制。一般来讲,这些限制和约束包括所有用户对货物品种、规格、数量的要求,满足用户对货物发到时间范围的要求,在允许通告的时间(城市交通拥挤时所做的时间划分)内进行配送,车辆载重量和容积的限制,以及配送能力的约束等。

(3) 配送路线的确定方法。配送路线的确定方法有很多,诸如方案评价法、数学模型法、经验法、节约里程法等。

车辆排程系统自动化程度比较高,在我国大陆目前应用还比较少。但是除此之外,仍有许多方法可以达到相同的目的。下面介绍在配送过程中能够实现缩短路程、有效选择配送路线的方法——节约里程法。

为达到高效率配送,做到时间最少、距离最短、成本最少,就必须选择最佳的配送路线和车辆的综合调度,节约里程法就是一种可以实现这些目标的方法。

(一) 节约里程的基本原理

设 Q 为配送中心,分别向 A 和 B 两个客户配送货物,Q 至 A 和 B 的直线距离分别为 S_1 和 S_2。最简单的方法是分别用两辆汽车对两个客户各自往返送货。则总运输距离为:

$$S_\text{总} = 2(S_1 + S_2)$$

若改用一辆车巡回送货(这辆车能承担两个客户的需求),则运输总距离为:

$$S_\text{总} = S_1 + S_2 + S_3$$

比较两个方案,则后一种方案比前一种方案节约运输里程:

$$\Delta S_{12} = S_1 + S_2 - S_3$$

(二) 按节约里程法制订配送计划

当一个配送中心要向多个客户进行配送,其配送路线和车辆的安排可以按照以下步骤确定:

(1) 做出最短距离矩阵,从配送网络图中列出配送中心至客户及客户之间的最短距离矩阵;

(2) 从最短距离矩阵中,计算客户之间的节约里程;

(3) 将节约里程按大小顺序排列分类;

(4) 按节约里程大小顺序,组成配送路线图;

(5) 按照上述方法逐次替代,优化配送路线,得出最佳路线。

(三) 使用节约里程法的注意事项

(1) 适用于需求稳定的客户;

(2) 应充分考虑交通和道路情况;

(3) 充分考虑收货站的停留时间;

（4）当需求量大时,可利用计算机系统实现。

在物流管理领域中运筹方法得到了广泛的应用,以上介绍的许多控制方法或者最优决策等方法都是建立在运筹法的基础上。运筹学方法是数量化的方法,它包括多种最优化方法。运用这些方法,对有限资源(人力、物力、财力、时间、信息)等进行计划、组织、协调和控制,以达到最佳效果。同一种优化方法可以用于不同领域,用来解决不同的实际问题。

复习题

一、单选题

1. 收货检验是商业物流工作中的一个重要环节,是一项细致复杂的工作,"三核对"方法是指核对商品条码,核对商品的件数,核对商品的（   ）。

　　A. 品名、规格、等级　　B. 品名、规格、细数　　C. 单位、品名、规格　　D. 等级、颜色、品名

2. VSS 是指（   ）。

　　A. 条形码　　　　　　B. 地理信息系统　　　　C. 车辆排程系统　　　　D. 经济订购批量

3. （   ）不属于收货作业"三核对"的核对工作。

　　A. 核对商品条形码　　　　　　　　　　B. 核对商品件数

　　C. 核对商品包装　　　　　　　　　　　D. 核对商品等级

4. 使用托运车辆,巡回作业,巡回一次完成一次的配货作业的配货作业方法被称为（   ）。

　　A. 摘果法　　　　　　B. 播种法　　　　　　　C. 混合法　　　　　　　D. 人工作业

5. 送货作业的第一步应该是（   ）。

　　A. 车辆配载　　　　　B. 车辆安排　　　　　　C. 选择送货路线　　　　D. 划分基本送货区域

6. 制订配送计划要考虑的条件中,应以（   ）为主要依据。

　　A. 交通条件　　　　　B. 商流信息　　　　　　C. 各配送点的运力　　　D. 货物性能

7. 规模较大的配送中心一般使用（   ）。

　　A. 人工键盘输入　　　　　　　　　　　B. 声控方式

　　C. 利用激光自动阅读条形码　　　　　　D. 计算机程序控制

二、多选题

1. 商品验收是交接双方划分责任的界限,必须经过下列（   ）的验收。

　　A. 商品条形码验收　　B. 数量验收　　　　　　C. 质量验收　　　　　　D. 包装验收

　　E. 产地验收

2. 播种法的优点有（   ）。

　　A. 订单处理前置时间短

　　B. 适合订单数量庞大的系统

　　C. 可以缩短拣取时的行走搬运距离,增加单位时间的拣取量

　　D. 导入容易而且弹性大

　　E. 易于满足突发的需求

三、判断题

1. 在配送中心的收货要求中,对于一份送货单分批送货的商品,应将每批收货件数记入

收货检查联,待整份单据的商品件数收齐后,才可盖章回单给送货车辆带回。　　(　　)

2. 当供应商送货卡车停靠收货站台时,配送中心的收货员对于没有预报的商品可以直接收货然后办理有关手续。　　(　　)

3. 收货时卸货商品一般不能直接卸在空托盘上。　　(　　)

4. 收货时,没有预报的商品应先收货然后办理有关手续。　　(　　)

5. 配送中心卸货一般在收货平台上进行。　　(　　)

6. 在验收有有效期的商品时,必须严格按照商品的出厂日期,并按照连锁超市公司的规定把关,防止商品失效和变质。　　(　　)

7. 规模较大的配送中心基本都采用激光自动阅读条形码的方法进行自动分拣。　　(　　)

四、名词解释

配货作业　送货作业　"播种式"配货作业　"摘果式"配货作业

五、简答题

1. 简要叙述配送中心的收货员收货操作的程序与要求。

2. 在配送中心送货作业的操作过程中,需要注意哪些内容?

3. 配送中心在收货时需要经过哪几个方面的验收?

4. 简述配送中心送货的基本作业流程。

5. 简要叙述配送中心管理中的出货检查作业的方法。

6. 商品堆垛有哪些基本要求?

六、案例题

1. 伴随着经济快速发展,蔬菜加工配送更显现出市场巨大的发展潜力;上海江桥批发市场济洪蔬菜配送中心的构建,正是建立企业产业链中"菜篮子"上下游的关键性节点,经过几年的运营,已逐步形成标准化、规模化蔬菜加工配送平台。

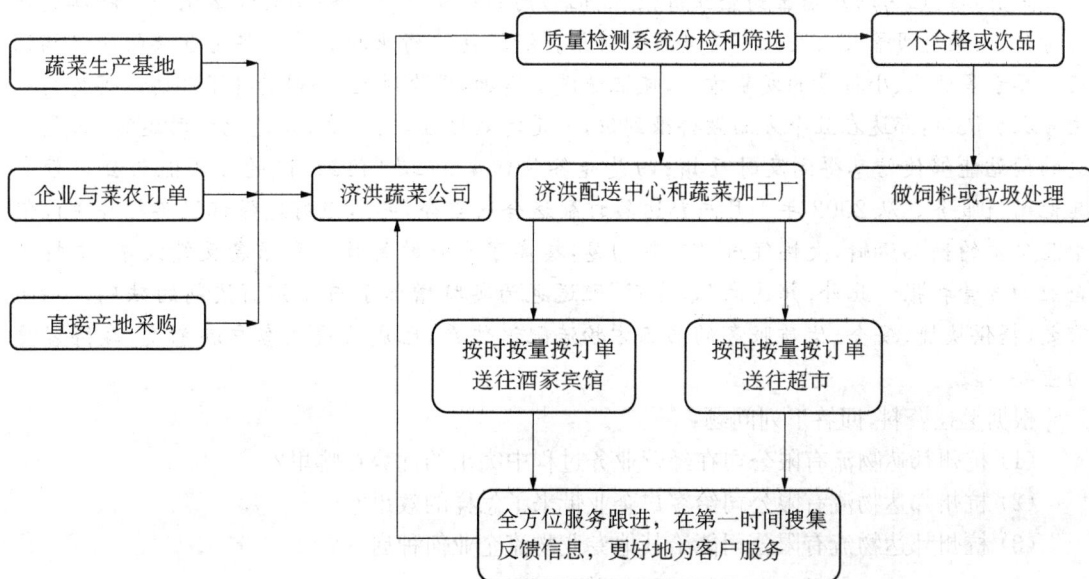

济洪蔬菜公司配送工作流程图

上海市江桥蔬菜批发市场济洪蔬菜配送中心占地5.2亩,建筑面积1800平方米,保鲜加工车间1100平方米,冷库300立方米,年加工蔬菜能力5000吨。建立了卫生标准车间,强化卫生管理,蔬菜产品"农残"检测室及相关配套的检测设备,对每批进入济洪蔬菜配送中心的蔬菜产品,都由专业检测人员严格监控把关,在净菜加工生产过程中执行GMP规范操作。在修整切合、水质清洗、低温保鲜及包装用料等加工全程都按照规范化、标准化进行操作,对不合格的产品一律销毁或做技术处理,保证提供市场的蔬菜产品合格率达到96%以上。

蔬菜产品源头主要来自安徽和县、宣州、浙江宁波济洪蔬菜公司生产基地以及已通过无公害农产品产地认证认定的基地,并按照有关质量标准进行检测和验收。产品的源头得到了有效控制。

根据上述资料,回答下列问题:

(1) 济洪蔬菜配送中心有何特点?

(2) 该配送中心是如何对净菜加工质量把检测关的?

2. 杭州邦达物流有限公司是目前国内较为典型的医药专业物流服务商,从1999年初涉足小件快运业务开始,就一直致力于"门到门"式的物流配送服务,同时是国内较早将电子商务物流理念移植于物流实践中的佼佼者。时至今日,紧紧围绕"3S1L"(Safety,Speed,Surely,Low)的物流原则的邦达物流不仅拥有可辐射全国600余座大中城市的物流配送网络,同时还在浙江省内建立神经末梢可通达70余座县级市的24小时到达,直送乡镇卫生院、村卫生所和私人诊所48小时到达的限时自营配送网络。

杭州邦达物流有限公司是一家注重信息流建设的流通配送型物流企业。由于邦达物流的配送网络面广且高效,所以强有力地保证了邦达网络的有效运作。邦达网站始建于1999年,当时只有1台电脑,1位信息员。邦达于2000年年初建立了商务网站,开发了运单跟踪系统和短信发送系统,为每位客户进行药品物流的信息跟踪及管理,使整个物流过程透明,使客户心中有数,使传统货物流与现代信息流有机结合。

目前邦达已为浙江省医药企业价值50亿的药品提供2万个终端的配送服务。浙江省内英特药业、康恩贝等几大企业都是其服务对象。浙江英特药业的业务主要是直接面向终端销售。鉴于多批次、小批量的发货方式,使配送成本增加,风险增大,公司选择了邦达。英特药业主管人员认为:邦达在五个方面做得很到位,一是时效性强,效率高;二是能帮助退货;三是邦达的网站能够使信息得到及时反馈;四是能签收回单;五是"门到门"的方式能为公司带来其他增值服务。从2002年4月与邦达签订配送合同至今,邦达很好地保证了英特每年价值十几亿元的药品运输,大幅促进了货款回笼,提高了客户的签收率和信息反馈效率,支持了企业的经营扩张。此外,邦达的"零库存"配送也为英特增加了与分销商谈判的砝码。总而言之,提供快捷、安全、优质服务的第三方物流配送体系,已成为提高客户满意度、赢得客户的重要手段。

根据上述资料,回答下列问题:

(1) 杭州邦达物流有限公司在经营业务过程中突出的优势在哪里?

(2) 杭州邦达物流有限公司给客户企业带来了怎样的效果?

(3) 杭州邦达物流有限公司能给其他专业物流企业何种启示?

第七章
电子商务与物流配送

学习目标

学习本章,掌握电子商务的基本概念;了解电子商务的功能和效益;理解电子商务与物流配送的关系。

本章案例

祐康电子商务创立于 2000 年 12 月,是目前浙江省最大的 B to C 电子商务销售服务商。祐康电子商务致力于打造国内电子商务行业的杰出品牌,其运营系统为核心,涵盖网上购物、呼叫中心(特服电话 96188)、祐康便利连锁、祐康物流配送等四个部分,年销售配送额超过 1 亿元。祐康电子商务已被国家科技部确立为"十五"电子商务与现代物流示范单位,是浙江省、杭州市电子商务试点企业,浙江省现代物流发展重点联系企业、浙江省"十五"服务业电子化工程试点示范企业,浙江首批电子商务应用推荐企业。

祐康网上购物系统坚持以"电子"为手段,以"商务"为核心,以"物流"为基础,建立了先进的信息网、立体的营销网和完善的物流网,三网合一,创造了电子商务赢利的新模式。

祐康物流以城域配送为主业,以低温冷冻冷藏配送链为特色。其信息平台优势:物流之道,网络为本。祐康拥有先进、功能强大的物流信息平台,实现了客户市场网络化、营运资源网络化、信息交换网络化、运输服务网络化、财务结算网络化,真正达到全程全网及一站式服务。其仓库优势:占地 20 000 平方米的常温库,10 000 吨高低温冷库,二期占地 200 亩的物流基地中心正在规划建设中。其配送优势:自有型号齐全的配送车辆 200 余辆,社会车辆资源调度游刃有余,网络化、全程化的现代调度手段。

祐康连锁便利店的优势:集中采购的商品价格优势;大型专业的物流配送支持;统一的规范经营与管理;大规模的商品促销支持;先进的信息化

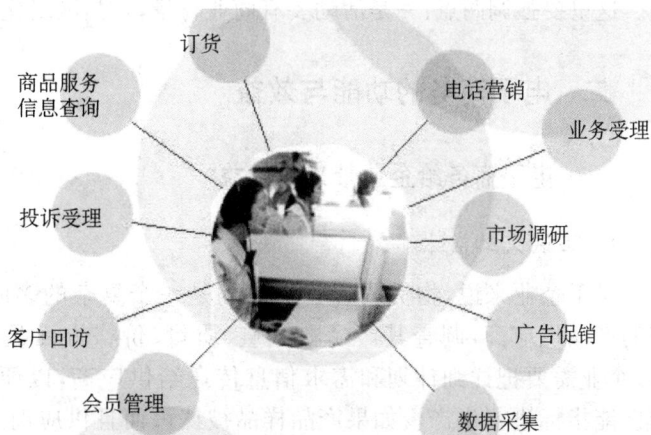

订货
商品服务信息查询
电话营销
业务受理
投诉受理
市场调研
客户回访
广告促销
会员管理
数据采集

祐康呼叫中心

网络技术;高知名度、高美誉度的服务品牌效应;丰富的会员共享资源。

佑康连锁便利店的定位:社区便民服务中心;信息集散中心;佑康电子商务的终端落地平台;佑康的物流节点。

佑康技术先进、运行稳定的呼叫中心为客户提供 7×24 小时的服务。

（案例来源:佑康电子商务网站.http://www.chinayoucan.com。）

思考题

1. 佑康的电子商务有何特色?
2. 佑康的物流是如何与电子商务结合的?

第一节 电子商务概述

一、电子商务的概念

电子商务(Electronic Commerce,EC)是一种崭新的企业经营方式,它是利用网络技术,通过网络与合作伙伴进行经济信息的交换和处理,从而快速而有效地处理日常商务的最新方法。它能够直接与广大的网络接口相连,能进行各种商业活动,从而为企业和用户带来巨大的利益和价值。

数字化、网络化与信息化是 21 世纪的时代特征。经济全球化与网络化已经成为一种潮流,信息技术革命与信息化建设正在使资本经济转变为信息经济、知识经济,并将迅速改变传统的经贸交易方式和整个经济面貌。它加快了世界经济结构的调整与重组,推动着我国从工业化向信息化社会的过渡。

从宏观上讲,电子商务是计算机网络所带来的又一次革命,旨在通过电子手段建立一种新的经济秩序。它不仅涉及电子技术和商业交易本身,而且涉及诸如金融、税务、教育等其他社会层面;从微观角度说,电子商务是指各种具有商业活动能力的实体(生产企业、商贸企业、金融机构、政府机构、个人消费者等)利用网络和先进的数字化媒体技术进行的各项商业贸易活动。这里要强调两点:一是活动要有商业背景,二是网络化和数字化。

二、电子商务的功能与效益

(一) 电子商务给企业带来的效益

1. 降低采购成本

对于企业来说,物资或劳务的采购是一个复杂的多阶段过程。首先,购买者要寻找相应的产品供应商,调查其产品在数量、质量、价格方面是否满足要求。在选定了一个供商后,企业需要把详细计划和需求信息传送给供应商,以便供应商能够准确地按照客户要求的性能指标进行生产。如果产品样品被认可而且供应商有能力立即生产,购买者就会发出一份具体产品数量的采购订单。然后,买方会接到供应商的通知,告之采购订单已经收到并确认该订单可以满足。当产品由供应商发出时,购买者再次接到通知同时还有产品的发货清单。买方的会计部门核对发货单和采购订单后付款。当原有订单变动时,购买过程将更加复杂。

电子数据交换(EDI)、互联网(Internet),减少采购过程中的人力、印刷和邮寄费用,降低了处理费用,并通过在网上公开招标,为企业提供了新的采购机会和更低的采购成本。

2. 减少库存和产品的积压

生产计划送达供应商所需的时间越长,公司的库存就越大,并带来延迟和错误,同时使供应商对需求变化来不及做出所要求的快速反应。公司库存越多,其运转费用就越高,效益就越低。对公司来说,恰当地管理库存将实现对客户更好地服务和较低的运转费用。增加库存周转频率,将降低与库存有关的利息、搬运和储存费用。减少库存量也意味着现有的制造能力得到了更有效的利用。而更有效地生产可以减少或消除对工厂和设备增加投资的要求。

电子商务和有效的物流配送系统能够缩短订单处理时间和做到 JIT 配送,最大限度地降低公司的库存,以降低生产成本。

3. 缩短生产周期

生产周期是制造产品所需的总时间。制造任何一种产品都与某些固定的开支相联系,这些固定开支不随产量的变化而变化。固定开支包括设备折旧费、大部分公用设施和建筑物费用以及大部分管理和监督费用。如果制造产品的时间可以从 10 天缩短到 7 天,那么,由于时间减少,每个产品的固定开支就可降低。电子商务活动可以使循环时间缩短,可以以同等的或较低的费用生产更多的产品。

4. 有效的客户服务

电子商务能在网上介绍产品、提供技术支持、查询订单处理信息,不仅可以解放公司自己的客户服务人员,让他们去处理更复杂的问题,调整与客户的关系,而且也会使客户更满意。

5. 降低价格

电子商务使公司提高处理订单的容量,提高订单处理的速度,而不增加工作人员,从而降低了操作成本和管理成本,进而降低产品的销售价格。

6. 获得新的销售机会

电子商务通过网络进行促销和广告宣传,并创造定制服务,增加新的销售机会。

(二) 电子商务的社会效益

1. 全社会的增值

电子商务带来的最直接的好处就是由于贸易范围的空前扩大而产生的全球贸易活动的大幅度增加,因而提高了贸易环节中大多数角色的交易量。因此,全球范围的经济形势将向一个良好的增长趋势发展。

2. 促进知识经济的发展

信息产业是知识经济的核心和主要的推动力,而电子商务又在目前信息产业中最具前途。因此,电子商务的发展必将直接或间接地推动知识经济的浪潮。

3. 导致新行业的出现

在电子商务条件下,原来的业务模型发生了变化,许多不同类型的业务过程由原来的集中管理变为分散管理,社会分工逐步变细,因而产生了大量的新兴行业,以配合电子商务的顺利运转。

第二节　电子商务对物流的影响

一、电子商务是一场商业大革命

电子商务的基本特征如下:

(1) 以 Internet 为基础的网络环境,模拟跨国界的实际市场环境;

(2) 以计算机网站为基本单元,虚拟实际市场的商店、银行、税局等市场基本单元;

(3) 实际的商务事务处理信息化,信息处理电子化。即实际的商务事务处理,包括订货、销售、支付、认证等都变成了网络上的信息处理。

毋庸置疑,电子商务将导致一场深刻的革命,这场革命的意义和深度无法估量,但可从以下三点窥见一斑。

(一) 这场革命是一场比工业革命更深刻的革命

17 世纪的工业革命,以机械化生产和扩大规模为标志,将手工生产和个体劳动转变为机械化大规模生产,大大提高了劳动生产率,促进了生产力的发展。这一次电子商务引起的革命,则是一次高科技和信息化的革命。它一方面将事务处理信息化,把商店、产品、广告、订货、购买、货币支付、认证等实物和事务处理虚拟化、信息化,使它们变成脱离实体而能在计算机网络上处理的信息;另一方面又将信息处理电子化,将所有信息处理都通过计算机网络,用计算机、电子邮件、文件传输、数据通信等电子手段处理。这样做,实际上是强化了信息处理、弱化了实体处理,用信息处理来控制实体处理,使实体处理更科学化、效率化。因此,这样做,将充分发挥信息对经济发展的价值,充分利用人类的知识和智慧,更科学合理地组织运用有限的资源,创造最大的经济效益。如果说工业革命是强化了人的体力(手脚等)、创造了一个产业经济的话,这一次革命则是强化了人的智力(脑子)、创造的是一种信息经济。信息经济实际上就是知识经济,是一种高科技经济。因为信息经济的最基本的特征是计算机网络,所以人们又直观地称它为网络经济。

(二) 产业大重组

由于电子商务这场革命是将实物和事务处理信息化,使事务处理的内容、处理方式和处理程序发生了革命性变化,因此这场革命必然导致产业大重组。原有的一些行业、企业单位将逐渐消亡,将新增加一些行业、企业和单位,扩大一些行业、企业和单位。例如,电报业、信件投递业等将逐渐消亡;将新增加一些行业,如网络广告业、信息服务业等;将压缩一些行业,如制纸业、出版业等；将扩张一些行业，如物流业、通信业等。

产业大重组，也从根本上改变着企业内部运作、外部合作与交流的机制，前所未有地提高着整个社会资源的运行效率。

（三）在信息经济时代，将来的竞争将是信息的竞争

信息通过 Internet 传输，打破了空间和区域的界限，极大地提高了信息处理的效率，充分展现了信息的经济效益；也极大地扩充了竞争空间，在更大范围内创造商业机遇。

二、电子商务将把物流业提升到前所未有的高度

电子商务导致产业大重组，大量的商店和银行消亡以后，将代之以按区域合理分布的配送中心、物流中心。

产业重组的结果，实际上使得社会上的产业只剩下两个行业：一个是实业，包括制造业和物流业；一个是信息业，包括广告、订货、销售、购买、服务、金融、支付和信息处理业等。而这两个行业，又可以理解为一个是"实"业，一个是"虚"业。

在电子商务环境下，随着绝大多数的商店、银行虚拟化，商务事务处理信息化、多数生产企业柔性化，整个市场剩下的就只有实物物流处理工作了。物流企业成了代表所有生产企业及供应商向用户进行实物供应的唯一最集中、最广泛的供应者，是进行局域市场实物供应的唯一主体。可见，电子商务把物流业提升到了前所未有的高度。物流企业应该认识到，电子商务为其提供了一个空前的发展机遇。

三、电子商务下物流需求的新变化

（一）消费者的地区分布分散化

因特网是电子商务的最大信息载体。因特网的物理分布范围正在迅速扩展，是否凡是因特网所触及的地区都是电子商务的销售区域呢？在电子商务发展的初级阶段这是不可能的。一般商务活动的有形销售网点资源按销售区域来配置，每一个销售点负责一个特定区域的市场。比如把全国划分为 7 个销售大区，每个大区内有若干销售网点，再设立 1 个配送中心，负责向该大区内的销售网点送货，销售点向配送中心订货和补货，配送中心则在规定的时限内将订货送达。电子商务也有可能按照这种方式来操作，但问题在于，电子商务的客户可能在地理分布上是十分分散的，要求送货的地点不集中，物流网络并没有像因特网那样广的覆盖范围，无法经济合理地组织送货。所以，提供电子商务服务的公司也需要像有形店铺销售一样，要对销售区域进行定位，对消费人群集中的地区提供物流承诺，否则是不经济的。还有一种处理办法，就是针对不同的销售区域采取不同的物流服务政策。例如，在大城市因为电子商务的普及，订货可能比较集中，适用于按不低于有形店铺销售的送货标准组织送货，但对偏远地区的订单则要进行集货，送货期限肯定要比大城市长得多，那些地区的电子商务消费者享受的服务就要差一些。从电子商务的经济性考虑，宜先从上网用户比较集中的大城市起步，这样建立基于一个城市的物流配送体系也比较好操作。

（二）销售的商品标准化

从理论上讲,没有什么商品特别不适合于采用电子商务的销售方式。但从流通本身的规律来看,需要有商品定位,现在的商品品种有 40 万～50 万种之多。一个大型百货商店充其量经营 10 万种商品,没有一个公司能够经营所有的商品,总是要确定最适合自己销售的商品,电子商务也一样,为了将某一商品的销售批量累积得更大,就需要筛选商品品种。同时,电子商务也要有一定的销售渠道配合,不同的商品进货和销售渠道可能不同。品种越多,进货渠道及销售渠道越复杂,组织物流的难度就越大,成本也就越高,因此为了在物流环节不增加过多的费用,需要将品种限制在一定的范围之内。一般而言,商品如果有明确的包装、质量、数量、价格、储存、保管、运输、验收、安装及使用标准,对储存、运输、装卸等作业无特殊要求,就适合于采用电子商务的销售方式。

（三）物流服务需求多功能化和社会化

与传统的把物流分割成包装、运输、仓储、装卸等若干个独立的环节,由不同的企业单独完成的做法不同,电子商务的物流要求物流提供企业全方位的服务,既包括仓储、运输服务,还包括配货、分发和各种客户需要的配套服务,使物流成为连接生产企业与用户的重要环节。电子商务的物流要求把物流的各个环节作为一个完整的系统进行统筹协调、合理规划,使物流服务的功能多样化,更好地满足客户的需求。

随着电子商务的发展,物流服务的社会化趋势也越来越明显。在传统的经营方式下,无论是实力雄厚的大企业,还是三五十人的小企业,一般都由企业自身承担物流职能,导致物流的高成本、低效率的结果。而在电子商务条件下,特别是对小企业来说,在网上定购、网上支付实现后,最关键的问题就是物流配送。如果完全依靠自己的力量来完成肯定是力不从心的,特别是面对跨地区、跨国界的用户时,将显得束手无策。因此,物流的社会化也将是电子商务发展的一个十分重要的趋势。

（四）物流服务空间的拓展

电子商务需要的不是普通的运输和仓储服务,它需要的是物流服务,而物流与仓储运输存在着比较大的差别。正是因为传统的储运经营者用传统储运的要求和标准为电子商务服务,才使得电子商务经营者在 21 世纪初的今天仍然抱怨物流服务不到位、跟不上等。电子商务经营者(也包括其他新型流通方式的经营者)需要的是增值性的物流服务,而不仅仅是传统的物流服务。

四、电子商务对物流时效性的要求

在许多行业中,时间正成为新的竞争焦点。需求趋向多样化、个性化,快速反应市场需求,是企业竞争的新定律。时间代替质量,成为新的竞争焦点。

电子商务的优势之一就是能大大简化业务流程,降低企业运作成本。而电子商务下企业成本优势的建立和保持必须以可靠和高效的物流运作为保证。现代企业要在竞争中取胜,不仅需要生产适销对路的产品、采取正确的营销策略和强有力的资金支持,更需要加强"品质经营"，即强调"时效性"，其核心在于服务的及时性、产品的及时性、信息的及时性和决策反馈的及时性。这些都必须以强有力的物流能力作为保证。以生产企业为例，有关调查研究的数据显示，物流对企业的影响是公认的，90％以上的人认为较重要，其中 42％的人认为很重要，仅有 9.2％认为不重要。

五、电子商务对物流环节的影响

首先，电子商务可使物流实现网络的实时控制。传统的物流活动在其运作过程中，不管是以生产为中心，还是以成本或利润为中心，其实质都是以商流为中心，从属于商流活动，因而物流的运动方式是紧紧伴随着商流来运动。而在电子商务下，物流的运作是以信息为中心的，信息不仅决定了物流的运动方向，而且也决定着物流的运作方式。在实际运作过程中，通过网络上的信息传递，可以有效地实现对物流的实施控制，实现物流的合理化。比如，在电子商务方案中，可以利用电子商务的信息网络，尽可能地通过信息沟通，将实物库存暂时用信息代替，即将信息作为虚拟库存（Virtual Inventory）。办法是建立需求端数据收集系统（Automated Data Collection，ADC），在供应链的不同环节采用 EDI（Electronic Data Interchange，电子数据交换）交换数据，建立基于因特网的 Intranet，为用户提供 Web 服务器，便于数据实时更新和浏览查询。一些生产厂商和下面的经销商、物流服务商共用数据库，共享库存信息等，目的都是尽量减少实物库存水平，但并不降低供货服务水平。

其次，网络对物流的实时控制是以整体物流来进行的。在传统的物流活动中，虽然也依据计算机对物流实时控制，但这种控制都是以单个的运作方式来进行的。比如，在实施计算机管理的物流中心或仓储企业中，所实施的计算机管理信息系统大都是以企业自身为中心来管理物流的。而在电子商务时代，依据网络全球化的特点，可使物流在全球范围内实施整体的实时控制。

第三节　物流在电子商务中的地位与作用

一、物流业是电子商务的支点

如果电子商务能够成为 21 世纪的商务工具，它将像杠杆一样撬起传统产业和新兴产业，在这一过程中，现代物流产业将成为这个杠杆的支点。

（一）物流能力可以成为核心竞争力

物流系统的价值最早是在"二战"中得到认识的，至今共经历了 7 次价值发现。所谓第 7 次价值发现是在 1997 年东南亚爆发经济危机之后，人们在分析和总结东南亚各国和各地区的情况时发现，以物流产业为重要支柱产业的新加坡、中国香港有较强的抗御经济危机的能力。例如，1998 年，受金融风波影响较大的马来西亚，经济增长为 -6.8％，泰国为 -8.0％，东盟为 -9.4％，与之相比较，中国香港情况较好，为 -5.1％，而新加坡则实现了 1.5％的正增长。这个发现完善了现代物流的定义。从此,人们意识到物流不仅对于微观企业有着特别的意义,对于国家的经济发展也有非常重要的意义。物流发展水平已成为一个国家综合国力的重要体现。

第 7 次价值发现对于国家和企业来说,都有着重要的启迪和借鉴作用。深圳市已决定投资 1 600 个亿规划 16 万平方千米土地,开发以综合物流中心基地为核心的新型产业开发区,从而在 21 世纪通过开发物流产业形成新的经济增长点。著名家电企业海尔集团已充分认识到物流对企业生存的决定性作用,1999 年 9 月特别成立了物流推进本部,着力进行海尔集团的物流重组和物流改革,并把物流能力定位为海尔集团的核心竞争力,从而达到以最低的物流总成本向客户提供最大附加值服务的战略目标。

(二) 现代物流应运而生

当我们庆幸终于可以实现网上订货、网上支付的同时,也无可奈何地抱怨网上订了货、账单也被划掉,可是货物却迟迟不来。为了送货,有的网站动用了 EMS,有的网站动用了快递公司,有的网站甚至打起了居委会大妈的主意。而这只是电子商务在网上购物过程中遭遇的尴尬。

如果电子商务将成为企业决胜未来市场的重要工具,那么没有现代物流体系作电子商务的支点,电子商务将成为一纸空谈。

二、物流现代化是电子商务的基础

电子商务通过快捷、高效的信息处理手段可以比较容易地解决信息流(信息交换)、商流(所有权转移)和资金流(支付)的问题,而将商品及时地配送到用户手中,即完成商品的空间转移(物流)才标志着电子商务过程的结束,因此物流系统的效率高低是电子商务成功与否的关键,而物流效率的高低很大一部分取决于物流现代化的水平。

物流现代化包括物流技术和物流管理两个方面的现代化。物流技术现代化包括软技术和硬技术两个方面的现代化。在物流软技术方面,现代化内容包括:无损检测和抽样检验技术,商品科学养护技术,条码技术,信息处理技术,安全装载技术等。在物流硬技术方面,现代化内容包括:发展自动化程度高的仓库,运输设备的专用化、大型化,保管设备的多样化、组合化,装卸搬运设备的效率化,信息处理设备的计算机化等。

物流管理的现代化就是应用现代经营管理思想、理论和方法,有效地管理物流,在管理人才、管理思想、管理组织、管理方法、管理手段等方面实现现代化,并把这几个方面的现代化内容同各项管理职能有机地结合起来,形成现代化物流管理体系。物流管理现代化的目标是实现物流系统的整体优化。

物流现代化中最重要的部分是物流信息化,物流的信息化是电子商务物流的基本要求,是企业信息化的重要组成部分,表现为物流信息的商品化、物流信息收集的数据化和代码化、物流信息处理的电子化和计算机化、物流信息传递的标准化和实时化、物流信息储存的数字化等。物流信息化能更好地协调生产与销售、运输、储存等环节的联系,对优化供货程序、缩短物流时间及降低库存都具有十分重要的意义。

三、物流是实施电子商务的关键

（一）物流保障生产

无论在传统的贸易方式下，还是在电子商务下，生产都是商品流通之本，而生产的顺利进行需要各类物流活动支持。生产的全过程从原材料的采购开始，便要求有相应的供应物流活动，将所采购的材料送到位，否则，生产就难以进行；在生产的各工艺流程之间，也需要原材料、半成品的物流过程，即所谓的生产物流，以实现生产的流动性；部分余料、可重复利用的物资的回收，就需要所谓的回收物流；废弃物的处理则需要废弃物物流。可见，整个生产过程实际上就是系列化的物流活动。

合理化、现代化的物流，通过降低费用从而降低成本、优化库存结构、减少资金占用、缩短生产周期，保障了现代化生产的高效进行。相反，缺少了现代化的物流，生产将难以顺利进行，那么无论电子商务是多么便捷的贸易形式，仍将是无米之炊。

（二）物流服务于商流

在商流活动中，商品所有权在购销合同签订的那一刻起，便由供方转移到需方，而商品实体并没有因此而移动。在传统的交易过程中，除了非实物交割的期货交易，一般的商流都必须伴随相应的物流活动，即按照需方（购方）的需求将商品实体由供方（卖方）以适当的方式、途径向需方（购方）转移。而在电子商务下，消费者通过上网点击购物，完成了商品所有权的交割过程，即商流过程。但电子商务的活动并未结束，只有商品和服务真正转移到消费者手中，商务活动才告以终结。

在整个电子商务的交易过程中，物流实际上是以商流的后续者和服务者的姿态出现的。没有现代化的物流，如何轻松的商流活动都仍会退化为一纸空文。

（三）物流是实现"以顾客为中心"理念的根本保证

电子商务的出现，在最大限度上方便了最终消费者。他们不必再跑到拥挤的商业街，一家又一家地挑选自己所需的商品，而只要坐在家里，在因特网上搜索、查看、挑选，就可以完成购物过程。但如果所购的商品迟迟不能送到，或者商家所送的商品并非自己所购，那消费者还会选择网上购物吗？

物流是电子商务中实现"以顾客为中心"理念的最终保证，缺少了现代化的物流技术，电子商务给消费者带来的购物便捷等于零，消费者必然会转向他们认为更为安全的传统购物方式，那网上购物还有存在的必要吗？

从以上的论述中可见，物流是电子商务重要的组成部分。我们必须摈弃原有的"重信息流、商流和资金流的电子化，而忽视物流电子化"的观念，大力发展现代化物流，以进一步推广电子商务。

四、物流是电子商务的重要组成部分

电子商务是 20 世纪信息化、网络化的产物,由于其自身的特点已广泛引起了人们的注意,但是人们对电子商务所涵盖的范围却没有统一、规范的认识。仍如传统商务过程一样,电子商务中的任何一笔交易,都包含着以下几种基本的"流",即信息流、商流、资金流和物流。

过去,人们对电子商务过程的认识往往只局限于信息流、商流和资金流的电子化、网络化,而忽视了物流的电子化过程,认为对于大多数商品和服务来说,物流仍然可以经由传统的经销渠道。但随着电子商务的进一步推广与应用,物流的重要性对电子商务活动的影响日益明显。试想在电子商务下,消费者网上浏览后,通过轻松点击完成了网上购物,但所购货物迟迟不能送到手中,甚至出现了买电视机送茶叶的情况,其结果可想而知,消费者势必会放弃电子商务,选择更为安全可靠的传统购物方式。

在电子商务中,一些电子出版物,如软件、CD 等可以通过网络以电子的方式送给购买者,但绝大多数商品仍要通过其他各种方式完成从供应商到购买者的物流过程。我国的许多网上商店由于解决不了物流问题,只能告诉购买者送货必须在一定的范围内,电子商务的跨地域优势也就一点也没有了。

美国在定义电子商务概念之初,就有强大的现代化物流作为支持,只需将电子商务与其进行对接即可,而并非电子商务过程不需要物流的电子化。而我国作为一个发展中国家,物流业起步晚、水平低,在引进电子商务时,并不具备能够支持电子商务活动的现代化物流水平,所以在引入时,一定要注意配备相应的支持技术——现代化的物流模式,否则电子商务活动难以推广。缺少了现代化的物流过程,电子商务过程就不完整。

五、物流是电子商务概念模型的基本要素

在电子商务概念模型的建立过程中,强调信息流、商流、资金流和物流的整合。其中,突出了信息流的重要性,它在一个更高的位置上实现对流通过程的监控。

六、物流是实现电子商务中跨区域物流的重点

我国加入 WTO 后,电子商务的应用将更加重视跨区域物流。要解决电子商务中跨国物流、跨区域物流可能出现的问题,有赖于完善的物流系统。

借助于互联网,电子商务将整个世界联系在一起。电子商务的推广,加快了世界经济的一体化,因为电子商务的跨时域性和跨区域性,使得物流活动必然呈现跨国性,国际物流在整个商务活动中愈来愈占有举足轻重的地位。

在 1985—1995 年间,我国国民生产总值平均保持 20.3% 的年增长速度,对外贸易增长速度为 27.5%。同期国际物流中,集装箱运量增长速度为 31.5%,1995 年外贸货运量达 1 108 万吨。可见,我国国际物流量和对外贸易是同步增长的,均超过了同期国民生产总值的增长速度。我国加入 WTO 后,借助电子商务,国际物流呈加速增长的趋势。

在商业运行中,不同的交易方式,会产生不同的物流模式。在电子商务这种交易方式下,

物流模式的特点将是国际物流、跨区域物流不断增加,与之相应,第三方物流模式将成为一种必然选择。

(一) 电子商务下的消费者—企业间跨区域物流

企业对消费者的业务(即 Business to Consumer,B to C)又称直接市场销售,主要包括以下两个方面:

(1) 有形商品的电子订货和付款,这类业务需要利用传统的邮政服务或商业送货服务加以配套,所以称之为间接电子商务。

(2) 无形商品和服务产品的销售,如计算机软件、娱乐产品消费、订票、付款、信息服务等,供需双方可以在网上直接实现交易,又称为直接电子商务。

下面以有形商品的电子商务(如网上购物)为例,分析其贸易流程:

用户通过网上商城向商家提交购货订单,交易双方向认证中心提出认证申请,并获得 CA 证书;商家把用户的 CA 证书和有关信息传送到自己的收单银行;收单银行向用户所持信用卡的发卡银行询问,查询用户信用卡是否属实;发卡银行认可并签证这笔交易,把用户货款划给收单银行;商家向用户发送货物和收据;交易成功;发卡银行向用户定期寄去信用卡消费账单。

这种交易过程没有商业谈判,交易双方不进行询盘、报盘、还盘等活动。如果这种网上交易是跨国性的,那么随之进行的国际物流活动将会遇到麻烦。

假设 A 国的消费者在 B 国的网上商店用国际通用的信用卡购买了商品,若要将商品送到消费者手里,对于小件商品(如图书),可以通过邮购;对于大件商品,则是速递公司完成交货;对于零散用户,采用以上两种方式送货,流通费用显然过高。目前,这些流通费用一般均由消费者承担。国际物流的总目标是为国际贸易和跨国经营服务,即选择最佳的方式和路径,以最低的费用和最小的风险,保质、保量、适时地将货物从某国的供方运到另一国的需方。

(二) 电子商务下的企业—企业间的跨国物流

电子商务的另一种模式是企业与企业之间的网上交易(即 Business to Business,B to B),它主要是通过 EDI 进行的,包括如下几个方面:

(1) 企业与其供应商之间采购事务的协调;

(2) 物料计划人员与仓储、运输其产品的公司间的业务协调;

(3) 销售机构与其产品批发商、零售商之间的协调;

(4) 客户服务;

(5) 公司日常运营活动,内部员工的交流等。

如果企业—企业间交易是跨国进行的,则双方需通过 EDI 进行商业谈判,达成协议后,一方发货,另一方通知银行付款。在外贸谈判过程中,商品价格中可以包含关税价格和运输费用。这种跨国贸易,已经有一定的历史,EDI 只不过使得贸易过程更加便捷。

对于大宗商品交易,从产品出货到报关、国际间运输及到达地的报关,直至配送,整个物流过程,要经过多个环节。如果有第三方物流公司能够提供一票到底,门到门的服务,利用多种运输工具,互相配合,联合运输,就可以实现物流合理化,大大减少货物周转环节,降低物流费用,交易双方也可以真正实现"一手交钱,一手交货"。在实际运作中,往往双方需要花费很多的人力、物力进行货物运送。出口方要寻找一家国际运输公司,负责将商品运送到对方口岸;商品到岸,进口方又要在本国寻找一家国内物流公司,或利用自有的配送中心,到海关提货,整个过程不能保证物流的通畅,物流的费用和周期必然大大上升。

(三) 第三方物流——完善跨区域物流

在上述讨论中,我们看到对于 B to C 电子商务交易模式,如果出现跨区域物流,流通费用将大大增加,最理想的解决方法是由第三方帮助卖方完成商品的送货。

第三方物流就像完善的邮政系统:寄信时,只要将信投放到信箱,另一方就可收到来信,而不必关心信的递送过程。采用第三方物流模式,优点是明显的。首先,网上商店的优势是投资少、收益高、经营灵活。网上商店一般都是新建的企业、公司,这些公司在成立初期,不可能大力投资建设自己的配送网络,如果由第三方物流企业利用它们完善的网络系统,为这些网上商店向顾客送货,那么,网上商店可以节省大笔的费用,第三方物流企业的专业送货,也比网上商店更为迅速、更有保证。其次,如果出现跨区域物流,顾客是网上商店难以送货的异地用户,如果由处于异地的第三方物流公司送货,则这种送货可轻易完成。当第三方物流非常发达的时候,网上购物才会得到迅速发展。

对于 B to B 电子商务交易模式,物流成本在商品交易成本中占很大比重,尤其在跨国交易中,没有良好的物流系统为双方服务,这种成本增加的幅度会更大。而各自组建自己的物流系统,不仅难度很大,而且双方在出入境时仍然存在衔接不畅的问题。跨国性的第三方物流企业可以给双方提供最佳的服务,实现"门到门"的送货。EDI 通过信息将交易双方联系在一起,而第三方物流企业则是通过物流将双方联系在一起。

可以预见,随着电子商务发展的日趋成熟,跨国、跨区域的物流将日益重要。没有物流网络、物流设施和物流技术的支持,电子商务将受到极大抑制。没有完善的物流系统,电子商务能够降低交易费用,却无法降低物流成本,电子商务所产生的效益将大打折扣。只有大力发展电子商务,广泛开展国际物流合作,才能促进世界经济繁荣。

第四节 电子商务下物流的发展趋势与策略

一、电子商务下物流的发展趋势

电子商务时代的来临,给全球物流带来了新的发展,使物流具备了一系列新特点。

(一) 信息化

电子商务时代,物流信息化是电子商务的必然要求。物流信息化表现为物流信息的商品化、物流信息收集的数据库化和代码化、物流信息处理的电子化和计算机化、物流信息传递的标准化和实时化,以及物流信息存储的数字化等。因此,条形码技术(Bar Code)、数据库技术(Database)、电子订货系统(Electronic Ordering System, EOS)、电子数据交换、快速反应(Quick Response, QR)、有效客户反馈(Effective Customer Response, ECR)及企业资源计划(Enterprise Resource Planning, ERP)等技术与观念在我国的物流中将会得到普遍的应用。

没有物流的信息化,任何先进的技术设备都不可能应用于物流领域,信息技术及计算机技术在物流中的应用将会彻底改变世界物流的面貌。

(二) 自动化

自动化的基础是信息化,自动化的核心是机电一体化,自动化的外在表现是无人化,自动化的效果是省力化。另外,自动化还可以扩大物流作业能力、提高劳动生产率,以及减少物流作业的差错等。物流自动化的设施非常多,如条形码/语音/射频自动识别系统、自动分拣系统、自动存取系统、自动导向车及货物自动跟踪系统等。这些设施在发达国家已普遍用于物流作业流程中,而在我国由于物流业起步晚,发展水平低,自动化技术的普及还需要相当长的时间。

(三) 网络化

物流领域网络化的基础也是信息化,这里指的网络化有两层含义:一是物流配送系统的计算机通信网络,包括物流配送中心与供应商或制造商的联系要通过计算机网络,另外,与顾客之间的联系也要通过计算机网络。比如,物流配送中心向供应商提出订单这个过程,就可以使用计算机通信方式,借助于增值网(Value-Added Network,VAN)上的电子订货系统和电子数据交换技术来自动实现,物流配送中心通过计算机网络收集客户订货的过程也可以自动完成。二是组织的网络化,即所谓的内联网(Intranet)。

物流的网络化是物流信息化的必然,是电子商务物流活动的主要特征之一。目前,全球网络资源的可用性及网络技术的普及为物流的网络化提供了良好的外部环境。

(四) 智能化

智能化是物流自动化、信息化的一种高层次应用,物流作业过程中大量的运筹和决策,如库存水平的确定、运输(搬运)路径的选择、自动导向车的运行轨迹和作业控制、自动分拣机的运行,以及物流配送中心经营管理的决策支持等问题都需要借助于大量的知识才能解决。在物流自动化的进程中,物流智能化已成为电子商务物流发展的一个新趋势,需要通过专家系统、机器人等相关技术来解决。

(五) 柔性化

柔性化本来是为实现"以顾客为中心"的理念而在生产领域提出的。但要真正做到柔性化,即能真正根据消费者需求的变化来灵活调节生产工艺,没有配套的柔性化的物流系统是不可能达到目的的。20 世纪 90 年代,国际生产领域纷纷推出弹性制造系统(Flexible Manufacturing System,FMS)、计算机集成制造系统(Computer Integrated Manufacturing System,CIMS)、制造资源系统(Manufacturing Requirement Planning,MRP)、企业资源计划及供应链管理的概念和技术,这些概念和技术的实质是要将生产和流通进行集成,根据需求端的需求组织生产,安排物流活动。因此,柔性化的物流正是适应生产、流通与消费的需求而发展起来的一种新型物流模式。这就要求物流配送中心要根据消费者需求"多品种、小批量、多批次、短周期"的特色,灵活组织和实施物流作业。

另外,物流设施和商品包装的标准化,物流的社会化和共同化也是电子商务物流发展的新特点、新趋势。

二、电子商务下物流的发展策略

面对电子商务发展的这种形势,物流企业应当感到任重道远,应当不失时机地抓住机遇,认真地制定物流业发展的战略和策略。其中,以下几点特别重要。

(一)寻求政府支持

建立和发展适应网络经济形势的物流业,是一个大的社会工程,要全区域甚至全社会统一认识,形成合力,特别是要得到政府的支持,政府应当出面组织策划和实施。之所以要政府出面,因为这牵涉着像产业重组这样的、几乎涉及社会所有企业单位和人们的革命性的变化,没有政府妥善的规划组织,仅靠企业自己干是很难实现的。

政府策划这个工程的工作,应当分步骤进行。首先是基础建设——建网、上网。要迅速组建覆盖整个区域的 Internet 和企业内部网。动员组织企业、家庭和个人上网,特别是动员企业、银行在网上建立网站、虚拟商店、虚拟银行,开展电子商务。

随着电子商务的开展,自然就会逐渐进行产业重组。这时,就要有计划地撤销一些实际商店、实际银行的分行、支行、营业点,同时有步骤地将这些企业的下岗人员组建成合理的配送中心。

几个配送中心就可以合并成一个物流公司或货物流通中心。这样下去,就会逐渐形成一个完善的物流业。

(二)组建的配送中心、物流企业一开始就要合理规划布局

物流业是一个系统,应当组成一个相互联系、相互区别、相互分工协作、有着等级层次结构的物流企业体系。各个小区设一个综合配送中心,负责小区的供货送货;若干个小区联合起来,建立大的物流中心,负责向各个小区配送中心供货送货;还有更大的物流中心,如港口码头、铁路站点,负责向全区甚至向国内转运物资。不同的物流企业承担不同的功能,彼此互相协作又互相支持,构成一个功能齐全、布局合理的物流企业体系。

(三)采用第三方物流模式

第三方物流模式,是一种完全专业化的物流模式。生产企业专搞生产,把生产企业的原材料进货供应、所生产的产品的销售送货等物流业务全交给物流企业去承担。物流企业是生产企业的大管家,既负责"后"勤,又负责"前"勤。这样做,物流企业才会充分合理有效地组织利用资源,既保证自己的经济效益,又保证生产企业的经济效益。

建立第三方物流模式,最大的困难是体制。生产企业担心自己成了物流企业的附属品,成了物流企业的供应仓库。其实这种想法是狭隘的。物流企业直接面对市场,它根据市场的需要来组织调控若干生产企业的生产,形成一个经济联合体来面对市场。

(四)为适应电子商务的需要,配送中心的功能应有所变化

这些配送中心的基本功能应当有以下几个方面:

(1)货物储存,无论是生产企业生产出来的还是从外地转运来的、供应本区域生产或生活

需要的商品,都要储存到这里的仓库里,以备送货用。

(2) 运输,也就是送货和进货。根据网上销售的信息,将网上销售的商品送到用户手中。既要及时进货,保证及时吸纳生产企业的产品(将这里办成生产企业的成品库),又要保证货物不脱销。

(3) 包装、装卸、流通加工等功能。这些功能传统的物流中心和配送中心都有,在电子商务的情况下,还要特别增加以下两个功能:① 商品展示功能;② 销售零售功能。

因为在取消了大多数的商店以后,人们通常都在网上的虚拟商店中购物,不到实体商店来。但是,有时特别是节假日旅游,人们也想逛逛商场,看看实物。所以物流中心、配送中心也需要满足这些需求而增设展示和零售的功能。由于这些需求量不会太多,所以附设在物流中心和配送中心比较合适。如果这些需求量很大,或者物流中心、配送中心不愿增设这些功能,则必须在物流中心、配送中心之外,还要保留适量的超级商场。

(五) 建立物流企业要立足于高科技、高起点

网络经济时期,实际上就是一个高科技经济模式。物流企业要适应电子商务,就要努力采用高科技,建立在高起点上。

首先,物流企业要上网,要在网上建立站点,提供信息。除了介绍公司、仓库、货物信息以外,特别是要提供用户所关心的送货信息,用户已经购买的货物送货了没有,什么时候送的,送了多少。

其次,要有高水平的、先进的储运设施;要有足够的仓库储存场所,先进的包装装卸及存放设备设施,应当有舒适宽敞的商品展示和零售场所;要有强大先进的运输车队和强大的吞吐能力;还要有无线通信设备,随时可以上网联系。总之,要努力建立起一个具有现代化水平的物流企业,要有一个严格科学的管理系统;要实现事务处理信息化、信息处理电子化;要充分利用计算机和计算机网络来处理信息;要利用无线通信、卫星通信和数据传输、电子邮件等工具来进行实物处理。

复习题

一、单选题

1. 电子商务能够给企业带来许多效益,不包括(   )。

A. 降低采购成本   B. 减少库存和产品积压

C. 缩短生产周期   D. 导致新行业的出现

2. 下列关于电子商务的说法不正确的是(   )。

A. 物流配送是电子商务的重要组成部分

B. 电子商务的成功与否主要取决于物流配送

C. 物流配送是实现电子商务的保证

D. 成功的电子商务必定有一个具有规模效应的完善的配送系统的支持

3. 电子商务不能为企业带来的效益是(   )。

A. 降低采购成本   B. 减少库存和产品积压

C. 获得少源采购途径 　　　　　　　　D. 有效客户服务

4. 电子商务带来的最直接的好处是( )。

A. 贸易范围的空前扩大 　　　　　　　B. 促进知识经济的发展

C. 贸易额度增加 　　　　　　　　　　D. 导致新行业的出现

5. 不属于电子商务的社会效益的是( )。

A. 全社会的增值 　　　　　　　　　　B. 导致新行业的出现

C. 促进知识经济的发展 　　　　　　　D. 有效的客户服务

6. 电子商务的最直接的社会效益是( )。

A. 有效客户服务

B. 促进知识经济发展

C. 导致新行业出现

D. 贸易范围扩大导致全球贸易活动大幅增加

二、多选题

1. 电子商务的社会效益体现在( )。

A. 全社会的增值 　　　　　　　　　　B. 获得新的销售机会

C. 促进知识经济的发展 　　　　　　　D. 有效客户服务

E. 导致新行业出现

2. 电子商务物流的特点( )。

A. 信息化　　　　　B. 网络化　　　　　C. 智能化　　　　　D. 柔性化

E. 自动化

三、判断题

1. 电子商务不能缩短生产周期。 　　　　　　　　　　　　　　　　( )

2. 物流配送是电子商务的重要组成部分。 　　　　　　　　　　　　( )

3. 成功的电子商务必定有一个具有规模效应的完善的配送系统的支持。 ( )

4. 电子商务成功与否,主要取决于商品的质量和客户服务。 　　　　( )

5. 电子商务的成功与否,主要取决于商品价格和客户服务。 　　　　( )

6. 物流业是电子商务的支点。 　　　　　　　　　　　　　　　　　( )

四、名词解释

电子商务

五、简答题

1. 简述电子商务的功能和效益。

2. 简述电子商务与物流配送的关系。

3. 电子商务对物流会产生哪些方面的影响? 在电子商务形势下应如何发展物流?

4. 物流在电子商务中起什么样的作用?

5. 电子商务下物流的发展策略有哪些?

六、案例题

1. 全球最大的网上书店亚马逊网上书店于 2002 年年底开始赢利,这是全球电子商务发展的福音。美国亚马逊网上书店自1995年7月在美国开业以来,经历了7年的发展历程。到2002年年底全球已有220个国家的4 000万网民在亚马逊书店购买了商品,亚马逊为消费者提供的商品总数已达到40多万种。随着近几年来在电子商务发展受挫,许多追随者纷纷倒地落马之时,亚马逊却顽强地活了下来并脱颖而出,创造了令人振奋的业绩:2002年第三季度的净销售额达8.51亿美元,比上年同期增长了33.2%;2002年前三个季度的净销售额达25.04亿美元,比上年同期增长了24.8%。虽然2002年前三个季度还没有赢利,但净亏损额为1.52亿美元,比上年同期减少了73.4%,2002年第四季度的销售额为14.3亿美元,实现净利润300万美元,是第二个盈利的季度。亚马逊的扭亏为盈无疑是对B2C电子商务公司的巨大鼓舞。

为什么在电子商务发展普遍受挫时亚马逊的旗帜不倒? 是什么成就了亚马逊今天的业绩? 亚马逊的快速发展说明了什么? 带着这一连串的疑问和思索探究亚马逊的发展历程后,我们经过研究后惊奇地发现,正是被许多人称为是电子商务发展"瓶颈"和最大障碍的物流拯救了亚马逊,是物流创造了亚马逊今天的业绩。那么,通过亚马逊的生存和发展经历的研究带给我们现在的企业哪些有益的启示呢? ——完善的物流系统是电子商务生存与发展的命脉。

电子商务是以现代信息技术和计算机网络为基础进行的商品和服务交易,具有交易虚拟化、透明化、成本低、效率高的特点。在电子商务中,信息流、商流、资金流的活动都可以通过计算机在网上完成,唯独物流要经过实实在在的运作过程,无法像信息流、资金流那样被虚拟化。因此,作为电子商务组成部分的物流便成为决定电子商务效益的关键因素。在电子商务中,如果物流滞后、效率低、质量差,则电子商务经济、方便、快捷的优势就不复存在。所以完善的物流系统是决定电子商务生存与发展的命脉。分析众多电子商务企业经营失败的原因,在很大程度上是缘于物流上的失败。而亚马逊的成功也正是得益于其在物流上的成功。亚马逊虽然是一个电子商务公司,但它的物流系统十分完善,一点也不逊色于实体公司。由于有完善、优化的物流系统作为保障,它才能将物流作为促销的手段,并有能力严格地控制物流成本和有效地进行物流过程的组织运作。在这些方面亚马逊同样有许多独到之处。

(1) 在配送模式的选择上采取外包的方式。

在电子商务中亚马逊将其国内的配送业务委托给美国邮政和UPS,将国际物流委托给国际海运公司等专业物流公司,自己则集中精力去发展主营和核心业务。这样可以减少投资,降低经营风险,又能充分利用专业物流公司的优势,节约物流成本。

(2) 将库存控制在最低水平,实行零库存运转。

亚马逊通过与供应商建立良好的合作关系,实现了对库存的有效控制。亚马逊公司的库存图书很少,维持库存的只有200种最受欢迎的畅销书。一般情况下,亚马逊是在顾客买书下了订单后,才从出版商那里进货。购书者以信用卡向亚马逊公司支付书款,而亚马逊却在图书售出46天后才向出版商付款,这就使得它的资金周转比传统书店要顺畅得多。由于保持了低库存,亚马逊的库存周转速度很快,并且从2001年以来越来越快。2002年第三季度库存平均周转次数达到19.4次,而世界第一大零售企业沃尔玛的库存周转次数也不过在7次左右。

(3) 降低退货比率。

虽然亚马逊经营的商品种类很多,但由于对商品品种选择适当,价格合理,商品质量和配送服务等能满足顾客需要,所以保持了很低的退货比率。传统书店的退书率一般为25%,高的可达 40％,而亚马逊的退书率只有 0.25％,远远低于传统的零售书店。极低的退货比率不仅减少了企业的退货成本,也保持了较高的顾客服务水平并取得良好的商业信誉。

(4) 为邮局发送商品提供便利,减少送货成本。

在送货中亚马逊采取一种被称之为"邮政注入"减少送货成本。所谓"邮政注入"就是使用自己的货车或由独立的承运人将整卡车的订购商品从亚马逊的仓库送到当地邮局的库房,再由邮局向顾客送货。这样就可以免除邮局对商品的处理程序和步骤,为邮局发送商品提供便利条件,也为自己节省了资金。据一家与亚马逊合作的送货公司估计,靠此种"邮政注入"方式节省的资金相当于头等邮件普通价格的 5％～17％,十分可观。

(5) 根据不同商品类别建立不同的配送中心,提高配送中心作业效率。

亚马逊的配送中心按商品类别设立,不同的商品由不同的配送中心进行配送。这样做有利于提高配送中心的专业化作业程度,使作业组织简单化、规范化,既能提高配送中心作业的效率,又可降低配送中心的管理和运转费用。

(6) 采取"组合包装"技术,扩大运输批量。

当顾客在亚马逊的网站上确认订单后,就可以立即看到亚马逊销售系统根据顾客所订商品发出的是否有现货,以及选择的发运方式、估计的发货日期和送货日期等信息。如前所述,亚马逊根据商品类别建立不同配送中心,所以顾客订购的不同商品是从位于美国不同地点的不同的配送中心发出的。由于亚马逊的配送中心只保持少量的库存,所以在接到顾客订货后,亚马逊需要查询配送中心的库存,如果配送中心没有现货,就要向供应商订货。因此会造成同一张订单上商品有的可以立即发货,有的则需要等待。为了节省顾客等待的时间,亚马逊建议顾客在订货时不要将需要等待的商品和有现货的商品放在同一张订单中。这样在发运时,承运人就可以将来自不同顾客、相同类别、而且配送中心也有现货的商品配装在同一货车内发运,从而缩短顾客订货后的等待时间,也扩大了运输批量,提高运输效率,降低运输成本。

根据上述资料,回答下列问题:

(1) 亚马逊的物流系统是如何成为其电子商务生存与发展的命脉?

(2) 从本案例中你受到哪些启发?

2. UPS 自进入中国市场之日起,就把满足客户需求、最大限度为客户提供方便作为其首要服务目标。2001 年 8 月 21 日,UPS 宣布在北京、上海、广州同时启用其独创的高科技速递工具 DIAD(速递资料收集器)。该系统可将收件方签收字据以数字化方式传输至 UPS 主机,而客户则可以通过上网或传真获得包裹收到的数字化证据。这一系统可以大大缩短票据循环周期,简化客户供应链的管理。

本着为客户提供便利的精神,UPS 持续不断地推出更新更好的服务。2001 年 10 月 8 日,UPS 又宣布在全亚洲率先推出 UPS 签名跟踪系统。应用这一系统之后,UPS 将网络包裹查询服务又提高了一个档次。2002 年 2 月 11 日,UPS 又推出了采用汉语的无线包裹跟踪服务。届时,使用具有互联网功能的手机用户就可以利用本国的语言来追踪自己的包裹行踪,客户能够更方便、更快捷地获得 UPS 提供的包裹信息。

接收过 UPS 公司邮包的客户,一定会对其现代化邮包签收方式留下深刻印象,因为客户在签收包裹或文件时,不是用纸和笔,而是通过 UPS 递送人员手中的手提电脑及电子笔进行签收。邮件签收完毕后,客户的签名将在 DIAD 系统中数字化后,传送回公司相应的业务处理系统,这样客户就可以通过 UPS 的网站查询到货件递送情况及收件人的数字化签名。

在商务应用中,如需证明货物送达货款收讫,UPS 提供的这项服务就显得极为有用。它可以极大地缩短传递票据的时间,提高物流效率,简化客户的供应链管理,从而也就为客户有效地降低了运营成本。

根据上述资料,回答下列问题:分析 UPS 的优势何在。

第八章
配送中心库存控制

学习目标

学习本章,掌握储存、库存的基本概念;理解储存管理的程序及储存合理化的标志;掌握基本经济订购批量模型;理解库存控制的意义。

本章案例

沃尔玛的配送中心

沃尔玛诞生于 1945 年的美国。在它创立之初,由于地处偏僻小镇,几乎没有哪个分销商愿意为它送货,于是不得不自己向制造商订货,然后再联系货车送货,效率非常低。在这种情况下,沃尔玛的创始人山姆·沃尔顿决定建立自己的配送组织。1970 年,沃尔玛的第一家配送中心在美国阿肯色州的一个小城市本顿维尔建立,这个配送中心供货给 4 个州的 32 个商场,集中处理公司所销商品的 40%。

沃尔玛配送中心的运作流程是:供应商将商品的价格标签和 UPC 条形码(统一产品码)贴好,运到沃尔玛的配送中心;配送中心根据每个商店的需要,对商品就地筛选,重新打包,从"配区"运到"送区"。

20 世纪 80 年代初,沃尔玛配送中心的电子数据交换系统已经逐渐成熟。到了 20 世纪 90 年代初,它购买了一颗专用卫星,用来传送公司的数据及其信息。这种以卫星技术为基础的数据交换系统的配送中心,将自己与供应商及各个店面实现了有效连接,沃尔玛总部及配送中心任何时间都可以知道,每一个商店现有多少存货,有多少货物正在运输过程当中,有多少货物存放在配送中心等;同时还可以了解某种货品上周卖了多少,去年卖了多少,并能够预测将来能卖多少。沃尔玛的供应商也可以利用这个系统直接了解自己昨天、今天、上周、上个月和去年的销售情况,并根据这些信息来安排组织生产,保证产品的市场供应,同时使库存降低到最低限度。

由于沃尔玛采用了这项先进技术,配送成本只占其销售额的 3%,其竞争对手的配送成本则占到销售额的 5%,仅此一项,沃尔玛每年就可以比竞争对手节省下近 8 亿美元的商品配送成本。20 世纪 80 年代后期,沃尔玛从下订单到货物到达各个店面需要 30 天,现在由于采用了这项先进技术,这个时间只需要 2~3 天,大大提高了物流的速度和效益。

在沃尔玛的配送中心,大多数商品停留的时间不会超过 48 小时,但某些产品也有一定数量的库存,这些产品包括化妆品、软饮料、尿布等各种日用品,配送中心根据这些商品库存量的多少进行自动补货。到现在,沃尔玛在美国已有30多家配送中心,分别供货给美国18个州的3 000多家商场。

沃尔玛的供应商可以把产品直接送到众多的商店中,也可以把产品集中送到配送中心,两相比较,显然集中送到配送中心可以使供应商节省很多钱。所以在沃尔玛销售的商品中,有87%左右是经过配送中心的,而沃尔玛的竞争对手仅能达到50%的水平。由于配送中心能降低物流成本50%左右,使得沃尔玛能比其他零售商向顾客提供更廉价的商品,这正是沃尔玛迅速成长的关键所在。

(案例来源:中国物流与采购联合会. http://www.chinawuliu.com.cn。)

思考题

1. 沃尔玛的配送中心有哪些特点?
2. 沃尔玛的配送中心是如何进行库存控制的?

第一节　储存管理概述

一、储存管理的程序

(一) 入库管理

储存作业过程的第一个步骤就是验货收货。物品入库是物品在整个物流供应链上的短暂停留,而准确的验货和及时的收货能够加强此环节的效率。一般来讲,在储存的具体工作中,入库的主要步骤程序如图8-1所示。

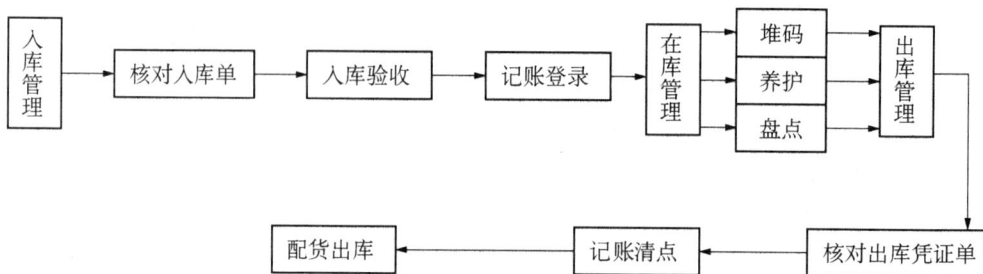

图8-1 储存管理的程序

根据物品运输部门开出的入库单核对收货仓库的名称、印章是否有误,商品的名称、代号、规格和数量等是否一致,有无更改的痕迹等,只有经过仔细的核对后才能确定是否收货。

物品的验收包括对物品规格、数量、质量和包装方面的验收。对物品规格的验收主要是对物品品名、代号、花色等方面的验收;对物品数量的验收主要是对散装物品进行称量,对整件物品进行数目清点,对贵重物品进行仔细的查收等;对物品质量的验收主要有物品是否符合仓库质量管理的要求,产品的质量是否完好无损,包装标志是否达到规定的要求等。

如果物品的验收准确无误,则应该在入库单上签字,确定收货,安排物品存放的库位和编号,并登记仓库保管账目;如果发现物品有问题,则应另行做好记录,交付有关部门处理。

(二) 在库保管管理

仓库作业过程的第二个步骤是存货保管。物品进入仓库进行保管,需要安全地、经济地保持好物品原有的质量水平和使用价值,防止由于不合理的保管措施所引起的物品磨损和变质或者流失等现象。

由于仓库一般实行按区分类的库位管理制度,因而仓库管理员应当按照物品的存贮特性和入库单上指定的货区和库位进行综合的考虑和堆码,做到既能够充分利用仓库的库位空间,又能够满足物品保管的要求。物品堆码的原则主要是:

(1) 尽量利用库位空间,较多采取立体储存的方式;

(2) 仓库通道与堆垛之间保持适当的宽度和距离,提高物品装卸和效率;

(3) 根据物品的不同收发批量、包装外型、性质和盘点方法的要求,利用不同的堆码工具,采取不同的堆码形式,其中,危险品和非危险品的堆码,性质相互抵触物品的堆码应该区分开,不得混淆;

(4) 不要轻易地改变物品存贮的位置,大多应按照先进先出的原则;

(5) 在库位不紧张的情况下,尽量避免物品堆码的覆盖和拥挤。

仓库管理员应当经常或定期对仓储物品进行检查和养护,对于易变质或存储环境比较特殊的物品,应当经常进行检查和养护。检查工作的主要目的是尽早发现潜在的问题,养护工作主要是以预防为主。在仓库管理过程中,应采取适当的温度、湿度和防护措施,预防破损、腐烂或失窃等,达到存储物品的安全存储。

对仓库中贵重的和易变质的物品,盘点的次数越多越好;其余的物品应当定期进行盘点

（如每年盘点一次或两次）。盘点时应当做好记录,与仓库账目核对,如果出现问题,应当尽快查出原因,及时处理。

(三) 出库管理

储存作业管理的最后一个步骤是发货出库,仓库管理员根据提货清单,在保证物品原先的质量和价值的情况下,进行物品的搬运和简易包装,然后发货。出库过程中,仓库管理员的具体操作步骤如图 8-1 所示。

仓库管理员根据提货单核对无误后才能发货,除了保证出库物品的品名、规格和编号与提货单一致外,还必须在提货单上注明物品所处的货区和库位编号,以便能够比较轻松地找出所需的物品。

在提货单上,凡是涉及较多的物品,仓库管理员应该认真复核,交与提货人;凡是需要发运的物品,仓库管理员应当在物品的包装上做好标记,而且可以对出库物品进行简易的包装,在填写完有关的出库单据、办理好出库手续之后,可以放行。

每次发货完毕之后,仓库管理员应该做好仓库发货的详细记录,并与仓库的盘点工作结合在一起,以便于以后的仓库管理工作。

二、储存合理化的标志和措施

(一) 储存合理化的标志

1. 质量标志

质量标志就是保证被储存物的质量,是完成储存功能的根本要求,只有这样,商品的使用价值才能在通过物流之后得以最终实现。在储存中增加了多少时间价值或是得到了多少利润,都是以保证质量为前提的。所以,储存合理化的主要标志中,为首的应当是反映使用价值的质量。

2. 数量标志

数量标志是在保证物品功能实现的前提下有一个合理的数量范围。目前管理科学的方法已能在各种约束条件的情况下,对合理数量范围做出决策,但是较为实用的还是在消耗稳定、资源及运输可控的约束条件下,所形成的储存数量控制方法。

3. 时间标志

在保证功能实现的前提下,寻求一个合理的储存时间,这是和数量有关的问题,储存量越大而消耗速率越慢,则储存的时间必然长,相反则必然短。在具体衡量时往往用周转速度指标来反映时间标志,如周转天数、周转次数等。

4. 结构标志

结构标志是根据被存储物不同品种、不同规格、不同花色的储存数量的比例关系对储存合理性的判断,尤其是相对性很强的各种物资之间的比例关系更能反映储存合理与否。由于这些物资之间相关性很强,只要有一种物资出现耗尽,即使其他物资仍有一定数量,也会无法投入使用。所以,不合理结构的影响面并不仅仅局限在某一种物资身上,而是有扩展性。结构标志的重要性也可由此确定。

5. 分布标志

分布标志是指不同地区储存的数量比例关系，以此判断和当地需求比，对需求的保障程度，也可以以此判断对整个物流的影响。

6. 费用标志

费用标志是衡量储存经济性的一个重要指标，仓储费、维护费、保管费、损失费、资金占用利息支出等，都能从实际费用上判断储存的合理与否。

（二）储存合理化的措施

1. 进行储存物品的 ABC 分析

在 ABC 分析基础上实施重点管理，分别决定各种物资的合理库存储备数量及经济合理储备的方法，乃至实施"零库存"。

2. 适当集中库存

在形成了一定的社会总规模前提下，适当集中库存。适度集中储存是合理化的重要内容，所谓适度集中库存是指利用储存规模优势，以适当集中储存代替分散的小规模储存来实现合理化。

3. 加速总周转，提高单位产出

储存现代化的重要课题是将静态储存变为动态储存，周转速度一快，会带来一系列的合理化好处：资金周转快、资本效益高、货损小、仓库吞吐能力增加、成本下降等。具体做法诸如采用单元集装存储，建立快速分拣系统都有利于实现快进快出，大进大出。

4. 采用有效的"先进先出"方式

有效的"先进先出"方式可以保证每个被储物的储存期不至过长。"先进先出"是一种有效的方式，也是储存管理的准则之一。

5. 提高储存密度，提高仓容利用率

该项措施的主要目的是减少储存设施的投资，提高单位存储面积的利用率，以降低成本、减少土地占用。

6. 采用有效的储存定位系统

储存定位的含义是被储物位置的确定。如果定位系统有效，能大大节约寻找、存放和取出的时间，节约不少物化劳动及活劳动，而且能防止差错，便于清点及实行订货点等管理方式。

7. 采用集装箱、集装袋、托盘等储运装备一体化的方式

集装箱等集装设施的出现，给储存带来了新观念。集装箱本身便是一栋仓库，不需要再有传统意义上的库房，在物流过程中，也就省去了入库、验收、清点、堆垛、保管、出库等一系列储存作业，因而对改变传统储存作业有重要意义，是储存合理化的一种有效方式。

第二节　库存控制技术

一、库存的基本概念

库存是企业一项庞大的昂贵的投资,良好的库存管理能够加快资金的周转速度、提高资金的使用效率、增加投资的收益。对于制造业来讲,原材料短缺将影响生产,导致费用增加,产品短缺,而库存积压将增加仓库,积压资金,提高成本,减少盈利。这些都反映了库存管理对企业的重要性。

(一) 库存的定义

所谓库存是指处于储存状态的物品或商品。库存具有整合需求和供给,维持各项活动顺畅进行的功能。一般来讲,企业在销售阶段,为了及时满足客户的要求,避免发生缺货或交货延迟现象的发生,需要有一定的商品库存。

从经营的角度来讲,可以将企业的库存分为七种类型:

(1) 经常库存;

(2) 流通加工过程中的库存;

(3) 促销库存;

(4) 安全库存;

(5) 季节性库存;

(6) 投机库存;

(7) 沉淀库存或积压库存。

(二) 库存成本的构成

1. 购买成本

购买成本是指用于购买或生产该商品所花费的费用,也称为购入成本。它的大小与商品的数量呈正比例的关系,而且随着时间的推移,库存成本由于储存产品的市场价格发生变化而变化。

2. 储存成本

储存成本也称为保存成本,是指保管库存产品所花费的费用,通常用单位时间内(每天、每周、每月、每年等)产品成本的百分比来表示。例如,每年10%的储存费用就是指价值100元的商品保存一年需要花费10元的储存费用。储存费用主要由库存资金的机会成本、仓库租金、仓库管理费、保险费用、税金以及消耗等组成。

3. 订货成本

订货成本是指在订货过程中所发生的人员出差、与供应商谈判、处理定单、出具发票以及收货入库等费用。这笔费用一般与订货批量的大小无关,而只与订货次数有关。

4．缺货成本

缺货成本是指由于库存不足，无法满足客户的需求所造成的业务损失和企业信誉下降、利润减少等损失。例如，失去销售机会的损失，停工待料的损失，延期交货的额外支出等。

（三）库存管理的作用

所谓库存管理，是在满足顾客服务要求的前提下通过对企业的库存水平进行控制，力求尽可能降低库存水平，提高物流系统的效率，以强化企业的竞争力。库存管理在企业的生产经营过程中主要有以下五个方面的作用。

1．使企业获得规模经济

一个组织要想实现在采购、运输和制造等物流过程中的规模经济，拥有一个适当的库存是必要的。大批量的订货能够使企业在多方面获得优势，如降低原材料的采购价格和运输费用，降低单位产品的制造成本，减少因缺货而形成的订单损失和信誉下降等。

2．平衡供求方面的关系

季节性的供给和需求使企业不得不持有库存。例如，在节假日，产品需求量剧增，这就要求企业能够有充足的货源来迅速满足市场的需要；另一方面，某些产品的需求在这个时期中可能相对比较平稳，但其相应的原材料的供给和需求变化较多，这同样会要求企业能够保留适当的原材料库存以保持生产的连续性。

3．有助于物流系统的合理化

合理的仓库选址可以带来诸多的便利，减少耗费在运输配送方面的时间和费用。原材料能够从仓库中被合理地配送到各地的生产基地，满足生产的需要；产成品能够被迅速地运往仓库，然后配送到各地满足客户的需求。这些方面的专业化极大地节省了在运输环节的费用。

4．预防需求和订货周期的不稳定性

由于市场需求情况的瞬时变化以及订货周期的不稳定性常常使库存不足，从而导致缺货损失，这时库存就显得十分重要。储存生产所需要的原材料不仅能够保证生产过程的连续性，而且常常会在未来原材料价格上涨或原材料短缺时赚取额外的利润。

5．在某些关键领域起到缓冲、调节的作用

库存在整个供应链的某些环节起着缓冲、调节的作用，它可以缓冲由于物资供应的延迟、短缺而造成的对生产过程的冲击；可以作为配送环节的中介，调节生产过程中因原材料、半成品的不足而可能发生的比例失调。

二、库存控制的意义

所谓库存控制是希望将货品的库存量保持在适当的标准之内，以免过多造成资金积压、增加保管困难或过少导致浪费仓容、供不应求的情况。

因此，库存控制具有两项重大意义：一为确保库存能配合销售情况、交货需求以提供客户

满意的服务;二为设立库存控制基准,以最经济的订购方式来提供营运所需的供货。

(一) 库存控制的目的

1. 减少超额库存投资

保持合理的库存量,减少库存投资,如此可灵活运用资金(固定资金减少),从而使营运资金的结构保持平衡。

2. 降低库存成本

保持合理的库存可减少由库存所引起的持有成本、订购成本、缺货成本等,降低库存成本。

3. 保护财产

良好的库存控制可防止有形资产被窃,且使库存的价值在账簿上能有正确的记录,以达到保护财产的目的。

4. 防止迟延或缺货

合理的库存控制指标可以防止进货延迟和缺货现象的发生,使产品的进货与库存取得全面平衡。

5. 减少呆滞商品发生

库存控制可使库存商品因变形、变质、陈腐所产生的损失减至最少。

上述前三者属于财务合理化的需要,后二者的目的是作业合理化。

(二) 库存控制的关键问题

1. 确定订购点

订购点的问题:何时必须补充库存?

所谓订购点,是指库存量降至某一数量时,应即刻请购补充的点或界限。如果订购点抓得过早,必将使库存增加,相对增加了货品的库存成本及空间占用成本。如果订购点抓得太晚,则将造成缺货,甚至流失客户、影响信誉,因而订购点的掌握非常重要。

2. 确定订购量

订购量的问题:必须补充多少库存?

所谓订购量是指库存量已达到请购点时,决定订购补充的数量,按此数量订购,方能配合最高库存量与最低库存量的基准。一旦订购量过多,则货品的库存成本增加,若订购量太少,货品会有供应断档的可能,且订购次数必然增加,亦提高了订购成本的花费。

3. 确定库存基准

库存基准的问题:应维持多少库存?

库存基准包括最低库存量和最高库存量。

(1)最低库存量,是指管理者在衡量企业本身特性、需求后,所订购货品库存数量所维持的最低界限。最低库存量又分为理想最低库存量及实际最低库存量两种。

(2)理想最低库存量。理想最低库存量又称购置时间(Lead-time:从开始请购货物到将货物送达配送中心的采购周期时间)使用量,也就是采购期间尚未进货时的货品需求量,这是企业需维持的临界库存,一旦货品库存量低于此界限,会有缺货、停产的危险。

（3）实际最低库存量。既然理想最低库存量是一种临界库存量,因而为了保险起见,许多企业多会在理想最低库存量外再设定一个准备的"安全库存量",以防供应不及发生缺货,这就是实际最低库存量。实际最低库存量也称最低库存量,为安全库存量到理想库存量的总和。

（4）最高库存量。为了防止库存过多、浪费资金,各种货品均应限定其可能的最高库存水平,也就是货品库存数量的最高界限,以作为内部警戒的一个指标。

因而,对一个不容易准确预测也不容易控制库存的配送中心,最好制定"各品种的库存上限和下限"（即最高库存量和最低库存量）,并在电脑中设定,一旦电脑发现库存低于库存下限,则发出警讯,提醒有关管理人员及时采购;若一旦发现货品库存量大于库存上限,则也要发出警讯,提醒管理人员"库存量过多",应加强销售或采取其他促销折价的活动。

（5）经济订货量。经济订货量指随着订货量的变化,费用也将发生变化,根据其相互关系,从理论上计算出的最小费用的订货量。

（三）库存决策考虑要素

1. 市场对商品的需求状况

要解决上述库存控制的关键问题,做出最佳的库存决策,就必须先设法对商品的需求状况做出详细的分析,把市场上对商品的需求状况作为最重要的考虑因素。市场上商品的需求状况可分为三种:

（1）固定或确知的情况,即未来的需求为已知。

（2）具有风险的情况,即对未来的需求只知其大略的发生概况。

（3）不确定的情况,即对于未来的需求情况全然不知。

尤其是流通业的景气与否,与经济的大气候是否景气有很大关系,而且许多产品周期也容易受流行趋势的影响。

2. 对未来需求的预测

在需求量不易确定的情况下,许多企业长期购进过多的存货而造成滞销或呆放,造成配送中心效益不佳,对此即应先由正确的需求预测来控制,而后再凭经验加以修正。通常,需求预测是考虑下面的思路来进行调整:

（1）根据目前的订单需量来预测,即根据各区业务员或营业所的估计,予以汇总而成预期总销售量。且以此法将各区各营业所的责任划分,可对各营业所或业务人员评估"预定销售总现度",依此计算奖金,以促使每个销售人员都能积极寻找业务。

（2）直接由过去的实际用量预测未来的销售情况。

（3）将过去的用量加上时间趋势、季节变动和其他因素等调整而得。

（4）根据客户购买力分析。

（5）根据全国商业或政治趋势资料分析。

（6）进行市场调查。

由需求预测确定需求状况后,管理者能做到心中基本有数,可根据需求状况考虑订购性质(订购时机、购置时间)及其他如财务状况、供应商问题、仓库空间等限制因素,做出库存决策。然后再依据库存决策制定一套存货的管理标准,以此标准来对实际库存情况进行控制管理;最后再由控制结果回过头来修正原先的库存决策。上述过程为制定库存决策的重要环节,如图 8-2 所示。

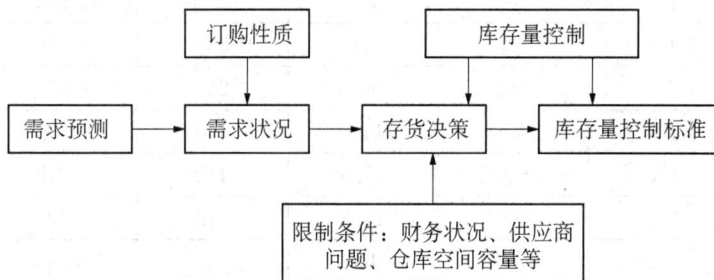

图 8-2 库存决策要素关联图

(四) 库存重点管理

1. 库存商品的 ABC 分析

许多企业常唯恐无法满足客户需求而保有大量库存,导致许多不必要的成本浪费,以至于经营不善。因而参考调查重点管理观念是:"对销售总值高的少数商品,做完整的记录、分析,加以较严格的库存控制;而对销售总值低的多种商品,做定期例行的检查控制"。针对企业本身的需求,库存重点管理可采取"20—80"法则或 ABC 分析,实际上此两法异曲同工。

(1)"20—80"法则,是指 20% 的商品占了销售额的 80%,因此,只要对此少量而重要的库存量加以重点管理,便能使存货管理达到非常完美的状态。

(2)"ABC 分析法",是将所有库存物品归结为 A、B、C 三类。

A 类:库存品种数少(只占 20%),但销售金额相当大(70%),即所谓重要的少数;

C 类:库存品种数相当多(占 50%),但销售金额却很少(只占 10%),即所谓不重要的大多数;

B 类:介于 A 类和 C 类之间,大致是库存品种数(占 30%)与销售金额(占 20%)。

ABC 分析法是美国一家公司根据帕累托原理发展起来的分类法,应用于库存的重点管理,以减少库存量及损耗率。其处理原则是:对于一切工作,应有"根据其价值的不同,而有不同的努力程度,以合乎经济原则"。

例 8-1:某企业全部库存商品共计 3 421 种,按每一品种年度销售额从大到小顺序,排成如表 8-1 所列的七档,统计每档的品种数和销售金额,然后分别计算两个指标的累计数及其与全部品种和销售总额的百分比,填入表 8-1。

用 ABC 分析法按表 8-2 的分类标准把品种序列表中的七档品种划分为 A、B、C 三类。其中第一档和第二档的品种占总品种的 9.6%,销售额占总销售额的 75.1%,符合 A 类标准,故划分为 A 类商品。第三档到第六档的品种占总品种的 19.6%,销售额占总销售额的

16.9%，符合 B 类标准，故划分为 B 类商品。第七档的商品品种占总品种的 70.8%，销售额占总销售额的 8%，符合 C 类标准，故划分为 C 类商品。具体分类结果见表 8-3。

表 8-1　品种序列表　　　　　　　　　　　　　　　　　　单位：万元

每种商品年销售额	品种数（种）	品种累计（种）	占全部品种的百分比	销售额	销售额累计	占销售总额百分比
6<X	260	260	7.6	5 800	5 800	69.1
5<X≤6	68	328	9.6	500	6 300	75.1
4<X≤5	55	383	11.2	250	6 550	78.1
3<X≤4	95	478	14.0	340	6 890	82.1
2<X≤3	170	648	18.9	420	7 310	87.1
1<X≤2	352	1 000	29.2	410	7 720	92.0
X≤1	2 424	3 424	100	670	8 390	100.0

表 8-2　ABC 分类标准

分　类	占总品种的百分比	占销售额的百分比
A	5～10	70～75
B	10～20	10～20
C	70～75	5～10

表 8-3　按照 ABC 分析法的分类结果

分　类	品种数	占全部品种的百分比	品种累计百分比	销售额	占销售总额的百分比	销售额累计百分比
A	328	9.6	9.6	6 300	75.1	75.1
B	672	19.6	29.2	1 420	16.9	92.1
C	2 421	70.8	100.0	670	8.0	100.0

2. 各类库存商品的管理策略

ABC 分析法是一套十分有效的管理工具。在使用 ABC 分析法管理库存时，大致可采用以下策略。

（1）A 类商品。

① 每件商品皆做编号；

② 尽可能慎重、正确地预测需求量；

③ 少量采购，尽可能在不影响需求下减少库存量；

④ 请供货单位配合，力求出货量平衡化，以降低需求变动，减少库存量；

⑤ 与供应商协调，尽可能缩短前置时间；

⑥ 采用定期定货的方式，对其存货必须做定期检查；

⑦ 必须严格执行盘点，每天或每周盘点一次，以提高库存精确度；

⑧ 对交货期限加强控制，在制品及发货也须从严控制；

⑨ 货品放至易于出入库的位置；

⑩ 实施货品包装外形标准化,增加出入库单位;

⑪ A 类商品的采购需经高层主管审核。

(2) B 类商品。

① 采用定量订货方式,但对前置时间较长,或需求量有季节性变动趋势的货品宜采用定期订货方式;

② 每两周或三周盘点一次;

③ 中量采购;

④ 采购需经中级主管核准。

(3) C 类商品。

① 采用复合制或定量订货方式以求节省手续;

② 大量采购,以便在价格上获得优惠;

③ 简化库存管理手段;

④ 安全库存须较大,以免发生库存短缺;

⑤ 可交现场保管使用;

⑥ 每月盘点一次;

⑦ 采购仅需基层主管核准。

(4) 各类商品的配送策略。以配送速度而言,对这三类商品也应采取不同的策略。

① A 类商品:常被列为快速流动,需要有较多的库存,因此需置于所有的配送中心或零售店。

② B 类商品:列为正常流动,应存放于区域性仓库或配销仓库。

③ C 类商品:列为缓慢流动,常存放于中央仓库或工厂仓库。

三、基本经济定购批量模型

确定性条件下的库存是指当一个时期内的产品需求量确定以后,相应的库存成本就基本上确定了。如果暂时不考虑缺货成本,库存成本由产品成本、储存成本和订货成本三部分构成。如果每次订货的数量越大,订货次数就会减少,相应的订货费用就会降低,而储存费用则会增加;相反的,如果每次订货的数量越少,订货次数就会增加,相应的订货费用就会上升,而储存费用就会降低。因此,需要用费用权衡方法来确定经济订货批量(Economic Ordering Quantity,EOQ)。

(一) 经济订货批量的假设条件

为了便于描述和分析,对经济订货批量模型做如下假设:

(1) 需求量已知并且稳定不变,库存量随着时间均匀连续地下降;

(2) 库存补充的过程可以在瞬间完成,即不存在一边进货,一边消耗的问题;

(3) 产品的单位价格为常数,不存在批量优惠;

(4) 储存费用以平均库存为基础进行计算;

（5）每次的订货成本及订货提前期均为常数；

（6）对产品的任何需求都将及时得到满足，不存在缺货方面的问题。

（二）经济订货批量公式

根据经济订货批量的假设条件，基本的 EOQ 公式是从总成本公式推导出来的经济批量，总成本（TC）由订货成本和储存成本构成。即：

$$总成本＝订货成本＋存储成本$$

可表示为：

$$TC = DS/Q + QIV/2 \qquad (8-1)$$

式中：TC——总费用；Q——每次的订货批量；D——年物资需求量；P——单位产品价格；V——单位产品的存储价值；$I(\%)$——存储费用；S——一次订货的成本。

如图 8-3 所示，我们可以清楚地知道，补充库存的时间间隔（即储存周期）为 t，补充时库存物资已经全部用完。

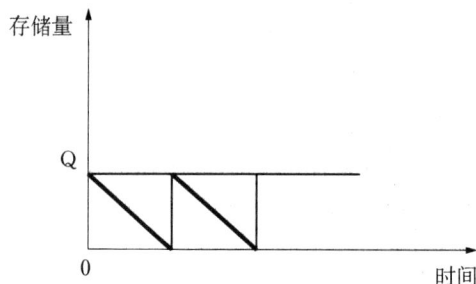

图 8-3　库存动态图

一年的订货次数为 D/Q，因此订货成本为 SQ/D。平均库存水平为 Q/2，因此一年的库存成本为 QIV/2。从而一年内的总成本为：

$$TC = (D/Q)S + (Q/2)VI \qquad (8-2)$$

对公式（8-2）求导，可得经济订购批量 EOQ，即：

$$Q_{EOQ}^{*} = \sqrt{2DS/VI} \qquad (8-3)$$

上述公式中，TC 是 Q 的函数，TC 最小时的 Q^* 的值就是最佳的经济定货批量 EOQ。

对公式（8-3）还可以更进一步地展开和进行各种换算。可计算出：

年最佳订货次数：

$$N = D/Q（次）$$

订货时间间隔：

$$t = 365/N（天）$$

与订货相关的存货总成本：

$$TC = \sqrt{2DSVI}$$

总成本与订货成本、储存成本和产品成本以及经济订货批量的关系如图8-4所示。图8-4中总成本的最低点就是对应的 EOQ。

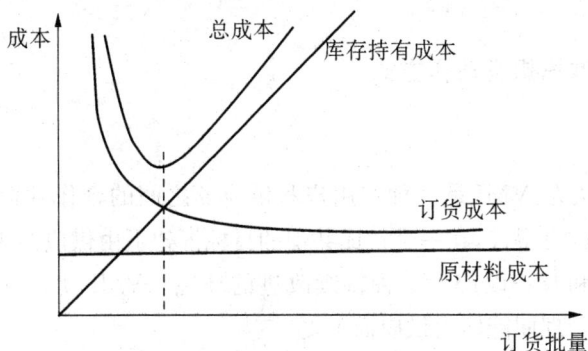

图8-4 库存各成本之间的关系

例8-2:某加工企业对某种原材料的年需求量为 $D = 8\ 000$ 吨,每次的订货费用 $S = 2\ 000$ 元,每吨原材料的单价为100元,存贮费用为8%(即每吨原材料储存一年所需要的存储费用为原材料单价的8%)。求所需要的经济订货批量、年订货次数、订货时间间隔及总库存成本。

解:根据公式(8-3)可得:

$$Q^*_{EOQ} = \sqrt{2DS/VI} = \sqrt{2 \times 8\ 000 \times 2\ 000/1\ 000 \times 8\%} = 200(吨)$$

一年的总订货次数为:$N = D/Q = 8\ 000/2\ 000 = 4$(次)

订货时间间隔:$t = 365/N = 365/4 \approx 91$(天)

与订货相关的存货总成本为:

$$TC = \sqrt{2DSVI} = \sqrt{2 \times 8\ 000 \times 2\ 000 \times 100 \times 8\%} = 16\ 000(元)$$

例8-3:某商店年售某种商品40 000箱,每箱商品年储存费用为5元。每次进货费用为200元,求平均储存量。

解:在本例中,$D = 40\ 000$ 箱;$S = 200$ 元;$VI = 5$ 元。

先将已知数据代入公式(8-3),求最佳经济订货批量:

$$Q^*_{EOQ} = \sqrt{2DS/VI} = \sqrt{2 \times 40\ 000 \times 200/5} = 1\ 789(箱)$$

同时,可以相应地计算出最佳进货次数:

$$N = D/Q = 40\ 000/1\ 789 = 23(次)$$

最佳进货时间间隔天数:$t = 365/23 = 16$(天)

所以,平均经常储存量:$1\ 789/2 = 895$(箱)

四、供应商管理库存(VMI)及其应用

近年来,在库存管理上出现了一种新的供应链库存管理方法——供应商库存管理

（Vendor Managed Inventory，VMI）。这种库存管理策略打破了传统的各自为政的库存管理模式，体现了供应链集成化的管理思想，适应市场变化的要求，是一种新的有代表性的库存管理思想。

（一）VMI 的基本思想及动作方式

1. VMI 的含义

关于 VMI，有人认为：VMI 是一种在用户和供应商之间的合作性策略，以对双方都是最低的成本来优化产品的可得性，在一个达成共识的目标框架下由供应商来管理库存，这样的目标框架被经常性监督和修正以产生一种持续改进的环境。VMI 就是供货方代替用户（需求方）管理库存，库存的管理职能转由供应商负责。

也有人认为，VMI 是一种库存管理方案，是以掌握零售商销售资料和库存量作为市场需求预测和库存补充的解决方法，经由销售资料得到消费需求信息，供应商可以更有效地计划，更快速地反应市场变化和消费者的需求。因此，VMI 可以用来作为降低库存量、改善库存周转，进而保持库存水平的最优化，而且供应商和用户分享重要信息，所以双方都可以改善需求预测、补充计划、促销管理和装运计划等等。VMI 是由传统通路产生订单作补货，改变成以实际的或预测的消费者需求做补货。

2. VMI 策略的原则

VMI 策略的关键措施主要体现在如下几个原则中：

（1）合作精神。在实施该策略中，相互信任与信息通明是很重要的，供应商和用户（零售商）都要有较好的合作精神，才能够相互保持较好的合作。

（2）使双方成本最小。VMI 不是关于成本如何分配或谁来支付的问题，而是通过该策略的实施减少整个供应链上的库存成本，使双方都能获益。

（3）目标一致性原则。双方都明白各自的责任，观念上达成一致的目标，如库存放在哪里，什么时候支付，是否要管理费，要花费多少等问题都通过双方达成一致。

（4）持续改进原则。使供需双方共同努力，逐渐消除浪费。

VMI 的主要思想是供应商在用户的允许下设立库存，确定库存水平和补给策略，行使对库存的控制权。精心设计与开发的 VMI 系统，不仅可以降低供应链的库存水平，而且用户另外还可以获得高水平的服务，改进资金流，与供应商共享需求变化的透明性和获得更好的用户信任。

3. VMI 系统的构成

VMI 系统最主要可分成两个模组，一个是需求计划模组，可以产生准确的需求预测；第二个是配销计划模组，可根据实际客户订单、运送方式，产生出客户满意度高及成本低的配送。

（1）需求预测计划模组。

需求预测最主要的目的就是要协助供应商做库存管理决策，准确预测可让供应商明确销售何种商品，销售商品给谁，以何种价格销售，何时销售等。

预测所需的参考要素包括：

① 客户订货历史资料。亦就是客户平常的订货资料，可以作为未来预测的需求。

② 非客户历史资料。市场情报,如促销活动资料。

需求预测程序如下:

① 供应商收到用户最近的产品活动资料,紧接着 VMI 做需求历史分析。

② 使用统计分析方法,以客户的平均历史需求、客户的需求动向、客户需求的周期为根据来考虑,产生最初的预测模式。

③ 由统计工具模拟不同的条件,如促销活动、市场动向、广告、价格异动等,产生出调整过后的预测需求。

(2) 配销计划模组。

最主要的是有效的管理库存量,利用 VMI 可以比较库存计划和实际库存量并得知目前库存量尚能维持多久,所产生的补货计划是依据需求预测模组得到的需求预测、与用户约定的补货规则(如最小订货量、配送提前期、安全库存)、配送规则等,至于补货订单方面,VMI 可以自动产生最符合经济效益的建议配送策略(如运送量、运输工具的承载量)及配送进度。

(二) VMI 的实施方法与步骤

实施 VMI 策略,首先要改变订单的处理方式,建立基于标准的托付订单处理模式,供应商和用户一起确定供应商的订单业务处理过程所需要的信息和库存控制参数,然后建立一种订单的处理标准模式,如 EDI 标准报文,最后把订货、交货和票据处理的各个业务功能集成在供应商一边。

库存状态透明性(对供应商)是实施供应商管理用户库存的关键。供应商能够随时跟踪和检查到销售商的库存状态,快速、准确地做出补充库存的决策,对企业的生产(供应)状态做出相应的调整,从而敏捷地响应市场的需求变化。为此需要建立一种能使供应商和用户的库存信息系统透明连接的方法。

1. VMI 应用过程中需交换的资料

VMI 使用 EDI 让供应商与用户彼此交换资料,交换的资料包括产品活动资料、计划进度及预测、订单确认、订单等。每个交换资料包含的主要项目如下:

(1) 产品活动资料包含可用的、被订购的、计划促销量、零售资料。

(2) 计划进度及预测资料包含预测订单量、预定或指定的出货日期。

(3) 订单确认资料包含订单量、出货日期、配送地点等。

(4) 订单资料包含订单量、出货日期配送地点等。

2. VMI 补货作业的过程

根据上述交换的资料,VMI 可以产生补货作业,VMI 补货作业可分成八个过程:

(1) 批发商每日或每星期送出确定的商品活动资料给供应商。

(2) 供应商接收用户传来的商品活动资料并对此资料与商品的历史资料做预测处理。

(3) 供应商使用统计方法,针对每种商品做出预测。

(4) 供应商根据市场情报、销售情形适当对上述产生的预测做调整。供应商按照调整后的预测量再加上补货系统预先设定的条件、配送条件、客户要求的服务等级、安全库存量等,产生最具效益的订单量。

（5）紧接着供应商根据现有的库存量、已订购量产生最佳的补货计划。

（6）供应商根据自动货物装载系统计算得到最佳运输配送。

（7）供应商根据以上得到的最佳订购量，在供应商端内部产生用户需求的订单。

（8）供应商接下来产生订单确认资料并传送给用户，通知用户补货。

3．VMI 策略的实施步骤

（1）建立顾客情报信息系统。供应商要有效地管理销售库存，必须能够获得顾客的有关信息。通过建立顾客的信息库，供应商能够掌握需求变化的有关情况，把由分销商进行的需求预测与分析功能集成到供应商的系统中来。

（2）建立物流网络管理系统。供应商要很好地管理库存，必须建立起完善的物流网络管理系统，保证自己的产品需求信息和物流畅通。目前，已有许多企业开始采用 MRP Ⅱ 或 ERP，这些软件系统都集成了物流管理功能，通过对这些功能的扩展，就可以建立完善的物流网络管理系统。

（3）建立供应商与用户的合作框架协议。供应商和用户一起通过协商，确定订单处理的业务流程以及库存控制的有关参数，如补充定货点、最低库存水平等、库存信息的传递方式 EDI 或 Internet 等。

（4）组织机构的变革。这一点很重要，因为 VMI 策略改变了供应商的组织模式。引入 VMI 后，在定货部门产生了一个新的职能负责控制用户的库存，实现库存补给和高服务水平。

图 8-5 简要说明了 VMI 的作业流程。

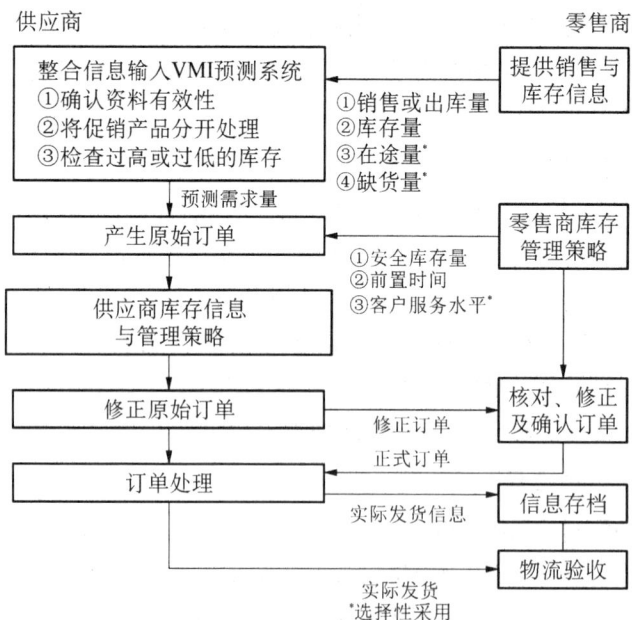

图 8-5　VMI 的作业流程

综上所述，VMI 的好处可以提供更好的客户服务、增加公司的竞争力、提供更精确的预测、降低营运成本、计划生产进度、降低库存量与库存维持成本、有效的配送等。

复习题

一、单选题

1. (   )不是构成缺货成本的内容。

A. 失去销售机会的损失   B. 保险费用

C. 停工待料的损失   D. 延期交货的额外支出

2. 库存决策最重要的考虑因素是(   )。

A. 市场对商品的需求状况   B. 订购性质

C. 供应商问题   D. 仓库空间容量

3. 下列(   )是按照仓库储存的产品来进行分类的。

A. 物流中心型仓库   B. 半成品仓库   C. 地下仓库   D. 合同仓库

4. 储存生产所需要的原材料不仅能够保证生产过程的连续性,而且常常会在未来原材料价格上涨或原材料短缺时赚取额外的利润,这是库存管理的(   )作用。

A. 平衡供求方面的关系   B. 使企业获得规模效益

C. 预防需求和订货周期的不稳定性   D. 有助于物流系统的合理化

5. 下列(   )是按照仓库的建筑形态来进行分类的。

A. 物流中心型仓库   B. 半成品仓库   C. 地下仓库   D. 合同仓库

6. VMI 系统可分为两个模组,一个是需求计划模组,一个是(   )。

A. 补货计划模组   B. 库存计划模组   C. 配销计划模组   D. 生产计划模组

7. 购置时间使用量是指(   )。

A. 最低库存量   B. 理想最低库存量

C. 实际最低库存量   D. 最高库存量

8. (   )是按照储存的目的来进行分类的。

A. 合同仓库   B. 原材料仓库   C. 地下仓库   D. 流通中心型仓库

9. (   )属于作业合理化需要的库存控制的目的。

A. 防止延迟或缺货   B. 减少超额库存投资

C. 降低库存成本   D. 保护财产

10. EOQ 是指(   )。

A. 经济订货批量   B. 供应商管理库存

C. 电子商务   D. 条形码技术

11. 某企业在得知今年世界主要产棉国遭遇自然灾害,预计棉花价格将提升,在棉花收购季节前大量收购堆放在仓库中的库存被称为(   )。

A. 促销库存   B. 安全库存   C. 季节性库存   D. 投机库存

12. (   )不是构成储存成本的内容。

A. 仓库租金   B. 保险费用   C. 停工待料的损失   D. 仓库管理费

13. 在库存控制的关键问题管理中,确定库存基准包括确定最低库存量和(   )。

A. 最高库存量   B. 实际最低库存量   C. 理想最低库存量   D. 经济订货量

14. ( )是按照仓库的所有权来进行分类的。

A. 物流中心型仓库　B. 产成品仓库　　　C. 立体仓库　　　　D. 合同仓库

15. 被称为"第三方仓库"的是( )。

A. 合同仓库　　　　B. 公共仓库　　　　C. 配送中心型仓库　D. 物流中心型仓库

16. 库存成本中,( )与订货批量大小无关而与订货次数有关。

A. 购买成本　　　　B. 订货成本　　　　C. 储存成本　　　　D. 缺货成本

17. 下列不属于库存控制关键问题的是( )。

A. 确定订货点　　　　　　　　　　　　B. 确定订货量

C. 确定库存基准　　　　　　　　　　　D. 确定库存货物价值

18. 某仓库 A 商品年需求量为 2 400 箱,单位商品年保管费为 6 元,每次订货成本为 8 元,则经济订购批量为( )箱。

A. 80　　　　　　　　B. 57　　　　　　　　C. 60　　　　　　　　D. 42

19. 从被储存物不同品种、不同规格、不同花色的储存数量的比例关系来判断储存合理化属于储存合理化的( )

A. 数量标志　　　　B. 时间标志　　　　C. 结构标志　　　　D. 分布标志

二、多选题

1. 库存成本一般由( )构成。

A. 购买成本　　　　B. 储存成本　　　　C. 订货成本　　　　D. 缺货成本

E. 仓库管理成本

2. 库存控制的关键问题是( )。

A. 确定订购点　　　B. 确定订购时间　　C. 确定库存基准　　D. 确定订购次数

E. 确定订购量

3. 储存合理化的标志是( )。

A. 质量标志　　　　B. 数量标志　　　　C. 时间标志　　　　D. 结构标志

E. 费用标志

4. VMI 策略的关键措施主要体现在( )原则中。

A. 合作精神　　　　　　　　　　　　　B. 使双方成本最小

C. 竞争性原则　　　　　　　　　　　　D. 持续改进原则

E. 目标一致性原则

5. 按仓库的储存目的,可以将仓库分为( )。

A. 配送中心型仓库　　　　　　　　　　B. 原材料仓库

C. 自有仓库　　　　　　　　　　　　　D. 存储中心型仓库

E. 物流中心型仓库

6. ( )是储存合理化的常用措施。

A. 进行储存物品的 ABC 分析　　　　　B. 适当集中库存

C. 采用有效的"先进先出"方式　　　　D. 提高储存密度,提高仓容利用率

E. 采用"后进先出"法

7. 在库存控制的目的中属于财务合理化的需要的是(　　　)。

A. 减少超额库存投资
B. 降低库存成本
C. 保护财产
D. 防止迟延或缺货
E. 减少呆滞商品发生

三、判断题

1. VMI 系统中,需求预测最主要的目的是要协助用户做库存管理决策,准确预测,让用户可明确需要多少商品。　　　　　　　　　　　　　　　　　　　　　　(　　)

2. 集装箱、集装袋、托盘等储运装备一体化的方式是储存合理化的一种有效方式。(　　)

3. ABC 分析法的核心思想是"找出关键的大多数"。　　　　　　　　　　(　　)

4. VMI 系统中,配销计划最主要的目的是协助供应商作库存管理决策,利用 VMI 可以比较库存计划和实际库存量,并得知目前库存量尚能维持多久。　　　　　　(　　)

5. 库存状态透明性(对供应商)是实施供应商管理用户库存的关键。　　　(　　)

6. 储存作业过程的第二个步骤就是验货、收货。　　　　　　　　　　　(　　)

7. VMI 的主要思想是用户在供应商的允许下设立库存,确定库存水平和补给策略,行使对库存的控制权。　　　　　　　　　　　　　　　　　　　　　　　　(　　)

8. 费用标志是衡量储存合理性的最重要标志。　　　　　　　　　　　　(　　)

9. VMI 系统分为需求计划模组、配销计划模组和物流计划模组三个模组。(　　)

10. 订货成本一般与订货次数无关,而只与订货批量的大小有关。　　　(　　)

11. 在库存控制中,减少呆滞商品的发生是出于财务合理化的需要。　　(　　)

12. 储存合理化的主要标志中,为首的是费用标志。　　　　　　　　　(　　)

四、名词解释

库存　订购点　订购量　缺货成本　ABC 分析

五、简答题

1. VMI 是什么意思? 它的关键措施体现在哪些原则中?

2. 某大型国有企业库存管理混乱,完全没有依照现代物流的管理方式进行管理,企业上层决定对其进行改革,为了实现储存合理化,可以采取哪些措施?

3. 企业实施 VMI 有何好处?

4. 简述 VMI 策略的实施步骤。

5. 简述 ABC 分析的原理及各类库存商品的管理策略。

6. 简述库存控制的目的。

六、计算题

1. 某生产企业对某种原材料的年需求量为 20 000 吨,每次的订货费用为 4 000 元,每吨原材料的单价是 200 元,存储费用为 5%(即每吨原材料储存一年所需要的储存费用为原材料单价的 5%)。求所需要的经济订货批量、年订货次数、订货时间间隔及总的库存成本。

2. 某公司年销售某种产品 80 000 箱,每箱产品年存储费用为 4 元,每次进货费用为 400 元,求该公司的最佳进货次数、最佳进货时间间隔天数、平均储存量。

3. 某加工企业对某零件年需求量为 10 000 件,每次订货费用 1 000 元,每件产品单价为 200 元,存储费用为 10%,求所需要的经济订货批量、年订货次数、订货时间间隔、与订货相关的库存成本。

七、案例题

1. 詹姆(JAM)电子:寻找有效的库存管理策略

詹姆(JAM)电子是一家生产诸如工业继电器等产品的韩国制造商企业。公司在远东地区的 5 个国家拥有 5 家制造工厂,公司总部在首尔。

美国詹姆公司是詹姆电子的一个子公司,专门为美国国内提供配送和服务功能。公司在芝加哥设有一个中心仓库,为两类顾客提供服务,即分销商和原始设备制造商。分销商一般持有詹姆公司产品的库存,根据顾客需要供应产品。原始设备制造商使用詹姆公司的产品来生产各种类型的产品,如自动化车库的开门装置。

詹姆电子大约生产 2 500 种不同的产品,所有这些产品都是在远东制造的,产成品储存在韩国的一个中心仓库,然后从这里运往不同的国家。在美国销售的产品是通过海运运到芝加哥仓库的。

近年来,美国詹姆公司已经感到竞争大大加剧了,并感受到来自顾客要求提高服务水平和降低成本的巨大压力。不幸的是,正如库存经理艾尔所说:"目前的服务水平处于历史最低水平,只有大约 70% 的订单能够准时交货。另外,很多没有需求的产品占用了大量库存。"

在最近一次与美国詹姆公司总裁和总经理及韩国总部代表的会议中,艾尔指出了服务水平低下的几个原因:

(1)预测顾客需求存在很大的困难。

(2)供应链存在很长的提前期。美国仓库发出的订单一般要 6~7 周后才能交货。存在这么长的提前期主要因为:一是韩国的中央配送中心需要 1 周来处理订单;二是海上运输时间比较长。

(3)公司有大量的库存。如前所述,美国公司要向顾客配送 2 500 种不同的产品。

(4)总部给予美国子公司较低的优先权。美国的订单的提前期一般要比其他地方的订单早 1 周左右。

但是,总经理很不同意艾尔的观点。他指出,可以通过用空运的方式来缩短提前期。这样,运输成本肯定会提高,但是,怎么样进行成本节约呢?

根据上述资料,回答下列问题:

(1)詹姆公司是如何针对这种变动较大的顾客需求进行预测的? 又是如何平衡服务水平和库存水平之间的关系?

(2)提前期和提前期的变动对库存有什么影响? 詹姆公司该怎么处理?

(3)对詹姆公司来讲,什么是有效的库存管理策略?

2. 台湾雀巢与家乐福的 VMI 计划

雀巢与家乐福公司在全球均为流通产业的领导厂商,台湾雀巢在 1999 年 10 月开始与家乐福公司合作,建立整个 VMI 计划的运作机制,总目标要增加商品的供应率,降低顾客(家乐福)库存持有天数,缩短订货前置时间以及降低双方物流作业的成本。

计划实施前,在系统方面,双方各自有独立的内部 ERP 系统,彼此间不兼容,在推动计划的同时,家乐福也在进行与供货商以 EDI 联机方式的推广计划,与雀巢的 VMI 计划也打算以 EDI 的方式进行联机。

在人力投入方面,雀巢与家乐福双方分别设置专门的对应窗口,其他包括如物流、业务或采购、信息等部门则是以协助的方式参与计划,并逐步转变为物流对物流、业务对采购以及信息对信息的团队运作方式。经费的投入上,在家乐福方面主要是在 EDI 系统建设的花费,也没有其他额外的投入,雀巢方面除了 EDI 建设外,还引进了一套 VMI 的系统,花费约 250 万台币。

在具体的成果上,除了建设一套 VMI 运作系统与方式外,在经过近半年的实际上线执行 VMI 运作以来,对于具体目标达成上也已有显著的成果,雀巢对家乐福物流中心产品到货率由原来的 80% 左右提升至 95%(超越目标值),家乐福物流中心对零售店面产品到货率也由 70% 左右提升至 90% 左右,而且仍在继续改善中,库存天数由原来的 25 天左右下降至目标值以下,订单修改率也由 60%～70% 的修改率下降至现在的 10% 以下。

在双方的合作关系上,对雀巢来说最大的收获是在与家乐福合作的关系上,过去与家乐福是单向的买卖关系,顾客要什么就给什么,甚至是尽可能地推销产品,彼此都忽略了真正的市场需求,导致卖得好的商品经常缺货,而不畅销的产品却有很高的库存。经过这次合作让双方更为相互了解,也愿意共同解决问题,并使原本各项问题的症结点陆续浮现,有利于根本性改进供应链的整体效率,同时掌握销售资料和库存量来作为市场需求预测和库存补货的解决方法。另一方面雀巢在原来与家乐福的 VMI 计划基础上,也进一步考虑针对各店降低缺货率,以及促销合作等计划的可行性。

根据上述资料,回答下列问题:

(1) VMI 的运行给台湾雀巢与家乐福带来了什么好处?

(2) 结合案例说明实施 VMI 策略的基本原则有哪些。

(3) 结合案例简要说明实施 VMI 策略的实施步骤。

3. 在不到 20 年的时间内,戴尔计算机公司的创始人迈克尔·戴尔,白手起家把公司发展到 250 亿美元的规模。即使面对美国经济目前的低迷,在惠普等超大型竞争对手纷纷裁员减产的情况下,戴尔仍以两位数的发展速度飞快前进。根据美国一家权威机构的统计,戴尔 2001 年一季度的个人电脑销售额占全球总量的 13.1%,仍高居世界第一。

该公司分管物流配送的副总裁迪克·亨特一语道破天机:"我们只保存可供 5 天生产的存货,而我们的竞争对手则保存 30 天、45 天,甚至 90 天的存货。这就是区别。"

几乎所有工厂都会出现过期、过剩零部件。而高效率的物流配送使戴尔的过期零部件比例保持在材料开支总额的 0.05%～0.1% 之间,2000 年戴尔全年在这方面的损失为 2 100 万美金。而这一比例在戴尔的对手企业都高达 2%～3%,在其他工业部门更是高达 4%～5%。

即使是面对如此高效的物流配送,戴尔的亨特副总裁仍不满意:"有人问 5 天的库存量是否为戴尔的最佳物流配送极限,我的回答:当然不是,我们能把它缩短到 2 天。"

根据上述资料,回答下列问题:

(1) 结合所学知识,分析戴尔公司储存合理化与否,可以通过哪些标志判断。

(2) 戴尔公司希望进一步降低库存,以你所学知识,分析可以采取什么办法令其库存更加合理化。

4. 2001 年,中央电视台《新闻 30 分》节目报道了南京冠生园食品有限公司以隔年陈馅做月饼的惊人消息,导致当年和第二年月饼销售量骤降四成。该厂总经理吴震中声称:这在全国范围内是普遍现象,月饼是季节性很强的产品,这个市场很难估量,没有一个厂家,除非你是个体户,做几个卖几个的。而其他一些月饼生产厂家则否定这一说法,北京大三元总经理声称:卖不完的月饼全部销毁,但我们库存控制做得比较好,剩下来的不会很多,连盒和包装全部销毁,盒卖废铁,月饼喂猪。

根据上述资料,回答下列问题:

(1) 库存控制有何意义?

(2) 库存控制的目的是什么?

(3) 库存控制的关键问题何在?

第九章
仓储配送机械设备选择与管理

学习目标

学习本章,了解常用的仓储配送机械设备;熟悉主要设备的构造和工作原理;掌握仓储配送机械设备的选择与管理方法。

本章案例

京东全流程无人仓:效率是传统仓库的 10 倍

在无人分拣区,300 个带着"京东红"涂装的分拣机器人在往来穿梭。这些"小红人"的速度惊人,每秒行进速度可达 3 米,3 个小时即可跑完北京二环路,是全世界最快的分拣速度。而且,这些"小红人"在"休息"时还能自动进行充电。这些"小红人"每次充电耗时 10 分钟,按照不同的轨道进行货物运送,碰上加急的货物,其他"小红人"会自动让道,让加急货物优先运送。"小红人"具备自主决策、判断、纠错以及自我修复的能力。不仅能以最优线路完成商品的拣选,出现常规故障时也能在 30 秒内自动修复。

这一切的背后是一个超级"智能大脑"。据悉,这个智能大脑可在 0.2 秒的时间内计算出 300 多个机器人运行的 680 亿条可行路径,并做出最佳选择。其智能控制系统反应速度 0.017 秒,运营效率提升 3 倍,达到世界领先水平。

目前"亚洲一号"每日包裹量可达 20 万个,这种体量仅分拣场景就需要 300 人同时作业,而实现无人后可以通过机器实现全自动化。

无人仓能大幅度减轻工人的劳动强度,效率是传统仓库的 10 倍,实现成本、效率、体验的最优。目前,江浙沪地区 70% 的手机订单都在这里分拣,明年"亚洲一号"将通过自动化中间工具,实现其他品类全流程无人分拣。

(案例来源:http://www.ceweekly.cn/2018/0604/226657.shtml。)

思考题

京东实现"无人仓"靠的是什么设备? 主要在仓储哪个作业环节提高了效率?

第一节　仓储设备选择

一、仓储设备的选择原则

选择物流设备,原则上要技术上先进、经济上合理、生产作业上安全适用、无污染或污染小。

（一）作业方式与作业量协同原则

仓储装卸搬运设备的选择应配合仓库的经营目标和服务方式，与作业流程、作业方式和作业量相配合。作业量如果大，设备的自动化程度可以配置得高一些；作业量小的情况下，通常可选用人力和省力设备协同作业的方式来完成。

（二）作业对象和环境决定原则

仓储装卸搬运设备性能参数的确定要考虑库存货物单元的重量、货架高度、仓库地面承载能力、货架通道宽度等。

（三）工作能力均衡原则

为提高搬运效率，避免人员、设备的闲置、等待和空载，仓储装卸搬运设备之间的工作能力要协调，要与仓库系统的出入库系统布置，以及分拣系统的能力协调，以保证仓储系统能维持在一个合理的速度下运行。

（四）最小成本原则

主要指的是设备的使用费用低，整个寿命周期的成本低。有时候，先进的设备、自动化程度高的设备的使用会与低成本发生冲突，这就需要在充分考虑适用性的基础上，进行权衡，做出合理选择。

（五）环境条件原则

仓储装卸搬运设备在高温或低温下作业时，要选用相应的传输带、轴承、驱动装置和润滑系统。自动化设备的选用还必须考虑其作业环境的清洁、干爽，且作业环境的温度要控制在一定的范围之内。

（六）系统可靠性和安全性原则

仓储装卸搬运设备能否安全可靠地作业，将直接影响仓库的服务水平和服务质量。为提高仓储机械系统的可靠性，在系统构造时，要储备必要的设备能力，设计必要的冗余环节，防止仓储机械系统完全失效，以及设备功能在时间上的稳定性和保持性要求。安全性要求设备在使用过程中保证人身及货物的安全，并且尽可能地不危害到环境，能够选择符合环保要求，噪音少、污染小的仓储设备进行作业是比较理想的。

（七）维修性和可操作性原则

维修性是指当仓储设备发生故障时，通过维修手段使其恢复功能的难易程度。一般指以下三个方面：

（1）设备的技术图纸、资料齐全，便于维修人员了解设备的结构，易于拆装和检查。

（2）设备设计应合理。在达到使用要求的前提下，设备的结构应力求简单，零部件组合应该标准化，有较高的互换性，在设计上能够考虑到现场检测的问题，使检查和拆卸较为容易。

（3）能为设备提供适量的备件，或者有方便的备件供应渠道。

此外,维修技术要求尽量符合设备所在区域的情况。

设备的操作性总的要求是方便、安全、可靠,符合人机工程学原理。

(八) 物流和信息流的统一原则

现代仓储系统是集信息、管理和机电一体化的复杂系统,仓储机械系统作业时要求输入各种作业和管理的指令,因此在设备配置时,要兼顾机械系统的控制与信息管理和状态监控的需要。

二、货架系统的选择

(一) 流利架

流利架(见图9-1)又称滑移式货架,是将货物置于滚轮上,利用一边通道存货,另一边通道取货。料架朝出货方向向下倾斜,货物在重力作用下向下滑动。可实现先进先出,并可实现一次补货,多次拣货,存储效率高,适合大量货物的短期存放和拣选。流利架广泛应用于配送中心、装配车间以及出货频率较高的仓库里。

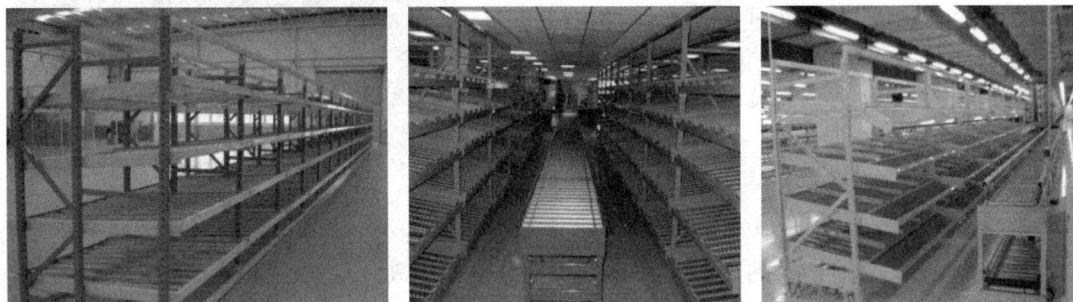

图9-1　流利架

流利架上的常用容器有周转箱、零件盒及纸箱。其中,周转箱和零件盒是两种标准容器,周转箱更常使用。故在制定流利架标准规格时,以可堆式周转箱为参照。

如图9-2所示的流利架,A型流利架是前后梁同时作为货物挡梁,是结构最简单的一种流利架;B型流利架是一种常用型流利架,前后挡梁安装于侧梁上;C型流利架是在B型的结构上加装拣货斜板。

(二) 后推式货架

后推式货架(见图9-3)是使保管效率增加而设计的形式,其原理是在前后梁间以多层台车重叠相接,在货架前端将货物置于台车上,后储存货物时叉车同时会将原先货物推向里面。台车通过轴承跨于倾斜轨道上,当外侧货物被取走时,里面的台车会自动滑向外侧。可以规划储位的深

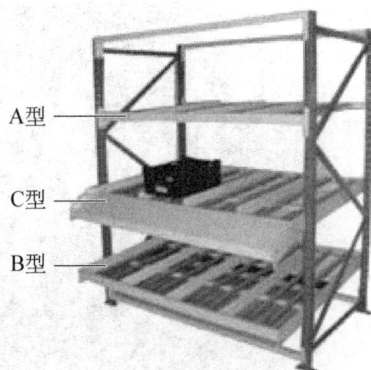

图9-2　流利架结构类型

度通常为2～4个栈板。

图9-3 后推式货架

后推式货架适用于先进后出的作业方式,具有储存量大、空间利用率高的特点,适合多品种、大批量物品的储存,如冷冻库等需要较大提高空间利用率的场合。

如图9-4所示的后推式货架组件,每个台车有四个滚动轴承及四个导向轴承;台车以颜色区分,以方便储位管理,这种后推式货架具有良好的滑动性。

图9-4 后推式货架组件

(三) 驶入式货架

驶入式货架(见图9-5)的设计原理是把数排传统式货架连接起来,设有专用的走道,其配置方式可以为两组驶入式货架背对背安装或单一组靠墙,叉车的进出皆使用相同的走道。存放时先由内部存放,再依序向外存放,而出货时先由外部货物取出,再向内依序取货,所以,其存取方式为先进后出,不能先进先出。就物品存储而言,这种货架的储存密度非常好,可以大幅度提高空间利用率,同时,叉车可以开入巷道内存放托盘,因而,驶入式货架适合周期性批量作业及存取物料频率高的原料仓库或转运仓库。

图9-5 驶入式货架

（四）悬臂式货架

悬臂式货架（见图9-6）是在传统式货架支柱上装设外悬臂而成，是一种长形物专用的货架。适合钢管、型钢、塑料管、长箱体等长形物品的存放。因而，管料生产工厂或长形产品制造商、长形产品物流商等需要利用悬臂式货架进行货物的存放。

可根据用户现场使用状况将悬臂式货架设计成单面悬臂或双面悬臂，悬臂末端可安装挡块防止货物滚落。同时，需配以叉距较宽的搬运设备进行装卸作业。

图9-6　悬臂式货架

（五）重型移动式货架

重型移动式货架（见图9-7）是将重量型货架装置于电动驱动台架上，台架在固定空间内可以做横向移动，目的在于节省通道空间，从而有效地发挥空间效用、增加空间储存量。货架的移动管理由控制面板操作控制，可以是手控，也可以是遥控打开所要存取的储位通道，使搬运机具进入通道存取货物。

图9-7　重型移动式货架

（六）自动立体货架

自动立体货架（见图9-8）也简称为立库，是由组装式货架辅以堆垛机、输送设备、码垛设备、搬运设备等,通过手动、单机、联机或计算机联网控制,实现自动存取货物,充分利用建筑物空间,达到标准化、自动化作业。显然,立库的使用可以在很大程度上降低劳动强度,降低储运成本,但立库本身作为自动化的先进存储系统其设备成本较高。

(七) 贯通式货架

贯通式货架(见图 9-9)又称通廊式货架。贯通式货架是通过取消位于各排货架之间的巷道,将货架合并在一起,使同一层、同一列的货物互相贯通而形成的货架形式。因而,在同样的空间内比通常的托盘货架几乎多一倍的储存能力。

贯通式货架采用托盘存取模式,适用于品种少、批量大的货物储存。贯通式货架除了靠近通道的货位,由于叉车需要进入货架内部存取货物,通常单面取货一般不超过 4 个货位深度。

贯通式货架还可根据实际需要选择配置导向轨道。这种货架广泛应用于冷库及食品、烟草行业的库房。

图 9-8　自动立体货架

图 9-9　贯通式货架

(八) 阁楼式货架

阁楼式货架(见图 9-10)是用货架做楼面支撑,设置有楼梯、扶栏和升降机等的一种货架,通常可设计成多层楼层(通常 2~3 层)。因而,这是一种充分利用空间的简易货架,即在已有的货架或工作场地上建造一个中间阁楼以增加储存面积。阁楼楼板上一般可放轻泡及中小件货物或储存期长的货物,可用叉车、输送带、提升机、电动葫芦或升降台提升货物。

图 9-10　阁楼式货架

阁楼式货架适用于库房较高,货物较小,人工存取,储物量大的情况。楼面支撑货架可以设计多种规格,阁楼楼面可以用平板、花纹板、钢铬板、木板等不同种类的材料进行设计。阁楼上一般采用轻型小车或托盘牵引小车作业。

第二节　配送自动化设备选择

一、自动输送系统

自动输送系统是自动化仓库中根据自动控制系统的指令自动完成货品输送任务的系统。

根据自动化仓库输送工作任务的要求和特点,常见的自动输送装置有连续输送机械系统和自动导引车辆组成的自动导引车系统。连续输送机械是以连续工作方式沿着一定的线路从装货点到卸货点均匀地输送散料和成件包装货物的自动化系统。自动导引车辆系统由若干台自动导引车组成,分别按照控制系统的指令,沿着给定的导引路径,将货品从某一地点搬运到目的地点的一种自动化搬运系统。

二、连续输送机械

(一) 连续输送机械的主要结构类型

根据输送机械的使用场合以及所输送物品的种类不同,输送机有多种不同的类型,常用的几种输送机类型如下。

1. 带式输送机

带式输送机是用连续运动的无端输送带输送货物的机械。带式输送机的结构特征和工作原理是:输送带既是承载货物的构件,又是传递牵引力的牵引构件,依靠输送带与滚筒之间的摩擦力平稳地进行驱动。如图9-11所示,输送带绕过驱动滚筒2和

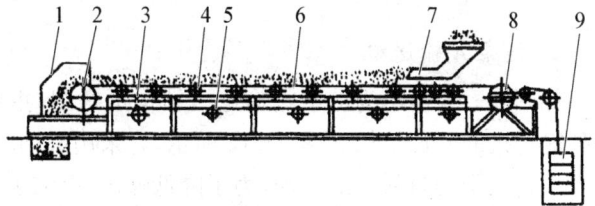

图9-11　带式输送机结构示意图
1—卸料装置;2—驱动滚筒(改向);3—驱动装置;
4—上托辊;5—下托辊;6—输送带;7—装载装置;
8—被动滚筒;9—张紧装置

被动滚筒(张紧滚筒)8,并由许多上托辊4和下托辊5支承着。工作时,由电动机通过减速装置使驱动滚筒转动,依靠驱动滚筒与输送带之间的摩擦力使输送带运转,货物随输送带运送到卸载地点。

带式输送机在港口、车站、货栈、库场的应用极为广泛,适合于输送大量的散粒物料或中小型成件物品,具有生产率高、输送距离远、工作噪声小、结构和操纵简单等特点。

2. 滚筒式输送机

如图9-12和图9-13所示分别为直线运行和转弯时滚筒式输送机结构示意图。它是由一系列以一定间距的辊子组成,用于输送成件货物或托盘货物的输送机械。与其他输送

成件货物的输送机相比,结构简单,运转可靠,输送平稳,使用方便、经济,因而在仓库、港口、货场得到了广泛应用。为保证货物在输送过程中的稳定性,货品与滚筒的接触支承面至少应该由四个辊子支承,所以各辊子之间的间距(指滚子中心线之间的距离)应小于货物支承面长度的 1/4。

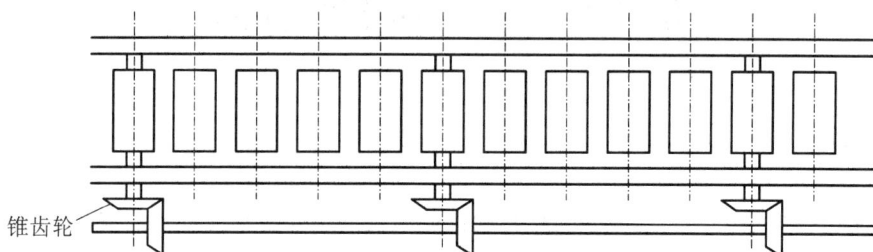

图 9-12　直线运行时滚筒式输送机结构示意图

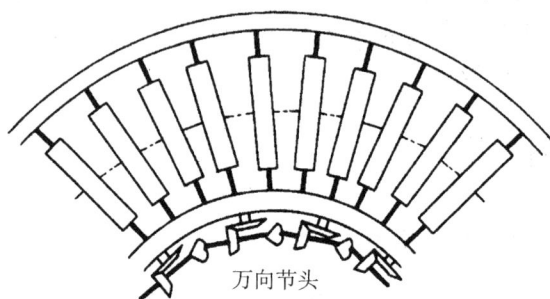

图 9-13　转弯时滚筒式输送机结构示意图

3. 链条式输送机

如图 9-14 所示为链条式输送机结构示意图,主要用于输送单元货物,如托盘、料箱等。这种输送机的断面结构如图 9-15 所示,它采用滚动摩擦原理,摩擦阻力小,动力消耗低,承载能力大。滚子的材料一般为钢,为了降低噪声,有的也采用工程塑料。这种输送机的特点是输送速度较慢,结构简单,易维护。

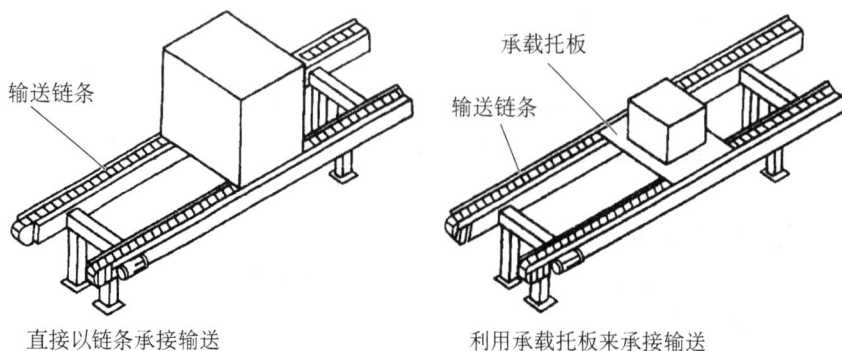

图 9-14　链条式输送机结构示意图

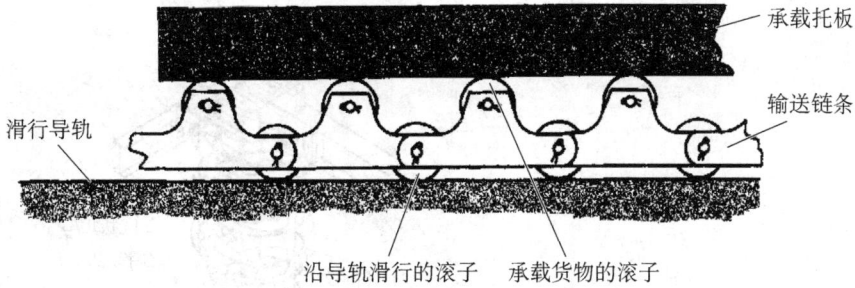

图 9 - 15　链条式输机断面结构示意图

4. 水平螺旋输送机

螺旋输送机是通过带有螺旋片的轴的转动、推动装入料槽的货物并使之沿着螺旋轴线方向移动，从而完成货物输送任务的一种连续输送机械，这种输送机主要用于输送散料货品。

其基本结构如图 9 - 16 所示，由驱动装置、传动轴、螺旋片、料槽、支撑装置等组成。

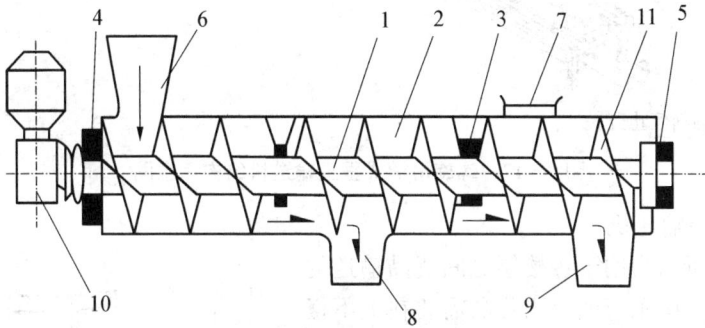

图 9 - 16　水平螺旋输送机结构组成示意图
1—传动轴；2—料槽；3、4、5—轴承；6、7—装载漏斗
8、9—卸料口；10—驱动装置；11—螺旋片

5. 垂直输送机

（1）螺旋滑槽式垂直输送机。

如图 9 - 17 所示为螺旋滑槽式垂直输送机结构示意图。

这种输送机是利用重力及螺旋倾斜滑槽，使货品自上而下平稳滑下，适合于塑料箱的连续垂直输送，对输送的料箱尺寸有一定的范围要求。其特点是没有动力装置，不产生工作噪声，且结构简单，成本低，维修费用也少。

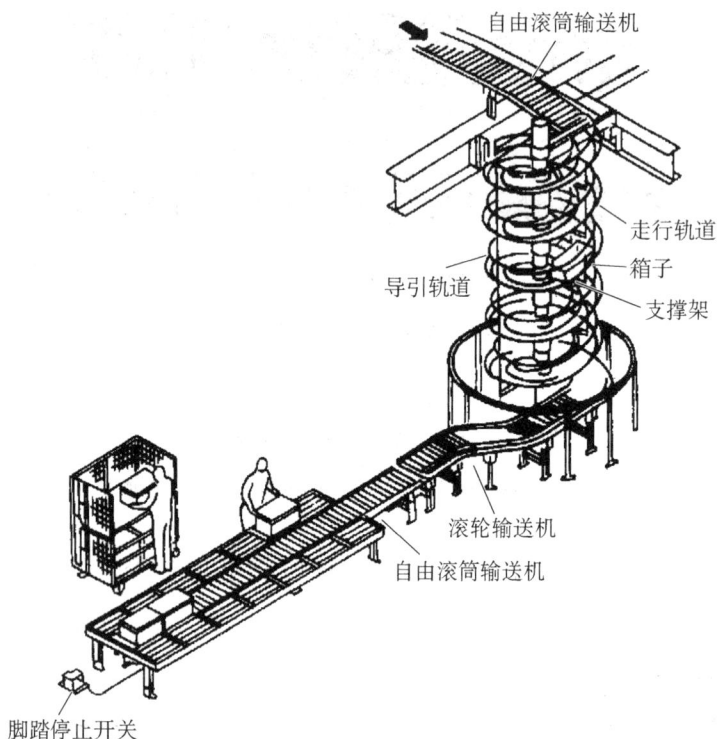

图 9-17 螺旋滑槽式垂直输送机结构示意图

（2）垂直升降输送机。

如图 9-18 所示为用于各楼层之间货品输送的垂直升降输送机结构示意图。当货品需要在上下楼层之间进行搬运时，采用这种输送机可完全实现自动化输送作业。货品由自动输送线输送至垂直升降机的承载平面，由垂直升降机实现货品的升降运动，当升降到货品目的地点所在的楼层时，再由垂直升降机的送出机构将货品推送到该层的自动输送带上，然后将货品输送到相应的位置。

（二）连续输送机的主要技术参数

1. 生产率

生产率是指单位时间内能够运送物料的质量，它是反映输送机工作性能的主要指标，单位为吨/小时。

2. 输送速度

输送速度是指被运货物或物料沿输送方向的运行速度。

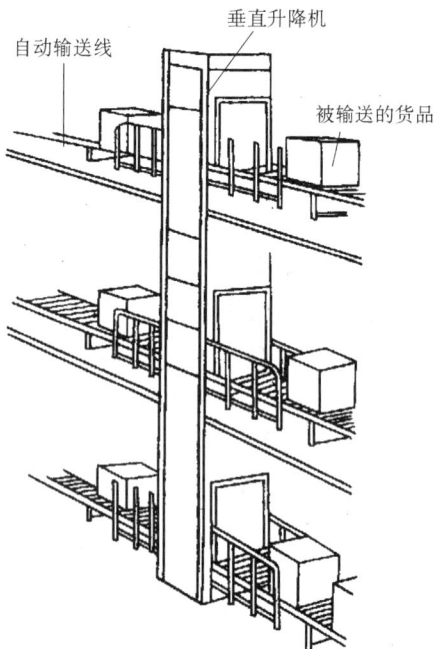

图 9-18 垂直升降输送机结构示意图

3. 输送长度

输送长度是指输送机装载点与卸载点之间的距离。

4. 提升高度

提升高度是指货物或物料在垂直方向上的输送距离。

(三) 输送机生产能力的计算

输送机的种类较多,不同类型的输送机其生产能力的计算方法有所不同,下面以常用的带式输送机为例说明其计算方法。

带式输送机的生产能力可按照它的规格、性能,每天的生产时间和时间利用系数等因素进行计算。计算公式如下:

$$G = QTK_1 （吨/天）$$

式中：G—— 输送机每天的生产能力,单位为吨 / 天；

Q—— 输送机每小时的生产能力,可从厂家说明书查阅,单位为吨 / 小时；

T—— 输送机每天的工作时间,单位为小时；

K_1——时间利用系数。

三、自动导引车系统

自动导引车(Automatic Guided Vehicle,AGV)是指能够自动行驶到指定地点的无轨搬运车辆。

自动导引车是自动化仓库中常用的关键设备,它是以蓄电池为动力,装有非接触式导向装置,具有自动寻址功能的无人驾驶自动运输车。多个 AGV 在控制系统的统一指挥下,分别按照系统规划的路径行驶,从而完成货物的自动输送任务,这样就构成了一个自动导引车系统(Automatic Guided Vehicle System,AGVS)。AGVS 在自动化仓库中得到了广泛应用是由于它具有如下优点:

(1)可方便地实现与其他物流环节的自动连接。AGVS 不仅能够自动地实现与 AS/RS (自动仓储系统)各种缓冲站、自动堆垛机、升降机和机器人等硬件设备的连接,而且能与仓储信息管理系统等软件系统进行在线连接以便提供实时信息等。

(2)降低仓储运作成本。由于采用了 AGVS 以后,可以大大减少仓储管理和业务操作人员数量,从而减少了运作成本。

(3)减少货损货差。由于 AGV 搬运物料的操作很规范,所以很少有产品或生产设备的损坏现象。

(4)投资回收期较短。根据大多数 AGVS 的使用情况调查,2~3 年的时间即可收回相应的投资费用。

(5)系统的可靠性高。AGVS 由若干台 AGV 组成,当其中的一台小车出现故障时,其他小车的运行不受影响,因此,系统的可靠性较高。

（6）节能与环保性好。AGV 的充电和驱动系统所需的能耗较少，且能量利用率较高，噪音很低，对周围的作业环境不产生污染。

（一）AGV 基本结构组成

AGV 由车体、充电系统、驱动装置、转向装置、精确停车装置、车载电脑终端（车上控制器）、通信装置、传感器、安全保护装置、移载装置和车体定位系统等组成。其总体结构如图 9 - 19 所示。

1. 车体

车体由车架和相应的机械、电气结构等组成，它是 AGV 的基础部分。车架要求从强度和刚度上满足车体运行和加速时的要求，常用钢构件焊接而成，其上蒙以 1～3 毫米的钢板或硬铝板，驱动机构、转向机构或重量较大的部件（如蓄电池等）均安装在蒙板下方的空间内，在进行总体设计时应考虑其工作稳定性，使重心尽量降低。

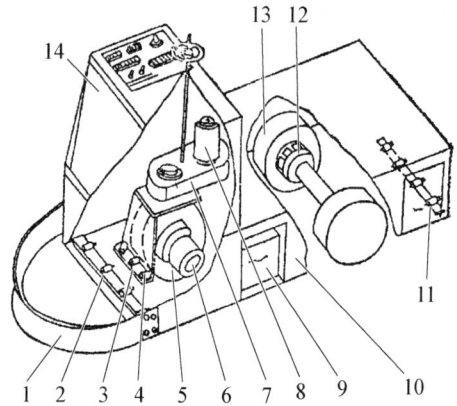

图 9 - 19　自动导引车结构组成

1—安全挡圈；2、11—认址线圈；3—失灵控制线圈；4—导向探测线圈；5—驱动轴；6—驱动电机；7—转向机构；8—导向伺服电机；9—蓄电池箱；10—车架；12—制动用电磁离合器；13—后轮

2. 充电装置

AGV 一般采用 24 伏或 48 伏直流蓄电池为动力。蓄电池的供电一般应保证连续工作 8 小时以上，对两班制工作的情况则要求满足 17 小时以上的供电能力。

蓄电池充电可采用随机充电和全周期充电两种方式。随机充电是指 AGV 在任意时间均可在 AGV 的各停泊站随时充电。全周期充电则是指 AGV 退出服务并进入指定的充电区且当蓄电池电荷降至指定范围时方可进行充电。此类电池的充电规范一般执行 4 小时连续充电、2 小时冷却的规范。充电操作有自动、人工和快速更换电池等多种方式。

3. 驱动装置

AGV 的驱动装置由车轮、减速器、制动器、驱动电机及速度控制器等部分组成，是控制 AGV 正常运行的一个子系统。它接受运行指令，将电源接通，驱动电机及速度控制器进行工作，其运行速度、方向调节分别由计算机系统来控制。为了保证安全，断电后制动装置应能依靠机械装置实现制动。

4. 转向装置

AGV 的转向装置接受计算机系统的转向指令，实现转向动作。

5. 车上控制器

车上控制器的作用是对 AGV 的状态进行实时监控，它通过通信系统接受并执行控制中心的指令，同时将本身的运行状态信息及时反馈给控制中心。通常车上控制器可完成安全装置状态、蓄电池状态、转向极限位置、制动器状态、灯光、驱动和转向电机控制和充电接触器等情况的自动检测功能,有的 AGV 还具有编程能力,允许小车离开导引路径,驶向某个地点,完成任务后按原路线返回到导引路径上来。

6. 通信系统

在 AGVS 运行过程中,在各 AGV 与相应的地面监控站以及各地面监控站之间需要实时传递大量的信息,如地面监控站向 AGV 发出目标地址、要完成的作业命令、监督 AGVS 交通状态、跟踪装载等信息,AGV 还要将命令的执行情况以及车体方位报告地面监控站等。在这些信息传递过程中,必须依靠先进的通信系统来完成。

7. 安全系统

在 AGV 的实际运行中,安全问题是十分重要的。安全系统包括对 AGV 本身的保护、对人身或其他设备的保护等方面。保证行车安全的措施除了事先根据运行环境对 AGV 的路径进行规划外,另一条保护措施就是当临近障碍物时,AGV 应能及时地探测到障碍物并采取相应的应急措施。目前 AGV 的安全保护装置通常分为两大类:接触式和非接触式。

接触式保护装置也称为被动式保护装置。在这种保护装置中,一旦 AGV 与障碍物接触,就会立即发出应急故障信号,小车自动停止。这种保护装置的优点是结构简单、安全可靠,因而被广泛应用,但它只适用于速度较低、重量较轻、体积较小、制动距离较短的小型 AGV,作为一种应急手段。缺点是有可能造成 AGV 或被触及的外界物体的损坏。图 9－20 和图 9－21 是两种常见的接触式保护装置的结构示意图。

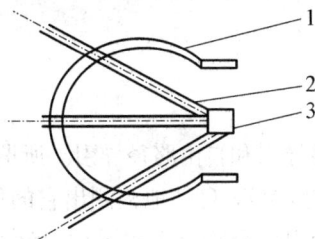

图 9－20 微动开关式保护结构　　图 9－21 触点式保护结构

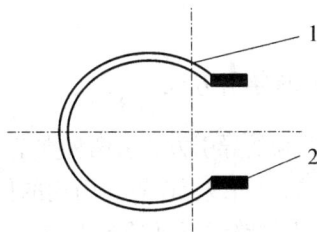

非接触式保护装置也称为主动式保护装置。它是采用超声波或红外线进行探障的方式。它利用超声波或红外线探测装置,不停地探测周围环境,当探测到有障碍物存在时,如果障碍物与小车的距离小于某一规定值时即发出警报,并令 AGV 的速度降低或停止运行。也就是说,这种保护是在碰撞即将发生前主动采取措施来防止真正的碰撞发生,从而完全保护 AGV 和外部物体。

超声探障的原理是在 AGV 的前后部需要安装多个超声波传感器,各传感器在计算机控制下周期性地同时向各个方向发射超声波,当传感器发出的超声波遇到障碍物时就会被反射回来,这种被反射回来的波称为回波。只要传感器能够记录超声波发送时刻及回波到达时刻,就可求出超声波发射源到障碍物之间的距离 D。计算公式如下:

$$D = \frac{1}{2}(t_2 - t_1)v_s$$

式中:t_2——回波到达时刻;

t_1——超声波发射时刻；

v_s——声速，取 340 米/秒。

为了保证 AGV 的绝对安全，一辆 AGV 上往往同时装备接触式和非接触式两套保护装置。

如图 9－22 所示为某一叉式激光导引车的外形，该车具有多重安全系统。在车的前面设有红外线光学探测器，它能探测出车前方 2 米以内的任何障碍物。当它探测出在车前方 2 米的距离处有障碍物时，运输车就会立即减速至 0.1 米/秒的速度，并发出紧急报警。当它探测出在车前方 0.5 米的距离处有障碍物时，运输车会马上就地停车，这是第一重安全装置。在该车的前后各有一套由微动开关构成的被动式安全装置，一旦车体与障碍物发生碰撞，该运输车就会立即停车。另外，在该车上还设有多处应急开关，在紧急情况下只要按下应急开关，该车就会立即停车。这些措施保证了导引运输车的安全运行。

图 9－22　AGV 外形图

8. 车体方位计算子系统

对自由路径导引方式的 AGV 还有一个重要的子系统，就是车体方位的准确定位问题，它是由车体方位计算子系统来完成的。AGV 的方位，是指 AGV 在总体坐标系中的位置与方向。该子系统能够实时计算出车体方位，并将车辆位置信息及时上传，以便实现对 AGV 的动态监控。

（二）AGV 的导引方式

AGV 行驶路径的导引方式有两种类型：固定路径导引和自由路径导引。所谓固定路径导引是指在规划好的输送路线上设置导引用的信息媒介物，AGV 自动地检测出它的信息，从而沿着导引媒介物所指引的路线行驶的导引方式，常用的导引媒介物有电磁导引、光学导引和磁带导引。自由路径导引是指根据作业要求，由控制系统随机地设置 AGV 导引路线的方式。在这种 AGV 上装有车载电脑终端，它可与控制系统进行无线实时通讯，能够实时接收来自控制系统的控制指令，此导引方式的运用大大提高了搬运系统的柔性。

1. 固定路径导引

（1）电磁导引。

电磁导引（Electronic-Magnetic Guided）方式是目前应用最广泛的一种固定路径导引方式，它采用电磁感应原理，其基本原理如图 9－23、图 9－24 所示。它是在 AGV 的运行路线下面埋设导向电线 1，通以 3～10 千赫兹的低压、低频电流，该交流电信号沿电线周围产生磁场，AGV 上装设的信号检测器 3 可以检测到磁场的强弱并通过检测回路以电压的形式表示出来。当导向轮 2 偏离导向电线后，则信号检测器测出电压差信号，此信号通过放大器 4 放大后控制导向电机 5 工作，然后导向电机再通过减速器。控制导向轮回位，这样，就会使 AGV 的导向轮始终跟踪预定的导引路径。

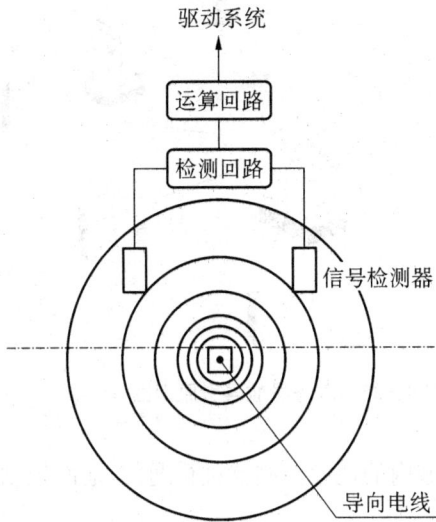

图 9 - 23　电磁导向原理

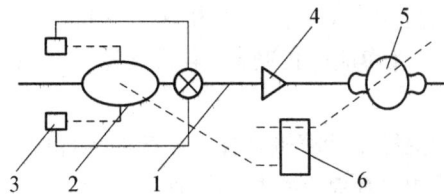

图 9 - 24　电磁导引原理图
1—导向电线；2—导向轮；3—信号检测器；
4—放大器；5—导向电机；6—减速器

（2）光学导引。

光学导引（Optical Guided）是采用在运行路线上贴附或涂上宽度均匀、反光性能良好的反射色带来确定行驶路径的导引方式。基本工作原理如图 9 - 25 所示。

AGV 上设有光学检测系统用以跟踪色带的路径，具体的导引原理如下：

利用地面颜色与色带颜色的反差，在明亮的地面上用黑色色带，在黑暗的地面上用白色色带。导引车的下面装有光源，用以照射色带。由色带反射回来的光线由光学检测器（传感器）接受，经过检测和运算回路进行计算，将计算结果传至驱动回路，由驱动回路控制驱动系统工作。当 AGV 偏离导引路径时，传感器检测到的亮度不同，经过运算回路计算出相应的偏差值，然后由控制回路对 AGV 的运行状态进行及时修正，使其回到导引路径上来。因此，AGV 能够始终沿着色带的导引轨迹运行。

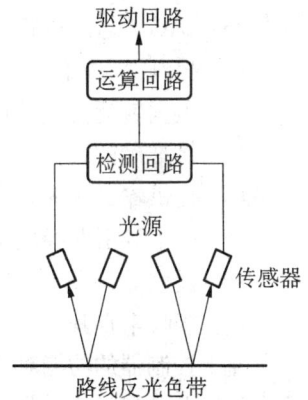

图 9 - 25　光学导向原理图

光学导引方式的优点是路径长度不受限制，且易于更改与扩充。色带可在任何类型的地面上涂置，但要求色带必须保持清洁和完整，并需定期重新涂置与更新。

与电磁导引相比，光学导引方式的色带本身不具有能量，故称为无源导引方式。电磁导引方式则称为有源导引方式。

2. 自由路径导引

图 9 - 26 为一种激光导引的自由路径导引方式，其基本工作原理：在导引车顶部装置一个沿 360°方向按一定频率发射激光的装置。同时在 AGV 四周的一些固定位置上放置反射镜片。当 AGV 运行时，不断接收到从三个已知位置反射来的激光束，经过简单的几何运算，就

可以确定 AGV 的准确位置,控制系统根据 AGV 的准确位置对其进行导向控制。

(三) AGVS 的控制

1. 控制方式

AGVS 控制的目的就是对各导引车进行控制,使其沿着各自的导引路径运行,完成物料的输送任务。系统的控制方式一般为三级控制方式:第一级为中央控制计算机;第二级为地面控制器,第三级为车上控制器。

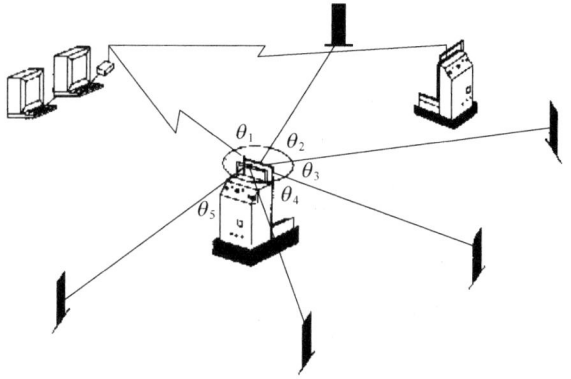

图 9-26　激光导航导引原理图

中央控制计算机是整个系统的指挥中心,它与各区域内的地面控制器进行通信,地面控制器接受中央控制计算机的管理。

地面控制器负责对区域内的各 AGV 进行管理,如监视现场设备的状况、统计 AGV 的利用率、AGVS 的交通管制、跟踪装载、制定目标地址、实时存储小车的位置并将 AGV 的位置与装载物的类型、数量传输给区域主计算机等。区域主计算机系统提供人机界面,供用户生成各种报告、更改产品数据以及在线了解 AGVS 的运行情况。地面控制器(站)又称"数据集中装置",起着"交通管理员"的作用,它直接与小车通信并向小车发出控制指令。它在中央控制计算机与各 AGV 之间进行通信处理。其具体功能包括:

(1) 控制 AGV 的运行路线;

(2) 根据就近使用等原则进行小车选择;

(3) 将准确的目标地址、最迟到达时间、移载及升/降高度信息传输给 AGV;

(4) 提供输送优先权与顺序要求和失效的导引路径信息;

(5) 产生导引路径的电频率(对电磁导引而言);

(6) 提供 AGVS 的安全监控;

(7) 接收来自其他系统的所有信息,并进行信息处理。

车上控制器的功能对 AGV 运行状态进行实时监控,接受并执行从地面控制器(站)传送来的指令。车上控制器分为非智能型和智能型两种类型。非智能型的车上控制器没有数据处理能力,要求输入诸如启动、加速/减速等命令,并要求提供用于导引小车到达最终目的地址的外部控制指令,这些控制指令往往是 AGV 在指定地点处获得的。智能型车上处理器的功能包括:AGV 之间的分段行使规定、路径自动选择、速度控制、移载控制、自动显示作业信息和具有自诊断功能等。如果中央监控计算机或地面控制器失灵,车上控制器应具备降级模式运行的能力。

2. AGV 的路径选择控制

AGV 的路径选择控制是 AGVS 的基本控制功能之一。路径选择控制的内容包括路径的优化选择控制和分岔路口的路径选择控制。路径的优化选择控制是指在具有多个环路或多个分支环路等情况下,AGVS 应选择到达目的地的一条最优路径;当 AGV 到达分岔路口时,也要给 AGV 指定唯一的一条路径。

路径控制的常用方法有频率选择法和路径开关选择法。

　　频率选择法主要用于电磁导引方式的场合。在分岔点处,用数条通以不同频率的电流导引线将 AGV 引入相应的路径,再根据预定的程序到达目的地址。

　　路径开关选择法是使用单一频率的导引线,将导引路径分割成若干区段,借助于装在相应区段的地面控制器对导引线进行独立的通、断电控制。当一台 AGV 驶近分岔点时,它与该区段的地面控制器进行通信,告知它的目的地址,该地面控制器便接通相应区段导引线的电源而断开其他分支线的电源,这样 AGV 就沿着接通的导引线路径行驶。

　　当通向目的地址有多条路径可选择时,地面控制器应根据相应的计算原则(如时间最短或成本最低等原则),计算出一条最优路径,并控制 AGV 的运行。

　　3. AGV 的移载控制

　　将物料装到 AGV 上或从 AGV 上取下物料放置到缓冲站上的操作过程称为 AGV 的移载。AGV 的移载方式有多种方案可供选择,下面简述各种移载方式:

　　(1) 人工移载。通过人工将挂车与牵引式 AGV 脱开并将其推到指定的工作站,或者将物料从 AGV 上的简单滚道推到固定的滚道上。

　　(2) 自动连接与脱开。AGV 自动与挂车脱钩或自动与一组等待的挂车连接,并驶往下一目的地址。

　　(3) 自动移载。AGV 上设有移载装置,用来接受或卸下载荷。常见的移载装置有以下几种结构形式:平移工作台式移载方式(见图 9 - 27)是利用工作台的伸出、缩回动作,实现移载的过程。升降台式移载方式(见图 9 - 28)是工作台可以升降。推拉杆式移载方式(见图9 - 29)是小车平台上设置推拉杆可将货物推出或拉上平台。车载机器人移载方式(见图 9 - 30)是在 AGV 上装有移载机器人,当 AGV 停准在目的地址时机器人可以实现物品的堆垛及协助进行装车等作业。采用自动移载的 AGVS,AGV 必须要准确定位,以便实现顺利移载作业。

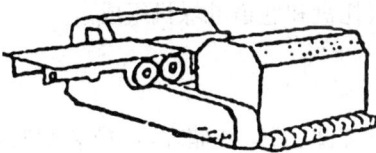

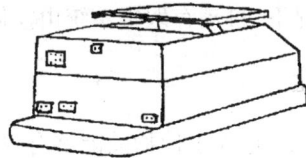

图 9 - 27　平移工作台式移载方式　　图 9 - 28　升降台式移载方式

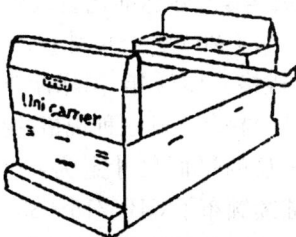

图 9 - 29　推拉杆式移载方式　　图 9 - 30　车载机器人移载方式

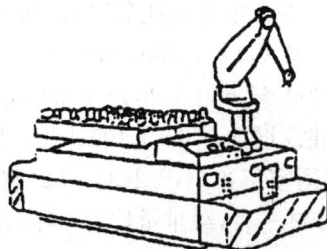

(四) AGV 需要量的计算

　　一般来讲,AGV 的基本工作过程是先从 AGV 停车站运行到取货点取货,然后再送到目的地点(缓冲站),最后返回到停车站。设 AGV 的装载时间为 S_L、卸货时间为 S_{UL}、行走速度为 V,行走距离为 S,额定装载容量为 W,则 AGV 的工作周期为:

设 B_i 为第 i 个缓冲站单位时间的需货量,R_k 为某个回路上单位时间内的总需货量,则

$$T = \frac{S}{V} + S_L + S_{UL}$$

$$R_k = \sum_{i=1}^{n} B_i$$

(其中 n 为第 k 个回路上缓冲站数量),第 k 个回路单车单位时间的运输能力为:

$$T_{uk} = \frac{W}{T}$$

那么第 k 个回路所需的运输车辆数量为:

$$N_k = \frac{\sum_{i=1}^{n} B_i}{T_{uk}}$$

因此,所有在线缓冲站所需的运输车辆数为:

$$N_T = \sum_{k=1}^{m} N_k$$

式中,N_T 为所有回路上所需要的导引车总数量。

四、自动存取货系统

自动化立体仓库由立体货架储存货物,其存取动作是由巷道堆垛机根据控制指令自动进行的,通常情况下,自动存取货系统由立体货架、托盘和巷道堆垛机组成。

(一) 托盘

托盘(Pallet)是为了使物品能够有效地进行装卸、搬运和储存,适应装卸搬运机械化和自动化而发展起来的一种集装器具,托盘与机械装置或自动化装置配合作业,大大提高了装卸搬运作业的工作效率。

托盘规格尺寸的标准化是托盘流通的前提。1961 年,国际标准化组织颁布了 ISO/R 198 托盘标准,建议采用 800×1 200、800×1 000、1 000×1 200 三个尺寸;1963 年颁布 ISO/R 329,建议增加 1 200×1 600、1 200×1 800 两种尺寸规格。1971 年,国际标准化组织托盘委员会(ISO/TC 51)建议增加 800×1 100、900×1 100、1100×1 100 三种规格的托盘。

1982 年我国国家标准(GB 2934—82)将联运托盘的平面尺寸定为:800×1 200、800×1 000、1 000×1 200 三种,载重量均为 1 吨。以后,陆续颁布了 GB 3716—83《托盘名词术语》、GB 4995—85《木制联运平托盘技术条件》、GB 4996—85《木制联运平托盘试验方法》、铁道部标准(TB 1554—85)《铁路货运钢制平托盘》等,为我国物流托盘化奠定了技术基础。

(二) 货架

用支架、隔板或托架组成的立体储存货物的设施称为货架(Goods Shelf)。高层货架是自

动化立体仓库的主要组成部分,是储存保管货品的场所。根据所储存货品的货态,可选择不同的货架形式,常见的货架结构形式有单元货格式货架、流动货架、移动式货架、回转式货架等结构形式。

(三) 巷道式堆垛机

在自动化立体仓库中使用的堆垛机主要是有轨巷道式堆垛机,外观结构如图 9-31 所示,其主要作用是在自动化立体仓库的货架区巷道内来回穿梭运行,将位于巷道口的货品存入货格;或者取出货格内的货品运送到巷道口。在入库作业过程中,当输送系统将货品运送到货架区巷道口时,自动控制系统向巷道式堆垛机发出指令,堆垛机则根据指令将货品自动运送到指定的货位。在出库作业过程中,控制系统向堆垛机发出取货指令,堆垛机根据此指令将位于相应货格中的货品取出,运送到巷道口。巷道式堆垛机的主要技术性能指标有:

起重量,指被起升单元货物的质量(包括托盘和货箱的质量)。根据使用要求不同,起重量的大小也不同,一般起重量在 2 吨以下,有的可达 4～5 吨。

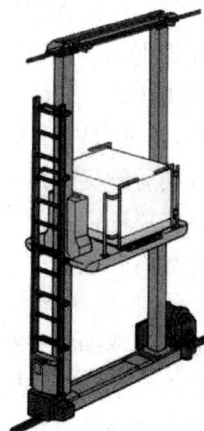

图 9-31　有轨巷道式堆垛机

起升高度,一般在 10～25 米之间,最高可达 40 多米。

起升速度,是指堆垛机在一定载荷条件下所能起升的最大速度,一般为 6.3～40 米/分钟。

运行速度,是指水平行驶速度,它是指堆垛机在轨道上水平运行时所能达到的最大速度。运行速度的高低直接影响着搬运作业效率,一般为 25～180 米/分钟。

货叉伸缩速度一般为 5～30 米/分钟。

五、自动分拣系统

物流中心每天要接收大量的不同品类的商品,如何在最短的时间内将这些商品按一定的规则(如商品的品种、货主、储位或发送地点)快速准确地分类,然后将其运送到仓储区指定的位置,同时,又如何按客户订单或配送路线的要求,将不同品种的货品在最短的时间内从储存区拣取出来,运送到不同的理货区域或配送站台,以备装车配送,这就需要一套自动分拣系统来自动完成这些工作。

自动分拣系统通常与自动输送系统配套使用。自动分拣系统是实现自动化仓库高速运转的基本条件,在出入库作业中,分拣作业的工作量最大,分拣作业是制约自动化仓库运转效率的关键因素。

(一) 自动分拣系统的组成

自动分拣系统一般由控制装置、分类装置、输送装置及分拣道口组成。

1. 控制装置

控制装置的作用是识别、接收和处理分拣信号。根据分拣信号指示分类装置,按一定的规则(如商品品种、送达地点或按货主的类别)对商品进行自动分类,从而决定商品的流向。

分拣信号来源于货主的入库单证、客户订单,一般需要先将这些原始单证提供的分拣信息经过处理后,转换成"拣货单""入库单"或电子拣货信号,指导拣货人员或自动分拣设备进行分拣作业。

2. 分类装置

分类装置的作用是执行控制系统发来的分拣指令,使商品进入相应的分拣道口。所谓分类是先识别和引入货品,然后通过分类装置把货品分流到指定的位置。分类的依据主要有:① 货品的形状、重量、特性等;② 用户、订单和目的地。分类过程是货品通过输送设备进入识别区域,经过识别后送入分类机构。控制装置根据识别信息来控制分类机构把货品进行分类,并把分类后的货品输送到指定位置。分类动作由分类机构来完成,分类机构的种类繁多,可根据实际需要进行选择。例如,气缸侧推式分类机构(见图 9-32),由侧推气缸直接推动货品,强制货品离开主输送线而进入分流输送线;旋转挡臂式分类机构(见图 9-33),当货品到达分流输送线时,旋转挡块自动旋转将货品引入分流线;轮子浮动式分类机构(见图 9-34),当分类物品进入浮动轮子时,根据分类指令,高速旋转的浮动轮子迅速上浮起来,把来自主输送线的货品抬起来,在浮动轮子的引导下分流到分类输送线上,从而达到分类目的。不同的分类装置对分拣货物的包装材料、包装重量、包装物底面的平滑程度等有不完全相同的要求,应根据货品具体情况来确定。

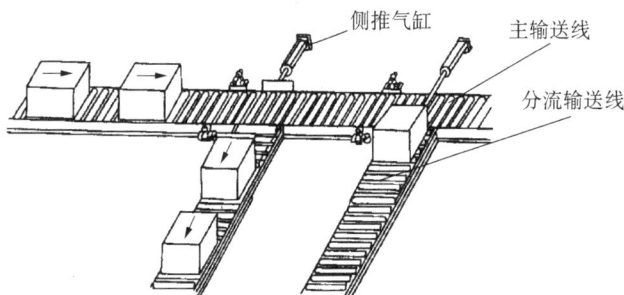

图 9-32 气缸侧推式分类机构

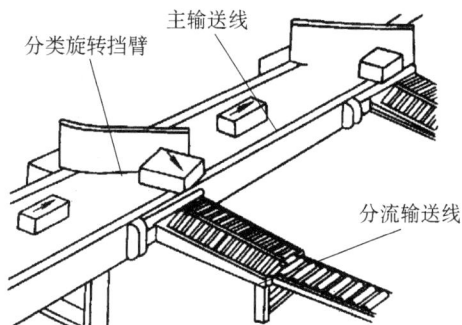

图 9-33 旋转挡臂式分类机构

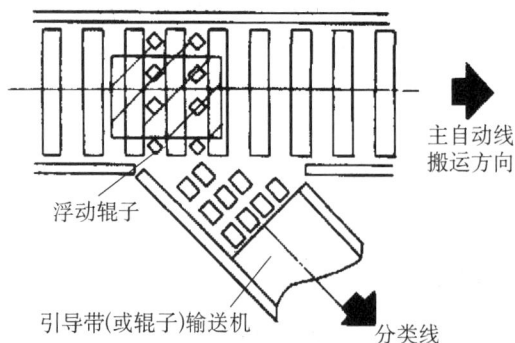

图 9-34 轮子浮动式分类机构

3. 输送装置

输送装置的作用是将已分拣好的商品输送到相应的分拣道口,以便进行后续作业。

4. 分拣道口

分拣道口是将商品脱离输送装置并进入相应集货区域的通道。一般由钢带、皮带、滚筒等组成滑道,使商品从输送装置滑向缓冲工作站,然后进行入库上架作业或配货作业。

以上四部分装置在控制系统的统一指挥下,分别完成不同的功能,各机构之间有机配合构成一个完整的自动分拣系统。

(二) 自动分拣系统的主要优点

1. 大大提高了分拣速度,且能连续、大批量地分拣货物

由于采用大生产中使用的流水线自动作业方式,自动分拣系统不受气候、时间、人的体力等因素的限制,可以连续运行,且单位时间内分拣的件数多,如自动分拣系统可以连续运行100 小时以上,每小时可分拣 7 000 件包装商品,而用人工则每小时只能分拣 150 件左右,另外分拣人员也不能在这种劳动强度下连续工作 8 小时。

2. 分拣误差率极低

自动分拣系统的误差率主要取决于所输入分拣信息的准确性大小,这又取决于信息采集系统的可靠性和准确度。例如,自动化仓库一般采用条形码系统,其差错率仅为百万分之一,除非条形码的印刷本身有差错,否则一般不会出错。

3. 大大减少了所需人工数量

国外建立自动分拣系统的目的之一就是为了减少人员数量,减轻人员的劳动强度,提高作业人员的工作效率,自动分拣系统能最大限度地减少人员数量,基本做到无人化操作。分拣作业本身并不需要使用人员,人员的使用仅局限于以下工作:

(1) 送货车辆与自动分拣系统之间货物的搬运;

(2) 人工控制分拣系统的运行;

(3) 分拣线末端由人工将分拣出来的货物进行配货;

(4) 自动分拣系统的经营、管理与维护。

例如,美国某公司配送中心面积为 10 万平方米左右,每天可分拣近 40 万件商品,仅使用400 名左右员工,这其中大部分人员都在从事上述各项工作,自动分拣线做到了无人化作业。

第三节　仓储配送设备的管理

一、仓储配送设备的基础管理

仓储配送设备的基础管理工作主要包括设备的凭证管理、档案与资料管理和资产管理。

（一）仓储配送设备凭证管理

仓储配送设备凭证是企业进行设备管理活动的依据。因此,搞好设备凭证管理是企业进行正常作业和设备维修的重要前提和保证。

凭证的内容主要包括两个方面:一是实质内容,如设备名称、规格、型号、数量及与其相关的使用单位等,或者是精度检测和相关的精度值等设备管理活动项目;二是格式内容,包括标题、表头、单位负责人、填表人、填表日期、凭证号码及文字注释等。

设备的凭证管理可归纳为以下六个方面。

1. 明确管理部门

由于凭证具有记录原始数据、明确责任的作用,因此要求记录设备的凭证真实和准确,凭证要有明确的主管部门来负责凭证的设置、修改、审核及使用监督。

2. 凭证设置程序

设备凭证的设置,由主管部门专业管理人员拟出草稿,经部门负责人审批后,由相关处室(如计划处、财务处等)会签,并经企业领域批准,定稿实行。

3. 凭证的启用

经批准的凭证,视使用范围,由主管部门通过厂部文件或会议纪要等形式下达到有关部门落实实施,并纳入有关制度中,制定相关的检查监督办法。

4. 凭证的填写

设备管理凭证由使用凭证的相关人员负责填写,凭证的填写应书写认真、整洁、数据准确,并须有单位负责人签字方才有效。

5. 凭证的审核

取得凭证的主管人员,要审核凭证的内容,发现问题要及时查清,涉及实物管理的要经常和实物核对;设备维修等费用凭证,按规定期限和财务部门对账,以免发生差错和漏洞。

6. 凭证的传递和保存

凭证的传递要有固定的传递路线,由有关的制度保证;凭证由联次注明的相关部门主管人员保存,如购置合同由设备采购员保管、设备入库单由仓库保管员保存,并根据重要程度确定其保存年限。

（二）仓储配送设备档案与资料管理

像叉车、货架、登高设备、托盘等许多设备均有技术档案,这些设备的技术档案是在设备管理过程中形成的,经整理归档保存,包括图纸、文字说明、计算资料、图表、录像、图片(照片)等。

设备的资料通常包括设备选型安装、调试、使用、维护、修理和改造所需要的产品样本、图纸、技术标准、技术手册、规程,以及设备管理的法规、制度等。

这些档案和资料是管理和修理过程中不可缺少的基本资料,需要妥善保管。例如,一些重要设备的档案可能仅供查询或复制,但不出借,以防丢失。

(三) 仓储配送设备资产管理

仓储配送设备是企业固定资产的组成部分,是企业进行作业的物质技术基础,新购置的设备经过验收后要列入企业的固定资产再交付使用,直到报废为止,可以运用 ABC 分析法,根据设备发生故障后和修理停机对生产、质量、成本、安全、维修等方面的影响程度和造成损失大小等综合因素,划分为三类:A 类为重点设备,B 类为主要设备,C 类为一般设备。对重点设备的管理要求做到以下几点:

(1) 建立重点设备台账及技术档案,内容必须齐全,并有专人管理。

(2) 重点设备上应有标志,可在编号前加符号 A。

(3) 重点设备的操作人员必须严格选拔,能正确操作并做好维护保养,人机要相对稳定。

(4) 明确专职维修人员,逐台落实定期点检(保养)内容。

(5) 对重点设备优先采用监测诊断技术,组织好重点设备的故障分析和管理。

(6) 重点设备的配件应优先储备。

此外,对设备都要进行编号,较为普遍采用的是三段编号法,如图 9-35 所示。

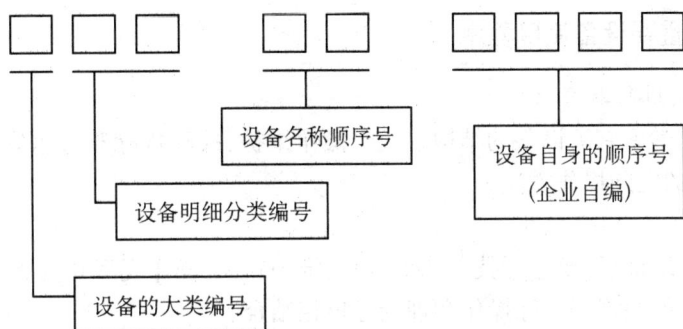

图 9-35 设备编号方式及代表的意义

第一段以三位数字为代号,表示固定资产的大类和明细分类;第二段以两位数字为代号,表示该设备的名称或组型的顺序号;第三段以四位数字为代号,表示该设备自身的顺序号。

根据上述编号规则,假设一辆运输车(自卸车)的编号如图 9-36 所示。

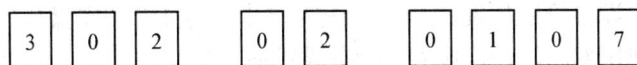

图 9-36 某运输车的设备编号

第一段数字 302 表示运输自卸车属运输设备,属固定资产第三大类,故本段第一位表示大类的数字为 3;自卸车是无轨运输设备,在第三大类固定资产中属第二明细分类,故本段后两位表示明细分类的数字为 02。

第二段的两位数字 02 表示自卸车的名称序号为 2。

第三段的四位数字 0107 表示挂此牌号的自卸车是第 107 辆车。

二、仓储配送设备的运行管理

（一）设备正确使用的标志

仓储配送设备使用管理中，重要的是必须正确使用设备，尤其是对于重点设备、主要设备的使用，一定要掌握其机械性能，按照使用说明书、操作规程，以及各种条件下对设备机械使用性能的要求进行作业。要考虑经济合理和技术合理两个方面。正确使用的标志有三个方面：

（1）高效率。设备使用必须使其作业性能得以充分发挥，如果设备长期处于一种低效运行的状态，就是一种不合理使用。

（2）经济性。即要求在可能的条件下使单位实物作业量的设备使用费成本最低。

（3）设备非正常损耗防护。即使设备的操作、保养、修理、管理都很好，也不能避免正常磨损及油耗。使用中应杜绝或避免非正常的损耗现象。例如，早期磨损、过度磨损、事故损坏，以及其他各种使设备技术性能受到损害或缩短使用寿命的情况都应避免。

（二）大型或重要设备使用程序

1. 对操作人员进行教育培训

组织操作人员学习有关设备的结构、性能、操作维护、故障排除和技术安全等方面的业务知识，并掌握设备的实际操作方法。

2. 技术考核

在学习和技术培训后，要进行技术知识、使用维护知识、操作规程和技能、排除故障和保养等方面的考核。一般是现场实际操作和理论考核相结合。

3. 发放设备操作证

设备操作证代表设备操作者的身份，是操作人员独立使用和操作设备的证明文件，也是设备操作人员通过技术基础理论和实际操作技能培训、经考试合格后取得的一种资格证书。凭证操作是保证正确使用设备的基本要求，对于重点设备、主要设备的操作使用，凭证上岗尤为必要。

4. 设备委托书

大型重点和主要设备价格昂贵，为了增加操作人员的责任心，在操作人员接管设备前，应由设备管理部门和使用部门发给操作人员设备委托书。

（三）设备使用规程

仓储配送设备，尤其是大型、重点、主要设备的使用，应该按操作规程进行作业。操作者在使用设备过程中要掌握"三好""四会"，并严格执行"五项纪律"。

1."三好"

（1）管好设备。自觉遵守定人、定机制度和凭证使用设备，设备必须保持完整，未经允许，不得借与他人使用。

（2）用好设备。设备不带病运转，不超负荷使用，不大机小用，精机粗用。细心爱护设备，防止事故发生。

（3）修好设备。按规定的检修时间停机检修设备，操作人员要配合维修人员修好设备，并做好日常维护工作。

2."四会"

（1）会使用。操作人员应熟悉设备性能、结构、传动原理及操作规程，正确使用设备。

（2）会保养。执行设备有关的维护、润滑规定，保持设备清洁，润滑及时，发现异常情况时能够及时正确处理。

（3）会检查。操作人员应熟悉设备开动前及使用后的检查项目内容。

（4）会排除故障。操作人员应熟悉所用设备的特点，会排除运行过程中的简单故障，排除不了的要及时报告，配合维修人员加以排除。

3."五项纪律"

（1）实行定人定机，凭操作证操作设备。

（2）经常保持设备整洁，按规定加油，确保设备润滑良好。

（3）遵守安全操作规程和交接班制度。

（4）管理好设备附件和工具，不损坏，不丢失。

（5）发现异常即刻停机检查。

三、仓储配送设备的维修管理

（一）设备的三级保养制

首先是设备的日常维护保养，一般有日保养和周保养。日保养由设备操作人员当班进行，主要是检查交接班记录、擦拭设备、检查手柄位置和手动运转部位是否正确灵活、安全装置是否可靠、低速运转传动是否正常、润滑和冷却是否畅通等。

其次要注意设备运转的声音是否正常，设备的温度、压力、液位、电气、气压系统、仪表信号、安全保险等是否正常。

离岗时要关闭开关，所有手柄放到零位。填写交接班记录和运输台时记录。

周保养应擦净设备导轨、各传动部位及外露部分；检查各部位的技术状况，紧固松动部位，调整配合间隙；擦拭电动机，检查绝缘、接地情况，达到完整、清洁、可靠。

一级保养是以操作人员为主，维修人员协助，按计划对设备局部拆卸和检查，清洗规定的部位，调整设备各部位的配合间隙，疏通油路、管道，更换或清洗油线、毛毡、滤油器等，紧固设备的各个部位。一级保养所用的时间大约为4～8小时。一级保养完成后应做记录并注明尚未清除的缺陷。一级保养的范围应该包括所有在用设备，对重点设备和主要设备应严格执行。一级保养的主要目的是减少设备磨损，消除隐患，延长设备使用寿命。

二级保养是以维修人员为主，设备操作人员参加协助完成。二级保养列入设备的检修计划，对设备进行部分解体检查和修理，更换或修复磨损件，清洗、换油、检查修理电气部分，使设备的技术状况全面达到规定标准的要求。

（二）精密、大型、稀有、关键设备的维护要求

这类设备是实现企业仓储正常运作的重点设备，这类设备的使用应严格执行一些特殊的要求：

（1）实行定使用人员、定检修人员、定专用操作维护规程、定维修方式和备配件的"四定"做法。

（2）必须严格按说明书安装设备。按不同设备的年检要求，进行定期检查，调整安装水平和精度，并做出详细记录，存档备查。

（3）对环境有特殊要求的设备，例如，防振、防尘的设备，管理和操作时要采取相应措施，确保设备的性能不受影响。

（4）对于一些精密、稀有、关键设备，在日常维护中要注意一般不要拆卸零件，必须拆卸时，应由专门的维修人员进行。一旦在操作运行中发现设备异常，应立即停止。

（5）严格按照设备使用说明书规定的加工范围进行操作，不允许超规格、超重量、超负荷、超压力使用设备。

（6）设备的润滑油料、清洗剂要严格按照说明书的规定使用，不得随意用代用品。

（7）精密、稀有设备在非工作时间要加防护罩。

（8）设备的附件和专用工具应有专用柜架搁置，防锈蚀，不得外借或作他用。

复习题

一、判断题

1. 仓储系统中的设备只是指储存设备。　　　　　　　　　　　　　　　　（　　）

2. 在选择搬运与输送设备时，需考虑货品特性、货品的单位、容器、托盘等因素，以及作业流程与状况、货位空间的配置等，同时还要考虑设备成本与使用操作的方便性。（　　）

二、名词解释

最小成本原则　　二级保养

三、简答题

1. 简述设备三段编号法的编号方式及代表意义。

2. 简述各类输送机的适用场合。

3. 简述不同类型货架的用途。

|第十章|
仓储与配送经营管理

学习目标

学习本章,掌握仓储与配送经营的含义及经营方法,仓储合同的主要条款及仓储合同的订立原则;明确仓储合同当事人的权利和义务;重点掌握合同成立、无效、变更、解除、合同违约和免责等内容。

本章案例

仓储合同违约处理

A公司是一家大型水果销售公司,靠收购水果,然后经过冷库存放几个月后销售。2017年8月,公司的武某、胡某收购了39 571件共计573.78吨香梨,与本地一家企业——大荔果业有限公司签订了一份仓储合同。该合同约定,仓储公司提供冷库保管香梨,约定仓储费每吨单价为560元,约定时间为2017年9月23日至2018年2月28日,双方对储存数量、种类、验收方式、出入库时间和具体方式、手续等做了约定。同时约定若任何一方有违约行为,都要承担违约金,总额为合同金额的20%。

合同签订后,大荔果业有限公司按时提供了冷库,在2018年2月7日前,A公司尚能自主提取存储物,后因冷库管理不当造成自己储存于原告处的香梨部分出现黑心现象,而不愿提取剩余的5吨香梨。双方因此而发生矛盾。

2018年4月,大荔果业有限公司将A公司告上法庭,要求A公司提取剩余的5吨香梨,并且支付违约金。

（案例来源:http://news.sina.com.cn/c/2018-06-01/doc-ihcikcew2149779.shtml。）

思考题

1. 该仓储合同是否生效?

2. 大荔果业有限公司的要求是否合理?

3. 简述仓储合同应具备哪些主要条款。

第一节　仓储与配送经营服务

一、仓储经营的含义与作用

仓储经营管理是指在仓库管理活动中,运用先进的管理原理和科学的方法,对仓储经营活动进行计划、组织、指挥、协调、控制和监督,充分利用仓储资源,以实现最佳的协调与配合,降低仓储经营管理成本,提高仓储经营效益。仓储经营管理是社会再生产顺利进行的保障,是保持物资原有使用价值和合理使用物资的重要手段,是加快资金周转,降低流通中各种费用与成本,提高经济效益的有效途径。仓储经营管理可以加强企业基础工作,提高管理水平,也可以充分利用仓储设施面向社会开展多样化服务,以获取更大利润。

二、仓储经营的方法

根据仓储的目的不同可以分为保管仓储、混藏仓储、消费仓储、仓库租赁和流通加工。

保管仓储是由仓储经营人提供完善的仓储条件,接受存货人的仓储进行保管,在保管期届满,将原收保的仓储物原料交还给存货人,存货人支付仓储费的一种仓储经营方法。保管仓储的目的在于保持仓储物原状,物品一般为数量大、体积大、对保管要求较高的大宗物资,如农副产品、工业制品等。保管仓储活动是等价有偿活动,保管人提供仓储服务,存货人支付仓储费。仓储保管经营的整个仓储过程一般有保管人进行全程操作,仓储费是仓储企业收入的主要来源。

混藏仓储是存货人将一定品质、数量的储存物交给保管人,保管人将不同存货人的同样仓储物混合保存,在合同期届满时,保管人只需以相同种类、相同品质、相同数量的替代物返还给存储人,保管人收取仓储费的一种经营方法,是保管仓储的一种特殊方式。混藏仓储是一种特殊的仓储方式,它的存储对象是种类物,保管物并不随交付而转移所有权,其存储费率往往比保管仓储的费率低。

消费仓储是指存货人在存放储存物时,同时将储存物的所有权也转移到了保管人处。在合同期届满时,保管人以相同种类、相同品质、相同数量替代品返还给存储人,并由存储人支付仓储费的一种仓储方法。消费仓储是一种更为特殊的仓储形式,它的储存物的所有权在仓储期间发生转移,其主要收入来源于仓储的消费收入,保管人返回相同种类、品质、数量的种类物。

仓库租赁是仓库所有人将企业拥有的仓库、场地、设备租给承租人,由承租人进行仓库经营,仓储所有人(出租人)收取出租费的经营方式。仓库租赁的具体方式可以是整体性出租,也可以采用部门出租、货位出租等分散方式。目前,世界各地箱柜委托出租的保管业务发展较为迅速,它是仓库业务者以一般城市居民和企业为服务对象,向其出租体积较小的箱柜保管非交易物品的一种仓储业务。它主要强调安全性和保密性,具有存货人自行保管货物、收入主要来自租金、设备维修由保管人负责等特点。

流通加工是指物品从生产地到使用地的过程中,根据需要施加包装、分割、计量、分拣、刷标志、栓标签、组装等简单作业的总称。流通加工的类型主要包括:为弥补生产领域加工不足的深加工；为满足需求多样化进行的服务性加工；为保护产品所进行的加工；为方便物流的加工；为促进销售的流通加工；为提高加工效率的流通加工；为提高原材料利用率的流通加工；为衔接不同运输方式，使物流合理化的加工；以追求企业利润为目的的流通加工；生产流通加工一体化的流通加工；等等。

三、配送经营的含义和范围

物流配送是现代流通业的一种经营方式。物流是指物品从供应地向接收地实体流动的过程。在物的流动过程中，根据实际需要，它包括运输、储存、装卸、包装、流通加工、配送、信息处理等基本功能活动。配送指在经济合理区域范围内里，根据客户要求，对物品进行拣选、加工、包装、分割、组配等作用，并按时送达指定地点的物流活动。物流与配送关系紧密，在具体活动中往往交结在一起，为此人们时常把物流、配送连在一起表述。

配送经营的主要方式是销售配送。销售配送是配送企业是销售性企业，或销售企业作为销售战略的一环所进行的促销型配送形式。其对象和用户一般不固定，取决于市场状况，随机性较强，大部分商店的送货上门服务属于这一类配送。

（一）销售配送的经营模式

1. 批发分销型销售配送

批发分销型销售配送的应用领域主要是大型商业批发企业，大型工业、农业企业在国际贸易中或全国性、大范围的批发分销。

2. 零售型销售配送

零售型销售配送是面向广大消费者的配送，主要是"门到人"和"门到门"方式的配送。

零售型销售配送可以采用电子商务的交易方式，也可以采用电话订货、传真订货、通信订货以及现在广泛采用的商店购货等方式进行交易活动，然后采用"商物分离"的方式，由配送中心或者商店进行配送。这是通用的配送方式，前面所讲的和电子商务配套的销售配送只是其中的一个类型。

（二）销售配送的电子商务实现模式

1. 和 B2C 电子商务配套的"门到人"销售配送

这种销售配送的用户是以生活资料为主体的最终消费者。这就决定了在管理上要面临数量庞大的用户、需求不稳定的用户、个性化及突发性需求的用户、每次需求品种及数量都较小的用户。当然，在这种情况下，很难实行计划配送，因而有非常大的管理难度。

2. 和 B2B 电子商务配套的"门到门"销售配送

这种销售配送的用户是以生产资料为主体的企业，或是以零售为主的商业企业。这些用户的特点是需求品种规格较多、数量较大、需求较稳定而且用户的数量确定，用户的随机性较小。所以，这种类型的销售配送，比较容易建立精细的计划管理。

在网络经济时代中，和虚拟网上交易相配套，利用配送方式将网上销售的商品送交用户，这是网络经济运行中必须要做的事情,销售配送作为电子商务重要的支撑力量,是不可缺乏的,因而也是"新经济"的一种经济活动方式。

(三)销售配送中心的经营范围

销售配送中心的经营范围非常广泛,以一家食品销售配送中心为例,其经营范围可包括以下方面:

(1)批发兼零售预包装食品、散装食品、日用百货;农副产品配送;种植蔬菜、水果;膳食管理;物业管理(依法须经批准的项目,经相关部门批准后方可开展经营活动)。

(2)生肉类批发;初级农产品的购销;新鲜果蔬购销;蔬菜种植业投资、家畜养殖业投资(具体项目另行申报);为餐饮企业提供管理服务;超市管理;软硬件的开发与销售。预包装食品(不含复热)、批发(凭有效的食品流通许可证经营);初级农产品的加工、配送(不含熟菜、配菜);普通货运(凭有效道路运输经营许可证经营)。

(3)膳食配送服务,膳食管理服务,餐饮服务(另设分支机构),销售预包装食品(含冷藏冷冻食品)、卷烟、日用品、初级农副产品、冻肉、劳保用品、茶具、酒具、陶瓷制品、工艺品、办公用品、电子产品、厨具、家用电器、厨房电器,批发业,零售业,实业投资,自有物业租赁,物业管理,蔬菜种植,淡水鱼养殖,收购初级农副产品。

第二节　仓储合同

一、仓储合同的定义

根据《中华人民共和国合同法》(简称《合同法》)第 381 条的规定,仓储合同是保管人储存存货人交付的仓储物,存货人支付仓储费的合同。仓储合同主要有以下法律特征,包括以保管人向他人提供仓储保管服务为合同标的;保管人以仓库为堆藏保管仓储物的设备;仓储物必须是动产;仓储合同的保管人,须是经工商行政管理机关批准的,依法能从事仓储保管业务的法人或经济组织;仓储合同是双务有偿合同。双方当事人互负给付义务;一方提供仓储服务,另一方给付报酬和其他费用;仓储合同是诺成合同、不要式合同。

二、仓储合同当事人

仓储合同当事人包括存货人和保管人。存货人是指将仓储物交付仓储的一方,保管人是指提供仓储物的保管服务的一方。保管人除应具备拥有保管设施和设备条件外,还必须拥有安全、消防等基本条件并取得相应的公安消防部门的许可,并取得从事仓储保管业务的资格。

三、仓储合同标的物

仓储保管人不可随意处分仓储物,但若仓储物毁损,须以实物进行赔偿。因此,物流产业下,一旦仓储合同标的物受到损害,强调实际履行,主张实物赔偿有其特殊的功能。首先,实际履行是实现合同目的,维护合同纪律所采取的必要补救方式;其次,在很多损失难以确定的情况下,实际履行更有利于保护受害人的利益;再次,从举证责任上看,受害人采用实际履行的补救方式可以不必承担损失的举证责任,这对于债权人十分有利。强调实物赔偿就相当于扩大意义上的实际履行,而金钱赔偿则是赔偿损失,实物赔偿有其合法性及合理性。

仓储合同的标的物,即存货人交付保管人保管的货物必须能够移动、需要存放到仓库经营人所拥有的仓库的货物,所以只能是动产。另外,仓储合同的标的物虽然多数是种类物,但一经建立仓储保管关系,该种类物就特定化了,因此,保管方不能擅自调换动用保管物,在合同终结时,保管方返还给存货方的应该是原交付保管的物品。

四、仓储合同的订立

(一) 仓储合同订立的原则

仓储合同的种类繁多,各种仓储合同的订立程序不尽相同,但当事人在订立仓储合同时必须遵循一定的原则。具体而言,应当遵守以下原则。

1. 平等原则

《合同法》第 3 条规定:"合同当事人的法律地位平等,一方不得将自己的意志强加给另一方。"这一原则在仓储合同的订立过程中有着极为重要的意义,根据这一原则,在订立仓储合同的过程中,要自觉有意识地遵循平等原则,不能以大欺小、以强凌弱,杜绝命令式合同,反对一切凭借职位、业务、行政等方面的优势而与他人签订不平等的仓储协议。

2. 公平及等价有偿原则

《合同法》第 5 条规定:"当事人应当遵循公平原则确定各方的权利和义务。"这一原则要求仓储合同的双方当事人依价值规律来进行利益选择,禁止无偿划拨、调拨仓储物,也禁止强迫保管人或存货人接受不平等的利益交换。

3. 资源与协商一致原则

《合同法》第 4 条规定:"当事人依法享有自愿订立合同的权利,任何单位和个人不得非法干预。"自愿意味着让存货人与保管人完全依照自己的知识、判断去追求自己最大的利益,协商一致是在自愿基础上寻求意见一致,寻求利益的结合点,仓储合同的订立只有在自愿与协商的基础上,才能最充分体现双方的利益,从而保证双方依约定履行合同。

(二) 订立仓储合同的程序

仓储合同的订立,是存货人与保管人之间依意思表示而实施的能够引起权利和义务关系发生的民事法律行为。其订立过程就是仓储合同的当事人之间就合同条款通过协商达成协议的过程。不同种类的仓储合同其订立过程不尽相同。一般来说,订立合同主要有两个阶段,即准备阶段和实质阶段,实质阶段又包括要约和承诺两个阶段。

1. 准备阶段

在许多场合,当事人并非直接提出要约,而是经过一定的准备,进行一些先期性活动,才考虑订立合同。其中包括接触、预约和预约邀请，其意义在于使当事人双方相互了解，为双方进入实质的缔约阶段创造条件，扫除障碍。

2. 实质阶段

根据《合同法》的规定，只要存货人和保管人之间依法就仓储合同的有关内容经过要约与承诺的方式达成意思表示一致，仓储合同即告成立。所以我们将之称为合同订立的实质阶段。

五、仓储合同主要条款

（一）仓储物的品名或品类

仓储物的品名或品类指所存仓储物的名称，即全称、标准名称或类别的标准名称。在订立仓储合同时，必须明确规定仓储物的全名或品类，必须清晰、明确，如果有代号的，应标明代号的全名，不符合法律规定的物不能保管。

（二）仓储物的数量、质量、包装

仓储物的数量指所存仓储物的多少，在确定合同数量时，有国家计划的应首先依据国家计划来确定，没有国家计划的应由双方协商确定，但存货人和保管人均要实事求是地确定，尤其是保管人要考虑自己的仓储能力。在合同中应明确规定仓储物的总量、计量单位等，数字要清晰无误。

仓储物的质量指所存仓储物的优劣、好坏。在确定仓储物质量时，要采取标准化，如果是国际仓储业务则应尽量使用国际标准。目前，我国实行的标准有国家标准、专业（部颁）标准、企业标准和协商标准。有国家标准的应使用国家标准，没有国家标准而有专业（部颁）标准的适用专业（部颁）标准。没有国家标准、专业（部颁）标准而有企业标准的，按企业标准执行；前三种都没有的，当事人可以协商标准。在确定质量时，要写明质量标准的全名。在适用协商标准时，当事人对质量的要求要清楚、明确、详细、具体地写入合同中。

仓储物的包装指对仓储物表面上的包装，包装的目的是保护仓储物不受损害。仓储物的包装有国家标准或专业标准的，应按国家标准或专业标准确定，没有国家或专业标准的，当事人在保证储存安全的前提下，可以协商议定。

（三）仓储物验收的内容、标准、方法、时间、资料

存货人交付仓储物给保管人储存时，保管人负责验收。存货人交付仓储物时包括仓储物和验收资料。保管人验收时对仓储物的品名、规格、数量、质量和包装状况等按包装上的标记或外观直辨进行验收；无标记的以存货人提供的验收资料为准。散装仓储物按国家有关规定或合同约定验收。验收方法在合同中确定具体采用全验还是按比例抽验。验收期限从仓储物和验收资料全部送达保管人之日起，至验收报告送出之日止。

（四）储存条件和保管要求

仓储物在仓库储存期间，由于仓储物的自然性质不同，对仓库的外界条件和温度、湿度等都有特定的要求。比如肉类食品要求在冷藏条件下储存；纸张、木材、水泥要求在干燥条件下

储存;精密仪器要求在恒温、防潮、防尘条件下储存。因此,合同双方当事人应根据仓储物的性质、选择不同的储存条件,在合同中明确约定。保管人如因仓库条件所限,达不到存货人的要求,则不能勉强接受。对某些较特殊的仓储物,如易燃、易爆、易渗漏、有毒等危险仓储物,在储存时,需要有专门的仓库、设备以及专门的技术要求,这些都应在合同中一一注明。必要时,存货人应向保管人提供仓储物储存、保管、运输等方面的技术资料,以防止发生仓储物毁损、仓库毁损或人身伤亡。例如,挥发性易燃液体在入库、出库时,保管人如不了解该液体的特性,采用一般仓储物的装卸方法,可能造成大量挥发外溢,酿成火灾。特殊仓储物需特殊储存条件、储存要求的,应事先交代明白。

(五) 仓储物进出库手续、时间、地点、运输方式

由存货人或运输部门、供货单位送货到库的,或由保管人负责到供货单位、车站、港口等处提运的仓储物,必须按照正常验收项目进行验收,或按国家规定当面交接清楚,分清责任。交接中发现问题,供货人在同一城镇的,保管人可以拒收;外埠或本埠港、站、机场、邮局到货,保管人应予接货,妥善暂存,并在有效验收期内通知存货人和供货人处理。对于仓储物的出库,也应明确存货人自提或保管人送货上门或者保管人代办运输的责任。

(六) 仓储物的损耗标准和损耗处理

仓储物在运输过程和储存中会发生数量、重量的减少,对这些损耗,合同应明确规定一个标准以作为划分正常与非正常损耗的界限。正常损耗不认为是损耗,视为符合合同要求履行;非正常损耗由运输或保管中的责任人负责。

(七) 计费项目、标准和结算方式、银行账号、时间

计费项目、标准指保管人收取费用的项目和标准,有国家规定的计费项目和标准的,按国家规定标准和项目执行,没有国家规定的,当事人可以协商议定。结算的方式是指存货人和保管人以何种方式结算。银行账号是指各自的银行、账号的名称。时间是指双方结算的时间界限,亦即何时结算,何时结算完毕。以上条款均须在合同中明确、详细规定,以免发生争议。

(八) 责任划分和违约处理

责任划分是指存货人和保管人在仓储物入库、仓储物验收、仓储物保管、仓储物包装、仓储物出库等方面的责任。这在合同中应明确规定,划清各自的责任。违约处理是指对保管人和存货人的违约行为如何处理。违约处理的方式有协商、调解、仲裁、诉讼等方式,违约责任形式有违约金、赔偿金等。这些在合同中也应明确规定。

(九) 储存期限,即合同的有效期限

合同一般应规定储存期限,但有的合同也可不规定储存期限,只要存货人按时支付仓储费即合同继续有效。

(十) 变更和解除合同的期限

在确定变更或解除合同期限时,有国家规定的应按国家规定执行,没有国家规定的,当事

人应在仓储合同中明确规定变更或解除的期限。此期限的确定应该合理,要考虑国家利益及当事人利益。

(十一) 其他事项

与仓储合同有关的仓储物检验包装、保险、运输等事项,也必须在合同中明确规定或另订合同。仓储合同不仅涉及仓储关系,有时还涉及其他关系。比如,与其有关的运输、保险等等。这些关系也必须在合同中明确规定或另订合同。

六、仓储合同当事人的权利和义务

(一) 保管方的主要权利

(1) 有权要求存货方按合同规定及时交付标的物。

(2) 有权要求存货方对货物进行必要的包装。

(3) 有权要求存货人告知货物情况并提供相关验收资料。

根据法律规定,存货人违反规定或约定,不提交特殊物品的验收资料的,仓管人可以拒收仓储物,也可以采取相应措施以避免损失的发生,由此产生的费用由存货人承担。

(4) 有权要求存货人对变质或损坏的货物进行处理。

(5) 有权要求存货人按期提取货物。

(6) 具有提存权。

(7) 有权按约定收取储存管理货物的各项费用和约定的劳务报酬。

(二) 保管方的主要义务

(1) 应存货人要求填发仓单的义务。

(2) 接受和验收存货人的货物入库的义务。

保管人应按合同的约定接受存货人交付储存的货物,并按合同约定的内容、标准、时间和方法对货物的品名、规格、数量、包装状况等进行验收,如发现有不符合合同约定的应及时通知存货人。

(3) 妥善保管储存物的义务。

(4) 危险通知义务。

储存的货物出现危险时,保管人应及时通知存货人。危险情形主要包括:第一,保管人对入库仓储物发现有变质或者其他损坏,危及其他仓储物的安全和正常保管的,应当催告存货人或仓单持有人做出必要的处置。因情况紧急代存货人做出必要处置的,应当于事后将该情况及时通知存货人或仓单持有人。第二,遇有第三人对其保管的货物主张权利而起诉或扣押时,保管人应及时通知存货人或仓单持有人。

(5) 返还保管物的义务。

合同约定的保管期届满或因其他事由终止合同时,保管人应将储存的原物返还给存货人或存货人指定的第三人。合同中约定有储存期限的在仓储合同期限届满前,保管人不得要求存货人提前取回保管物;存货人要求提前取回时,保管人不得拒绝,但保管人有权不减收仓储费。

（三）存货方的主要权利

（1）有权要求仓管方妥善管理货物。

（2）有权要求仓管方亲自看守管理仓储货物。

（3）有权要求仓管方及时验收货物。

（4）合同约定由仓管方运送货物或代办托运的，存货人有权要求对方将货物送至指定的地点或办理托运手续。

（5）有权检查仓储物。见《合同法》第388条规定。

（四）存货方的主要义务

（1）按照合同约定交付仓储物入库。存货人应按照合同约定的品名、数量、时间将货物交付保管人入库，并在验收期间向保管人提供验收资料。

（2）向仓管方支付报酬，即仓储费。仓储费是仓管人因提供保管服务而应当获取的报酬。存货人应按合同约定的数量、支付方式、地点、时间等支付仓储费。

（3）偿付必要费用。存货方应当支付仓管方因堆藏、保管货物所支出的必要费用，包括运费、修缮费、保险费、转仓费等。

（4）凭仓单提取仓储物并提交验收资料。存货人或者仓单持有人在合同期限届满时凭仓单及时提取储存的货物，并向仓管人提供仓储物的验收资料。

七、仓储合同的生效和无效

（一）仓储合同的成立

根据《合同法》的规定，当事人订立合同，应采取要约、承诺方式，承诺通知到达要约人时生效，承诺生效时合同成立。诺成性合同是指双方当事人意思表示一致时合同成立，即承诺生效时合同成立，一般是指承诺通知到达要约人时合同成立，而实践性合同是指双方当事人意思表示一致后，即承诺生效后，交付标的物时合同成立。

（二）仓储合同的生效

1. 合同生效的条件

合同是当事人双方的民事法律行为，因而必须具备《民法通则》第55条规定的民事法律行为的生效要件。因此，可以从理论上将合同生效的要件分为：

第一，合同当事人在缔约时必须具备相应的缔结合同的能力。

第二，合同当事人的意思表示真实。

第三，合同不违反国家法律、法规和社会公共利益。

第四，合同内容必须确定和可能。

2. 合同生效的形式

《合同法》第36条和第37条的规定表明，在合同形式问题上持一种较为宽松的态度，即通常情形下合同生效的形式与合同成立的形式相同,可以是口头形式、书面形式或者其他形式。但是法律、行政法规规定应当办理批准、登记等手续生效的,批准、登记这两种法定形式应当作为合同生效的必要条件。

3. 合同生效的时间

合同生效的时间是指合同发生法律效力的时间,具体包括以下几种情形:① 合同成立时即生效。② 法律法规规定应当办理批准、登记等手续生效的,办理批准、登记等手续时生效。③ 附期限或附条件的合同在所附条件成就或符合约定时间时生效。④ 效力未定的合同经法定当事人追认后生效。

(三) 仓储合同的无效

1. 合同无效的概念

合同无效作为一种法律现象,通常是指当事人之间已达成的协议或者已完成的交易不能发生预期的法律效果,或者约定的条款不能发生法律上的约束力。

2. 合同无效的原因

在一个有秩序的社会中,法律对当事人之间的协议或交易的承认和保护是有条件的,这些条件虽然因时因地而异,但概括起来无非两类:一是具备法律关系成立的要素,二是符合法律秩序的基本要求。《中华人民共和国民法通则》(简称《民法通则》)第 55 条规定:民事法律行为应当具备下列条件:① 行为人具有相应的民事行为能力;② 意思表示真实;③ 不违反法律或者社会公共道德。这些规定,表面上没有显著的差别,但是,由于社会历史条件的不同,人们在掌握和运用这些条件处理具体的交易行为时,则呈现出一定的差异。在不同的国家或者一个国家的不同时期,法律制度确定的合同无效的原因难免有所不同。

3. 合同无效的后果

关于合同无效的后果,各国的规则大体相同。概而言之,有以下要点:① 合同无约束力。② 恢复原状。③ 损害赔偿。

八、仓储合同的变更、解除

(一) 仓储合同的变更

1. 仓储合同变更的概念

仓储合同的变更,是指在仓储合同履行的主客观条件发生变化时,当事人为了使合同变更有利于履行,或更适应自己利益的需要,依照法律规定的条件和程序对已经合法成立的仓储合同的内容在原来合同的基础上进行修改或补充。例如,对仓储数量的增加或者减少,对履行期限的推迟或提前,以及对其他权利义务条款的修改、补充、限制等。仓储合同的变更,一般不溯及已经履行的部分,其效力仅及于未履行的部分。因此,合同的变更并不是从根本上终止合同关系,即不是合同的解除,合同变更的目的是为了便于履行,从而更好地满足合同的当事人经济利益的要求。

2. 仓储合同变更的条件和程序

仓储合同变更的条件如下：原已存在着仓储合同关系。存货人与保管人必须就合同变更的内容达成一致，协商一致是变更合同的必备条件。仓储合同的变更协议必须符合民事法律行为的生效要件。

仓储合同的变更其实是一个意思表示达成一致的过程，因此，一般的变更程序类同于通常合同订立程序，即须经双方协商一致，变更才能成立。当事人协商变更仓储合同一般需要注意以下两个阶段：首先，当发生了法定或约定变更条件且当事人又有意变更合同时，选定日期通知对方当事人。其次，对方当事人在接到变更合同的通知书后，应认真研究变更的有关内容或事项，并在法律规定或合同约定的期限内做出明确答复。

3. 仓储合同变更的法律效力

仓储合同变更后，被变更的内容即失去效力，存货人与保管人应按变更后的合同来履行义务，变更对于已按原合同所做的履行无溯及力，效力只及于未履行的部分。所以任何一方当事人不得因仓储合同的变更而要求另一方返还在此之前所做的履行。仓储合同变更后，因变更而给对方造成损失的，责任方应当承担损害赔偿责任。

（二）仓储合同的解除

仓储合同的解除是指仓储合同有效成立之后，在合同尚未履行或者尚未全部履行时，且具备合同解除条件，因当事人一方或双方的意思表示而使原合同设立的双方当事人的权利义务归于消灭。它是终止仓储合同的一种形式。

1. 仓储合同解除的方式

存货人与保管人协议解除合同。存货人与保管人协议解除合同，是指双方当事人通过协商或者通过行使约定的解除权而导致仓储合同的解除，因此，仓储合同的协议解除又可以分为事后协议解除和约定解除两种。

事后协议解除，是指存货人与保管人在仓储合同成立后，在合同尚未履行或尚未完全履行之前，当事人双方通过协商解除合同，使合同效力归于消灭的行为。

约定解除，是指存货人与保管人在订立仓储合同的时候，就在合同中约定一定的合同解除条件，在该条件成立时，享有解除权的一方当事人可以通过行使解除权而使仓储合同关系归于消灭。

2. 法定解除

仓储合同的法定解除是指仓储合同有效成立后，在尚未履行或尚未完全履行之前，当事人一方行使法律规定的解除权而使合同效力归于消灭。仓储合同一方当事人所享有的这种解除权是由法律明确规定的，只要法律规定的解除条件成熟，依法享有解除权的一方就可以行使解除权，而使仓储合同关系归于消灭。在以下几种情况下，可行使法定解除权：

（1）因不可抗力致使合同的目的不能实现。

（2）仓储合同的一方当事人迟延履行主要义务，经催告在合理期限内仍未履行，另一方当事人享有合同解除权。

（3）一方当事人将预期违约，即仓储合同的一方当事人履行合同之前或履行期间，明确表示或者以自己的行为表示将不履行主要义务,在这种情形下,对方当事人可行使法定解除权。

(4) 仓储合同的一方当事人迟延履行义务或有其他违约行为,致使合同的目的不能实现。

3. 仓储合同解除的程序

仓储合同中享有解除权的一方当事人在主张解除合同时,必须以通知的形式告知对方当事人。只要解除权人将解除合同的意思表示通知对方当事人,就可以发生仓储合同即时解除的效力,无须对方当事人答复,也无须其同意。如果对方有异议,可以请求法院或仲裁机构确认解除合同的效力。另外,仓储合同的解除权人应在法律规定或者约定的解除权行使期限内行使解除权,否则,其解除权将归于消灭。值得注意的是,一些特殊的仓储合同,法律法规规定解除应办理批准、登记的,应依照其规定予以办理。

4. 仓储合同解除的法律后果

《合同法》第 97 条规定:"合同解除后,尚未履行的,终止履行;已经履行的,根据履行情况和合同性质,当事人可以要求恢复原状、采取其他补救措施,并有权要求赔偿损失"。由此可见,仓储合同解除的法律后果有以下几个方面:

(1) 终止履行。仓储合同解除的法律效力就是使仓储合同关系消灭,使一切基于该仓储合同而发生的权利义务关系终止。

(2) 采取补救措施。仓储合同是提供储存与保管服务的合同,这种性质决定了保管人不可能在合同解除时要求存货人恢复原状,而只能要求对方采取折价补偿等方式来补救,如采取偿付额外支出的仓储费、保管费、运杂费等方式。

(3) 赔偿损失。仓储合同解除后,存货人或保管人应当承担由于合同解除而给对方造成的损失。

(三) 仓储合同的终止

所谓仓储合同的终止,是指当事人之间因仓储合同而产生的权利义务关系,由于某种原因而归于消灭,不再对双方具有法律约束力。仓储合同的终止具有以下几个方面的法律特征:① 必须具备合同终止的法律事实,即必须具有引起合同双方权利义务关系消灭的事件或行为;② 合同双方的权利义务因合同终止而消灭,合同不再履行;③ 合同的终止并不免除当事人的违约责任和赔偿责任。

《合同法》第 91 条规定,有下列情形之一的,合同的权利义务终止:① 债务已经按照约定履行;② 合同解除;③ 债务相互抵销;④ 债务人依法将标的物提存;⑤ 债权人免除债务;⑥ 债权债务同归于一人;⑦ 法律规定或者当事人约定终止的其他情形。据此,仓储合同除了因上节所述的解除而终止外,还可以由于下列原因而终止:

(1) 仓储合同因履行而终止。仓储合同因履行而终止是合同终止的最为理想的状态,因为当事人订立合同的目的就在于通过双方合同义务的履行而实现各自的合同权利,从而达到预期的合同目的。

(2) 仓储合同因提存而终止。《合同法》第 393 条规定:"储存期间届满,存货人或者仓单持有人不提取仓储物的,保管人可以催告其在合理期限内提取,逾期不提取的,保管人可以提存仓储物。"由此可见,仓储物提存后,保管人不再受仓储合同权利义务的约束,合同关系因提存而归于消灭。

（3）仓储合同因双方协议而终止。仓储合同双方当事人经协商一致可以自愿终止相互之间的权利义务关系。

（4）仓储合同因混同而终止。混同是指债权人和债务人同归一人，从而使合同关系消灭。就仓储合同而言，是指仓储合同的双方当事人即保管方和存货方合二为一，合同中的权利义务均由一方承受，从而使原仓储合同失去履行的必要，合同关系自行终止。

九、仓储合同的违约责任和免责

（一）仓储合同违约责任的概念

仓储合同的违约责任是指仓储合同的当事人，因自己的过错不履行合同或履行合同不符合约定条件时所应承担的法律责任。

（二）仓储合同违约责任的构成要件

仓储合同违约责任的构成要件是指仓储合同当事人承担违约责任应当具备的条件，根据《合同法》的规定，当事人承担仓储合同的违约责任应具备以下要件。

1. 合同当事人必须有违约行为

仓储合同当事人的违约行为主要有以下几种情形：

（1）拒绝履行。所谓拒绝履行是指仓储合同的义务一方当事人无正当理由而拒绝履行的行为。拒绝履行仓储合同的意思表示可以是明示的，也可以是默示的。单方毁约、没有履行义务的行为、将应当交付的仓储物做其他处分等，均可以推定为不履行义务的表现。如果仓储合同的义务人拒绝履行义务，权利人有权解除合同，给权利人造成损失的，权利人有权请求义务人赔偿其遭受的损失。

（2）履行不能。所谓履行不能是指由于某种情况的发生，使当事人不可能履行其合同义务。履行不能可能由于客观原因而不能履行，如仓储物因发生不可抗力而毁损；也可能由于当事人的主观过错而造成合同不能履行，如仓储物在交付保管之前，由于存货人的过错而灭失。

（3）部分履行。所谓部分履行是指当事人仅履行了合同约定的部分义务的行为，没有履行的部分仍然构成违约，应承担违约责任，但属于国家法律明确规定或当事人约定的计量上的正负尾差、合理磅差及合理的在途损耗则不属违约行为，当事人不承担违约责任。

（4）迟延履行。迟延履行，又称逾期履行，是指仓储合同的当事人无正当理由在合同规定的履行期限届满以后才履行合同的行为。在仓储合同中，常见的迟延履行有以下几种情况：保管人未在合同规定的期限内返还仓储物；存货人未按时将货物入库；未在约定的期限内支付仓储费用等。

（5）瑕疵履行。又称不适当履行，即未按法律规定、合同约定的要求履行的行为。在仓储合同中，在货物的入库、验收、保管、包装、货物的出库等任何一个环节未按法律规定或合同的约定去履行，就属于不适当履行。

2. 违约行为当事人主观上存在过错

所谓过错是指违约人不履行或未按要求履行合同时的主观心理状态,包括故意和过失。无论当事人在主观上是故意还是过失,只要由于其过错而导致违约行为的发生,当事人就应承担违约责任。在仓储合同实务中,当事人的过错主要有以下几种情况:① 单方过错,即由于合同一方当事人的过错而导致仓储合同不能履行或不能完全履行的情况,单方过错只能由有过错的一方承担违约责任;② 双方过错,即共同过错,指双方当事人对仓储合同的不能履行或不能完全履行均有过错;③ 第三人过错,即由于第三人的过错而导致合同不能履行或不能完全履行。

(三) 仓储合同违约责任的归责原则及形式

1. 仓储合同违约责任的归责原则

合同责任的认定必须依循一定的归责原则。承担仓储合同违约责任应该遵循以下原则:

(1) 无过错责任原则。该原则又称为严格责任原则,是指不论违约方主观上有无过错,只要其履行合同债务给对方当事人造成了损害,就应当承担合同责任,简言之,即有违约行为就应承担违约责任。

(2) 赔偿实际损失原则。除法定违约金外,仓储合同的当事人可以在合同中约定违约金,也可以约定损失赔偿额的计算方法。如当事人没有约定违约金或者赔偿损失额的计算方法的,则损失赔偿的金额应相当于因违约所造成的实际损失,并可以包括合同履行后可以获得的利益,但不得超过违反合同一方订立合同时应当预见的损失,这就是违约责任中的赔偿实际损失原则。

2. 仓储合同违约责任的形式

仓储合同违约责任的形式,是指当事人一方违约时,依照法律的规定或合同的约定,应当承担民事责任的种类,根据《民法通则》及《合同法》的相关规定,仓储合同违约责任的形式主要有以下几种:

(1) 支付违约金。违约金是指仓储合同当事人一方发生违约时,依据法律的规定或合同的约定按照价款或者酬金总额的一定比例,而向对方支付一定数额的货币。

(2) 损害赔偿。仓储合同损害赔偿是指仓储合同一方当事人在其违约时,在支付违约金或采取其他补救措施后,如果对方还有其他损失,违约方应承担赔偿损失的责任。损害赔偿最显著的特征为补偿性,在合同规定了违约金的情况下,赔偿金是用来补偿违约金的不足部分。如果违约金已能补偿经济损失,就不再支付赔偿金。

(3) 继续履行。继续履行是指一方当事人在不履行合同时,对方有权要求违约方按照合同规定的标的履行义务或向法院请求强制违约方按照合同规定的标的履行义务,而不得以支付违约金和赔偿金的办法代替履行。

(4) 采取补救措施。所谓补救措施,是指在违约方给对方造成损失后,为了弥补对方遭受的损失,依照法律规定由违约方承担的违约责任形式。在仓储合同中,这种补救措施表现为当事人可以选择偿付额外支出的保管费、保养费、运杂费等方式。

3. 仓储合同违约责任的免除

违约责任的免除,是指一方当事人不履行合同或法律规定的义务,致使对方遭受损失,由于不可归责于违约方的事由,法律规定违约方可以不承担民事责任的情形。在仓储合同中免除违约责任的条件主要是不可抗力。根据《民法通则》《合同法》的相关规定,仓储合同违约责任的免除有以下几种情况:

(1) 因不可抗力而免责。所谓不可抗力,是指当事人不能预见、不能避免并且不能克服的客观情况。它包括自然灾害和某些社会现象。前者如火山爆发、地震、台风、冰雹等,后者如战争、罢工等。

(2) 因自然因素或货物本身的性质而免责。货物的储存期间,由于自然因素,如干燥、风化、挥化、锈蚀等或货物(含包装)本身的性质如易碎、易腐、易污染等,导致的损失或损耗,一般由存货人负责,保管方不承担责任。

(3) 因受害人的过错而免责。在仓储合同的履行中,受害人对于损失的发生有过错的,根据受害人过错的程度,可以减少或者免除违约方的责任。

第三节　销售配送合同

一、销售配送合同的概念

销售配送合同是指配送人在将物品所有权转移给用户的同时,为用户提供配送服务,由用户支付配送费的合同。

销售配送合同是商流合一的合同,其中关于配送服务部分的条款与配送服务合同基本相同,而关于转移标的物所有权部分的条款与买卖合同相似。

二、销售配送合同的主要条款

一般销售配送合同主要包括下列条款:

(1) 当事人的名称、地址。

(2) 商品名称、品质条款。

(3) 加工条款。双方关于配送人对商品进行拣选、组配、包装等的约定。

(4) 送货条款。双方关于配送人送货的数量和批次、送货时间和地点等内容。

(5) 检验条款。

(6) 价格与报酬条款。

(7) 结算条款。

(8) 合同变更与终止条款。

(9) 违约责任条款。

(10) 争议解决条款。

三、销售配送中心的权利和义务

(一) 权利

(1) 要求用户支付配送费的权利。

(2) 要求用户及时受领货物的权利。

(3) 要求用户协助的权利。

(二) 义务

(1) 及时提供符合合同约定货物的义务。

(2) 转移货物所有权的义务。

(3) 告知义务。

销售配送合同的一般要求与仓储合同基本相同,在此不再赘述。

复习题

一、单选题

1. 仓储保管人的权利不包括(　　)。

A. 拒收权　　　　　B. 要求提货权　　　　C. 提存权　　　　　D. 检查权

2. 关于仓单的性质,下列说法不正确的是(　　)。

A. 仓单是提货凭证　　　　　　　　B. 仓单是有价证券

C. 仓单是所有权的法律文书　　　　D. 仓单是仓储合同

3. 下列(　　)权利不属于存货人。

A. 提货权　　　　　B. 转让权　　　　　C. 提存权　　　　　D. 索偿权

4. 在违约方给对方造成损失后,为了弥补对方遭受的损失,依照法律规定由违约方承担的违约责任方式称为(　　)。

A. 补救措施　　　　B. 继续履行　　　　C. 损害赔偿　　　　D. 支付违约金

二、多选题

仓储合同当事人可以从下列(　　　)方面明确双方的责任。

A. 货物入库　　　　B. 货物验收　　　　C. 货物保管　　　　D. 货物包装

E. 货物出库

三、判断题

因接运中的装载不牢固而使货物丢失的,或无人押运被窃等原因造成商品短少的,一般由责任方负责赔偿。
(　　)

四、名词解释

仓储经营管理　仓储合同

五、简答题

1. 简述仓储合同订立的原则。
2. 仓储合同应具有哪些条款?
3. 仓储合同中保管方有哪些主要权利?
4. 简述仓储合同变更的条件和程序。
5. 仓储合同违约责任应具备哪些要件?
6. 仓储合同违约责任的免除有哪几种情况?

|第十一章|
信息技术在仓储与配送管理中的应用

📖 **学习目标**

学习本章,掌握仓库管理系统 WMS 功能作用及操作流程,仓储配送信息系统的设计原则;重点掌握 EDI 技术、条码技术、射频识别技术和智能系统等信息技术在作业中的实际应用。

📖 **本章案例**

Today 便利店自主研发冷链 WMS 系统

2017 年 12 月,王某在成为 Today 供应链总监之后,构建了一个基于互联网,用数据实时驱动的新零售供应链物流平台。

2018 年 3 月 14 日,由 Today 自主研发的天空 WMS 仓储管理系统在冷链配送中心上线,将大大提高 Today 便利店冷冻、冷藏食品的配送效率,为消费者创造更极致的新鲜生活体验。并规划了由天象物流运营平台、天宫中央库存平台、天空仓储作业系统、天马配送调度系统四大系统组成的新零售智慧供应链物流平台,为 Today 提供高效极致的多温层物流产品服务。

在天空 WMS 系统全面运行之后,Today 技术中心将通过掌握的核心大数据,逐步构建起一个基于互联网,用数据实时驱动的新零售协同物流及供应链平台,赋能"鲜生活"。

这也意味着,在未来,Today 的零售云将变成一个全新的自主研发的零售云平台,重新定义供应链物流体系,实现未来便利店的店仓一体化,以创新技术为 Today 重构人货场的云零售模式赋能。

(案例来源:http://www.linkshop.com.cn/web/archives/2018/398598.shtml。)

思考题

1. 结合案例,简述 Today 开发的 WMS 的功能及作用。
2. 简述 WMS 的操作流程。

第一节　仓储与库存管理信息系统

一、仓储管理系统

(一) 概述

仓储管理系统(Warehouse Management System,WMS)是现代仓储企业进行货物管理和处理的业务操作系统。它可以实现本地一个仓库的精细化管理,也可实现制造企业、物流企业、连锁业在全国范围内、异地多点仓库的管理;它可以对货物存储和出货等进行动态安排,可以对仓储作业流程的全过程进行电子化操作;可以与客服中心建立数据接口使客户通过互联网实现远程货物管理,可以与企业的 ERP 系统实现无缝连接。

　　仓储管理是物流作业管理的核心。仓储管理系统的建设历来受到人们的普遍重视。特别是随着配送理念的推广以及仓储中心的建设,WMS 系统已经突破原有的范畴,成为仓储中心物流管理信息系统的代名词。

(二) 仓储管理信息处理流程

　　现代仓储管理已经转变成履行中心,它的功能包括:传统的仓储管理、交叉转运/在途合并、增值服务流程、退货、质量保证和动态客户服务。下面基于仓库管理系统对仓储管理业务流程加以说明。

　　WMS 软件由许多功能软件子系统组合构成,基本软件情况及构成如表 11-1 所示。

表 11-1　仓库管理系统及其组成

WMS	入库管理子系统	入库单数据处理(录入) 条码打印及管理 货物装盘及托盘数据登录注记(录入) 货位分配及入库指令发出 占用货位的重新分配 入库成功确认 入库单据打印
	出库管理子系统	出库单数据处理(录入) 出库品项内容生成及出库指令发出 错误货物或倒空的货位重新分配 出库成功确认 出库单据打印
	数据管理子系统	货位管理查询 货物编码查询库存 入库时间查询库存 盘点作业 货物编码管理 安全库存量管理 供应商数据管理 使用部门数据管理 未被确认操作的查询和处理 数据库与实际不符记录的查询和处理
	系统管理子系统	使用者及其权限设置 数据库备份操作 系统通信开始和结束 系统的登录和退出

现就表 11 - 1 中各项构成内容简要说明如下。

1. 入库管理子系统

(1) 入库单数据处理(录入)。入库单可包含多份入库分单,每份入库分单又可包含多份托盘数据,如图 11 - 1 所示。

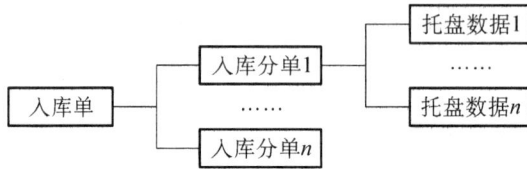

图 11 - 1　入库单基本结构

入库单的基本结构是每个托盘上放一种货物,因为这样会使仓储的效率更高,流程更清晰。

(2) 条码打印及管理。条码打印及管理的目的仅是为了避免条码的重复,以使仓库内的每一个托盘货物的条码都是唯一的标志。

(3) 货物装盘及托盘数据登录注记(录入)。入库单的库存管理系统可支持大批量的一次性到货。这个管理系统的运作过程大体是:批量到货后,首先要分别装盘,然后进行托盘数据的登录注记。所谓托盘数据是指对每个托盘货物分别给予一个条码标记,登录注记时将每个托盘上装载的货物种类、数量、入库单号、供应商、使用部门等信息与该唯一的条码标记联系起来。注记完成后,条码标记即成为一个在库管理的关键,可以通过扫描该条码得到该盘货物的相关库存信息及动作状态信息。

(4) 货位分配及入库指令发出。托盘资料注记完成后,该托盘即进入待入库状态,系统将自动根据存储规则(如货架使用区域的划分)为每一个托盘分配一个适合的空货位,并向手持终端发出入库操作的要求。

(5) 占用货位的重新分配。当所分配的货位实际已有货物时,系统会指出新的可用货位,通过手持终端指挥操作的完成。

(6) 入库成功确认。从注记完成至手持终端返回入库成功的确认信息前,该托盘的货物始终处于入库状态。直至收到确认信息,系统才会把该盘货物状态改为正常库存,并相应更改数据库的相关记录。

(7) 入库单据打印。打印实际收货入库单。

2. 出库管理子系统

(1) 出库单数据处理(录入),是指制作出库单的操作。每份出库单可包括多种、多数量货物。出库单分为出库单和出库分单,均由手工输入生成。

(2) 出库品项内容生成及出库指令发出。系统可根据出库内容以一定规律(如先入先出、就近等),生成出库内容,并发出出库指令。

(3) 错误货物或倒空的货位重新分配。当操作者通过取货位置扫描图确认货物时,如果发现货物错误或货位实际上无货,只要将信息反馈给系统,系统就会自动生成下一个取货位置,指挥完成操作。

(4) 出库成功确认。手持终端确认货物无误后,发出确认信息,该托盘货物即进入出库运行中的状态。在出库区现场终端确认出库成功完成后,即可取出数据库的托盘条码,并修改相应数据库的记录。

（5）出库单据打印,指打印与托盘相对应的出库单据。

3. 数据管理子系统

（1）存库管理。

① 货位管理查询。查询货位使用情况(空、占用、故障等)。

② 货物编码查询库存。查询某种货物的库存情况。

③ 入库时间查询库存。查询以日为单位的在库库存。

④ 盘点作业。进入盘点状态,实现全库盘点。

（2）数据管理。

① 货物编码管理。提供与货物编码相关信息的输入界面,包括编码、名称、所属部门、单位等的输入。

② 安全库存量管理。提供具体到某种货物的最大库存、最小库存参数设置,从而实现库存量的监控预警。

③ 供应商数据管理。录入供应商编号、名称、联系方法,供出入库单使用。

④ 使用部门数据管理。录入使用部门、编号、名称等,供出入库单使用。

⑤ 未被确认操作的查询和处理。提供未被确认操作的查询和逐条核对处理功能。

⑥ 数据库与实际不符记录的查询和处理。逐条提供选择决定是否更改为实际记录或手工输入记录。

4. 系统管理子系统

（1）使用者及其权限设置。使用者名称、代码、密码、可使用程序模块的选择。

（2）数据库备份操作。提供存储过程每日定时备份数据库或日志。

（3）系统通信开始和结束。因系统有无线通信部分,因此提供对通信的开始和关闭操作功能。

（4）系统的登录和退出。提供系统登录和退出界面相关信息。

二、WMS 的功能及作用

仓库管理系统有计划和执行两个功能。计划功能包括订货管理、运送计划、员工管理和仓库面积管理等。执行功能包括进货接收、分拣配货、发货运送等。在供应链管理中仓库管理系统技术的作用表现为配货、发货运送等。在供应链管理中仓库管理系统技术的作用表现在两个方面:一是减少库存水平方面的作用,二是与供应链互动所产生的作用。

（一）WMS 的计划功能

订货管理是顾客订货和顾客询问的登录点。通过使用 WMS 技术可以登录和维护顾客订货。当收到订货或询问时,订货管理就存取所需要的信息,编辑适当的计算结果,然后对保留的可接受的订货进行处理。订货管理还能提供有关存货可行性的信息和交付日期,以获悉和确认顾客的期望。订货管理,连同顾客服务代表一起,形成了顾客和企业物流信息系统之间最基本的界面。

运送作业结合 WMS 技术来指导配送中心的实际活动,其中包括物料搬运、储存和订货选择等。

在批量作业环境下,通过 WMS 技术开出一份指示清单或任务清单,来指导仓库内的每一位物料搬运人员。在实时作业的环境下,诸如条形码、无线电射频通信,以及自动搬运设备等信息导向技术交互作业,以减少决策和行动之间的时间。当综合物流变成现实时,继续在单一的作业组织结构中集中功能的压力就减小了,随着信息网络的出现,正式分组已变得越来越不重要。人员组织被信息技术逐步分化,形成一种扁平结构时,信息技术就达到了指导组织结构调整的目的。同样,WMS 技术,对规划仓库库容管理方面和搬运装卸的组织计划等,都有十分重要的指导意义。

(二) WMS 的执行功能

对于厂商或批发商来讲,尽管以前物流中心都分散建立在营业支店等经营场所附近,随着近年来制造业和流通业物流活动的广泛开展及高度化物流服务的出现,物流中心越来越具有集约化、综合化的倾向。在这类中心里,伴随着订发货业务的开展,物资检验作业也在集约化的中心内进行。条形码的广泛普及、便携式终端性能的不断提高,使得物流作业效率得到大幅度提高。即在客户订货信息的基础上,在进货物资上要求贴付条形码,物资进入中心时用扫描仪读取条形码检验物资;或在企业发货信息的基础上,在检验发货物资时同时加贴条形码,这样企业的仓库保管及发货业务都在条形码管理的基础上进行。

随着零售企业的不断崛起,不少大型零售企业都建立了自己的配送中心,由自己的配送中心将物资直接运送到本企业的各支店或店铺。采用这种配送形态的企业,一般都在物资上贴付含有配送对象店铺名称的条形码,从而在保证物资检验作业合理化的同时,实现企业配送作业的效率化。

利用 WMS 技术事先做好销售账单、发货票等单据的制作和发送工作,即使批发商自己进行物资分拣再按订货要求配送,也都采取这种办法;与此同时,将备货清单传送到用户指定的店铺。备货作业按照不同的配送用户在物资上贴付条形码,分拣作业时只要用扫描装置读取条形码,便能自动按不同的配送场所进行分拣。

(三) WMS 在库存管理中的作用

WMS 技术能精确地反映当前状况和定期活动,这样可以衡量存货水平。平稳的物流作业要求实际的存货与物流信息系统报告中的存货相吻合的精确性最好在 99% 以上。当实际存货和信息系统中的存货之间存在较低的一致性时,就有必要采取缓冲存货或安全存货的方式来适应这种不确定性,增加信息的精确性,也就减少了不确定性,并减少了存货需要量。

WMS 技术能及时提供快速的管理反馈。不及时是指活动发生时与该活动在信息系统内可见时间的耽搁。例如,在某些情况下,系统要花费几个小时或几天才能将一个新订货看成为实际需求,因为该订货并不始终会直接进入到现行需求量数据库。结果,在认识实际需求量时就出现了耽搁,这种耽搁会使计划制订的有效性减少,而使存货量增加。另一个有关及时性的例子涉及当产品从"在制品"进入"制成品"状态时存货量的更新。尽管实际存在着连续的产品流,但是,信息系统中的存货状况也许是按每小时、每工班,或按每天进行更新的。显然,实际更新或立即更新更具及时性,但是它们也会导致增加记账工作量。编制条形码、扫描和 EDI 有助于及时而有效地记录。

及时的管理控制是在还有时间采取正确的行动或使损失减少到最低程度的时候能够提供信息的管理控制。概括地说，及时的信息减少了不确定性，并识别了种种问题，于是减少了存货需求量，增加了决策的精确性。

WMS技术必须以异常情况为基础，突出问题和机会。物流作业通常要满足大量的顾客、产品、供应商和服务公司的不同需求。例如，必须定期检查每一个产品—选址组合的存货状况，以便制订补充订货计划。另一个重复性活动是对于非常突出的补货订货状况的检查。通常，这种检查过程需要问两个问题。第一个问题涉及是否应该对产品或补充订货采取任何行动。如果这个问题的答案是肯定的，那么，第二个问题就涉及应该采取哪一种行动。

许多物流信息系统要求手工完成检查，尽管这类检查正愈来愈趋向自动化。仍然使用手工处理的依据是有许多决策在结构上是松散的，并且是需要经过用户的参与才可做出判断的。

物流信息系统结合了决策规划，去识别这些要求管理部门注意并做出决策的"异常"情况。于是，计划人员或经理人员就能够把他们的精力集中在最需要引起注意的情况或者能提供的最佳机会来改善服务或降低成本的情况。表11-2说明了以异常情况为基础的存货管理报告，表中列举了存货水平、行动时间、提醒日期及未来的行动方式。这类异常情况报告可以使计划人员利用其时间来提炼建议，而不是浪费时间去识别那些需要做出决策的产品。

表 11-2　以异常情况为基础的存货管理报告

产　品	时　间	水　平	行　动	订　货	日　期
A	立即	没有现货	—	不公开 PO	—
B	立即	没有现货	发货	实盘 PO100	过期
C	有限期内	没有现货	发货	计划 MO100	6月29日—7月1日到期
D	立即	使用安全存货	发货	实盘 MO200	过期
E	有限期内	—	释放	系统订货 200	6月8日
F	超出有限期	没有现货	发货	实盘 PO100	6月29日—7月5日到期
G	有限期内	存货过剩	取消	计划 PO150	10月1日
H	有限期内	存货过剩	推迟	实盘 MO100	10月1日—12月1日到期

WMS技术往往包含有一个配送中心存货状态显示屏，显示屏列出一个产品和配送中心。这种形式要求一个顾客服务代表在试图给存货定位以满足某个特定顾客的订货时，检查每一个配送中心的存货状况。换句话说，如果有5个配送中心，就需要检查和比较这5个计算机显示屏。适当的形式会提供单独1个显示屏，包含所有这5个配送中心的存货状况。这种组合显示屏使得一个顾客代表更加容易识别产品的最佳来源。

显示屏或报告还有效地向决策者提供所有相关的信息。显示屏将过去信息和未来信息结合起来，信息中包含现有库存、最低库存、需求预测，以及在一个配送中心单独一个品目的计划入库数。这种结合了存货流量和存货水平的图形界面显示，当计划的现有库存有可能下跌到最低库存水平时，有助于计划人员把注意力集中在按每周制订存货计划和订货计划上。例如，一个计划人员通过检查图11-2中的显示屏，就能轻易地看到当前的(0周)现有库存恰好处在最低水平，如果不采取行动的话，在第7周的期间内将会没有库存。

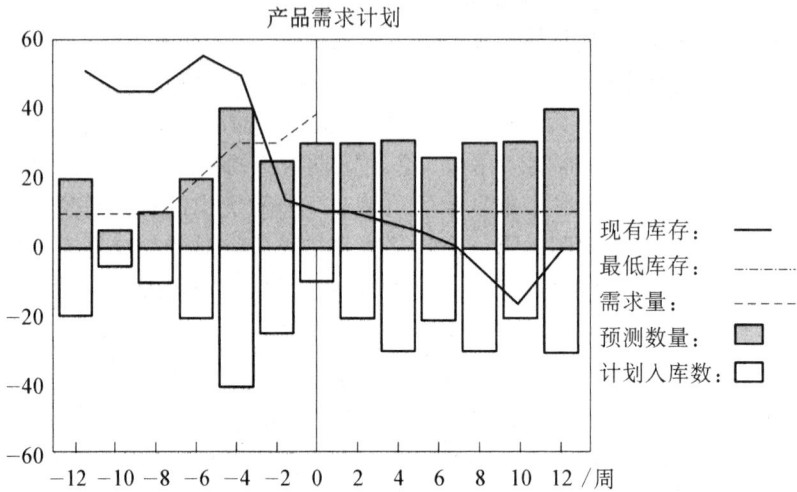

图 11-2　适当形式的显示屏

三、WMS 的操作流程

仓库管理系统最重要的操作流程应该是入库和出库操作流程。

(一)入库操作流程

入库操作流程如图 11-3 所示。

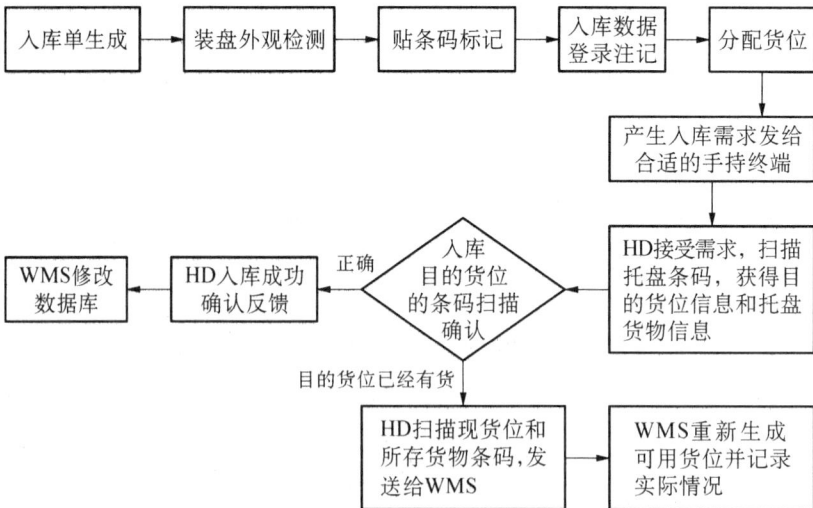

图 11-3　某仓库入库流程图

从图 11-3 可以看出,入库后首先生成入库单,每份入库单可包含多种货物,按货物不同,又将入库单分成入库分单。等装盘完毕,在经人工检验认为外观尺寸等合格的托盘上贴以条码标记,通过扫描托盘条码标志(或人工键入),确认货物种类和数量的输入后,即完成托盘条码与所载货物信息的注识,亦即入库数据登录注记。此时该托盘货物即进入"待入库状态",注记完成的货物托盘所处的状态会一直被管理系统跟踪和监控,直至出库成功取消该注记为止。

注记完成的货物托盘由管理系统分配一个目的储存货位,同时该操作需求被发送到 HD,HD 接受需求,扫描托盘条码,即可得到该托盘的目的操作货位和货物信息。然后根据 HD 指示,由操作人员驾驶堆垛机行驶至目的货位。如果一切正常,操作人员将用 HD 扫描确认目的货位,操作成功后做确认反馈,管理系统收到操作成功确认后,即修改数据库相关记录,最终完成一次入库操作。

如果目的货位已有货物,HD 将扫描现有货物条码,并发送给管理系统。管理系统将该异常情况记入数据库,并生成一新的推荐目的货位,指挥重新开始操作,直至成功完成本次操作。

(二) 出库操作流程

出库操作流程如图 11 - 4 所示。

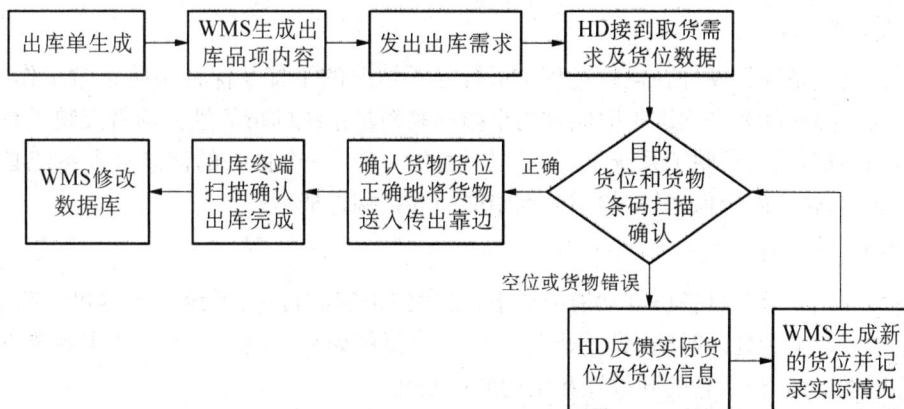

图 11 - 4　某仓库出库流程图

出库流程始于出库单的生成,接着管理系统将根据出库单内容以一定规律(如先入先出等)生成出库品项和内容,即出库货位和货位信息。HD 接到操作目的货位信息后,还须由操作人员驾驶堆垛机驶至目的货位,扫描确认货位货物信息。经确认无误,操作人员即取出货物并送至待出库区。此时货物的状态为"位于待出库区",最终由出货终端扫描确认后,发出操作完成确认信息给系统。管理系统收到此确认信息后才修改数据库的相关记录。

如果堆垛机驶至取货货位,扫描确认发现异常(空货位或货物错误)时,HD 即将此信息发送给管理系统,管理系统将该异常情况记录入数据库并生成一新的推荐货位,指挥重新开始操作,直至成功完成此操作。

四、仓储信息管理系统的设计

(一) 系统设计的主要工作

(1) 系统设计的主要工作包括新系统的总体设计、代码设计、数据库设计、输入/输出设计、处理流程及功能模块设计等。

（2）代码设计规范的制定。

（3）资料存储设计。主要包括数据库设计、数据库的安全保密设计等。

（4）计算机处理过程设计。主要包括输入/输出设计、处理流程图设计和编写程序设计说明书等。

（5）系统物理配置方案设计。主要包括设备、通信网络的选择、设计和数据库管理系统的选择等。

（二）系统设计的主要原则

1. 系统性的原则

由于系统是作为统一整体而存在的，因此，系统设计时，始终要考虑系统设计要从总体目标出发，要服从总体的要求。例如，系统的代码要统一，标准的设计规范，传输的语言尽可能一致，对系统的采集要做到输出一致，使一次输入多次利用。

2. 可靠性原则

可靠性是指系统软硬件在运行过程中抵抗异常情况的干扰及保证系统正常工作的能力。可用平均无故障时间和平均维护时间这两个指标来衡量系统的可靠性。前者反映了系统安全运行的时间周期，后者反映了系统工程可维护性的好坏。一个良好的信息管理系统必须具有较高的可靠性，包括安全保密性、检错和纠错能力和抗病毒能力。

3. 简单、灵活性原则

简单性原则要求在具备所需功能前提下，要达到预定的目标，系统应当尽可能简单，便于管理。这样可以减少处理时间，降低处理费用，提高系统效率。灵活性原则要求系统应该具有很强的环境适应性，包括它的开放性和结构的可变性。

4. 系统的运行效率

系统的运行效率主要包括：处理能力，指在单位时间内处理事务的数量；处理速度，指处理单个事务的平均时间；响应时间，指从发出处理要求到给出处理结果所需的时间。

5. 经济性原则

在满足相应要求的条件下，应尽可能选择性价比高的、相对成熟的产品，不必贪新求大。

（三）系统设计中的信息采集

信息采集是仓库管理信息的前提和基础。实现自动化信息采集是一个优秀的仓库管理信息系统不可缺少的组成部分。随着实时通信技术的发展，无线频率设备、局域网、条形码及扫描装置使人们可以迅速准确地采集信息，并实时反映信息变化情况。

无线频率信息采集技术是一种准确性、及时性很强的信息采集技术，其在库存中在使用起重机车的场合应用最多的。地面人员通过终端将指令传递给起重机操作员，并接收操作员传回的信息，其反应时间为3～6秒。概括起来，使用无线频率信息采集系统具有以下优点：

（1）可很容易地使用随机储存计划，极大地节省库存空间；

（2）节省劳动力（8%～35%）；

（3）消除库存人工计数；

（4）增加准确率，使其达到99％以上；

（5）便于执行纪律；

（6）能自动生成重要数据并可产生十分有利的问题报告；

（7）减少了日常文书工作；

（8）实现了先入先出原则；

（9）容易处理紧急订货。

此外，无线频率信息采集技术系统还为单位提供了多种员工培训手段。它适合于对各种水平的员工进行全面的培训；菜单选择形式使使用者可以根据自己的情况和资料内容确定自己的学习方式和进度；培训可以贯穿整个过程；形象的图标加上声音作用比单纯的文字教学效果更好；便于对培训进行管理。

除了使用先进的信息采集技术实现自动化信息采集以外，成功地进行数据采集还应遵循一定的步骤。

1. 明确所有的仓库作业步骤

画一张仓库运作过程图，上面清清楚楚地标出从收货到运出货物的所有仓库作业步骤，每一步可以分成两部分：一部分是物料实体搬运功能的实现，另一部分是信息采集。

2. 明确自动化采集信息的应用范围

在这一步骤里应确定哪些仓库作业步骤能借助自动化信息采集的帮助工作得更快或更准确，其最终目的是提高每一步的工作效率，而并非仅仅是提高某一工作过程的速度。

3. 评估的约束条件和技术要求

每一仓库都有其内、外部两个方面的约束条件，内部的约束条件的范围从提供新的设备等有形的物质到建立信息处理系统的硬件和软件的协调性，还有预算性、时间、培训等无形的软要求。典型的外部需求表现为行业、顾客和供应商们建立的一系列标准，通常这类组织需要某种具体的技术，如条形码技术。

4. 确定何处使用自动化信息采集

通过权衡公司所有的需求计划，利害关系、约束条件和技术要求，选择在最容易取得成功的地方使用自动化信息采集技术。

5. 生产系统说明书

有两种类型的说明书，一种着重于说明系统功能的要求，另一种着重说明系统的硬件和软件能够实现这这些功能。由于系统说明书详细说明列出了功能细目，自动化信息采集设备供应商便可以据此提供能满足要求的硬件和软件。

（四）系统设计方法

目前系统设计没有统一的方法。现在采用的方法是自顶而下的结构化设计，但是在局部环节上（或一些小的规模系统）使用原形方法，面向对象的设计方法。这种方法目前较为流行。

这种自顶而下的结构设计原理主要是：层次化模块化原理——即将系统根据实际结构关系分解成不同的层次并在不同的层次上再划分成多个相对独立的模块；信息隐藏原理——即在一定规模和条件的限制下，把功能相关的模块放在同一模块中，以减少信息的交换量，同时便于模块的更新;时空等价原理——即指按时空关系划分成子系统或模块。这种设计方法的特点在于:对于一个复杂的系统由自顶而下的方法进行分解可以简化设计;可以采用图形平表示工具;它有一种基本的设计原则和方法;还有一组评价标准和质量优化技术。这种方法的基本内容主要包括:合理地进行模块分解和定义;有效地将模块组织成一个整体。

(五)系统设计步骤

第一步,考证仓库建立管理信息系统工程的必要性。

首先,回顾一下仓库过去作业情况,检查仓库库存的准确度、运送库存量、服务水平和综合生产能力。接着对库存进行全面考查,以确定完成库存职能所必需的信息,如收货所需掌握的库存空储存点信息。同时还要检查哪些数据已经有了,建立系统还需要收集哪些类型的数据(有时还根据情况决定是否安装自动化数据采集系统)。通过考察,便可决定仓库应改进的范围并决定是否采用计算机仓库管信息系统。

第二步,建立系统详细说明书。

一旦仓储确定了建立管理信息系统的计划,接下来便应着手建立系统的详细说明书,包括系统软件功能、灵活性(可否适应业务发展要求),以及软件供应者异地提供支持的能力。一般来说,一个库存管理系统应具备基本功能:运输、收货、包装、物质登录、储存订货拣选、集结物质和资源管理。

第三步,寻找合适的软件商,建立系统。

建立仓库管理信息系统不用一切都靠自己动手从头做起。可以开出一个我们认为系统应具备的功能清单,然后对照清单看哪家提供的商品软件满足要求。当然,我们不可能找到一个完全满足我们的要求的现存系统。一般而言,有 20%～40%的功能要求专门设计。所以,最明智的做法是找一家能完全理解我们的需求的软件商,双方合作编制出满意的软件。

第二节　配送信息系统

一、配送信息系统的概念

配送是物流的主要功能之一,其产品是为客户提供配送服务。配送涉及面广,配送的对象各种各样,客户的服务要求各有不同,且越来越高。所以,要在竞争越趋激烈的市场中取得竞争优势,提高客户服务水平,实现物流配送的合理化,就必须有现代配送信息系统的有力支持。

配送信息系统就是在物流业务活动中,凡是有关配送方面的物流信息,都归类为配送信息系统,由主管配送业务的部门进行管理。例如,有关配送计划、统计资料,货物发运清单,货物到达通知,货物中转手续,事故查询、处理等。

物流配送信息系统是物流信息系统的一个重要的子系统,与其他子系统有着密切的关系,它们之间的相互衔接、相互配合相当重要。

二、配送信息系统的作用

配送信息系统提高了物流配送活动的服务水平,降低了物流配送的作业成本,其具体作用表现在下列四个方面。

(一) 提供配送信息的查询服务

当顾客需要对货物的状态进行查询时,只要输入货物的发标号码,马上就可以知道有关货物状态的信息。查询作业简便快捷,信息及时准确。

(二) 提高配送货物的准确性和及时性,提高客户服务水平

通过货物信息可以确认货物是否将在规定的时间内送到顾客手中,能及时发现配送过程中发生的问题,便于快速查明原因并及时进行改正。

(三) 提升企业的竞争优势

配送信息系统是获得竞争优势的重要手段之一,为配送作业提供所需的决策信息,提供最佳路线选择信息,从而提高物流配送效率,提供差别化的物流服务。

(四) 有利于信息资源的共享

通过物流配送信息系统所得到的有关货物运送状态的信息丰富了供应链的信息分享资源,有关货物信息的分享有利于顾客预先做好接货以及后续工作的安排。

三、配送信息系统的主要内容与运作

配送信息系统的主要内容有配送计划、配车与配送路线计划、配送与货物跟踪、车辆运作管理、成本管理与控制以及配送信息的查询交换等。物流配送信息系统一般是由发送货物业主、物流配送业主和接收货物业主组成的。其运作步骤如下:

(1) 发送货物业主(如生产厂家)在接到订货通知后制订货物配送计划,并把配送货物的清单及配送时间安排等信息发送给物流配送业主和接收货物业主(如零售商),以便物流配送业主预先制订货物接收计划。

(2) 发送货物业主依据顾客订单的要求和货物运送计划下达发货指令、分拣配货、打印出货物条形码的货物标签(如 SCM 标签,Shipping Carton Marketing)并贴在货物包装箱上,同时把配送货物品种、数量、包装等信息发送给物流配送业主和接收货物业主,向物流配送业主发出运送请求信息,物流配送业主依据请求下达车辆调配指令。

(3) 物流配送业主在向发送货物业主取运货物时,利用车载扫描仪读取货物标签的物流条形码,并与先前收到的货物运输数据进行核对,确认配送货物。

(4) 物流配送业主在物流中心对货物进行整理、集装、填妥送货清单并向收货业主发送发货信息。在货物配送的同时进行货物跟踪管理,并在货物交给收货业主之后,通过 EDI 向发送货物业主发送完成配送业务信息和运费请求信息。

（5）收货业主在货物到达时，利用扫描读数仪读取货标签的物流条形码，并与先前收到的货物运输数据进行核对确认，开出收货发票，货物入库。同时向物流配送业主和发送货物业主发送收货确认信息。

第三节　信息技术在仓储与配送管理中的应用

一、EDI 技术的应用

EDI 最初是由美国企业应用在企业间的订货业务活动中，其后 EDI 的应用范围从订货业务向其他的业务扩展，如 POS 销售信息传送业务、库存管理业务、发货送货信息和支持信息的传送业务等。近年 EDI 在物流中广泛应用，被称为物流 EDI。所谓物流 EDI 是指货主、承运业主以及其他相关的单位之间，通过 EDI 系统进行物流数据交换，并以此为基础实施物流作业活动的方法。物流 EDI 参与单位有货主（如生产厂家、贸易商、批发商、零售商等）、承运业主（如独立的物流承运企业等）、实际运送货物的交通运输企业（铁路企业、水运企业、航空企业、公路运输企业等）、协助单位（政府有关部门、金融企业等）和其他的物流相关单位（如仓库业者、专业报关业者等）。物流 EDI 的框架结构如图 11-5 所示。

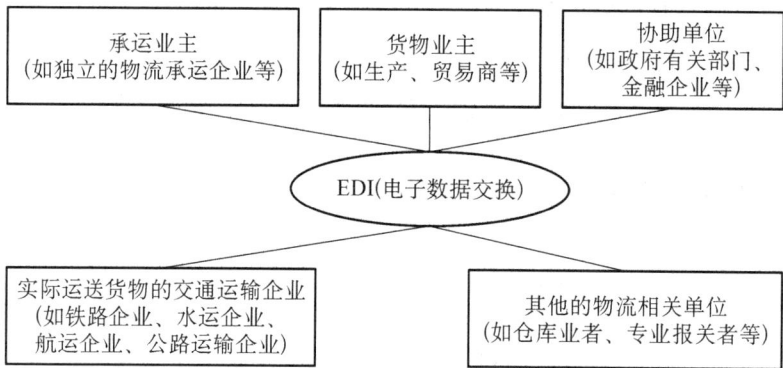

图 11-5　物流 EDI 的框架结构

下面我们看一个应用物流 EDI 系统的实例：一个由发送货物业主、物流运输业主和接收货物业主组成的物流模型。这个物流模型的动作步骤如下：

（1）发送货物业主（如生产厂家）在接到订货后制订货物运送计划，并把运送货物的清单及运送时间安排等信息通过 EDI 发送给物流运输业主和接收货物业主（如零售商），以便物流运输业主预先制订车辆调配计划和接收货物业主制定货物接收计划。

（2）发送货物业主依据顾客订货的要求和货物运送计划下达发货指令、分拣配货、打印出物流条形码的货物标签（即 SCM 标签，Shipping Carton Marking）并贴在货物包装箱上，同时把运送货物品种、数量、包装等信息通过 EDI 发送给物流运输业主和接收货物业主，依据请示下达车辆调配指令。

（3）物流运输业主在向发货货物业主取运货物时，利用车载扫描读数仪读取货物标签的物流条形码,并与先前收到的货物运输数据进行核对,确认运送货物。

(4) 物流运输业主在物流中心对货物进行整理、集装,做成送货清单并通过 EDI 向收货业主发送发货信息。在货物运送的同时进行货物跟踪管理,并在货物交给收货业主之后,通过 EDI 向发货业主发送完成运送业务信息和运费请示信息。

(5) 收货业主在货物到达时,利用扫描读数仪读取货物标签的物流条形码,并与先前收到的货物运输数据进行核对确认,开出收货发票,货物入库。同时通过 EDI 向物流运输业主和发送货物业主发送收货确认信息。

物流 EDI 的优点在于供应链组成各方基于标准化的信息格式和处理方法通过 EDI 共同分享信息、提高流通效率、降低物流成本。例如,对零售商来说,应用 EDI 系统可以大大降低进货作业的出错率,节省进货商品检验的时间和成本,能迅速核对订货与到货的数据,易于发现差错。

实现 EDI 包括三个方面的内容:计算机应用,通信网络和数据标准化。三者间相互衔接、相互依存,构成了 EDI 的基本框架。它是按照协议对已具有一定结构性的标准经济信息,经过电子数据通信网络,在商业贸易伙伴的计算机信息系统之间进行转换和自动处理。这就比传统的手工信息处理要快得多、准确得多,效率也高得多,而且能系统地反映出顾客的需求和商品的盈缺状况,进而增强其在国际市场上的竞争力。

在整个对外贸易系统中,外贸货物运输是一个比较大的系统。由于外运工作具有涉及面广、线路长、环节多、手续复杂、风险大等特点,因而对 EDI 的综合运用提供了广阔的天地,也只有 EDI 系统的服务支持,才能保证外贸买卖双方实施及时、优质的货物交付与货款的收取;货款支付与货款的收取的对流条件。其中以出口货物的运输尤为复杂,大量货运单证的缮制和传递,都由出口方来实现。其次,租船订舱、结汇、交货过程中,大量的信息传递也要求及时、准确、节省费用,由发货人、承运人和收货人构成的 EDI 物流模型见图 11-6。

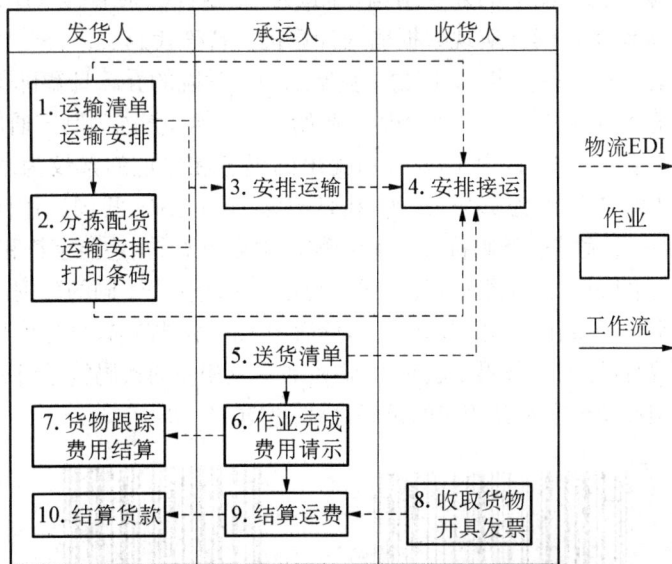

图 11-6　由发货人、承运人和收货人构成的 EDI 物流模型

国际运输中 EDI 系统的应用项目包括以下几点:

(1) 节省时间上开发 EDI 的应用。使用 EDI 系统快速准确传递信息,自动化处理数据,可以最大限度减少运输过程的中间环节,诸如港口、码头、银行等与之相关的中间服务环节。

（2）大力降低日常文传工作费用。

（3）减少销售费用,开发货运跟踪系统,将进出口商、海运、港口、海关、银行联系在一起,对进出口商提供 EDI 综合服务。

二、条码技术的应用

因为条码技术具有先进、适用、容易掌握和见效快等特点,在信息（数据）采集中发挥优势。无论在商品的入库、出库、上架还是和顾客结算的过程,都要面对如何将数据量巨大的商品（不论是整包包装还是拆封后单个零售）信息输入计算机中的问题。如果在单个商品的包装上印制上条码符号,利用条码阅读器,就可以高速、准确、及时地掌握商品的品种（货号）、数量、单价、生产厂家、出厂日期等信息。这样不仅提高了效率,同时也吸引了更多的顾客,减少或消除顾客购货后结算和付款时出现拥挤排队现象。在物料入库、分类、出库、盘点和运输等方面,可以全面实现条码管理。

条码作为国内外商品流通的通用语言,是商品走向国际市场的绿卡之一,被认为是进出口商品的"身份证"。它已渗透到生产管理、商业销售、仓储和运输的票据（单证）管理等领域的计算机应用之中,大大提高了经济工作的效率。条码自动识别技术,以其简便、快速、准确、低成本、可靠性等显著特点,广泛地应用于各行各业,成为商品的主要自动识别技术。在发达国家和地区,条码技术应用非常广泛,产生了巨大的经济效益和社会效益。

条码是一种信息代码,由一组宽度不同、反射率不同的条和空及字符按规定的编码规则组合起来,用于表示一级数据的符号。这种黑色、粗细不同的线条表示一定的数据、字母信息和某些符号。人们根据其构成图形的外观结构,称其为"条码"或"条形码"（BAR CODE）。它是一种用光电扫描阅读设备识读并实现数据输入计算机的特殊代码。

条码出现的历史较短。1949 年,美国德雷克塞尔理工学院的乔·乌德郎德和巴尼亚·希罗巴二人共同提出申请条码专利,这时视为条码的起始。1970 年,美国为制定通用商品代码及其标志而设立了一个委员会。3 年后,由 IBM 公司提出的黑色和白色的条纹为基础的通用商品代码——UPC 条码诞生。在欧洲为 EAN 条码,在日本为 JAN 条码,我国通用商品条码标准也采用 EAN 条码结构。一个完整的条码符号是由两侧空白区、起始符、检验字符和终止字符组成。

条码由一组黑、白相间的线条组成,每根线条的宽窄不同代表不同的数据。将磁性物质经激光喷墨机打印到一空白纸条和商品的包装袋上,然后用光阅读器扫描,将光信号转换为电子数据送入计算机中,完成数据输入。条码主版是由 13 位数字及相应的条码符号组成（见图 11 - 7）,在较小的商品上也采用 8 位数字及其相应的条码符号（见图 11 - 8）。

图 11 - 7　EAN - 13

图 11 - 8　EAN - 8

条码包含的信息如下。

(一) 前缀码

前缀码由三位数字组成,是商品生产国别(地区)(我国是 690、691 和 692),是国际物品编码协会(EAN International)统一决定的。

(二) 商品制造厂名(公司)代码

该代码由四位数字组成,我国由中国物品编码中心(设在北京)统一分配并统一注册,一厂一码。

(三) 商品代码

由一位数字组成,用以校验前面各码的正误。

条码技术是一项信息处理技术,旨在解决大量信息自动进入数据库的登录问题的智能技术,是释放信息集散的有力工具。同时,条码技术也是一项综合技术,主要包括编码技术、符号技术、识别与应用系统设计技术,主要用于自动识别和计算机数据输入。目前,编码工作主要集中在如何提高条码符号的信息密度上,已突破了创立编码制的早期思想,而向条码介质的更新和高分辨方向迈进,出现了全息条码和二维条码(见图 11-9)。

图 11-9　全息条码和二维条码

条码应用的主要设备是条码刷制机、条码打印机、条码扫描器(光笔、台式、手持式等)、条码译码(在线式、便携式、无线便携式)等设备。通常这些设备和计算机终端、自动扫描器连接在一起,以实现数据录入和自动化操作。条码与其他自动识别技术相比,具有可读性高、可靠性高、经济性好、可反复使用、信息对应强、更加灵活等优越性。

三、射频识别技术(RFID)的应用

将 RFID 系统与条形码系统结合,可用于智能仓库货物管理,有效解决仓库与货物流动有关的信息管理,不但可增加一天内处理货物的件数,还监视这些货物的一切流动信息。一般而言,射频卡贴在货物要通过的仓库大门边上,读写器天线放在叉车上,每个货物都贴有条形码,所有条形码信息都被存储在仓库的中心计算机里,该货物的有关信息都能在计算机里查到。当货物被装走运往别地时,由另一读写器识别并告知计算中心它被放在哪个拖车上。这样管理中心可以实时地了解到已经生产了多少产品和发送了多少产品,并可自动识别货物,确定货

物的位置。当叉车通过门禁系统时,射频阅读器自动识读装载托盘上的射频标签。

四、配送车辆和货物跟踪技术

配送车辆和货物跟踪是通过全球卫星定位系统(Global Positioning System,GPS)和地理信息系统(Geographic Information System,GIS)来实现的。

(一) 全球卫星定位系统

全球卫星定位系统是利用多颗通信卫星对地面目标的状况进行精确测定的系统,可以实现运行车辆的全程跟踪监视,并通过相关的数据和输入的其他系统相关数据进行交通管理。

全球卫星定位系统是通过卫星对地面上运行的车辆、船舶进行测定并精确定位,在车辆、船舶或其他运输工具设备上配置信标装置,就可以接收卫星发射信号,以置于卫星的监测之下,通过接收装置,就可以确认精确的定位位置。应用于物流领域的 GPS 系统的构成如图 11 - 10 所示。

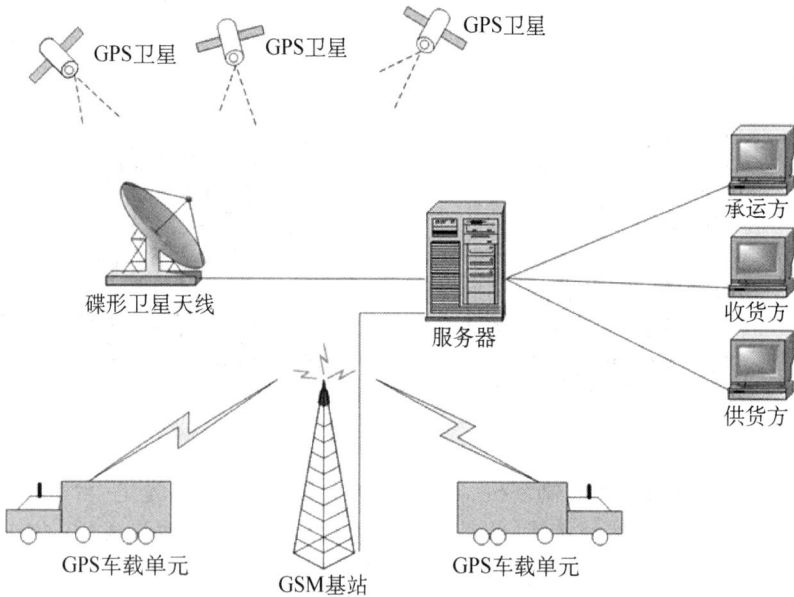

图 11 - 10 应用于物流领域的 GPS 系统的构成

1. GPS 的基本构成

(1) 空间卫星系统。空间卫星系统由分布在 6 个轨道平面上的 24 颗(其中 3 颗备用)高轨道卫星构成,轨道高宽为 2×10^4 千米,每颗卫星都配备有精度极高的原子钟(30 万年的误差仅为 1 秒),各轨道平面相对于赤道平面的倾面内,各卫星的间隔为 90 度。GPS 空间卫星的这种分布方式,可以保证在地球上的任何地点都能连续同步地观测到至少 4 颗卫星,从而提供全球范围从地面到 2×10^2 千米高空之间任一载体高精度的三维位置、三维速度和系统时间信息。

(2) 地面监控系统。地面监控系统的功能是:对空间的卫星系统进行监控、控制,并向每颗卫星注入更新的导航电文。

（3）用户接收系统。用户部分主要是 GPS 接收机，它接收卫星发射的信号并利用本机产生的伪随机噪音码取得距离观测量和导航电文，根据导航电文提供的卫星位置和钟差改正信息计算位置。

2. GPS 在物流信息系统中的应用

（1）用于汽车自定位、跟踪调度、陆地救援。车辆导航系统将成为未来 GPS 的主要领域之一。

（2）用于内河及远洋船队最佳航程和安全航线的测定、航向的实时调度、监测及水上救援。在我国，GPS 最先使用于远洋运输的船舶导航。

（3）用于空中交通管理、精密进场着陆、航路导航和监视。利用全球导航卫星系统 GNSS（Global Navigation Satellite System）实现飞机航路、终端和进场导航。

（4）用于铁路运输管理。我国铁路开发的基于 GPS 的计算机管理系统，可以通过 GPS 和计算机网络实时收集全路列车、机车、车辆、集装箱及所运货物的动态信息，可实现列车、货物跟踪管理。只要知道货车的车种、车型、车号，就可以立即从近 10 万千米的铁路网上流动着的几十万辆货车中找到该货车，还能得知这辆货车现在何处运行或停在何处，以及所有的车载货物的发货信息。通过这项技术，可大大提高铁路网及其运营的透明度，为货主提供更高质量的服务。

（二）GIS 技术

1. GIS 概述

地理信息系统（GIS）是多种学科交叉的产物，它以地理空间数据为基础，采用地理模型分析方法，适时地提供多种空间的和动态的地理信息，是一种地理研究和地理决策服务的计算机技术系统，是用于获取、处理、分析、访问、表示和在不同用户、不同系统和不同地点之间传输数字化空间信息的系统。GIS 的基本特征是以计算机为运行平台，空间数据参与运算，为各类应用目的服务。

根据应用领域的不同，地理信息系统又有各种不同的应用系统，如土地信息系统、城市信息系统、交通信息系统、环境信息系统、仓库规划信息系统等，它们的共同点是用计算机处理与空间相关的信息。

地理信息系统的主要应用领域有以下几个方面：

（1）电子地图。借助于计算机和数据库的应用，电子地图可以比一般地图有几百、几千倍的信息容量，通过电子地图可以提供一种新的按地理位置进行搜索的方法，以获取相关的社会、经济、文化等各方面的信息。

（2）辅助规划。地理信息系统可以辅助仓库、站场等基础设施的规划，用地理坐标、图标方式，直观地反映基础设施的基本情况和布局情况，以进一步分析布局是否合理，从而对规划起到支持作用。

（3）交通管理。GIS 和 GPS 相结合，实时反映车辆运行情况、交通路段情况、交通设施运行情况等，从而支持有效的交通管理。

（4）军事应用。GIS 对于军事后勤及战时具有提供信息、进行分析和辅助决策的作用。

2. GIS 在物流配送中的应用

地理信息系统在物流配送中的应用主要为以下两个方面：一是 GIS 与 GPS 相结合，实现交通信息的查询和对配送车辆的实时跟踪,从而提高物流配送的服务质量和效率,如图 11 - 11 所示为招商迪辰 GPS/GIS 综合应用系统;二是配送车辆路线的规划,用于解决一个起始点、多个终点货物配送中如何降低物流作业费用,并保证服务质量的问题,包括决定使用多少车辆及每辆车的行走路线等。

需要指出的一个关键问题是以上所述的技术在一个物流配送系统中,不是相互独立的,而是通过计算机及计算机网络形成综合的物流信息管理系统,从而实现降低物流运输成本,提高配送效率和效益,提高配送服务水平。

五、智能系统的应用

智能系统在仓储作业中的应用主要是智能仓库。智能仓库是在不直接人工处理的情况下能够自动地存储和搬运物料的系统。它主要由自动化仓库、自动搬运系统及智能管理系统组成,用于完成物料的存储、输送、装卸和管理等功能。一种柔性化和智能化物流搬运机器人——AGV,目前已经在制造业、港口、码头等领域得到普遍应用。

复习题

一、单选题

条形码的核心部分是(　　)。

A. 起始符　　　　　　B. 数码符　　　　　　C. 终止符　　　　　　D. 校验符

二、名词解释

RFID 技术　条码

三、简答题

1. 简述 WMS 在库存管理中的作用。
2. 简述仓储信息管理系统设计的主要原则。
3. RFID 技术在仓储作业中有何应用?

四、案例题

1. Logizard—Plus 仓库管理系统的引进

(1) 背景介绍。

株式会社 SANEI 物流(东京都三鹰市)拥有员工 250 名,业务范围以纤维制品的检品和入出库业务为中心,主要致力于对商社等的产品库存进行管理。该公司除了首要的入出库业务,还同时经营流通加工业务,利用货车运输向全国配送货品。一年的出库量超过 1 000 万件。

(2) 问题提出。

SANEI 物流所采用的系统是 Logizard—Plus ASP 服务。所谓的 ASP 服务,即指一种在互联网上利用共享软件构筑系统的方法。原则上无须购入系统,使用时支付使用费用即可。利用系统来管理库存,一直以来都是 SANEI 物流的强项。主要的客户多为大型企业的缘故,一直以来采用的不是自购系统,而是通过运用货主企业的系统为中心的模式。

基于以上的原因,由于小规模的货主多数没有自己的系统,通常是以不利用系统的目视库管理为主。由于在把握保管场所、即时抽取库存及制作付款请求数据等时,必须通过手工作业进行统计,所以错误多、效率低,时常因为精度太低、成本增加而烦恼。虽然也曾经考虑建立起自己的库存管理系统,但却苦于找不到与货主的销售额相匹配的投资额的合适产品,特别是与纤维制品的商品特性相符的系统,与经营内容相比普遍过高,在当前很难签订长期合约的情况下,使投资处于进退两难的境地。

(3) 解决方案。

Logizard—Plus ASP 服务则是一种支付月度使用费便可使用的系统,此项系统解决了小规模企业资金短缺的缺点,初期的引进费用不高,无须购买,仅在有货主的期间签订短期合约支付必要的使用费即可。采用的决定的简便性是系统导入的最大原因。Logizard—Plus ASP 服务不仅只是充实了仓库管理功能,它的一大特征还在于:可以通过互联网瞬时与货主的作业轻松地链接起来。除了库存检索以外,标准配备中还包括面向供应商的订货管理功能以及对接收到的客户订单进行管理的功能,可以帮助货主有条不紊地向 SANEI 物流发出出库指示。

SANEI 物流则会依据货主所发出的指示数据,从建立关联、打印拣选清单一直到出货检查都无须再向货主询问,一切作业都可以建立在系统上独立完成,从而使出库作业效率得以飞跃性的提高。而且还可以适时地把握货主预定要进仓的货物,灵活地制订人员计划,最小限度地运用人力成本。

如上所述的协作业务,按照通常来说需要特别的机构及高额的投资,但如果选用了 SANEI 物流,则只需支付约 50 万日元的初装费,再加上每月 5 万日元左右的使用费,便可使用高效的物流业务系统了。

而且系统的构建可以在约 30 天的时间内完成,同样可以满足有紧迫需要的货主的要求,在实现现场作业的效率化的同时,还可以充分享受系统外包的优点。

现在对 7 家货主运用了 Logizard—Plus ASP 服务,因此实现了相同的操作,并改变了针对每个货主的固定人员配置,根据当天的现场繁忙度及闲散度进行最适当的人员配置,使其控制在小时单位上。此外,Logizard—Plus ASP 服务的另一个特长为,采用互联网技术的同时,还可以与多个物料搬运设备进行联动作业。

(4) 小结。

鉴于以上如此多的优点与便利,特别是成本上的优势,对于中小企业来说吸引力很大。那么物流公司应该认识本公司的短处,与 Logizard—Plus ASP 系统的优势结合,提高企业的竞争力。

(资料来源:宋方,等.现代物流案例教学与实例.中国物资出版社,2007。)

根据上述资料,回答问题:

(1) 实施 Logizard—Plus ASP 系统应该注意什么?

(2) Logizard—Plus ASP 系统针对什么类型的企业,具体有什么特点?

第十二章
物流仓储与配送服务

📚 学习目标

学习本章，掌握物流服务的含义和内容；理解物流服务的重要组成部分——配送服务。

📖 本章案例

杭州八方物流——第三方物流服务案例

杭州八方物流有限公司是浙江省第一家注册的物流公司，也是浙江省生产性物流研究课题的牵头单位之一。永无止境的服务是八方物流始终追求的目标。

下面是八方物流给某橡胶企业（以下称 A 企业）所设计的物流解决方案。

A 企业为一家大中型国有企业，随着服务竞争时代的到来，A 企业原本适用的经营方式和管理模式正在逐步显现出它的不足之处。主要表现在以下几个方面：

（1）产品经销商对 A 企业的忠诚度不够，始终是 A 企业销售上的一大隐患。

（2）产品物流系统较为混乱，采购、生产和销售难以实现一体化运作，无法为客户提供更优越的物流服务，没有充分利用已经建立的物流渠道。

（3）销售网络从广度来看覆盖面不够，较为狭窄，从深度来看渗透力不够，只涉及一级代理商，对终端客户没有形成控制力。

（4）品牌知名度不够，市场影响力不强。

这些问题的出现正是 A 企业公司的管理体制、销售模式和经营理念与服务性经济不适应的具体表现。

解决方案具体如下：

（1）八方物流建议 A 企业进行以下几个方面的改革，逐步解决以上一系列问题。

改造现有的物流系统结构，建立"以杭州物流中心为核心，各异地仓库配送中心为骨架"的物流网络。

① 仓储设置。A 企业总体上形成以杭州为中心仓库，各异地仓库为配送仓库的总体格局。

中心仓库包括原材料仓库、轮胎仓库和车胎仓库。因为原材料和产品生产紧密相连，因此，考虑将原材料仓储设在厂区内，由 A 企业公司派人管理库存。由原材料供应商直接将原材料送到 A 企业。轮胎仓库和车胎仓库总面积估计需要 8 至 12 万平方米，外包给八方物流，由八方物流进行杭州中心仓库的建设和投资。

② 运输供应商管理。目前，A 企业公司内有多家运输公司在共同承运 A 企业的货物，导致 A 公司对运输公司管理困难，服务水平参差不齐；另一方面，由于订单分散化，难以实现规模经济，人为地增加了物流成本。改革后，A 企业公司将所有干线运输和异地区域配送的业务统一外包给八方物流，由八方物流进行物流资源的整合。

（2）加强物流信息化，建立以条形码为核心的信息系统。

为了配合 A 企业公司的发展，八方物流根据 A 企业公司对条码的要求，投资开发物流管理系统。该系统包括调度管理系统和仓储管理系统两大部分，适用于总部物流中心和各异地配送中心。

（3）改革现有销售模式，逐步取消一级代理商。

A 企业现有的销售渠道主要有两条，一条是由 A 企业直接送货到汽车配套厂或自行配套厂，另一条是 A 企业送货到各个一级代理商仓库，再由一级代理商仓库配送到下一级代理商或终端用户，这样的销售模式削弱了 A 企业的竞争力。

鉴于以上原因，八方物流建议 A 企业建立集商流、物流为一体的销售模式。将销售点设在各异地配送仓库内，销售系统和物流系统相互独立，各异地销售处人员接受总部销售处的指令，各异地配送中心接受八方物流总部的指令，八方物流总部接总部销售处的指令。异地销售人员接受各代理商和终端客户的订单，由异地配送中心直接交货物到代理商的下一级客户或终端客户，在此过程中逐渐打响 A 企业品牌，做好 A 企业服务，最终实现终端客户直接向 A 企业下单，淘汰中间代理商。

经过以上各项改革，A 企业有关部门的功能实现了转换，出现了异地配送仓库为本市内的配送订单而存货，总部物流中心为各异地仓库的安全库存而存货，生产线为总部物流中心的安全库存而生产的状况。

（案例来源：杭州八方物流网站. http://www.hz8856.com。）

思考题

1. 杭州八方物流为 A 企业提供的物流解决方案有何特点？
2. 你从本案中受到了哪些启发？

第一节 物流服务概述

一、物流服务的含义与内容

（一）物流服务的含义

物流服务，即顾客服务的内涵和外延，一般可以划分为交易前、交易中和交易后三个阶段，每个阶段都包括了不同的服务要素。交易前包括政策声明、顾客保证声明、组织构造、系统的灵活性和技术服务；交易中包括商品断货标准、反馈、订货的能力、订货周期的要素、时间、货物周转、系统精度、订货便利性和产品的更新；交易后包括保证、变更、维修零部件、产品追踪、顾客意见与不满、产品包装、维修中产品的替代。

除此之外，顾客服务也可以划分为营销服务、物流服务和经营技术服务三个领域。不同领域都有一些相应的可度量或不可度量的要素。营销服务包括价格服务（适当的价格、折扣等）、商品服务（提供符合顾客需求的商品等）、售后服务（交易后的服务等）、抱怨服务（抱怨妥善处理与改制体制确立等）、系统服务（营销系统的服务等）等；物流服务包括进货服务（退货率、误送率降低与数量保证等）、时间服务（指定时间的商品充足率等）、质量服务（品质不良率的降低等）、在库服务（在库服务率等）、后期服务（在库服务率等）、抱怨服务（在库服务率等）、系统服务（在库服务率等）。

从上面两种代表性的观点来看，无论如何表述顾客服务，都表明顾客服务是一种调查、生产、经营、物流合而为一的综合经营行为，它要比狭义物流系统所理解的物流服务要宽广得多。结合顾客服务的观点，所谓物流服务是对顾客商品利用可能性的一种保证，它包含了以下三个要素：

（1）拥有顾客所期望的商品（备货保证）；

（2）在顾客所期待的时间内传递商品（输送保证）；

（3）符合顾客所期望的质量（品质保证）。

（二）物流服务的内容

物流服务是物流业为他人的物流需要提供的一切物流活动。它是以货主的委托为基础，进行独立的物流业务活动。也可以说，物流服务是按照货主的要求，为克服货物在空间和时间上的间隔而进行的活动。

物流服务的内容是满足货主需求，保障供给，而且无论是在服务量上还是质上都要使货主满意。在量上满足货主的需求，主要表现在适量性、多批次、广泛性（场所分散）；在质上满足货主的需求，主要表现在安全、准确、迅速、经济等。具体来说，为满足货主的需求，物流服务的基本内容应包括运输与配送、保管、装卸搬运、包装、流通加工等以及与其相联系的物流信息。

1. 运输与配送

在社会分工和商品生产条件下，企业生产的商品作为商品销售给其他企业使用，但商品生产者与其他消费者在空间距离上常是相互分离的。运输就是完成商品在空间的实体转移，克服商品生产者(或供给者)与消费者(或需求者)之间的空间距离，创造商品的空间效用。运输是物流服务的核心环节，不论是企业的输入物流或输出物流，都依靠运输来实现商品的空间转移。可以这样说，没有运输，就没有物流，也就没有物流服务。为了适应物流服务的需要，需要一个四通八达、畅通无阻的运输线路网系统作为支持。

在商品由生产地通过地区流通仓库或配送中心发送到用户地的过程中，由生产地至配送中心之间的商品空间转移，称为"运输"；而从分配中心到用户之间的商品空间转移，则称为"配送"。

2. 保管

产品的生产完成时间与其消费时间之间总有一段时间间隔，特别是季节性生产与季节性消费的产品，尤为显著。此外，为了保证再生产过程的顺利进行，也需要在供、产、销各个环节中保持一定的储备，保管就是将商品的使用价值和价值保存起来，克服商品生产与消费在时间上的差异，创造商品的时间效用。保管是物流服务的一项重要内容。为保管商品，需要建立相应的仓库设施。在产品销售集中地区所设置的，作为商品集聚和分散基地和进行短期保管的流通仓库就是配送中心。

3. 装卸搬运

装卸搬运是伴随运输和保管而附带产生的物流服务活动，如装车(船)、卸车(船)、入库堆码、拣选出库以及连接以上各项活动的短距离搬运。在企业生产过程中，材料、零部件、产成品等在各仓库、车间、工序之间的传递转移也包括在物料搬运的范畴。为了提高装卸搬运作业的效率，减轻体力劳动强度，应配备一定的装卸搬运设备。

4. 包装

商品包装是为了便利销售和运输保管，并保护商品在流通中不受毁损，保持完好。为便利运输和保管，将商品分装为一定的包装单位以及保护商品免受损毁而进行包装，这都是物流服务的内容。

5. 流通加工

这是指在流通过程中为适应用户需要而进行的必要的加工，如切割、平整、套裁、配套，等等。

6. 物流信息

在物流服务过程中，伴随着物流服务的进行，产生大量的、反映物流服务过程的关于输入、输出物流的结构、流向与流量，库存储存量，物流费用，市场动态等数据，并不断传输和反馈，形成信息流。利用电子计算机进行物流服务数据的收集、传送、储存、处理和分析，提供迅速、正确和完备的物流服务信息，有利于及时了解和掌握物流服务进程，正确决策，协调各业务环节，有效地计划和组织物资的实物流通。

以上六项内容，运输、配送与保管是物流服务的中心内容，其中运输与配送是物流服务体系中所有动态内容的核心，而保管则是唯一的静态内容。物流服务的装卸搬运、包装、流通加工与物流信息则是物流的一般内容。它们的有机结合构成了一个完整的物流服务系统。

（三）物流服务的特性

从物流服务的本质和内容来看，与其他产业比较有许多不同之处，这给物流企业的经营带来了重大的影响。具体讲，物流服务的主要特性如下。

1. 从属性

货主企业的物流需求不是凭空由自己创造出来的，而是以商流的发生为基础，伴随着商流的发生而产生的。对于这样的需求，提供供给的物流服务必然具有明显的从属于货主企业物流系统的性质。主要表现在，处于需方的货主企业，对于流通的货物种类、流通的时间、采取的流通方式等都由自己选择和决定，甚至于是自行提货还是靠物流业配送，也由自己决定。而处于供方的物流业，则是按照货主企业的这种需求，站在被动的地位来提供物流服务。这在客观上决定了物流服务具有被动性，受货主企业的制约。另外，由于是自己提货还是物流企业配送，都由货主决定，因此易于使物流供需失去均衡。

2. 即时性

物流服务属于非物质形态的劳动，它生产的不是有形的产品，而是一种伴随销售和消费同时发生的即时服务，这就决定了它的特性——即时性和非贮存性。通常，有形的商品需要经过生产、储存、销售才能完成交换过程，而物流业务本身决定了它的生产就是销售，其间不需要储存环节进行调整。

3. 移动性和分散性

物流服务分布广泛，大多数是不固定的客户为对象，所以，具有移动性以及面广、分散的特性。由此往往产生局部的供需不平衡，或者给经营管理带来一定的难度。

4. 较强的需求波动性

由于物流服务是以数量多又不固定的顾客为对象，它们的需求在方式上和数量上都是多变的，有较强的波动性，为此易于造成供需失衡，成为在经营上劳动效率低、费用高的重要原因。

从满足需求的程度来看，如果降低供给水平，则表现出服务不够；如果提高供给水平，则会带来费用上升的不良后果。使物流服务不断适应需求者的多样性，克服需求的波动性，已经成为物流业者经营上的重要课题。

5. 可替代性

一般企业都可能具有自营运输、自家保管等自营物流的能力，都可以提供物流服务，这种自营物流的普遍性，使物流业者从量和质上调整物流服务的供给力变得相当困难。也就是说，物流服务，从供给力方面来看，富于替代性，这也是物流业在经营上具有一定难度的原因之一。

二、物流服务的作用和地位

（一）服务业的特点及其地位

一般服务业的工作特点之一是提供的服务不能储存，如修理、擦皮鞋、咨询等服务。服务业的第二个工作特点是，通过服务，使属于消费者的货物的价值或使用价值增加，如产品售后服务,计算机在售后提供软件支持等。服务业在提供服务过程中,提供服务者和接受服务者各方面,由谁进行运输活动;第三种不同情况,是提供服务者必须移动,如管道修理工就必须到用户所在地进行维修服务,有时,被服务者必须移动,如病人到医院看病;再有一种情况是,提供服务者和被服务者都可以移动,如在公路上损坏的卡车,可由汽车修理工携带工具和配件等乘坐汽车前往修理,也可将卡车拖回,到修理厂进行修理。当然,前一种处理办法较后者所需的费用可能较为节省。在两者都可移动时,有时顾客愿意支付一笔额外费用,由提供服务者移动,如请理发师到家里来理发。

服务者与其用户之间的接近情况是服务行业物流的一个关键问题。某些服务可利用电话或其他电子通信工具来提供,如病人心跳的声音就可通过电话传输到几千米外的医生那里,由医生诊治。在具有有线电视系统的城市,就有了展览商品和买东西的渠道,买者可以使用免费电话号码"800"订购商品。使用电话调制解调器的个人计算机用户还可以利用其他买东西的服务。在此,应注意的是,使用电话销售代表了商流和物流方式的重大变化,在这种销售方式下,就不再需要零售商店储存产品了。

服务业在国民经济中的地位相当重要的,一是国家在一般情况下,要求发展第三产业,即广义的服务业,更好地为社会提供服务,从而物流需要除运输产品外,转向运输人员和传输思想方向发展。二是提供服务是否会受到比国际贸易中的进出口更大的限制,使得处理这些产品的物流活动增加了许多工作困难。此外,对提供货币、银行、保险和劳动等服务,一些国家也加以种种限制,以保护本国的服务业和劳动就业。如果是这样,则提供这些服务的服务行业将面临第二次世界大战以来制造业和银行业所遇到的国际竞争,为此,它们必须适应环境,谋求生存和发展。

(二)物流服务的作用

物流服务主要是围绕着顾客所期望的商品、所期望的传递时间,以及所期望的质量而展开的,在企业经营中有相当重要的地位,特别是随着网络的发展,企业间的竞争已淡化了地域的限制,其竞争的中心将是物流服务的竞争,如配送服务。物流服务就是围绕上述三点展开,如图 12-1 所示。

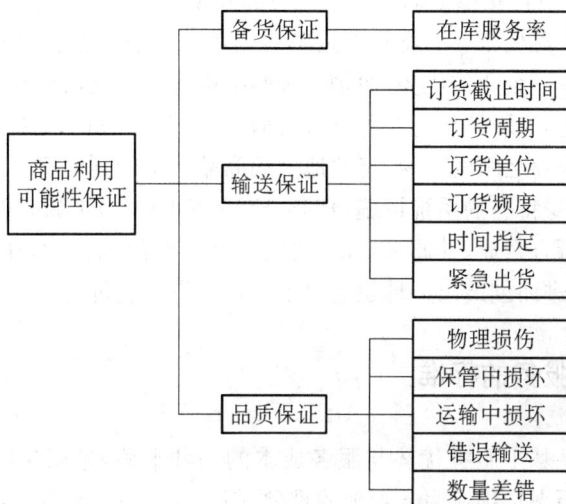

图 12-1　物流服务的构成要素

从理论上讲，物流服务之所以在企业经营中如此重要，是因为：

（1）在细分化市场营销时期，物流服务已成为企业销售差别化战略的重要一环。长期以来，物流并没有得到人们的高度重视，在大众营销阶段，由于消费呈现出单一、大众化的特征，经营是建立在规模经济基础上的大量生产、大量销售，因而，物流机能只是停留在商品传递和保管等一般性业务活动上，物流从属于生产和消费，从而成为企业经营活动中的附属职能。但是，进入细分化市场营销阶段，市场需求出现多样化和分散化，而且，发展变化十分迅速。在这种状况下，企业经营较以往任何时期都要艰巨，即只有不断符合各种不同类型、不同层次的市场需求，并且迅速、有效地满足其欲望，才能使企业在激烈的竞争和市场变化中求得生存和发展。而差别化经营战略中的一个主要内容是顾客服务上的差异，所以，作为顾客服务重要组成部分的物流服务也相应具有了战略上的意义。也就是说，物流服务是差别化营销的重要方式和途径。

（2）物流服务水准的确立对经营绩效具有重大影响。决定物流服务水准是构筑物流系统的前提条件，在物流开始成为经营战略重要一环的过程中，物流服务越来越具有经济性的特征，即物流服务有随市场机制和价格机制变化而变化的倾向，或者说，市场机制和价格机制变动通过供求关系既决定了物流服务的价值，又决定了一定服务水准下的成本，所以，物流服务的供给不是无限制的。否则，过高的物流服务势必损害经济绩效，不利于企业收益的稳定。因而，制定合理或企业预期的物流服务水准是企业战略活动的重要内容之一，特别是对于一些例外运输、紧急输送等物流服务，需要考虑成本的适当化或者各流通主体相互分担的问题。

（3）物流服务方式的选择对降低流通成本具有重要意义。低成本战略历来是企业营销竞争中的重要内容，而低成本的实现往往涉及商品生产、流通的全过程，除了生产原材料、零部件、人力成本等各种有形的影响因素外，物流服务方式等软性要素的选择对成本也具有相当大的影响力。合理的物流方式不仅能提高商品流通效率，而且能从利益上推动企业发展，成为企业利润的第三大来源。特别值得注意的是，最近由于消费者低价格志向的发展，一些大型零售业为降低商品购入和调达物流成本，改变原来的物流系统，转而实行由零售主导的共同配送、直送、JIT配送等新型物流服务，以支持零售经营战略的展开。这从一个侧面显示了物流服务的决策已经成为企业经营战略不可分割的重要内容。

（4）物流服务是有效连接供应商、厂商、批发商和零售商的重要手段。随着现代社会经济全球化、网络化的发展，现代企业的竞争不是单个企业的竞争，而是一种网络间的竞争。现代企业的竞争优势不是单一企业的优势，而是一种网络优势。因此，企业经营网络的构造是当今竞争战略的主要内容，物流服务作为一种特有的服务方式，一方面以商品为媒介，打破了供应商、厂商、批发商和零售商之间的隔阂，有效地推动商品从生产到消费全过程的顺利流动；另一方面，物流服务通过自身特有的系统设施（POS、EOS、VAN等）不断将商品销售、在库等重要信息反馈给流通中的所有企业，并通过知识、诀窍等经营资源的蓄积，使整个流通过程能不断协调地对应市场变化，进而创造出一种超越单个企业的供应链价值。

三、确定物流服务的标准

物流服务的标准是基于服务优势与服务成本的一种平衡，是衡量顾客服务工作的准绳。确定物流服务的标准历来是物流服务管理的难题，因为这涉及一套专用的、全面的服务目标体系，并且并不存在明显的物流服务标准来衡量、评价顾客服务工作成绩，只能用一些基本的、完美的服务标准及服务指标来衡量物流服务。

(一) 基本的物流服务标准

基本的物流服务标准包括三个方面的内容,即可得性、作业绩效和可靠性。不同的企业对这三个服务标准的服务属性都重视。然而,对于给定的服务,其标准性的程度或多或少取决于具体的营销情况。

1. 物流服务的可得性

可得性是指当顾客需要存货时所拥有的库存能力。可得性可以通过各种方式实现,最普通的做法就是按预期的顾客订货进行存货储备。于是,仓库的数目、地点和储存政策等标准变成了物流服务标准的基本问题之一。存货储备计划通常是建立在需求预测基础上的,而对特定产品的储备战略还要结合其是否畅销、该产品对整个产品线的重要性、收益率以及商品本身的价值等因素考虑。存货可以分为两类:一类是取决于需求预测并用于支持基本可得性的基本储备;另一类是满足超过预测数的需求量并适应异常作业变化的安全储备。

可得性的一个重要方面就是厂商的安全储备标准。安全储备的存在是为了调整预测误差,并在安全储备的补给期间对递送延迟进行缓冲。一般说来,防止缺货的期望越大,安全储备的需要也越大;安全储备的负荷越大,平均存货的数量也越大。在市场需求高度变化的情况下,安全储备的构成有可能占到厂商平均存货的一半以上。

应该清楚的是,要高水准地实现存货可得的一致性需要进行大量的精心策划,而不是在销售量预测的基础上给各个仓库分配存货。事实上,其关键是要对首选顾客或核心顾客实现高水准的存货可得性,同时使整个存货储备和仓库设施维持在最低限度。显然,如此严格的物流服务需要所有的物流资源都实现一体化,并明确对特定顾客所承诺的可得性目标。严格的存货可得性方案并非是闭门造车,或设法搞“平均主义”。可得性应以下述的三个物流服务标准进行衡量:缺货频率、供应比率和订货完成率。这三个衡量指标可以确定一个厂商满足特定顾客对存货需求的能力。

(1) 缺货频率。缺货频率是指缺货将会发生的概率。换句话说,该衡量标准用于表示一种产品可否按需要装运交付给顾客。当需求超过产品可得性时就会发生缺货。缺货频率就是用于衡量一种特定的产品需求超过其可得性的次数。将全部产品所有发生缺货的次数汇总起来,就可以反映一个厂商实现其基本服务承诺的状况。尽管缺货频率指标并未涉及有些产品在可得性方面也许比其他产品更重要这一实际情况,但它仍是衡量存货可得性的起点。

(2) 供应比率。供应比率衡量缺货的程度或影响大小。这是因为一种产品缺货并不必然意味着其顾客的需求将得不到满足。在判断缺货是否影响到服务绩效以前,首先要弄清楚顾客的真实需求,因此,对厂商来说,相当重要的是要确定该产品是否确实未能获得及其顾客究竟想要多少单位。供应比率绩效通常是按顾客服务目标予以区分的,于是,对缺货程度的衡量就可以构成厂商在满足顾客需求方面的跟踪记录。例如,一位顾客订货 50 个单位,只有 47 个单位可得,那么订货供应比率为 94%（=47÷50×100%）。要能够有效地衡量供应比率,一般在评估程序中还要包括在一段特定的时间内对多个顾客订货的完成进行衡量。因此,供应比率绩效可以用于计算某个特定的顾客或任何顾客组合,或所需业务部门的组合。

缺货频率和供应比率都取决于顾客订货实践。比如,厂商如果为小批量的存货频繁地安排补充订货的话,那么,由于装运的变化性,缺货频率有可能会提高。换句话说,每一次补充订货都有相等的递送延迟机会。因此,随着影响安全储备的订货次数的增多,将会发生缺货的频率就更高。从另一方面来说,如果厂商较少地安排补充订货,那么潜在的缺货频率将会降低,期望的供应比率将会提高。显然,缺货频率和供应比率与订货数量之间呈反相关关系。

(3)订货完成率。订货完成率是衡量厂商拥有一个顾客所预订的全部存货时间的指标,这是一种最严格的衡量,因为它把存货的充分可得性看作是一种可接受的完成标准,假定其他各方面的完成为零缺陷,则订货完成率就为顾客享受完美订货的服务提供了潜在时间。

将上述三种衡量可得性的方法结合在一起,就可以识别一个厂商的存货战略满足顾客期待的程度。此外,它们还可以成为评估适当的可得性水平的基础,并被结合进厂商营造的服务平台中去。

2. 物流服务的作业完成

物流服务的作业完成的衡量可以通过速度、一致性、灵活性、故障与恢复等方面来具体说明所期望的作业完成周期。显然,作业完成涉及物流服务对所期望的完成时间和可接受的变化所承担的义务。

(1)速度。完成周期的速度是指从一开始订货时起至货物装运实际抵达时止的这段时间。但必须以顾客的身份来考虑厂商在这方面所承担的义务,因为根据物流服务的设计,完成周期所需的时间会有很大的不同,即使在今天高水平的通信和运输技术条件下,订货周期也可以短至几个小时,或长达几个星期。

一般说来,计划的完成速度越快,顾客所需的存货投资水平就越低。完成周期时间与顾客存货投资之间的这种关系,居于以时间为基础的物流服务安排之首。

(2)一致性。虽然服务速度至关重要,但大多数企业更强调一致性。一致性系指厂商在众多的完成周期中按时递送的能力。不要把一致性直接解释为顾客额外需要的安全储备,以防有可能发生的递送延迟。一般说来,可得性与一旦需要就可以进行产品装运的存货能力有关;完成周期的速度则与持续地按时递送特定订货所必需的作业能力有关;完成周期的速度则与持续地按时递送特定订货所必需的作业能力有关;而所谓一致性,却是指必须随时按照递送承诺加以履行的处理能力。由此看来,一致性的问题是物流服务最基本的问题。

(3)灵活性。服务灵活性系指处理异常的顾客服务需求的能力。厂商的物流能力直接关系到在始料不及的环境下如何妥善处理的问题。需要厂商灵活服务的典型事件有:修改基本服务安排,如一次性改变装运交付的地点;支付独特的销售和营销方案;新产品引入;产品逐步停产;供给中断;产品回收;特殊市场的定制或顾客的服务层次;在物流系统中履行产品的修订或定制,诸如定价、组合或包装等。

(4)故障与恢复。不管厂商的物流服务有多么完美,故障总是会发生的,而在已发生故障的服务条件下继续实现服务需求往往是十分困难的,因此,厂商应制定一些有关预防或调整特殊情况的方案,以防止故障发生。厂商应通过合理的论证来承担这种应付异常情况的义务;而其制定的基本服务方案应保证高水平的服务,实现无故障和无障碍计划,为此,厂商要有能力预测服务过程中可能会发生的故障或服务中断,并有适当的应急计划来完成恢复任务。当实际的服务故障发生时,顾客服务方案中的应急计划还应包括对顾客期望恢复的确认以及衡量服务一致性的方法。

3. 物流服务的可靠性

物流质量与物流服务的可靠性密切相关。物流服务中最基本的质量问题就是如何实现已计划的存货可得性及作业完成能力,除了服务标准外,质量上的一致性涉及能否并且乐意迅速提供有关物流作业和顾客订货状况的精确信息。厂商有无提供精确信息的能力是衡量其顾客服务能力最重要的一个方面。顾客们通常讨厌意外事件,如果他们能够事前收到信息的话,就能够对缺货或延迟递送等意外情况做出调整。因此,有越来越多的顾客表示,有关订货内容和时间的事前信息与完美订货的履行相比更加重要。

除了服务可靠性外,服务质量的一个重要组成部分是持续改善。类似于厂商内部的其他经理人员一样,物流经理人员也关心如何尽可能少地发生故障以完成作业目标,而完成作业目标的一个重要方法就是从故障中吸取教训,改善作业系统,以防再次发生故障。

实现物流质量的关键是如何对物流活动进行衡量。在顾客眼里,存货的可得性和作业绩效等是至关重要的,然而,高水准的作业绩效只能通过严格地对物流活动的成败进行精确地衡量才能维持。对服务质量的衡量主要体现在三个方面:衡量变量、衡量单位和衡量基础。

(1) 衡量变量。在物流的基本服务方案中特定的履行活动就是据此评估的衡量项目。表12-1列举了一系列典型的用于衡量物流服务的变量,该表还注明了这些变量是用特定的时点进行衡量的还是用特定的时段进行衡量的。按时点进行衡量的变量通常是静态变量。静态变量对于评估物流服务当前的准备状况是很有用的。例如,观察所发生的延迟订货的状况、缺货的次数,或运输中的存货水平就能较早地为未来潜在的顾客服务问题提出状态预警。按时段进行衡量的变量,称作流动变量,是跨越某个时间,如一周、一月或一季等,来跟踪物流系统的表现,不管用哪一种特定变量来测定为顾客服务的表现,有关的指标都必须予以适当的稽查。例如,在一个特定的时点去衡量已取消的订货并没有多大的意义。

表 12-1　衡量物流服务的变量

变　量	衡量期
销售量	时段
订货数	时段
回收数	时段
延迟订货数	时段/地点
缺货量	时段/地点
已取消的订货数	时段
已取消的产品种类	时段
恢复延迟订货数	时段
延迟订货年限	时段/地点
装运短缺数	时段
货损索赔数	时段
畅通无阻的次数	时段

(2) 衡量单位。可靠性衡量的第二个方面是衡量单位的选择。表12-2列举了一些通常用于进行物流跟踪的衡量单位。例如,既可以使用单位数,也可以使用销售金额或存货金额数来跟踪和报告缺货情况。尽管这两种衡量都产生于同一种活动,但它们并不提供相同的管理

信息。当缺货按单位数进行衡量时,是在同等的基础上按产品的价值从高到低对物流服务进行衡量的。另一方面,按销售金额所做的缺货报告则把重点放在更高价值的库存缺货上。一般说来,高级管理部门通常都是当库存与高额毛利、快速移动或至关重要的产品有关联时才更加重视。由此可见,衡量单位的选择会对可靠性的衡量产生重大影响。

表 12 - 2　衡量单位表

箱	货币单位美元
单位	打
品种	破损箱
重量	加仑

（3）衡量基础。在可靠性衡量方面要考虑的最后一个因素是所选择的衡量基础。衡量基础用于规定如何汇总物流完成报告。表 12 - 3 汇总了一些可供选择的各层次的衡量基础,该表所列举的衡量基础包括从系统总体到特定的产品完成,它把整个物流系统归类成某种衡量基础,以期在大系统的规模上来概括对顾客服务的表现。这种综合表现相对较易衡量,因为它只需要建立一个有限的物流绩效数据库。然而,由于这种综合衡量方法采用的是平均绩效数据,因而有可能会隐瞒潜在的一些问题。另一方面,当按特定的产品或顾客层次来衡量物流绩效时,难以概括总体状态,并且难以发现潜在的系统方面的问题。尽管在收集和维持有关顾客层次或产品明细层次所需的数据方面存在着种种困难,但是根据这些数据所做的完成报告确实能精确地找到物流存在的具体问题。

表 12 - 3　服务衡量基础

总系统层次	订货层次
销售领域层次	顾客层次
产品组层次	破损箱
厂商层次	加仑

管理部门在选择最恰当的衡量单位和衡量基础的组合来评估物流活动的可靠性时,必须对各种交易的代价进行评价。显然,对物流服务进行详细的衡量有助于及时地识别具体的问题,但是收集、维护和分析物流信息所需的各种数据来源却是十分可观的,而这种特定的衡量对于支持物流部门的服务战略来说又是必不可少的。因为,没有什么顾客是可以用平均数来描述的。幸运的是,由于用于数据收集、维护和分析的信息技术的重大进步,连同其成本大幅度的降低,使企业对顾客服务完成进行专门的评估已愈来愈成为日常的现实。

第二节　仓储物流服务

一、仓储物流服务的概念

仓储物流（Warehousing Logistics）,就是利用自建或租赁库房、场地、储存、保管、装卸搬运、配送货物。传统的仓储的定义是从物资储备的角度给出的。现代"仓储"不是传统意义上的"仓库""仓库管理",而是在经济全球化与供应链一体化背景下的仓储,是现代物流系统中的仓储,仓储具有明显的服务特征。

在《中华人民共和国国家标准物流术语》中只有"仓库"和"仓库管理"的概念,没有"仓储"一词。根据发达国家的研究成果与我国现代仓储业发展的趋势,许多学者提出了现代仓储的内涵与外延、仓储在供应链中的功能与定位。

随着物流向供应链管理的发展,企业越来越多地强调仓储作为供应链中的一个资源提供者的独特角色。仓库再也不仅是存储货物的库房了。

仓储角色的变化,用一句话概括,就是仓库向配送中心的转化。传统仓库与配送中心的本质区别是:仓库侧重于管理空间,而配送中心更侧重于管理时间(即物品周转速度),所以说,二者的本质区别是配送中心既管理空间又管理时间。

(一) 仓储在物流和供应链中的角色

1. 仓储是物流与供应链中的库存控制中心

库存成本是主要的供应链成本之一。在美国,库存成本约占总物流成本的三分之一。因此,管理库存、减少库存、控制库存成本就成为仓储在供应链框架下降低供应链总成本的主要任务。

2. 仓储是物流与供应链中的调度中心

仓储直接与供应链的效率和反应速度相关。人们希望现代仓储处理物品的准确率能达到99%以上,并能够对特殊需求做出快速反应。当日配送已经成为许多仓库所采用的一种业务方式。客户和仓库管理人员不断提高精确度、及时性、灵活性和对客户需求的反应程度等方面的目标。

3. 仓储是物流与供应链中的增值服务中心

现代仓储不仅提供传统的储存服务,还提供与制造业的延迟策略相关的后期组装、包装、打码、贴唛、客户服务等增值服务,提高客户满意度,从而提高供应链上的服务水平。可以说,物流与供应链中的绝大部分增值服务都体现在仓储。

4. 仓储还是现代物流设备与技术的主要应用中心

供应链一体化管理,是通过现代管理技术和科技手段的应用而实现的,效率,促进了供应链上的一体化运作,而软件技术、互联网技术、自动分拣技术、光导分拣、RFID、声控技术等先进的科技手段和设备的应用,则为提高仓储效率提供了实现的条件。

(二) 仓储物流服务的内涵

现代物流系统中的仓储,它表示一项活动或一个过程,在英文中对应的词是"warehousing",是以满足供应链上下游的需求为目的,在特定的有形或无形的场所,运用现代技术对物品的进出、库存、分拣、包装、配送及其信息进行有效的计划、执行和控制的物流活动。从这个概念可以看出,仓储有以下五个基本内涵。

1. 物流活动

仓储首先是一项物流活动,或者说物流活动是仓储的本质属性。仓储不是生产,不是交易,而是为生产与交易服务的物流活动中的一项。这表明仓储只是物流活动之一,物流还有其他活动,仓储应该融于整个物流系统之中,应该与其他物流活动相联系、相配合。这一点与过去的"仓库管理"是有重大区别的。

2. 仓储活动

仓储活动或者说仓储的基本功能包括了物品的进出、库存、分拣、包装、配送及其信息处理等方面,其中,物品的出入库与在库管理可以说是仓储的最基本的活动,也是传统仓储的基本功能,只不过管理手段与管理水平得到了提升;物品的分拣与包装,过去也是有的,只不过更普遍、更深入、更精细,甚至已经与物品的出入库及在库管理相结合,共同构成现代仓储的基本功能;配送是仓储的自然延伸,是仓库发展为配送中心的内存要求,如果没有配送,仓储也就仍然是孤立的仓库;至于信息处理,已经是现代经济活动的普遍现象,当然也应是仓储活动的内容之一,离开了信息处理,也就不称其为现代仓储了。

3. 仓储目的

仓储的目的是为了满足供应链上下游的需求。这与过去仅仅满足"客户"的需求在深度与广度方面都有重大区别。谁委托、谁提出需求,谁就是客户;客户可能是上游的生产者,可能是下游的零售业者,也可能是企业内部,但仓储不能仅仅满足直接"客户"的需求,也应满足"间接"客户即客户的客户需求,仓储应该融入供应链上下游之中,根据供应链的整体需求确立仓储的角色定位与服务功能。

4. 仓储条件

仓储的条件是特定的有形或无形的场所与现代技术。特定是因为各个企业的供应链是特定的,仓储的场所当然也是特定的;有形的场所当然就是指仓库、货场或储罐等,现代经济背景下,仓储也可以在虚拟的空间进行,也需要许多现代技术的支撑,离开了现代仓储设施设备及信息化技术,也就没有现代仓储。

5. 仓储方法

仓储的方法与水平体现在有效的计划、执行和控制等方面。计划、执行和控制是现代管理的基本内涵,科学、合理、精细的仓储当然离不开有效的计划、执行和控制。

二、仓储物流服务的发展趋势

(1) 从仓储的运营主体分析,可分为工商企业内部仓储与社会公共仓储。企业内部仓储是各个企业长期且普遍存在的物流活动,其好处在于仓储与供应链更方便地融为一体。但在全球竞争和全球经营的条件下,特别是在原材料和能源价格上升的压力下,企业要在持续增长的客户需求的前提下不断降低供应链成本,许多制造商、分销商或零售商都考虑到利用专业的公共仓储服务,发挥仓储集中利用储存空间资源、人力资源和知识资源的优势。社会公共仓储有一个长期不断发展与壮大的过程,也是经济全球化与供应链一体化环境下的一种发展趋势,但也面临如何更好地融入供应链管理,更好地满足供应链上下游需求的重大挑战。

(2) 从供应链的上下游分析,可分为原材料供应仓储、产成品中转仓储与末端配送中心。这种分析法的意义在于:供应链上下游的物品与客户需求有不同特点,仓储的运营者必须提供针对性的仓储服务;在实际发展中出现不同的仓储经营业态,也是因为上下游的物品与客户需求的不同特点;至于每个阶段的仓储运营主体是工商企业还是专业仓储企业则要视具体情况而定。

(3)根据物品特性及其仓储条件的不同,可分为物品特性相近且对仓储条件没有特殊要求的通用仓储与物品特性明显且对仓库建筑、温湿度、安全设施以及储存方法等有特殊要求的专业仓储,如低温仓储、危险品仓储、粮食仓储都是专业性较强的仓储。物品特性的不同,决定了供应链上下游的需求不同,也就决定了仓储服务及其运营方式的不同。

三、仓储物流服务的分类和管理方法

(一)仓储物流服务的分类

仓储服务在物流中的作用主要是整合运输和配载,分拣和组合产品,流通加工,平衡生产和保证供货,存货控制。

仓储在物流增值服务方面的功能主要是优质的物流管理不仅可以满足销售商品的需要,降低成本,而且能够实现自身价值的增值服务,从而提高商品销售收益。商品销售的增值主要来源于商品的质量的提高,功能的扩展,及时性的时间价值,削峰平谷的市场价值,个性化服务的增值。

在实际应用中,仓储物流服务的主要分类:储存型仓储(储备)与流通型仓储;生产资料仓储与生活资料仓储;仓储地产与仓储服务等。

(二)仓储物流服务的管理办法

仓储物流服务主要是满足客户的需求,通过了解客户需求,采用相应的管理方法。

(1)物流企业对仓储服务的要求:① 合理调度仓储的运作,对客户需求做出快速动态反应。② 仓库配备先进的物流软件和硬件设施,包括立体货架、自动分拣系统、条码管理系统及流通加工设备等。③ 仓储管理方式应能适应不同客户需求。④ 在搞好仓储基本业务的基础上,还要进行分拣、配货和包装等工作,为客户提高个性化服务,为客户提供增值服务,包括搞好库存控制和提高流通加工的能力。

(2)流通企业对仓储服务的要求:① 搞好商品的接运。② 搞好商品数量和外观质量的验收。③ 分区分类和专仓专储。④ 高效包装加工作业、准确发货和及时发运。

(3)仓储服务管理作业流程:卸车,检验,整理入库,保管保养,检出和集中,出库和发运,装车。

① 入库阶段:接运和交接(接收准备,审核凭证,监督卸货,初验合格内部交接,不合格待处理),验收(进行商品和外观、数量和质量的验收在送检),待检(合格,处理入库手续;不合格则隔离),办理入库手续(记账和立卡并进行系统维护)。

② 商品保管保养阶段:货位规划,分类堆码,保管保养,盘点检查。

③ 商品出库阶段:出库准备,审核凭证,备货,包装,复核,点交发货。

另外还包括设计合理的仓库结构,做好库区的分区规划,对货位进行编号和规划管理,合理使用仓库设备等。

第三节 配送服务

一、配送服务的概念

物流配送是物流服务运输的一种特殊形式,即短距离、小批量的运输,一般是作为一种营销手段而展开的。

物流配送服务是指将少量的物品送交给众多的客户、事务繁杂的服务作业。

物流配送服务实质上是一种送货到户的服务性供应,既是一种"门到门"的服务,又是一种现代化送货方式,是大生产、专业化分工在流通领域的反映。配送完善了运输及整个物流系统,它将支线运输和小搬运统一起来,使运输过程得以优化,提高了终端物流的经济效益;配送使分散库存得以集中,而通过集中库存的规模经济优势,使企业单位存货成本下降,释放出大量储备资金,在加强调控能力的同时,实现企业的低库存或"零库存";配送提高了企业生产的供应保证程度,这种保证不只是数量的保证,也是规格、品种等质的方面的保证,最大限度地满足了企业的生产需要。因此,配送不仅只是一种服务性供应的工作方式,更是一种重要的流通渠道手段。

二、规划物流配送服务作业

物流配送服务作业的规划包括制订配送需求计划,规划配送服务职能和配送服务作业流程。

(一)制订配送需求计划

配送需求计划(简称 DRP)是指应用 DRP 的原则,在配送的环境下统一物料的配送需求的一种动态方法。在供应链上,DRP 的应用范围相当广泛,对企业而言,DRP 既可用于规划原材料的进货补货安排,也可用于企业产成品的配送计划。

在逻辑上的 DRP 是物料需求计划 MRP 的扩展。但两者之间存在一个根本的差异:MRP 通常在一种相关需求的情况下运作,由企业制订和控制的生产计划所确定;而 DRP 是在一种独立的环境下运作,由不确定的顾客需求直接确定存货需求。

企业可以运用 DRP 所产生的信息来计划未来的物料(尤其是存货)需求,如:

(1)协调同一供应商提供的多项物料的补货需求和安排;

(2)选择更有效的运输方式,以及相应的货车或船运的容量规模等;

(3)预先做好运输和接货、卸货的人员、设备安排工作;

(4)从最终的客户需求出发,利用配送需求条件驱动产生企业的主生产计划,控制 BOM 表,并最终影响物料需求计划的编制。

1. 综合的 DRP 与 MRP 系统

实际运用中,通常将 DRP 与 MRP 结合起来,形成 DRP 与 MRP 联合系统,从而综合了原材料、在制成品和产成品的计划安排总体协调存货水平,计划存货运输。综合的 DRP 与 MRP 系统功能模型图如图 12-2 所示。

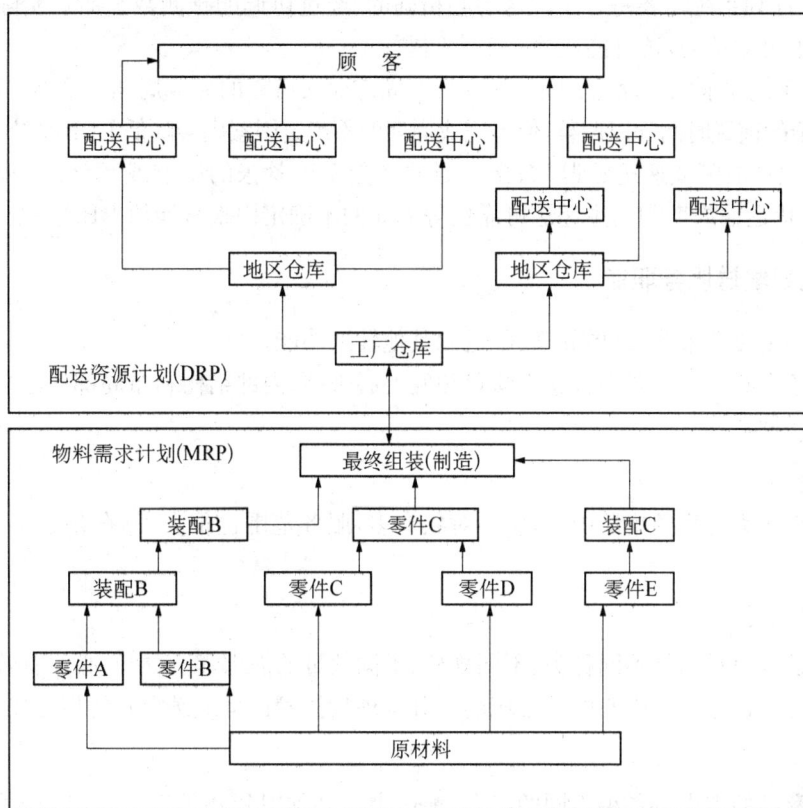

顾 客

配送中心　配送中心　配送中心　配送中心

配送中心　配送中心

地区仓库　地区仓库

工厂仓库

配送资源计划(DRP)

物料需求计划(MRP)　最终组装(制造)

装配B　零件C　装配C

装配B　零件C　零件D　零件E

零件A　零件B

原材料

图 12-2　综合的 DRP 与 MRP 系统功能模型图

2. DRP 的优点与局限性

(1) DRP 的优点。类似于 DRP 这样的综合存货计划系统为管理部门提供了一系列的好处,主要表现在营销物流方面。

在营销方面,DRP 的优点表现在:

① DRP 的实施改善了服务水准,保证了准时递送和减少了顾客的抱怨;

② 更有效地改善促销计划和新产品引入计划;

③ 提高了预计短缺的能力,使营销努力不花费在低储备的产品上;

④ 改善了与其他企业的协调功能,因为 DRP 有助于公用一套计划数字;

⑤ 提高了向顾客提供存货管理服务的能力。

在物流方面,DRP 的优点体现在:

① 由于实行了协调装运,降低了配送中心的运输费用;

② DRP 能准确确定何时需何种产品,降低了存货水平和仓库空间需求;

③ DRP 减少了延迟供货现象,降低了顾客的运输成本;

④ 改善了物流与制造之间的存货可视性和协调性;

⑤ DRP 能有效地模拟存货和运输需求,提高了企业的预算能力。

（2）DRP 的局限性。尽管 DRP 有很多可观的优点，但是它本身还有诸多限制，在实际应用时要加以注意。

① DRP 计划系统需要每一个配送中心精确的、经过协调的预测数。而在实际情况中，预测的误差是不可避免的，这可能成为一个大问题。

② DRP 系统要求配送设施之间的运输具有固定而又可靠的完成周期。虽然完成周期可以通过各种安全的前置时间加以调整，但是完成周期的不确定因素则会降低 DRP 系统的效力。

③ 由于生产故障或递送延迟，综合计划常易受系统紧张的影响或频繁改动时间表的影响，尤其是补货运输周期和卖主递送可靠性等方面的不确定因素可能使 DRP 系统极度紧张。

（二）规划配送服务职能

配送中心主要有采购、订单处理、配送和其他辅助功能。

由于配送中心是由一般中转仓库演化和发展起来的，内部结构和布局都各不相同，其职能大体有以下几种。

1. 储存

配送中心作为货物的集散中心，服务对象众多，服务范围也很大，储存是必不可少的基本职能。

2. 分拣理货

为了满足客户对商品不同种类、不同规格、不同数量的需求，配送中心必须有效分拣货物，并按计划理货。这是配送中心的核心职能。分拣理货技术也是配送中心的核心技术。

3. 配货

用户对商品的需求有各种不同的组合，配送中心必须对货物进行有效组合才能合理利用运输工具，方便配送工作，满足用户需求。

4. 倒装、分装

这一职能使不同规模的货物在配送中心能高效分解和组合，按用户要求形成新的组合或新的装运形态。

5. 装卸搬运

装卸搬运是配送中心必不可少的辅助作业。

6. 加工

多数配送中心都具备这种职能。对商品进行不同程度的加工，能够提高配送中心水平，提供增值服务。

7. 送货

送货是配送中心实现的最后职能。送货工作在配送中心之外完成，但是送货工作的计划、指挥和管理均由配送中心完成，所以它是最后一个环节。

8. 信息处理

配送中心要具备与客户沟通的信息职能，同时也要具备配送中心各环节之间沟通的信息职能。

配送中心的类型不同,担负的流通职责不同,其流程可规划为一般流程、不带储存仓库的配送中心流程、加工配送型配送中心流程、批量转换配送中心流程等。

在规划配送中心的作业流程时,除应考虑其完成的基本职能外,另需考虑配送中心的位置规模、接受对象及作业内容、商品的特性等条件。

配送中心的作业流程规划决定了配送中心作业的详细、具体要求,如确定装卸搬运容器尺寸形状、装卸搬运的汲取和设备规格、特殊车辆的规格、配送中心内部作业场所的详细配置等,所以它是规划配送作业的重要步骤。

(三) 规划配送服务作业流程

配送服务的作用在于"化零为整"和"化整为零",使产品通过它迅速流转。

1. 配送服务的一般流程

这种配送服务以中、小件杂货配送为主,由于货物较多,为保证配送,需要有一定的储存量,属于有储存功能的配送服务。理货、分类、配货功能要求较强,很少有流通加工的功能。配送服务的一般流程如图 12 - 3 所示。

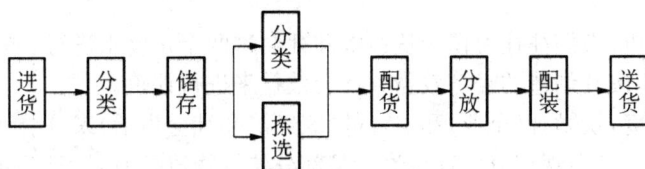

图 12 - 3　配送服务的一般流程

这种流程也可以说是配送服务的典型流程,其主要特点是有较大的储存、分货拣选、配送场所,作业装备也较大。

2. 不带存储库的配送服务流程

专以配送为职能,只有为一时配送备货的暂存,而无大量储存。暂存区设在配货场地中,配送作业场所中不单设储存区。流程如图 12 - 4 所示。

图 12 - 4　不带存储库的配送服务流程

这种配送服务的主要场所都用于理货、配货。

3. 加工配送型配送服务流程

加工配送型配送服务有多个模式,随加工方式不同,程序有区别。典型的加工配送型的配送服务流程如图 12 - 5 所示。

图 12 - 5　加工配送型配送服务流程

4. 批量转换型配送服务流程

在这种配送服务中,产品以单一品种、大批量方式进货为主,在配送服务下转换成小批量。批量转换型配送服务流程如图 12-6 所示。

图 12-6　批量转换型配送服务流程

这种配送服务流程十分简单,基本上不存在分类、拣选、分货、配货、配装等工序。但是,由于是大量进货,储存能力较强,所以储存及装货作业最重要。

三、物流配送服务的效益来源

配送服务的效益来源有其节约的一面,也有其创造增加的一面。

(一) 节约减少费用来源

对于效益的分析,人们往往习惯于从经济和社会这两个角度来进行。配送中心的效益,也可以采用这种习惯,按其创造的经济效益和社会效益来进行评价。

如果换一个角度,从微观(企业)和宏观(国家经济和社会生活)来分析,配送中心的效益中宏观的部分将远远大于微观部分。这也许就是部分传统物流企业对于发展配送中心积极性总是没有发展多种经营的积极性高的一个重要原因。

总的来说,配送中心的宏观效益最重要的一方面,就是大大减少了流通领域供需双方的接触次数——交易次数。

(二) 增加效益来源

综合评价,配送中心在减少流通中的交易次数的同时,也创造着诸多的宏观效益和微观效益。

1. 可产生规模效益

配送中心对多家厂商和客户起到中介作用,减少了供求之间的交易次数,相应地增加了交易批量。这样,在批量进货时,配送中心可获得优惠进价,并与客户分享这部分价格,使双方获利。

2. 发挥专业化分工优势

建立配送中心后可以充分发挥物流业、销售业的专业化优势,可有效防止客户缺货和库存过多。同时配送中心对商品的维护和保养效果好于分散管理商品的企业。

3. 有效控制商品质量

配送中心与多家厂商建立了业务联系,对于商品的质量控制和质量信息反馈都相对有效和迅速。

4. 减少客户的库存

由于配送中心的服务,各客户(工厂或零售商等)都可以减少库存,甚至实现“零库存”,可为客户节约大量的库存资金占用,配送中心可与客户共享利润。

5. 有效降低物流成本

配送中心的出现以及进一步发展的共同配送,对于物流成本的降低可以起到显著作用。

配送中心通过对批量货物的专业管理,有效地降低了物流成本,从运输的角度来看,可以取得如下效果:

(1) 配送中心使商流和物流分离,物流线路缩短。

(2) 降低运输次数。

(3) 提高车辆装卸、利用效率。

(4) 保证客户最佳订货量。

(5) 共同配送有利于降低运输费用。

(6) 配送中心可选择最佳运输手段和工具。

从保管的角度来看,可以取得如下效果:

(1) 减少货物储存的在库点个数,降低人力、物力、财力的投放。

(2) 统一在库管理,提高在库管理质量。

6. 充分利用库存空间,提高保管的效益

从包装的角度来看,可以取得如下效果:

(1) 降低包装材料费用,提高材料利用率。

(2) 包装工艺简洁化、流水化,提高作业效率。

(3) 包装作业机械化,降低人力成本。

从装卸的角度来看,可以取得如下效果:

(1) 配送中心使交易次数减少,装卸次数减少,降低人力成本,减少货物损失。

(2) 可采用集装单元化,提高作业效率、货物周转效率及保护效果。

除此以外,很多大型配送中心在开展业务时,将其与国际物流接轨,也看作是降低物流成本的措施。所以,与国际物流接轨也是某些配送中心的效益源泉。

复习题

一、单选题

1. 类似于 DRP 这样的综合存货计划为管理部门提供的好处主要表现在(　　　)。

A. 生产方面　　　　B. 物流方面　　　　C. 供应方面　　　　D. 营销方面

2. 在物流服务中,属于交易前要素的是(　　　)。

A. 商品断货标准　　B. 订货周期　　　　C. 产品包装　　　　D. 组织构造

3. 货主企业的物流需求不是凭空由自己创造出来的,而是以商流的发生为基准,伴随着商流的发生而发生的,这反映了物流服务的(　　　)。

A. 及时性　　　　　　　　　　　　　B. 移动性和分散性

C. 较强的需求波动性　　　　　　　　D. 从属性

4. 物流服务最基本的问题是(　　　)。

A. 速度问题　　　B. 一致性问题　　　C. 灵活性问题　　　D. 故障与恢复问题

5. 所谓物流服务是对顾客商品利用可能性的一种保证,它不包含的要素是( )。

A. 备货保证　　　　　B. 技术保证　　　　　C. 输送保证　　　　　D. 品质保证

6. 下列物流服务的内容中,( )是物流服务体系中所有动态内容的核心。

A. 保管　　　　　B. 包装　　　　　C. 运输与配送　　　　　D. 装卸搬运

7. 物流服务的可得性实现的最普通方式是( )。

A. 安全库存标准　　　　　　　　　　B. 预期顾客订货,进行存货准备

C. 电子订单　　　　　　　　　　　　D. 第三方物流

8. 物流服务体系中所有动态内容的核心是( )。

A. 运输与配送　　　　　B. 保管　　　　　C. 信息传输　　　　　D. 包装

9. 配送中心宏观效益的最重要的一个方面是( )。

A. 减少交易次数　　　　B. 产生规模效益　　　　C. 控制商品质量　　　　D. 减低物流成本

10. 物流顾客服务中,属于交易中的要素的是( )。

A. 顾客保证声明　　　　B. 组织构造　　　　C. 货物周转　　　　D. 维修零部件

11. 物流服务属于非物质形态的劳动,它生产的不是有形的产品,而是一种伴随销售和消费同时发生的服务,这就决定了它的( )。

A. 从属性　　　　　　　　　　　　　B. 即时性

C. 较强的需求波动性　　　　　　　　D. 移动性和分散性

二、多选题

1. 物流服务的特性包括( )。

A. 从属性　　　　　　　　　　　　　B. 即时性

C. 移动性和分散性　　　　　　　　　D. 较强的需求波动性

E. 可替代性

2. 物流服务主要围绕( )要素展开。

A. 顾客所期望的商品　　　　　　　　B. 顾客所期望的价格

C. 顾客所期望的传递时间　　　　　　D. 顾客所期望的渠道

E. 顾客所期望的质量

3. 在供应链上,DRP 可用于( )。

A. 规划原材料的进货补货安排　　　　B. 企业产成品的配送计划

C. 物料需求计划　　　　　　　　　　D. 制造资源计划

E. 经济订货批量

4. 类似于 DRP 的综合存货计划为管理部门提供的好处主要表现在( )。

A. 生产方面　　　　B. 物流方面　　　　C. 供应方面　　　　D. 营销方面

E. 财务方面

5. 在物流服务中,属于交易中要素的是( )。

A. 商品断货标准　　　　B. 订货周期　　　　C. 产品包装　　　　D. 组织构造

E. 产品追踪

三、判断题

1. 在供应链上,DRP 既可用于规划原材料的进货补货安排,也可用于企业产成品的配送

计划。 （　　）

2. 共同配送有利于降低运输费用。 （　　）

3. 物流服务的内容是满足货主需求，保障供给，且无论是在服务量上还是质上都要使顾客满意。 （　　）

4. 物流服务的基本特性包括它的不可替代性。 （　　）

5. 物流服务的可得性实现的最普遍做法是尽可能大量地进行存货储备。 （　　）

6. DRP 的中文意思是配送需求计划。 （　　）

四、名词解释

物流服务　配送需求计划

五、简答题

1. 简述物流配送服务创造的宏观与微观效益。

2. 什么是物流服务的可得性？它由哪些衡量指标组成？

3. 简述配送中心的信息处理主要表现在哪些方面。

4. 为什么说物流服务在企业经营中占有重要地位？

5. 配送服务主要围绕哪些方面展开？

六、案例题

1. 神州物流公司是建立在神州工业园区的规模较大的物流公司，一期投资 6 000 万元人民币，建造了轻钢结构的库房 10 000 平方米，库房高 11 米，装有货架，地坪也经过了防尘处理。同时还有 15 000 平方米的集装箱堆场，堆场有良好的混凝土地坪，可以承载 3～4 个重箱或 5 个轻箱。还建有 3 400 平方米的办公大楼，海关、商检、卫检等都进驻该大楼。神州物流公司具有比较好的物流信息系统，已经为 2～3 个跨国公司的当地分公司提供了较好的仓储与运输服务，并且信息系统也能基本上与对方良好衔接。

公司建成后，普遍被认为是该地区硬件设施和信息系统最好的仓储、物流公司。但是，也有些客户认为该公司提供的仓储等服务价格过高。因为神州地区有大批的乡镇企业经营很不景气，原来的仓储公司、运输公司，由于乡镇企业不景气而大幅度削价竞争，其仓储价格低到每天 0.2 元/平方米，而一些濒临倒闭的乡镇企业更是把其运输车辆、仓库以至厂房都投入了低价竞争的仓储、运输服务，其仓储价格最低的只有每天 0.09 元/平方米，只要能养活员工就行。但是，神州物流公司由于投资大、设备先进、人员的素质与工资相对较高，再加上其他因素，其仓储的最低成本达到每天 0.60 元/平方米。这样，在低价竞争中是无法与传统的仓储公司和乡镇企业竞争的。

神州工业园区是国内比较著名的工业园区，吸引了大批外资，特别是欧美日的跨国公司进驻较多，这些公司在理念上接受第三方物流，而且园区里的土地与厂房价格都很贵，员工的工资也较高，但是这些企业对物流服务的要求比较高，一般要求全套的信息服务，而且要求提供全过程的物流服务，也就是进口原料从上海机场或上海港下来以后的所有业务过程（包括报关、运输、仓储），企业产成品的储存和长江三角洲产品的配送都要求一家供应商全部完成。

神州物流公司面临着两种选择，一种意见认为应该向高水平的第三方物流发展，因为神州工业园区有这样的市场需求，假如我们的人员素质、管理和技术水平，包括信息系统还得做些改进，那也是必须做的事情，6 000 万元都投了，为了长远发展再花 500 万～1 000 万元也是必要的。这样二期发展才有可能进行。另一种意见认为,公司负担已经很重,再要投入资金,就要去说服股东或者银行,而且风险不小,还不如努力降低成本,先养活再说。

根据上述资料,回答问题:

(1) 你的意见是什么?

(2) 不管你采纳哪一个意见,下一步应该怎么办,为什么?

2. 2003 年 11 月,国内首家集整车储运、零部件供应和销售服务培训中心于一体的汽车商务中心——广州本田上海商务中心正式启用。从此,广州本田供应上海、浙江、江苏、安徽等省市的整车、零部件将由上海商务中心统一配送,正式开始了 24 万辆物流体系的动作。

在位于上海嘉定区黄渡镇的广州本田上海商务中心,一条铁路线将 46 个整车集装箱直接运抵现场。据了解,这个商务中心总占地面积约 90 亩,项目总投资约 6 500 万元。设有销售服务培训中心、整车储运场地、零部件仓库等,具备整车仓储和中转、零部件供应、各类储运、特约店管理、信息反馈等功能。

随着广州本田汽车产销量的逐步扩大,到 2003 年年底,广州本田在全国的特约销售服务店将达到 200 家,上海、浙江、江苏、安徽四省市的特约店总数将超过 50 家。广州本田 2003 年 1—10 月在上海、浙江、江苏、安徽四省市的销售量占其总销售量的 20%,达到 1.8 万多辆。上海商务中心成立后,广州本田通过国内汽车企业的第一个厂内专用铁路发运中心,将整车集装箱从铁路线运到上海商务中心,再及时发送到各特约店,此外,零部件也将由上海商务中心统一配送。这样,就大大缩短了对华东地区特约店的整车配送时间。据悉,几个小时,便可把零部件送到杭州的特约店。实现华东地区特约店零部件每周配送,降低了特约店流动资金占用。

为开启广州本田到华东以及全国各地整车铁路运输,广州本田铁路发运中心已于 2003 年 11 月 1 日正式投入使用,广州本田铁路发运中心的最高发运能力为每天 600 辆。铁路运输安全快捷,可以有效地减少产品在路途上的意外损坏,并降低动力成本,从而提高广州本田的整车运输能力及市场竞争能力。

从 2003 年 11 月中旬开始,广州本田上海商务中心分批组织华东地区特约店人员的培训,项目有销售业务、零部件业务、售后服务业务、维修技术等,同时,还将加强对华东地区特约店的巡回管理指导和信息收集反馈。

根据上述资料,回答问题:

(1) 该中心选址时考虑的因素有哪些?

(2) 该中心的设立从配送角度分析有哪些优点?

(3) 该配送中心在客户服务上有哪些特点?

(4) 该中心还有哪些可改进之处?

第十三章
仓储成本与绩效管理

学习目标

学习本章，掌握仓储成本的构成和控制，了解储存成本、备货作业成本、装卸搬运作业成本、流通加工作业成本、包装作业成本、机具物料及燃料成本和人工费用的分析与控制方法；理解绩效管理的含义；掌握绩效管理指标，针对仓储管理出现的问题，研究解决问题的方法。

本章案例

粮达网招募交收合作仓库降低物流成本

粮达网是中粮集团和招商局集团共同打造的专注于大宗农粮交易的平台，主要为用户提供交易、结算等基础服务，还能提供物流、金融、资讯、保障等多种综合电商服务。上线两年交易额已超 400 亿元。

粮达网面向全社会招募符合条件的玉米、小麦、稻谷交收合作仓库。指定交收仓库申请人应是具有合法粮食仓储物流经营资质的企业，同时申请人所在区域应为粮食交易品种的主要生产地、消费地、集散地，或粮食经营企业集聚地。此外，申请人净资产不少于 500 万元，运营期间财务状况良好且三年内无不良记录及不存在重大风险。

合作仓库通过自建库房或者租赁库房为客户服务，提供商品接收入库，在库管理，发货包装，订单发运，拒退换管理等服务，并能提供灵活多样的合作模式。

为了解决产业供应链风险管理等方面难题，粮达网近日计划在粮食主产地、主销地、主中转地的重要物流节点推进交收仓库建设，降低粮食物流成本，为粮食经营企业提供更安全的现货交易服务。

（案例来源：http://www.ebrun.com/20180531/280089.shtml。）

思考题

1. 仓储成本的构成是什么？
2. 根据案例，合作仓库如何降低物流成本？

第一节 仓储成本

一、仓储成本管理的意义及构成

库存是企业最大的成本之一,仓储管理的重点之一就是控制库存成本。存货需要巨大的投资,管理存货的物流费用开支也是极大的。在仓储管理中,一方面强调仓储管理中的成本节约,另一方面成本控制应注重物流总成本的降低。

仓储成本由显性成本和隐含成本构成。显性成本主要指储存、装卸搬运、备货、流通加工、包装和人工费等具体的基础设施、设备资源和运作过程中固定发生的费用;隐含成本存在于由于仓储作业流程不畅而导致的储存费用增加所形成的利息成本、库存收益的机会成本和由于反应速度慢而损失或赔偿客户支出的损失及管理不善造成的物品损失和损坏等非固定发生的费用。

二、仓储成本的分析与控制

(一)储存成本分析与控制

储存成本的分析主要是对固定费用的分摊的分析。储存量及储存的规律性会影响储存成本的高低,这是因为仓库的储存量可以"分摊"固定费用,也就是说,一定的储存量和稳定的储存规律性可以通过降低单位物品的储存成本来提高储存效益,因此要提高仓库储存量,合理规划仓储空间。

一般仓库都关心其所存物品的重量、体积,因为这直接影响仓库的利用率和仓库设施设备的完好程度。仓库常常以重量、体积作为制定收费标准的依据,物品所占用的空间和物品所占面积多少直接影响仓储费率的高低。仓库一般对体积大、重量轻的物品,要合理安排货位,若采用货架存放应选择承载力相当的货格,若采用货场堆码应选择地坪载荷较小的货位存放。制定仓储费率时要考虑诸多因素,如体积、重量、仓储环境和条件、物品性质、需要何种养护等。由于物品本身特性或包装不规则不能堆高,或批量小、规格杂而无法堆高储存,或需要利用仓库加工、整理、挑选、组配物品,需要占用一定仓库面积时,要合理安排占用面积和空间,一般应按实际占用面积和每平方米地坪(或楼面)的设计载荷能力,折成计费吨收费。若客户要求对整个仓库进行包仓,仓储企业和客户要进行协商,一般按照不低于仓库实际面积 80% 的面积吨计费。

(二)装卸搬运作业成本分析与控制

装卸搬运作业成本主要包括装卸搬运机具的成本和费用,燃、润料消耗费用,人工成本和时间费用等。

1. 合理选择装卸搬运机具

合理选择和使用装卸搬运机具,是提高装卸效率、降低装卸搬运成本的重要环节。装卸搬运机械化程度可分为 3 个等级。一级是用简单的装卸器具,如地牛、传送带等;二级是使用专用的高效率机具,如吊车、电动叉车、夹抱车等;三级是依靠电脑控制实行自动化、无人化操作,如自动堆垛机、轨道车、电子小车等。

选择哪个级别的装卸搬运器具,首先要从物品的性质和可操作性上考虑物品是否需要包装,采用何种包装,适合哪种器具;其次要从管理上选择成本、搬运装卸速度、节约人力资源和减轻工人劳动强度、保证人与物的安全、准确性等方面来考虑。若装卸搬运的物品,属于偶然性作业,又属于重、大物品,必须采用机械进行装卸搬运时,可临时租借设备;若属于风险性大的作业,又无操作经验,应该外包出去。

2. 提高物品装卸搬运的活性化与可运性

提高物品装卸搬运的活性化与可运性是合理装卸搬运和降低装卸搬运成本的重要手段之一。

装卸搬运的活性化就是要求装卸搬运作业必须为下一个环节的物流活动做好准备。“活性化”分为“0、1、2、3、4”五个等级,“0”的活性化程度最低,“4”的活性化程度最高。要不断提高活性化的程度,但是从成本角度分析并不是活性化程度越高越好,要适宜。

装卸搬运的可运性就是指装卸搬运的难易程度。影响装卸搬运难易程度的因素主要包括:① 物品外形尺寸;② 物品密度或笨重程度;③ 物品形状;④ 物品、设备或人员损伤的可能性;⑤ 物品的活性程度等。

装卸搬运物品的可运性的度量标准是根据装卸搬运的工具不同而定的。例如,人工装卸搬运,是指物品整理得用一只手可以方便地拿起放下,不散不勒手;若用电动叉车装卸搬运,不用其他辅助工具,物品整齐坚固地码放在托盘上,堆码不歪,不斜,不倒。提高装卸搬运的可运性是降低装卸搬运成本的重要手段。

3. 利用重力作用,减少能量消耗

在装卸搬运时应尽可能地借助物品重力的作用,减轻劳动力和其他能源的消耗。例如,流利货架、利用地势安装倾斜无动力小型传送带进行物品装卸,使物品依靠本身重量完成装卸搬运作业。

4. 合理选择装卸搬运方式

在装卸搬运过程中,必须根据物品的种类、性质、形状、重量来确定装卸搬运方式。在装卸时对物品进行处理的方式有三种:第一是“单品处理”,即按普通包装对物品逐个进行装卸。一般符合物品的可运性,对体积较大的单品来说有效率较高,对体积较小的单品,虽符合物品的可运性,但效率仍较低。第二是“单元处理”,即物品以托盘、集装箱为单位进行组合后进行装卸搬运。一般符合物品的可运性,可以提高装卸效率。第三是“散装处理”,即对粉粒状货物不加包装而进行的装卸搬运。虽然“活性”程度较低,可运性较差,但是可节省包装费用,使用简单的装卸器具(如传送带)进行装卸,可节约设备费用。

5. 改进装卸搬运作业方法

装卸搬运是物流的辅助功能之一,是重要的一个环节。合理分解装卸搬运活动,选择适合企业的装卸搬运设备,提高机械化和自动化装卸水平,对于改进装卸搬运作业、提高装卸搬运效率、降低装卸搬运成本有着重要的意义。

（三）备货作业成本分析与控制

备货作业是仓储作业中最繁杂的作业，为了降低备货作业成本，可以采取以下方式。

1. 合理选择备货作业方式

备货的作业方式包括全面分拣、批处理分拣、分区分拣、分组分拣。

（1）全面分拣。由一个备货人员全面负责一个订单，并负责订单从开始到结束的整个履行过程，分拣全过程实行摘果法。当备货物品的种类较多时，应当采用全面分拣方式。

（2）批处理分拣。备货人员负责一组订单，在接收这批订单后，先建立批处理清单（包括整个订单组里每种储存单元的物品总数），然后按照批处理订单，采用摘果法分拣物品，并将物品送到站台，再采用播种法将它们在各个订单之间进行分配。当备货物品的物品种类较少时，应当采用批处理分拣方式。

（3）分区分拣。将仓库分成若干个区域，每个区域配有备货人员，在分区订单处理计划中，备货人员挑选出订单中存放在其所负责区域的物品，并将其传给下一个备货人员，由其挑选出下一个区域内的物品，依次传递下去。在这种方式下，一个订单的分拣是由很多人来完成的。当仓库面积比较大，存放不同物品的区域相隔较远时，应当采用分区分拣方式。

（4）分组分拣。按一个指定特征划分，如按承运人分，即根据提单将某一承运人所运送的物品拣出。当不同的订单由不同的承运人承担运输时，应采用分组分拣方式，可以节约成本。

2. 合理安排仓储空间，降低备货成本

在备货作业中，妨碍作业效率提高的主要因素是仓储空间。仓储的空间越大，备货时移动的距离就越长。因此，应合理安排仓储空间，将仓储空间分为保管区和备货区，以利于降低备货成本。

3. 加强货位管理，提高备货作业效率

备货人员必须熟悉物品存放的货位。应用计算机管理的仓库，备货人员可利用仓储管理系统，查出订单中物品的存放位置，提高备货作业效率。

（四）流通加工作业成本分析与控制

1. 确定合理的加工能力

流通加工的成本属于半变动成本，即设备的折旧一般不随着加工量的变化而变化，但材料、能源、人工等费用却随着加工量的增加呈正比增加。按照固定成本和变动成本的性质，流通加工的数量越大，流通加工的成本总额也相应增加，若加工数量超过加工能力，需要增加投入，倘若加工作业量又不均衡，就可能会给企业带来更大的损失。但是，加工批量过小，表现为加工能力过剩，会造成加工设备、加工人员的闲置，带来成本损失。因此，仓储企业应根据客户需要和企业的加工能力来确定加工批量和数量。

2. 确定合理的流通加工方式

流通加工的方式很多，加工方式又与流通加工成本存在着一定的联系。仓储企业应根据企业的加工能力和客户的需求，选择适当的加工方法和加工深度。在确定加工方式时，必须进行经济核算和可行性研究，确定合理的加工成本。

3. 加强流通加工的生产管理

流通加工的生产管理与流通加工成本联系十分紧密。一般地,生产管理的水平越高,其成本越低。流通加工生产管理的内容很多,如劳动生产率、设备利用率、能源的消耗比率、加工物资消耗定额等,都与流通加工成本密切相关。

(五) 人工费用的分析与控制

仓储企业对仓储过程中投入的劳动力,要想尽可能充分地利用,并使其能够发挥最大的效用,就应当分析工时利用率。

$$时间利用率 = \frac{某一期间生产性活动的实际时间}{同期全体员工制度工作小时数} \times 100\%$$

如果这个比率接近于1,就说明利用率高;反之,利用率低。若减少非生产人员,就可以在提高时间利用率的同时降低工资费用。

仓储企业还可以通过考察每项主要业务活动所耗用的生产时间的百分比做进一步分析,对劳动实行定量管理。例如,用收货、存放、拣选、发货等任何一项活动及其具体作业内容与时间的比率来说明劳动生产率;用单位时间托盘的装载量和卸载量,单位时间托盘货物的入库量,单位时间包装量,单位时间拣选出库量等作业量指标核算成本支出的数据,进行成本控制并达到降低成本的目的。

(六) 包装作业成本分析与控制

包装作业成本是影响仓储管理成本的重要成本之一,在实际中应当考虑使用物美价廉的包装材料;采用大包装,尽量使包装简单化,节约包装材料;利用原有包装加贴新标签;尽量采用包装作业机械化,提高包装效率。

(七) 机具物料和燃料的成本控制

在仓储作业过程中,各种工具、索具,以及叉车、吊车、制冷、除湿、通风等设备的使用,都要耗费燃料、润料、电力和水资源等。要进行有效的控制,把消耗降至最低点,要制定合理的作业流程,尽量减少不必要的重复性作业,避免过度使用设备,提高设备完好率。

三、仓储合理化

(一) 仓储合理化的标志

仓储合理化的含义是用最经济的办法实现仓储的功能。仓储的功能是对需要的满足,实现被储物的时间价值,就必须有一定储量,这是合理化的前提或本质。如果不能保证储存功能的实现,其他问题便无从谈起。但是,仓储的不合理也表现在过分强调仓储功能的实现,这是由于过分投入仓储力量和其他仓储劳动所造成的。所以,合理仓储的实质是,在保证仓储功能实现的前提下尽量少地投入,也是一个投入产出的关系问题。仓储合理化的标志有以下几点:

1. 质量标志

保证仓储物品的质量,是完成仓储功能的根本保证。只有这样,商品的使用价值才能通过物流之后最终实现。在仓储中增加了多少时间价值,或是得到了多少利润,都是以保证质量为前提的。所以,仓储合理化的主要标志中,首要的应该是反映使用价值的质量。现代物流系统已经拥有很有效地维护货物质量、保证货物价值的技术手段和管理手段,也正在探索物流系统的全面质量管理问题,即通过物流过程的控制,通过工作质量来保证仓储物的质量。

2. 数量标志

在保证仓储功能实现的前提下,仓储物品应有一个合理的数量范围。目前管理科学的方法已经在各种约束条件的情况下,对合理数量范围做出规范条件,形成的仓储数量控制方法。

3. 时间标志

寻找一个合理的仓储时间,这是和仓储物品数量有关的问题。仓储量越大,消耗速率越慢,则仓储的时间标志,如周转天数就越多、周转次数就越少,说明仓储时间不合理。在总时间一定的前提下,个别被储物的仓储时间也能反映合理程度。如果少量被储物长期仓储,变成了呆滞物或仓储期过长,虽然在宏观周转指标中反映不出来,也标志仓储不合理。

4. 结构标志

仓储结构标志是根据被储物不同品种、不同规格、不同花色的仓储数量比例关系对仓储合理性的判断。尤其是相关性很强的各种物品之间的比例关系更能反映仓储结构是否合理。由于这些货物之间相关性很强,只要有一种货物出现耗尽,即使其他货物仍有一定数量,也无法投入使用。所以,不合理的仓储结构影响不仅局限在某一种货物上,而是带有扩展性。

5. 分布标志

分布标志指不同地区仓储的数量比例关系。以此判断当地需求比,以及对需求的保障程度,也可以此判断对整个物流的影响。

6. 费用标志

只有考虑仓租费用、维护费、保管费、损失费、资金占有利息支出等,才能从实际费用上判断仓储的合理与否。

(二) 仓储合理化的实施要求

一般来说,仓储合理化的实施要求可以归纳如下。

1. 进行仓储物的 ABC 分析

ABC 分析是实施合理化的基础分析,在此基础上可以进一步解决各类仓储物品的结构关系、仓储量、技术措施等合理化问题。在 ABC 分析基础上可实施重点管理,决定各种货物的合理仓库储备数量及合理储备的办法,乃至实施"零库存"。

2. 在形成一定的社会总规模前提下,追求经济规模,适当集中库存

适度集中仓储是合理化的重要内容,所谓适度集中库存是利用仓储规模优势,以适度集中仓储代替分散的小规模仓储来实现合理化。

集中仓储面对两个制约因素:一是仓储费,二是运输费。过分分散,每一处的仓储保证

的对象有限,互相难以调度调剂,则需分别按其保证的对象要求确定库存量。而集中仓储易于调度调剂,集中仓储数量可低于分散仓储之总量。过分集中仓储,仓储点与用户之间距离拉长,又迫使周转储备增加。所以,适度集中的含义是主要在这些方面取得最优集中程度。

适度集中库存除在总仓储费及运输费之间取得最优之外,还有一系列其他好处:一是对单个用户的保证能力提高;二是有利于采用机械化、自动化方式;三是有利于形成一定批量的干线运输;四是有利于成为支线运输的始发站。

3. 加速物资总周转,提高单位产出

仓储现代化的重要课题是将静态仓储变为动态仓储,周转速度加快,会带来一系列的合理化好处:资金周转快、资本效益高、货损小、仓库吞吐量能力增加、成本下降,等等。具体做法诸如采用单元集装存储,建立快速分拣系统,都利于实现快进快出,大进大出。

4. 采用有效的"先进先出"方式

保证每个被储物的储存期不致过长,"先进先出"是一种有效的方式,是仓储管理的准则之一。有效的先进先出方式主要有:① 贯通式货架系统。利用货架的每层形成贯通的通道,从一端存入货物,从另一端取出货物,物品在通道中自行按先后顺序排队,不会出现越位等现象。贯通式货架系统能非常有效地遵循一定的信号,以便达到先进先出的效果。②"双仓法"仓储。给每种被储物准备两个仓位或货位,轮换进行存取,规定必须在一个货位中取光时才可补充,实现"先进先出"。③ 计算机存取系统。采用计算机管理,在入库时向计算机输入时间记录,编入一个简单的按时间顺序输出的程序,取货时计算机就能按时间标志给予指示,以保证"先进先出"。这种计算机存取系统还能将"先进先出"保证不做超长时间的仓储和快进快出结合起来,即在保证一定先进先出前提下,将周转快的货物随机存放在便于存储之处,以加快周转,减少劳动消耗。

5. 提高仓储密度,提高仓容利用率

减少仓储设施的投资,提高单位仓储面积的利用率,以降低成本,减少土地占用。有三种方法:

(1)采用高垛的方法,增加仓储的高度。具体方法有,采用高层货架仓库、采用集装箱等,大大增加了仓储高度。

(2)缩小库内通道宽度以增加仓储有效面积。具体方法有采用窄巷道式通道,配以轨道式装卸车辆,以减少车辆运行要求;采用侧叉车、推拉式叉车,以减少叉车转弯所需要的宽度。

(3)减少库内通道数量以增加仓储有效面积。具体方法有采用密集货架,采用可进车的可卸式货架,采用各种贯通式货架,采用不依靠通道的桥式吊车装卸技术等。

6. 采用有效的仓储定位系统

仓储定位的含义是被储物位置的确定。如果定位系统有效,能大大节约寻找、存放、取出的时间,节约不少物化劳动及活劳动,而且能防止差错,便于清点及实行订货点等管理方式。

仓储定位系统可采取先进的计算机管理,也可采取一般人工管理。行之有效的方式有:

(1)"四号定位"方式。用一组四位数字来确定存取位置的固定货位方法,是手工管理中采用的科学方法。这四个号码是:序号、架号、层号、位号。这就使每一个货位都有一个组号,在货物入库时,按规则要求,对货物编号,记录在账卡上,提货时按四位数字的指示,很容易将货物拣选出来。这种定位方式可对仓库存货区事先做出规划,并能很快地存取货物,有利于提高速度,减少差错。

(2)电子计算机定位系统。这是利用电子计算机仓储容量大、检索迅速的优势,在入库时将存放位置输入计算机,出库时向计算机发出指令,并按计算机的指示人工或自动寻址,找到存放货位,拣选取货的方式。一般采用自由货位方式,计算机指示合适的货位,而不需专位待货,有利于提高仓库的仓储能力。当吞吐量相同时,可比替补仓库减少建筑面积。

7. 采用有效的监测清点方式

对仓储货物数量和质量的监测不但是掌握基本情况之必需,也是科学库存控制之必需。在实际工作中稍有差错,就会使账物不符,所以,必须及时且准确地掌握实际储存情况,经常与账卡核对,这无论是人工管理还是计算机管理都是必不可少的。此外,经常监测也是掌握被储物质量状况的重要工作。监测清点的有效方式主要有:

(1)"五五化"堆码。这是手工管理中常用的方法。储存物堆垛时,以"五"为基本计算单位堆成总量为"五"的倍数的垛形,如梅花五、重迭五等,堆码后,有经验者可过目成数,大大加快了人工点数的速度,且少差错。

(2)光电识别系统。在货位上设置光电识别装置,该装置对被存物扫描,并将准确数目自动显示出来。这种方式不需人工清点就能准确掌握库存的实有数量。

(3)电子计算机监控系统。用电子计算机指示存取,可以防止人工出错。

如果在被存物上采用条码认寻技术,使识别计数和计算机联络,每存、取一件物品时,识别装置自动将条码识别并将其输入计算机,就可以了解所存物品的准确情况,而无须再建立一套对实有数据的监测系统。

第二节 仓储业务收入

一、仓储业务收入的构成

要确定仓储业务的收入,首先应明确收入的组成部分,即仓储收入的构成,然后据此计算出各种收费的费率。

仓储业务收入可以分为货物进出库的装卸收入,货物存储于库场的存储收入,对货物进行挑选、整理、包装等加工和代办的收入,集装箱辅助作业费和其他收入。

(一)货物进出库的装卸费

货物进出库的装卸费应根据装卸货物的数量(吨数或件数)、所使用的装卸机械设备使用费,以及货物的装卸难易程度确定。

(二)货物存储费

货物存储费一般根据货物储存的数量、体积、时间、货物的价值及保值的要求等因素确定。

（三）货物加工费与代办费

对货物进行挑选、整理、包装、贴标签等加工费应根据不同的规格要求确定其收费。仓储企业一般可从事的加工业务有：货物的分拣、整理、修补、包装、成组、熏蒸、代验、计量、刷标、更换商品包装、货物的简单装配等；对客户代办业务包括代收发货、代办保险、代办运输等。

（四）集装箱辅助作业费

集装箱辅助作业费包括折装箱费、存箱费、洗箱费以及集装箱修理费等，还包括仓储企业自有集装箱供用户租用所收取的租金。

（五）其他收入

其他收入是指以上收入以外的收入。例如，拥有铁路专用线或码头的仓储企业还可收取用户使用这些设施的使用费，或将富余的或暂时闲置的仓库设施，甚至库房、技术条件租赁给用户并收取租金等。

二、货物仓储费率

货物仓储费率由存储费率、进出库装卸搬运费率和其他劳务费率构成。

（一）存储费率

存储费率可根据货物保管的难易程度、货物价值、进出库场的作业方式等制定。库房、库场的货物储存费率以吨·天为单位，按成本加成等方法计算，其基础是吨·天保管成本。对于储存中使用苫垫材料的，需按使用的苫垫材料数量另加苫垫费。仓库性质不同，其存储费率的计算方法也不同，对于长期存储的仓库，每天存储费率一般不变；对于中转性的仓库，则往往采用按存储时间费递增的计算方法，其目的是为了加快有限的库场的周转。

（二）进出库装卸搬运费率

进出库场的装卸、搬运费率包括设备使用费率和劳动力费率。计费项目包括：进出库场货物的装卸、搬运、过磅、点数、堆码、拆垛、拼垛等方面的设备使用费、修理费、折旧费和人工费用等。

（三）其他劳务费率

因货物保管以及货主要求所进行的对仓储货物的加工，其费率可以根据加工项目、数量以及加工的难易程度确定费率。有些特殊的加工，其费率还可采取协议方式确定。

三、仓储费用的结算

仓库的及时结算并收取各种费用是一项加速资金周转，提高资金使用效率的一项重要工作。

存储费的收计天数从货物进仓之日起至货物出库的前一天为止。仓库业务部门每天根据存货单位当天的货物出入库凭证,分别计算出各存货单位的货物进仓数量、出仓数量和结余数量,填写货物进出日结单。在每月末结算出各存货单位的结存累计数量和进、出库累计数量,交仓库财务部门计算应收的各项费用,然后向存货单位及时收取存货款。

第三节　仓储成本管理及经济核算指标

一、仓储服务产品收费定价的方法

这里介绍的方法主要适用于独立经营仓库。收费单价与成本、营业收入、企业效益密切相关,是仓储核算中的重要指标。公司附属仓储可以参照这里介绍的方法计费定价。

(一) 按实际仓储成本定价

1. 仓储收费价格的计量单位

仓储费价格以吨·天为业务量基本计量单位,意即每吨货物储存一天的收费为多少元。吨以下的尾数保留三位小数,第四位起四舍五入。一般储存计费的起点为1吨·天(以下表示为吨·天),不足1吨·天的按1吨·天计算。储存期长的仓库可选用吨·月为库存量的收费计量单位。车站港口的站台上的暂存货物可按吨·小时计量。

计费吨可分为重量吨和体积吨,1重量吨为1 000千克。体积吨是体积折算的吨位,1立方米为1体积吨。货物计算时,对重量吨和体积吨折大计算。即1 000千克的货物的体积小于1立方米,按重量吨计费。若1 000千克的货物的体积大于1立方米,为轻泡货,按体积吨计算。

不可以重叠堆垛的货物,可用占地面积计费,一般用仓库内地面每平方米负荷量折算成吨位计费(吨/平方米)。表13-1列出了单位有效面积货物堆存量定额。

表 13-1　单位有效面积货物堆存量表

货物名称	包　装	单位有效面积货物堆存量定额(吨)	
		仓库	堆场
糖	袋	1.5～2.0	1.5～2.0
盐	袋	1.8～2.5	1.8～2.5
化肥	袋	1.8～2.5	1.8～2.5
水泥	袋	1.5～2.0	1.5～2.0
大米	袋	1.5～2.0	1.5～2.0
面粉	袋	1.3～1.8	1.3～1.8
棉花	捆	1.5～2.0	1.5～2.0

续　表

货物名称	包　装	单位有效面积货物堆存量定额(吨)	
		仓库	堆场
纸		1.5~2.0	1.5~2.0
小五金	箱	1.2~1.5	1.2~1.5
橡胶	块	0.5~0.8	0.5~0.8
日用百货	箱	0.3~0.5	0.3~0.5
杂货	箱	0.7~1.0	0.7~1.0
生铁	块	2.5~4.0	2.5~4.0
铝、铜、锌	块	2.0~2.5	2.0~2.5
粗钢、钢板	件	4.0~6.0	4.0~6.0
钢制品		3.0~5.0	3.0~5.0

2. 按仓储平均单位成本定价

大多数的情况下,仓储企业为了企业的生存发展,都在测定出单位成本和平均利润率的情况下,采用下式确定每吨·天的收费价格。

仓储服务收费单价＝单位仓储成本×(1＋利润率)

式中

单位仓储成本＝仓储总成本(元)/库存总量(吨·天)

仓储总成本＝设备修理费＋工资和福利费＋仓储保管费＋管理费＋财务费＋
营销费＋保险费＋税费＋折旧费＋租赁费

库存总量＝仓库面积×单位面积存量×保险系数×计算期天数

上式中的保险系数为仓库利用系数,按历史水平和计算期的情况测定。计算单位平均仓储成本的分子分母,若采用报告期及以前的实际数,计算结果不能代表计划期和预测期的实际水平。因此,应在过去实际数的基础上结合未来的变化做出预测调整,才能制定出代表未来的收费单价。

以上介绍的是按平均单位成本计算平均收费单价的基本方法。在实际工作中,仓储企业的收费单价是按存货类别分别定价的。大多数仓储企业都将存货的保管费分为普通存货、轻泡存货、贵重和危险品、集装箱等几个大类分别定价,这为实际仓储成本核算带来了很大的方便。

例如,火车南站附近某独立经营仓库,去年普通货物的仓储单位收费为 16 元/吨·天,根据对第二年储运市场的调研和预测,短途搬运费会上涨 20%,燃料油费有上浮的趋势。经预测计算,计划期的单位仓储成本为 17.1 元/吨·天,仓储业社会平均利润率 17%不变。计算第二年的收费单价如下:

仓储收费单价＝17.1×(1＋17%)＝20(元/吨·天)

3. 贵重品和危险品的仓储收费单价

贵重品或危险品一般存放在专门库区,制定贵重品或危险品的仓储收费单价时,可以将实际发生的贵重品或危险品的仓储管理费用分摊到每百元库存品上,形成单位贵重品或危险品资金库存费率,凭单位资金库存费率对仓储物品总金额收费。

$$\frac{单位贵重品或危险品}{资金库存费率}=\frac{贵重品或危险品仓储总成本(元)}{仓储贵重品或危险品金额(百元)}$$

$$\frac{贵重品或危险品}{仓储收费额}=\frac{贵重品或危险品库存}{总金额(百元)}\times\frac{单位贵重品或危险品}{资金库存费率}$$

(二) 按市场价格定价

1. 市场价格定价法的原理

市场价格定价法是仓储企业根据市场的行情、外资物流企业的压力和自身发展的需要而采用的一种仓储服务产品的价格制定方法。由此法制定的仓储收费单价,是仓储服务的供求双方协商以后都可以接受的价格,能促进双赢目标的实现。

仓储市场的需求是指在一定时期内,在一定的价格条件下,对仓储服务产品的总体需要量。随着市场经济的快速发展,社会物质产品的极大丰富,仓储的需求随着社会对物质的需求在迅速增长。仓储企业的储存业务量明显受到仓储成本和收费单价的影响。储存单价低时,仓储量增大;反之,仓储业务量会缩小。

仓储市场供给是指在一定时期内,在一定价格条件下,仓储业全行业所能向市场提供的仓储服务产品的总量。随着收费价格的增长,仓储行业愿意提供的仓储服务产品越多。收费价格下降时,一些仓储成本较高的仓库亏损,仓储企业就会减少仓储服务产品的供给量。

处在同一市场的仓储去求和供给,在不断的供需调节中,会暂时达到平衡。平衡点是供给量等于需求量时的仓储收费价格。

2. 按市场行情定价的方法

(1) 竞争价格法。

仓储企业欲争取到客户时,主动采取部分让利的措施,将仓储收费价格定的较低,使仓储收费价格具有吸引力和竞争力。这样随着仓储业务量的增加,仓储企业的效益就会跟进。

(2) 追随价格法。

追随价格法又被称为被动竞争价格法,指仓储企业完全按照市场中具有优势的仓储经营企业的价格定价,避免引起恶性的价格竞争。

(3) 价格歧视定价法。

价格歧视定价法是指对不同的客户采取不同的定价的方法。可进一步细分为:① 根据每个客户的支付能力进行定价的一级价格歧视方法;② 按照不同的仓储量进行定价的二级价格歧视方法;③ 针对不同的客户群采取不同价格的三级价格歧视方法。采取价格歧视的仓储企业应具有一定的垄断能力,事先对具有不同价格承受能力的客户进行市场细分。

以上随行就市制定的仓储收费价格,应适当地参考仓储服务质量和实际仓储成本,避免亏损和顾此失彼。

二、库存量控制核算方法

库存量控制,即让仓储中的存货(商品、原材料)既不积压也不脱销。这有利于加速库存周转,降低仓储成本,提高资本金使用效率。

(一) 基本库存量指标

存货合理库存量主要是周期性库存,即企业为保证日常销售和耗用,不断入库出库,必须保持一定储量的库存。它有最低存货库存量、最高存货库存量和平均存货库存量三个经济指标。

$$最低存货库存量＝平均日销量×(进货在途天数＋销售准备天数＋$$
$$陈列待售天数＋机动保险天数)$$

上式中的平均日销量(或日消耗量)是根据销售预测确定的。进货在途天数是根据历史经验确定的。括号内的天数之和为最低库存天数。这一指标是保证需要的最低限量,否则企业生产经营活动就会中断,影响完成各项经济效益指标。

$$最高存货库存量＝平均日销量×(最低库存天数＋进货间隔天数)$$

这一指标是防止存货积压的警戒线,超过这个限量就属积压。

工商企业附属仓储每次进货都有一定的时间间隔。到货前,库存量处于最低状态。到货后,库存量处于最高状态。合理库存量是在最高库存量和最低库存量之间,一般取二者的平均数。

$$平均存货库存量＝\frac{最高存货库存量＋最低存货库存量}{2}$$

(二) 定期存货量控制法

定期库存量控制法是以进货周期为基础控制库存量的方法。其特点是每次进货时间(进货周期)固定,进货批量不定。其具体做法是:根据核定的存货库存定额,按照规定的进货周期盘点库存存货量,用最高库存量减去实际库存量的差额,加上进货在途天数需要量,就是本次应进货的批量。

$$本次应进货量＝(最高库存量－实际库存量)＋进货在途天数×平均日销量$$

得到计算出的进货批量后,还应考虑该种存货的包装运输规格。最好是调整整数,以利采购、发货、配送和运输。

(三) 定量存货量控制法

定量存货量控制法是以固定再订货点和进货批量为基础的、控制库存存货数量的方法。

特点是再进货点和每次进货批量固定,进货时间(进货周期)不定。其具体做法是:对发生收发动态变化的库存商品逐一填写注销库存实物账,随即存货收发的动态变化,在合计商品库存量下降到再进货点时,就按固定的进货批量进货。

$$进货周期=\frac{360}{全年需进货总量÷经济进货批量的次数}$$

$$固定在进货点=最低商品库存量$$

$$固定进货批量=平均日销量×(进货在途天数+进货间隔天数)$$

以上方法,适用于工商企业的附属仓储部门的经济采购和合理库存决策使用。

三、仓储管理的经济考核指标

(1)计划期货物吞吐量。

货物吞吐量又叫货物周转量,指计划期内进出库存货的业务总量,一般以吨表示。货物吞吐量指标常以一个经营期间(月、季、年)的时间范围为计算口径。

$$计划期货物吞吐量=计划期货物总进库量+计划期货物总出库量+$$
$$计划期货物直拨量$$

总进库量指验收入库后的货物总量;总出库量指仓库按正规手续发出的货物总量。直拨量指从港口、车站直接拨给用户或货到专用线未经卸车船直接拨给用户的货物数量。

(2)库房使用面积。

$$库房使用面积=库房墙内面积-墙、柱、楼(电)梯等固定建筑物面积$$

(3)货场使用面积。

$$货场使用面积=货场总面积-排水明沟、灯塔、水塔等固定建筑面积$$

(4)单位面积储存量。

$$单位面积储存量=\frac{货物存量(吨)}{仓库面积}$$

(5)仓库利用率。

仓库利用率是衡量和考核仓库利用程度的指标,可以使用仓库面积利用率和仓库容积利用率来表示。

$$仓库(或货场)面积利用率=\frac{已利用仓库(或货场)面积}{实际仓库(或货场)面积}×100\%$$

$$仓库容积利用率=\frac{已利用仓库(或货场)容积}{实际仓库(或货场)容积}×100\%$$

容积利用率值越大,表明仓库的利用率越高。

(6)设备数量指标。

设备数量指标是反映在仓储工作中所用各种设备的数量,通常以统计台账上的设备台数和处于良好状态的设备台数来表示。

（7）设备利用率。

设备利用率包括设备能力利用率和设备时间利用率两种。

$$设备能力利用率 = \frac{设备已利用的台数}{设备总台数} \times 100\%$$

$$设备时间利用率 = \frac{实际工作时间}{设备额定工作时间} \times 100\%$$

（8）职工人数。

职工人数一般用平均人数表示。可以按月、季、年计算平均人数。

（9）劳动生产率。

仓库劳动生产率可以用平均每人每天完成的出入库货物数量来表示。出入库量指吞吐量减去直拨量。也可以用仓库员工平均每日收发货物的笔数、员工平均保管的货物吨数或人均实现的营业收入额等指标来表示。

$$全员劳动生产率 = \frac{全年出入库货物数量}{仓库总员工数} \times 100\%$$

（10）账货相符率。

账货相符率是在盘点货物时，仓储货物保管账面上的货物储存数量与相应库存实有数量的相互符合程度。一般在对仓储货物进行盘点时，要求逐笔与保管账面数字相核对。账货相符率是考核员工责任，制定赔偿标准的依据。

$$账货相符率 = \frac{货物账面相符数量}{仓储货场保管账面的数量} \times 100\%$$

通过此项指标的核算，可以衡量仓库账面货物的真实程度，反映保管工作的管理水平。

（11）收发货差错率。

收发货差错率是收发货物所发生差错的累计笔数占收发货累计总笔数的百分比。此项指标反映收发货的准确程度，是仓储管理的重要质量指标。一般说来，仓库的收发货差错率应控制在 0.005% 以下。

$$收发货差错率 = \frac{收发货差错数量}{账面收发货物数量} \times 100\%$$

（12）平均收发货时间。

平均收发货时间是指仓库收发每笔货物（即每张出入货单据上的货物）平均所用的时间。它既反映仓储服务水平，又可以反映收发货的劳动效率。

$$平均收发货时间 = \frac{收发货时间总和（分钟）}{收发货总笔数（笔）}$$

收发货时间一般界定为：收货时间指自单证和货物到齐后开始计算时间，经验收入库，填写入库单送交保管会计登账为止所经历的时间；发货时间自仓库接到发货单（调拨单）开始，经备货、包装、填单等流程，到办妥出库手续为止所经历的时间，一般不把在库待运时间列为发货时间。

（13）货物的损耗率。

货物的损耗率是指仓储保管期中货物自然减量的数量占原来入库数量的比率。该指标主要用于存货保管与养护的实际过程中，对那些易挥发、失重或破损的货物的考核，可用于反映货物保管与养护的实际状况。对那些易挥发、失重或破损的货物，事先可制定出损耗定额，通过货物损耗率与损耗定额的比较和考核，找问题，查原因，设法让自然损耗率降到最低点。

$$货物损耗率 = \frac{货物损耗量}{期内货物库存总量} \times 100\%$$

（14）平均保管损失。

平均保管损失是保管损失金额与平均储存量的比率。

$$平均保管损失 = \frac{保管损失金额（元）}{当期平均储存量（吨）}$$

第四节　仓储绩效管理

一、仓储绩效管理的含义

仓储绩效管理是通过对行动过程中的各项指标的观察与评估，按计划完成生产经营目标，保持并逐步提高对客户和其他部门的服务水平，保证战略目标的实现的过程，强调的是对仓储过程的监控。

二、仓储绩效管理的目的

仓储绩效管理的目标是按计划完成生产经营目标，保持并逐步提高对客户和其他部门适度的服务水平，控制仓储部成本和物流总成本。具有以下目的：

（1）提高决策层本身工作的规范化和计划性。绩效是层层分解的，高层没有明确目标，中层、基层、班组自然茫然，当然中层有，也可实施，只是功效减半。

（2）改善管理层次的逻辑关系，从而减少单位（部门）摩擦，提高组织运行效率。事事明晰责任单位责任人，时限目标和内容样样清楚。

（3）让所有员工肩上都有担子，时时有事做，事事有目标。绩效管理是一个系统工程，像个篮子可以装很多东西，但是关键绩效考核指标（KPI）分解是核心的核心，这个线条就是编织篮子的竹藤，而层层分解的指标就是各个层次员工的具体工作。

（4）疏通员工职业发展渠道。通过绩效测评，好的，升、奖、委以重任；差的，降、罚、再培训、降低要求和薪酬甚至淘汰。

（5）构建和谐企业文化。奖勤罚懒、优胜劣汰、有言在先、目标明确、心往一处想劲往一处使，都是和谐企业文化的关键内容，而绩效管理的长期推进，恰恰能实现这些目标。

（6）按计划完成生产经营目标，保证战略目标的实现。

三、仓储绩效管理指标

为了达到仓储绩效管理的目标,需要建立起系统的仓储绩效考核体系。对于一般的仓储企业或部门来说,主要从仓储作业效率、仓储作业效益、仓储设施利用率、仓储作业消耗和仓储作业质量等几个方面来建立指标。

(一) 反映仓储作业效率的指标

反映仓储作业效率的指标主要有六个。

$$物品吞吐量＝一定时期内进库总量＋同期出库总量＋物品直拨量$$

$$平均收发货时间＝\frac{收发时间总和}{收发货总笔数}$$

$$物品及时验收率＝\frac{一定时期内及时验收笔数}{同期收货总笔数}$$

$$全员劳动生产率＝\frac{仓库全年吞吐量}{年平均员工人数}$$

$$库存物品的周转率＝\frac{全年物品平均储存量}{物品平均日消耗量}$$

$$仓库作业效率＝\frac{全年物品出入库总量}{仓库全体员工年工作日数}$$

(二) 反映仓储作业效益的指标

反映仓储作业效益的指标主要有六个。

$$工资利润率＝\frac{利润总额}{同期工资总额}$$

$$成本利润率＝\frac{利润总额}{同期仓储成本总额}$$

$$资金利润率＝\frac{利润总额}{固定资产平均占用额＋流动资金平均占用额}$$

$$利润总额＝报告期仓库总收入额－同期仓库总支出额$$

$$收入利润率＝\frac{利润总额}{仓库营业收入总额}$$

$$每吨物品保管利润＝\frac{报告期利润总额}{报告期物品储存总量}$$

(三) 反映仓储作业设施设备利用程度的指标

反映仓储作业设施设备利用程度的指标主要有四个。

$$库容周转率＝\frac{出库量}{库容量}$$

$$单位面积储存量 = \frac{日平均储存量}{仓库或货场使用面积}$$

$$仓容利用率 = \frac{存储物品实际占用的空间}{整个仓库实际可用的空间}$$

$$设备利用率 = \frac{设备实际使用台时数}{制度台时数}$$

（四）反映仓储作业消耗的指标

反映仓储作业消耗的指标主要有两个：材料、燃料和动力消耗指标。

由于各仓储企业所用设备不同，因此也没有统一标准。

$$平均储存费用 = \frac{储存费用总额}{同期平均储存量}$$

（五）反映仓储作业质量的指标

反映仓储作业质量的指标主要有五个。

$$货损货差率 = \frac{收发货累计差错次数}{收发货累计总次数}$$

$$设备完好率 = \frac{完好设备台时数}{设备总台时数}$$

$$保管损耗率 = \frac{物品损耗量}{同期物品库存总量}$$

$$账物差异率 = \frac{账物相符件数}{账面储存总件数}$$

$$收发货差错率 = \frac{账货差错件数}{期内储存总件数}$$

对于以顾客为中心的公司，在注重公司利润的同时，需要关注更好地为顾客服务，只有更好地满足顾客的需求，才能获得更多的利润，占据更大的市场份额。因此，除了以上的仓储管理的绩效指标以外，还需对仓储管理人员和仓储作业人员进行考核，以激励他们。一般采用打分制来进行评价，具体的评价指标和打分参考见表 13 - 2 和 13 - 3，各级指标的权重由企业自己确定。

表 13 - 2　仓储管理人员考核评分标准表

一级指标	二级指标	分　数					
		5	4	3	2	1	0
业绩	达标情况	超过	达到	尚可	欠佳	未达	无
	工作态度	非常积极	积极	尚可	欠佳	很低	无
	工作方法	规范灵活	规范简化	规范	欠佳	很低	无
	工作量	很大	大	尚可	欠佳	很少	无
	工作效率	很高	高	尚可	欠佳	很低	无

一级指标	二级指标	分　数					
		5	4	3	2	1	0
能力	执行力	坚决	能	尚可	欠佳	差	无
	创新力	经常	求新	尚可	欠佳	差	无
	理解力	举一反三	好	尚可	欠佳	差	无
	判断力	敏锐正确	正确	尚可	欠佳	差	无
	应变力	过人	机警	尚可	欠佳	差	无
品德	服从性	坚决	能	尚可	欠佳	差	无
	协调性	很好	好	尚可	欠佳	差	无
	个人修养	很高	高	尚可	欠佳	差	无
	集体荣誉感	很高	高	尚可	欠佳	差	无
	对公司态度	死忠	配合	尚可	欠佳	差	无
学识	专业知识	全面精深	全面	尚可	欠佳	差	无
	一般知识	全面精深	全面	尚可	欠佳	差	无
	文字表达能力	相当强	强	尚可	欠佳	差	无
	学识与岗位匹配程度	相当合适	合适	尚可	欠佳	差	无
	进取心	相当强	强	尚可	欠佳	差	无
	发展潜力	不可限量	有	尚可	欠佳	差	无

表 13-3　仓储作业人员考核评分标准表

项　目	内　容	分　数					
		5	4	3	2	1	0
工作能力	达标情况	超过	达到	尚可	欠佳	未达	无
	工作态度	非常积极	积极	尚可	欠佳	很低	无
	工作方法	规范灵活	规范简化	规范	欠佳	很低	无
	工作量	很大	大	尚可	欠佳	很少	无
	工作效率	很高	高	尚可	欠佳	很低	无
	执行力	坚决	能	尚可	欠佳	差	无
	学习力	很高	高	尚可	欠佳	很低	无
	创新力	经常	求新	尚可	欠佳	差	无
	理解力	举一反三	好	尚可	欠佳	差	无
	发展潜力	不可限量	有	尚可	欠佳	差	无
	判断力	敏锐正确	正确	尚可	欠佳	差	无
	进取心	相当强	强	尚可	欠佳	差	无

项　目	内　容	分　数					
		5	4	3	2	1	0
品德	责任感	很强	强	尚可	欠佳	差	无
	服从性	坚决	能	尚可	欠佳	差	无
	协调性	很好	好	尚可	欠佳	差	无
	个人修养	很高	高	尚可	欠佳	差	无
	集体荣誉感	很高	高	尚可	欠佳	差	无
	对公司态度	死忠	配合	尚可	欠佳	差	无
学识	学识与岗位匹配程度	相当合适	合适	尚可	欠佳	差	无
	专业知识	全面精深	全面	尚可	欠佳	差	无

四、仓储管理问题分析与对策

仓储绩效管理容易出现的问题包括：① 管理系统不够科学与实用，反而让管理者不知道如何对部属进行迅速、合理和真实的评估；② 考核完毕后，被考核人经常觉得结果不公平，影响员工的工作情绪；③ 评估过程比较烦琐，耽误很多时间，而且评估项目不能全面反映员工综合素质和技能，缺乏灵活性。

仓储绩效管理是一种防止绩效不佳和提高绩效的工具，由企业领导和员工以共同合作的方式来完成。这就需要领导和员工之间进行不断的双向沟通。沟通，可以使员工对既定的工作职责、员工和上级之间应如何共同努力达成共识。整个绩效评估的核心工作就是沟通。沟通，可以改变管理者和员工的观念。管理者要加大实施过程的执行力度，使评估过程公平化、透明化，员工也不要把绩效评估看作是一种负担，而要积极配合与参与，进一步促进管理规范和提高组织绩效。同时，设计科学、合理和灵活的评估体系，是仓储绩效管理取得成效的重要保障。另外，建立绩效评估投诉制度，有利于及时发现矛盾，解决冲突。

复习题

一、单选题

1. (　　)主要包括与仓库有关的租赁、取暖、照明、设备折旧、保险费用和税金等费用。
A. 资金占用成本　　　　B. 仓储维护成本　　　　C. 仓储运作成本　　　　D. 仓储风险成本
2. 反映利润的指标是(　　)。
A. 收发货差错率　　　　　　　　　　　B. 每人平均劳动生产率
C. 资金利润率　　　　　　　　　　　　D. 仓储费率
3. 储存合理化的(　　)标志和数量有关。
A. 质量标志　　　　　　B. 时间标志　　　　　　C. 结构标志　　　　　　D. 费用标志

二、多选题

1. 属于物流仓储企业固定成本的有(　　)。

A. 仓库、堆场的折旧
B. 工资与福利
C. 仓储设备、设施的大修基金
D. 外协成本
E. 营销成本

2. 不合理储存主要表现在( )。

A. 储存时间过长
B. 储存数量过大
C. 储存数量过低
D. 储存条件不足或过剩
E. 储存结构失衡

三、判断题

1. 仓储绩效评价指标体系是反映仓库生产成果及仓库经营状况的各项指标的总和。指标的种类由于仓库在供应链中所处的位置或仓库的经营性质不同而有繁有简。( )

2. 通常情况下周转率高的商品毛利率高,而周转率低的商品毛利率则较低。( )

3. 空间效率主要指储存品特性、储存货品量、出入库设备、梁柱、通道的安排布置等。( )

4. PDCA 周期是一个连续型程序,需要不断检查现有绩效,进而开发计划以驱动新的改进。( )

5. 仓储成本主要指固定保管费用、保管设备费用、其他搬运设备费用等。( )

四、名词解释

仓储绩效管理　存货量周转率

五、简答题

1. 简述仓储成本的构成。
2. 简述仓储绩效管理指标体系的构成。
3. 简述降低仓储费用的途径。
4. 仓储成本管理有何意义?
5. 如何分析与控制仓储成本?
6. 仓储绩效管理的目的是什么?
7. 简述仓储作业效益的指标。
8. 简述仓储合理化的实施要求。

六、计算题

1. 某企业 C 商品一年使用量为 600 吨,该商品年初库存量为 45 吨,年末库存量为 51 吨,求 C 商品的库存周转率。

2. 某企业仓库 2018 年全年仓储的营业收入总额为 200 万元,年初流动资金余额为 27 万元,年末流动资金余额为 23 万元,计划规定流动资金周转天数为 50 天,2017 年流动资金周转天数为 55 天。要求计算:① 2018 年流动资金周转次数和周转天数;② 由于流动资金周转速度加快(或减慢)而节约(或增加)的流动资金数额。

七、案例题

1. 绝大多数的物流成本核算系统还处于初期阶段,并且严重依赖于成本分摊来决定每部分(包括产品、客户、区域、部门或岗位)的绩效。D 公司所使用的分摊方法导致了错误的决策,并使公司的利润遭受损失。D 公司是一个多部门的企业,主要生产和销售高利润的药物产品以及包装物。这个公司在许多地方拥有现场仓库,由员工管理。这些带有温控的仓库是为了药品设计的,要求的安全和管理技术超过包装物产品的储存要求。为了充分利用这些仓库设备,公司鼓励非药品部门将他们的产品储存在这些仓库里。运营这些仓库的费用的部门是固定的,但如果产量增加就需要增加额外的工作人员或加班。这个公司的政策是把成本按照在仓库中的占地面积来分摊的,药品仓储的要求使这个费用相对很高。此外,公司各个部门是在分散的利润中心的基础上管理的。一个经营相对笨重、价值较低的消费品的部门副总裁认识到,类似的服务能够以更便宜的价格在公共仓储服务中获得。他将本地区的产品从公司的仓库中撤出,开始采用公共仓库来储存产品。尽管公司配送中心仓库处理和储存的货物量大大减少了,但节约的成本却很少,这是因为这些设施的固定成本比例太高了,几乎同样的成本额被分摊到了更少的使用者头上,使得其他部门也开始使用公共仓库来降低成本。结果,整个公司的仓储成本不是减少了,而是增加了。公司的仓储成本是固定的,所以无论仓库是空的还是满的,都不能大幅度改变成本。当非药物产品转移到公共仓库去时,公司为其建设的仓库设施依旧要承受几乎一样的成本总额,而且还额外增加了公共仓库的成本。实际上,这个成本系统促使部门物流经理的行为以本部门利润的最大化为原则,而不是以整个公司利润的最大化为原则。因而,整个公司成本增加了,利润减少了。

根据上述资料,回答下列问题:

(1) 为什么该公司整体成本增加了,利润减少了?

(2) 透过这个案例,你认为降低仓储成本的途径有哪些?

2. 我部到上海西车站提取由武汉钢铁公司发来的圆钢100吨,规格是 Ø 50毫米×5 000毫米,提货时发现三捆散包,经同铁路方交涉,发现货物运单上有包装质量差的记录,提货员当即要求做了普通记录,回仓库后经过磅,三捆散包的码单质量为总质量的5%,实际质量为4.5吨,未散包的抽验记录如表1所示,其允许磅差率为±3‰。

表1

单位:千克

编　号	抽验质量	抄码质量
25	100	105
40	102	103
1	101	106
12	103	102

根据上述资料,回答下列问题:

(1) 该业务如何处理?

(2) 应索赔多少金额? 有何依据?

八、实训题

仓储企业调查。

(1) 调查时间:2周。

(2) 调查内容:深入一家仓储企业或其他企业的仓储部门,调查了解仓储的概况和现状,主营业务和作业流程,找出并分析存在的问题和原因,根据所学的知识提出改进方案。

(3) 调查要求:真正深入企业,调查了解情况,写出1 000字以上的调查报告。规定时间内在网上按时交调查报告。

|第十四章|
配送成本与绩效管理

学习目标

学习本章,掌握配送成本的概念和计算方法;掌握配送成本控制的基本原则和方法。

本章案例

沃尔玛的配送中心

沃尔玛诞生于 1945 年的美国。在它创立之初,由于地处偏僻小镇,几乎没有哪个分销商愿意为它送货,于是不得不自己向制造商订货,然后再联系货车送货,效率非常低。在这种情况下,沃尔玛的创始人山姆·沃尔顿决定建立自己的配送组织。1970 年,沃尔玛的第一家配送中心在美国阿肯色州的一个小城市本顿维尔建立,这个配送中心供货给 4 个州的 32 个商场,集中处理公司所销商品的 40%。

沃尔玛配送中心的运作流程是:供应商将商品的价格标签和 UPC 条形码(统一产品码)贴好,运到沃尔玛的配送中心;配送中心根据每个商店的需要,对商品就地筛选,重新打包,从"配区"运到"送区"。

由于沃尔玛的商店众多,每个商店的需求各不相同,这个商店也许需要这样一些种类的商品,那个商店则有可能又需要另外一些种类的商品,沃尔玛的配送中心根据商店的需要,把产品分类放入不同的箱子当中。这样,员工就可以在传送带上取到自己所负责的商店所需的商品。那么,在传送的时候,他们怎么知道应该取哪个箱子呢?传送带上有一些信号灯,有红的、绿的,还有黄的,员工可以根据信号灯的提示来确定箱子应被送往的商店,来拿取这些箱子。这样,所有的商店都可以在各自所属的箱子中拿到需要的商品。

在配送中心内,货物成箱地被送上激光制导的传送带,在传送过程中,激光扫描货箱上的条形码,全速运行时,只见纸箱、木箱在传送带上飞驰,红色的激光四处闪射,将货物送到正确的卡车上,传送带每天能处理 20 万箱货物,配送的准确率超过 99%。

20 世纪 80 年代初,沃尔玛配送中心的电子数据交换系统已经逐渐成熟。到了 20 世纪 90 年代初,它购买了一颗专用卫星,用来传送公司的数据及其信息。这种以卫星技术为基础的数据交换系统的配送中心,将自己与供应商及各个店面实现了有效连接,沃尔玛总部及配送中心任何时间都可以知道,每一个商店现在有多少存货,有多少货物正在运输过程当中,有多少货物存放在配送中心等;同时还可以了解某种货品上周卖了多少,去年卖了多少,并能够预测将来能卖多少。沃尔玛的供应商也可以利用这个系统直接了解自己昨天、今天、上周、上个月和去年的销售情况,并根据这些信息来安排组织生产,保证产品的市场供应,同时使库存降低到最低限度。

由于沃尔玛采用了这项先进技术,配送成本只占其销售额的 3%,其竞争对手的配送成本则占到销售额的 5%,仅此一项,沃尔玛每年就可以比竞争对手节省下近 8 亿美元的商品配送成本。20 世纪 80 年代后期,沃尔玛从下订单到货物到达各个店面需要 30 天,现在由于采用了这项先进技术,这个时间只需要 2~3 天,大大提高了物流的速度和效益。

从配送中心的设计上看,沃尔玛的每个配送中心都非常大,平均占地面积大约有 11 万平方米,相当于 23 个足球场。一个配送中心负责一定区域内多家商场的送货,从配送中心到各家商场的路程一般不会超过一天行程,以保证送货的及时性。配进中心一般不设在城市里,而是在郊区,这样有利于降低用地成本。

沃尔玛的配送中心虽然面积很大,但它只有一层,之所以这样设计,主要是考虑到货物流通的顺畅性。有了这样的设计,沃尔玛就能让产品从一个门进,从另一个门出。如果产品不在同一层就会出现许多障碍,如电梯或其他物体的阻碍,产品流通就无法顺利进行。

沃尔玛配送中心的一端是装货月台,可供 30 辆卡车同时装货,另一端是卸货月台,可同时停放 135 辆大卡车。每个配送中心有 600~800 名员工,24 小时连续作业;每天有 160 辆货车开来卸货,150 辆车装好货物开出。

在沃尔玛的配送中心,大多数商品停留的时间不会超过 48 小时,但某些产品也有一定数量的库存,这些产品包括化妆品、软饮料、尿布等各种日用品,配送中心根据这些商品库存量的多少进行自动补货。到现在,沃尔玛在美国已有 30 多家配送中心,分别供货给美国 18 个州的 3 000 多家商场。

沃尔玛的供应商可以把产品直接送到众多的商店中,也可以把产品集中送到配送中心,两相比较,显然集中送到配送中心可以使供应商节省很多钱。所以在沃尔玛销售的商品中,有87% 左右是经过配送中心的,而沃尔玛的竞争对手仅能达到 50% 的水平。由于配送中心能降低物流成本 50% 左右,使得沃尔玛能比其他零售商向顾客提供更廉价的商品,这正是沃尔玛迅速成长的关键所在。

(案例来源:https://wenku.baidu.com/view/b26af38b17fc700abb68a98271fe910ef12dae8b.html。)

思考题

1. 简要说明沃尔玛的配送中心是如何控制配送成本的。
2. 你从本案中受到了哪些启发?

第一节　配送成本概述

配送在物流过程中的作用举足轻重。配送起着配置资源、沟通顾客的作用,在现代企业服务中,配送是否及时是增加顾客满意度的重要组成部分。配送有赖于将"配"和"送"有机结合,即将顾客所需的产品组合配装后,在经过运输、装卸等环节送达客户。配送要以"最大限度地满足客户的要求"为宗旨,坚持"服务第一"。配送要考虑成本效益,要以最优化的配送组合满足客户需求并同时控制成本。

如前所述,根据"成本—收益"原则,完成配送活动是需要付出相应成本的。配送环节投入的全部经济资源的总和就是配送成本。由此,可以给配送成本这样定义,配送成本泛指在配送过程中所发生的全部费用的总和,它主要由分拣成本、流通加工成本、配装成本以及配送运输成本等构成。

配送成本的特点:

(1)配送成本具有隐蔽性。日本早稻田大学的物流成本计算的权威——西泽修先生提出了"物流成本冰山"说,透彻地阐述了物流成本的难以识别性。同样,要想直接从企业的财务中,完整地提取出企业发生的配送成本也是难以办到的,因为,企业没有单独设置"配送费用"会计科目来专门核算企业对外对内发生的配送费用。所以,通常的财务会计不能完全核算配送成本。

(2)配送成本对于提高企业效益的潜力巨大。随着企业间竞争的日益激烈,传统的竞争方式如提高销售、降低成本、提高产品的科技含量等对提高企业的经济效益作用已经不明显。物流作为企业的"第三个利润源",降低物流成本尤其是作为物流终端的配送成本,对提高企业效益起着不可估量的作用。

(3)配送成本与其他物流系统成本存在"效益背反"关系。"效益背反"是指同一资源的两个方面处于相互矛盾的关系之中,要达到一方面的目的必然要损失另一方面的利益,要追求一方面必然要以牺牲另一方面为代价。例如,如果企业为了降低保管费用,减少仓库数量和每个仓库的储存量,将引起库存补充频繁、运输次数增加,仓库减少也会导致配送距离变长,运输费用进一步增加。

第二节 配送成本的核算

一、配送成本的构成

(一)分拣成本

分拣成本是指分拣工人和分拣设备在完成商品货物的分拣这一过程中所发生的各种费用总和。它包括:

第一,分拣人工费用。它是从事分拣工作的工作人员及相关人员的工资、奖金、补贴等费用的总和。

第二,分拣设备费用。它是指分拣设备的折旧费和修理费用。

(二)流通加工成本

部分商品货物在进入配送中心后还需按客户的要求进行加工,由此而发生的成本就是流通加工成本。它包括:

第一,流通加工设备费用。它是指购置流通加工所用设备的支出。它通过流通加工费的形式转移到所加工的商品货物上。

第二,流通加工劳务费用。它是指直接从事加工活动的人员及相关管理人员的工资、奖金等费用的总和。

第三,流通加工材料费用。为了完成对商品货物的加工,往往需要使用一定的材料,这些材料的成本就构成了流通加工材料费用。

第四,其他费用。例如,流通加工过程中的照明费、燃料费等,均应构成流通加工成本。

(三)配装成本

配装成本是指在完成配装商品货物的过程中所发生的各种费用。它包括:

第一,配装人工费用。它是指从事配装工作的人员及相关人员的工资、奖金、补贴等费用。

第二,配装材料费用。配装材料主要有木材、纸、自然和合成纤维、塑料等,这些配装材料因为功能不同,成本相差较大。

第三,配装辅助费用。如包装标记、包装标志的印刷等方面的支出。

(四)配送运输成本

配送运输成本主要由两个方面构成:

第一,运输车辆费用。主要是指从事配送运输而发生的各项费用,包括驾驶员及其他人员的工资福利费、过路费、燃料费、修理费、轮胎费、折旧费、养路费、车船使用费、运输管理费等。

第二,营运间接费用。主要是营运过程中发生但不能直接计入各成本计算对象的站、队费用,包括站、队人员的工资、福利费、办公费、水电费、折旧费等,但管理费用不包括在内。

二、配送成本的核算方法

配送包含一系列的流程,每个流程都发生相应的成本及费用,因此配送成本的核算也是多环节多流程的过程。配送成本计算公式如下:

$$配送成本 = 配送运输成本 + 分拣成本 + 配装成本 + 流通加工成本$$

(一)分拣成本的计算

与配送运输成本相似,分拣成本也可分为分拣直接费用和分拣间接费用。

(1)工资和职工福利费。按照"工资分配汇总表"和"职工福利费计算表"中所分配的金额计入分拣成本。

(2)修理费。与配送运输成本的计算方法相似,对分拣机械进行保养和维修往往是辅助生产部门的工作,应按照"辅助生产费用分配表"中分配的金额计入分拣成本。

(3)折旧费。按照"固定资产折旧计算表"中分拣机械所提取的折旧额计入分拣成本。

(4)其他费用。按照"低值易耗品发出凭证汇总表"中分拣环节所领用的金额计入成本。

(5)分拣间接费用。这类成本主要是负责管理分拣工作部门的支出,按照"配送管理费用分配表"所列示的金额计入分拣成本。

配送企业应在月末编制分拣成本计算表,以及时反映分拣成本,进行成本控制。分拣成本计算表的格式如表14-1所示。

表 14 - 1 分拣成本计算表

编制单位：　　　　　　　　　　　年　月　　　　　　　　　　　　单位:元

项　目	计算依据	合　计	分拣物品			
一、分拣直接费用			物品 A	物品 B	物品 C	物品 D
工资						
福利费						
修理费						
折旧费						
其他费用						
二、分拣间接费用						
分拣总成本						

（二）流通加工成本的计算

1. 直接材料费用

流通加工过程中直接材料费用是指对流通加工物品进行加工所直接消耗的材料、辅助材料、包装物、燃料及其他动力费用，与工业企业不同，流通加工过程中的直接材料费用占流通加工成本的比例较小。

在计算直接材料费用时，材料和燃料费用是通过全部领料凭证汇总编制的"耗用材料汇总表"来确定的，而外购的动力费用则可以通过有关的付款凭证直接确定。值得注意的是，在归集计算直接材料费用时，凡是能够分清某一成本计算对象的费用，应该单独列出，这样就可以把该费用直接汇总到流通加工对象的产品成本中去；凡是直接材料费用是由几个流通加工对象共同耗用的，则要依据一定的分配方法，计算出各个流通加工对象所应负担的直接材料费用。

2. 直接人工费用

这里的直接人工费用是指直接从事加工生产的人员的工资总额和按照工资总额计提的职工福利费。计入产品成本中的直接人工费用，是按照本期的"工资结算汇总表"和"职工福利费计算表"确定的。而"工资结算汇总表"则是通过"工资结算卡"按照人员类别（即工资的用途）来编制的，它是企业进行工资结算和分配的原始依据。"职工福利费计算表"是通过"工资结算汇总表"所确定的各类人员工资总额，并按照法定的计提比例计算后汇总编制的。

3. 制造费用

它是配送中心自身的生产加工车间为组织和管理生产加工所发生的各项间接费用，如生产加工车间管理人员的工资和计提的福利费、生产加工车间所用建筑物和加工设备的折旧费修理费等等。制造费用是通过设置制造费用明细账，依据费用发生的地点来归集的。制造费用明细账依据生产加工单位设置，并按照费用明细账项目设立专栏，据此进行核算。因为在总成本中，流通加工环节的折旧费用、固定资产修理费用等所占的比重很大，所以企业都非常重视对它们的归集和核算。

流通加工成本计算表的一般格式如表14-2所示。

表 14-2　流通加工成本计算表

编制单位：　　　　　　　　　　　　　年　月　　　　　　　　　　　单位：元

项　目	计算依据	合　计	流通加工物品			
			物品 A	物品 B	物品 C	物品 D
直接材料费用						
直接人工费用						
制造费用						
流通加工总成本						

（三）配装成本的计算

配装成本由直接配装费用和间接配装费用组成。

（1）工资和福利费。按照"工资分配汇总表"和"职工福利费"中所分配的金额计入装配成本，而计入产品成本中的直接人工费用则是按照"工资结算汇总表"和"职工福利费计算表"来计算确定的。

（2）材料费用。按照"材料发出凭证汇总表""领料单"和"领料登记表"等原始凭证上面所分配的金额计入装配成本。直接材料费用中，材料费用是按照全部领料凭证汇总编制"耗用材料汇总表"来确定的。需要指出的是，在归集计算直接材料费用时，凡是能够分清某一成本计算对象的费用，应该单独列出，这样就可以把该费用直接汇总到装配对象的产品成本中去；凡是直接材料费用是由几个配装对象共同耗用的，则要依据一定的分配方法，计算出各个装配对象所应负担的直接材料费用。

（3）辅助材料费用。按照"材料发出凭证表"和"领料单"上面的金额计入装配成本。

（4）折旧费。按照"固定资产折旧计算表"中装配机械所提取的折旧额计入装配成本。

（5）其他费用。按照"材料发出凭证汇总表"和"低值易耗品发出凭证"中所分配的金额计入配装成本。

（6）配装间接费用。按照"配装间接费用分配表"上面的金额计入配装成本。

配装成本计算表的一般格式如表14-3所示。

表 14-3　配装成本计算表

编制单位：　　　　　　　　　　　　　年　月　　　　　　　　　　　单位：元

项目	计算依据	合　计	配装物品			
			物品 A	物品 B	物品 C	物品 D
一、配装直接费用						
工资						
福利费						
材料费用						

项目	计算依据	合 计	配装物品			
			物品 A	物品 B	物品 C	物品 D
辅助材料费用						
折旧费						
其他费用						
二、配装间接费用						
配装总成本						

(四) 配送运输成本的计算

从总体而言,配送运输成本由车辆费用和配送的间接费用构成,但在具体的计算时,成本的项目也有容易混淆的地方,如驾驶员的工资和配送运输管理部门人员的工资,两者虽然同会计科目一样,但是数据的来源却不同,因此在计算时要分别列示,这样做有利于对成本进行有效的监控和管理。配送运输成本计算的各个主要的成本项目数据来源如下。

1. 工资和职工福利费

这里的工资和职工福利费是指驾驶员及其他人员直接从事配送运输人员的工资和福利费,按照"工资分配汇总表"和"职工福利费计算表"中各种车型所分配的金额计入成本。

2. 轮胎

这里需要注意的是,轮胎的外胎和内胎的数据来源是不同的,具体而言:轮胎外胎按照"轮胎发出凭证汇总表"中各种车型领用的金额计入成本,它采用一次摊销法;有些企业采用的是按照车辆行驶的千米数来分配轮胎消耗成本,则要按照"轮胎摊提费计算表"中各种车型应该负担的摊提额来计入成本;轮胎的内胎、垫带则要按照"材料发出凭证汇总表"中各种车型的成本领用额来计入成本。

3. 燃料

按照"燃料发出凭证汇总表"中各种车型消耗的燃料金额计入成本,如果配送车辆不是在本企业的油库加油,其领发的数量不应作为企业购入和发出处理,而应该在发生时按照配送车辆领用数量和金额计入成本。

4. 修理费

对配送车辆进行保养和维修往往是辅助生产部门的工作,因此其费用按照"辅助营运费用分配表"中各种车型应分配的金额计入成本。

5. 折旧费

按照"固定资产折旧计算表"中各种车型应提取的折旧额计入各分类成本。

6. 车船使用税、行车事故损失及其他费用支出

一般情况下,这些成本费用都是通过银行转账、应付票据或者现金支付的,可以按照付款凭证上面的金额直接计入相关的车辆成本。如果是通过实物的形式支付,如领用本企业仓库内的材料物资,则要按照"材料发出凭证汇总表"或者"低值易耗品发出凭证汇总表"中各种车

型领用的金额计入成本。

7. 营运间接费用

它是指配送运输管理部门为了对配送运输过程进行组织和管理所发生的各项管理费用及业务费用,按照"营运间接费用分配表"计入有关配送车辆的成本。

配送企业应在月末编制配送运输成本计算表,据以反映配送运输总成本及单位成本。这里的总成本是指各个成本项目的金额之和,单位成本是指各成本计算对象完成单位周转量所用的成本,这里的周转量是一个复合单位,如千吨千米或者万吨千米。在编制配送运输成本计算表时,企业往往要计算出本月的成本降低额及成本降低率,以考察成本控制的成效,指定下一步的成本控制计划。成本降低额是用该配送成本的上一年度实际单位成本乘以本计算期实际周转量所得的总成本,再减去本计算期的实际总成本所得的差额。它是一个绝对指标,反映了由于单位成本降低而产生的总成本减少额。而成本降低率是指成本降低额和上一年度实际单位成本乘以本计算期实际周转量所得乘积进行比较的百分比,它是一个相对指标。

成本降低额和成本降低率的计算公式分别为:

$$成本降低额 = 上一年度实际单位成本 \times 本计算期实际周转量 - 本计算期实际总成本$$

$$成本降低率 = \frac{成本降低额}{上一年度实际单位成本 \times 本计算期实际周转量} \times 100\%$$

一般的配送运输成本的计算表格式如表 14-4 所示。

表 14-4 配送运输成本计算表

编制单位: 　　　　　　　　　　年　　月　　　　　　　　　　单位:元

项　目	计算依据	配送车辆合计	配送营运车辆		
			车型 1	车型 2	其他车型
一、车辆费用					
工资					
职工福利费					
轮胎					
燃料					
修理费					
折旧费					
养路费					
运输管理费					
车船使用税					
行车事故损失					
其他费用支出					
二、营运间接费用					

续　表

项　目	计算依据	配送车辆合计	配送营运车辆		
			车型 1	车型 2	其他车型
三、配送运输总成本					
四、周转量/千吨千米					
五、单位成本/(元/千吨千米)					
六、成本降低额					
七、成本降低率(%)					

第三节　配送成本的控制策略

一、配送成本控制的基本原则

(一) 整体经济性原则

整体经济性是指利用有限的可支配的资源获得最大的经济效果,首先推行成本控制所发生的成本,不应超过因缺少控制而丧失的效益;其次应选择关键因素加以控制,而不是对所有成本都进行同样周密的控制;最后成本控制应具有灵活性。配送成本控制既要对配送整个过程中的人力、物力、财力进行控制,也要保证配送这一环节的"经济"不会给整个物流过程带来经济损失,因而,整体经济性原则是配送成本控制的基本原则。

(二) 全面性原则

成本控制的基本原则之一是全面成本管理原则,即成本控制应采用全部、全员、全过程的控制。

"全部"是强调对配送过程中所发生的全部费用要加以控制,不仅对各项费用发生的数额进行控制,而且还要对费用发生的时间和用途加以控制,讲究开支的经济性、合理性和合法性。

"全员"是指在配送成本控制过程中,不仅要有专职成本管理机构和人员的参与,而且还要发挥广大职工群众在配送成本控制中的重要作用,使得配送成本控制更加深入和有效。

"全过程"是指配送成本控制不应局限于某一个环节的成本控制,应从分拣成本、配装成本、流通加工成本和配送运输成本等整个业务过程进行控制,并由专职人员参与审查,及时发现成本控制的不足。

(三) 目标控制原则

目标控制原则是指企业管理当局以既定的目标作为管理人力、财力、物力和完成各项重要经济指标的基础,对企业经济活动进行约束和指导,力求以最小的成本获得最大的经济效果。

（四）重点控制原则

重点控制原则旨在对超出常规的关键性差异进行控制,保证管理人员将精力集中于偏离标准的一些重要事项上。企业日常出现的物流成本差异成千上万、头绪繁杂,管理人员对异常差异重点实行控制,有利于提高物流成本控制的工作效率。重点控制是企业进行日常控制所采用的一种专门方法,盛行于西方国家,特别是在对配送成本指标的日常控制方面应用得更广泛一些。

二、配送成本控制策略

配送成本的控制是一个系统和连续的工程,从配送中心的建设规模和选址布局到具体业务的操作,都会对配送成本产生影响。因此,进行配送成本的管理控制要从源头抓起,贯彻到日常的业务流程中去。

（一）确定配送中心的合理规模和选址布局

1. 确定配送中心的合理规模

配送中心是整个配送活动乃至物流活动的核心机构,它除了进行配送活动的业务流程之外,还具有根据市场需求制定和调整企业战略目标的功能。一般来说,配送中心的规模越大,其配送能力就越强,服务水平就越高,但同时投资成本也会相应增加。配送中心要合理地在成本和收益之间做出权衡,确定最佳的规模。

一般用"配送规模"来表示配送中心的建设规模,用"单位配送成本"来表示每单位配送产品所承担的配送中心投资成本,用"服务能力"来表示配送中心的服务水平。那么,企业就是要在这三者间做出权衡,确定最佳结合点。"配送规模"和"单位配送成本"之间存在着这样的关系:在一定的配送规模范围内,单位配送成本会随着配送规模的不断扩大而减少;但当配送规模达到一定程度后,单位配送成本会随着配送规模的扩大而增加,这个阶段就是规模不经济阶段。两者的关系可以用图 14-1 表示。

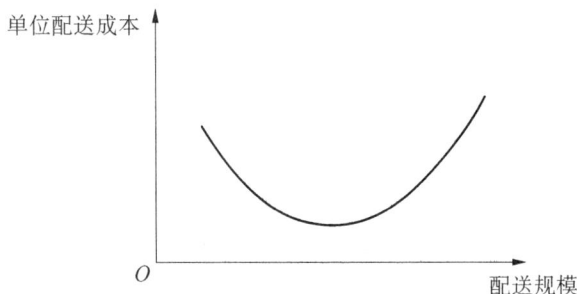

图 14-1　配送规模和单位配送成本之间的关系

"配送规模"和"服务能力"之间的关系则是:随着配送规模的不断扩大,配送中心的服务能力会不断增强;但当配送规模扩大到一定程度时,配送规模的扩大对服务能力提高的影响会逐步减弱。两者的关系可以用图 14-2 来表示。

从理论上来分析,最佳配送规模应该是由"单位配送成本曲线"和"服务能力曲

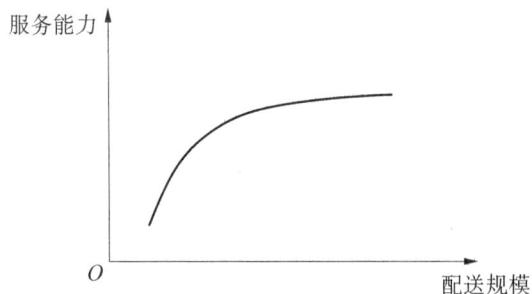

图 14-2　配送规模和服务能力之间的关系

线"共同决定的,即要获得较高的配送服务能力和较低的单位配送成本。

2. 确定配送中心的选址布局

配送中心的选址布局,将会直接影响到配送中心各个业务流程的成本,而且这个影响是深远的。因此,配送中心选址布局的确定必须经过充分的调研和科学论证,结合企业自身的特点和外部经营环境,做出科学的判断。确定配送中心选址布局的方法主要有解析法、线性规划法、静态仿真法等。

(二) 优化配送路线

配送路线的合理与否,对配送速度的快慢、配送成本的高低和配送服务质量的好坏等都有直接的影响。此外,近几年城市交通系统超负荷运作所导致的交通混乱堵塞也大大地降低了配送的速度。由此可见,确定合理科学的配送路线对降低配送成本,提高配送速度和配送服务质量都是至关重要的。在这方面比较常用的一种方法是车辆安排程序法,它被众多企业用来安排配送计划,是 IBM 公司最早创立的电子计算机软件。

1. 使用车辆安排程序法的前提和假设

前提:

(1) 配送的是同种物品;

(2) 各客户的坐标和需求量均为已知量;

(3) 配送中心有充足的运输能力;

假设:

(1) 配送能够满足所有收货点客户的需求;

(2) 各配送路线都不能使配送车辆超载;

(3) 不能超过收货点的收货时间;

(4) 不能超过配送车辆的运行时间和运行里程限制。

2. 车辆安排程序法的基本思路

如图 14-3 所示,设 P 为配送中心,A 和 B 是收货点,P 到 A、P 到 B 和 A 到 B 的距离分别为 a,b,c。

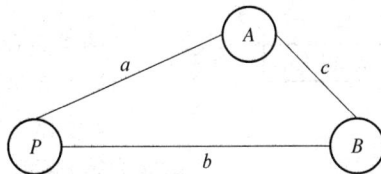

图 14-3 单线运行配送路线

最简单的配送路线是如图 14-4 所示的双线运行,该路线的行驶里程是 $2a+2b$。

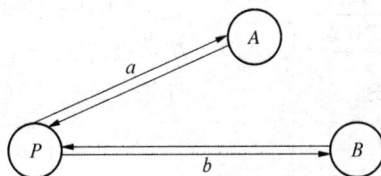

图 14-4 双线运行配送路线

另一种路线是如图 14-5 所示的单车单线配送，该路线的行驶里程是 $a+b+c$。

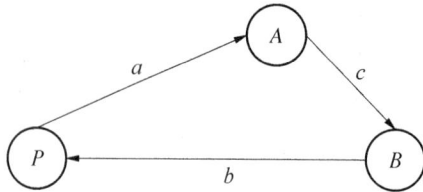

图 14-5　单车单线配送

比较一下两条路线的行驶里程可得：

$$(2a+2b)-(a+b+c)=a+b-c$$

如图 14-5 所示，把 P，A 和 B 点看作三角形的三个顶点，则 a,b 和 c 就是三角形 PAB 三边的长度。根据三角形边长的性质，任意两边长度之和大于第三边长度，即 $a+b-c>0$。也就是说图 14-5 所示的路线比图 14-4 所示的路线的行驶里程要缩短了，前者优于后者。这就是这个方法的基本思路。

在实际的配送业务中，配送中心所面向的客户往往是多个的，这样问题就复杂了很多。如果一个配送中心 P 同时向 A，B，$\cdots$，Z 客户配送货物，在各配送车辆不超载的情况下，每辆车的配送路线上经过的客户越多，则该路线的总行驶里程和成本就越少，该路线就越合理。

（三）配送需求计划法

DRP 是配送需求计划（Distribution Requirement Planning）的简称。它是流通领域中的一种物流技术，是 MRP 在流通领域应用的直接结果。它主要解决分销物资的供应计划和高度问题，达到保证有效地满足市场需要又使得配置费用最省的目的。

DRP 在两类企业中可以得到应用。一类是流通企业，如储运公司、配送中心、物流中心、流通中心等。这些企业的基本特征是，不一定搞销售，但一定有储存和运输的业务，它们的目标是在满足用户需要的原则下，追求有效利用资源（如车辆等），达到总费用降低。另一类是既搞生产又搞流通，产品全部或一部分自己销售。企业中有流通部门承担分销业务，具体组织储、运、销活动。

这两类企业的共同之处：

（1）以满足社会需求为自己的宗旨；

（2）依靠一定的物流能力（储、运、包装、搬运能力等）来满足社会的需求；

（3）从制造企业或物资资源市场组织物资资源；

DRP 的原理如图 14-6 所示，实施 DRP 法需要输入三个文件，最后通过系统输出两个计划。

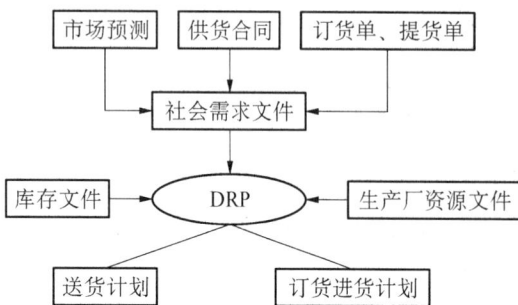

图 14-6　DRP 法原理

1. 输入文件

（1）社会需求文件，包括所有用户的订货单、提货单和供货合同，以及下属子公司、企业的订货单,此外还要进行市场预测,确定一部分需求量。所有需求按品种和需求时间进行统计,整理成社会需求文件。

(2)库存文件,对自有库存物资进行统计,以便针对社会需求量确定必要的进货量。

(3)生产厂资源文件,包括可供应的物资品种和生产厂的地理位置等,地理位置和订货提前期有关。

2. 输出计划

(1)送货计划。对用户的送货计划,为了保证按时送达,要考虑作业时间和路程远近,提前一定时间开始作业。对于大批量需求可实行直送,而对于数量众多的小批量需求可以进行配送。

(2)订货进货计划,是指从生产厂订货的计划。对于需求物资,如果仓库内无货或者库存不足,则需要向生产厂订货。当然,也要考虑一定的订货提前期。

以上两个文件是 DRP 的输出结果,是组织物流的指导文件。

第四节 配送绩效管理

一、配送绩效评价的意义

开展绩效评价能正确判断配送中心的实际经营水平,提高经营能力和管理水平,从而增加企业的整体效益。配送中心的绩效评价分析是运用数量统计和运筹学方法,采用特定的指标体系,对照统一的评价标准,按照一定的程序,通过定量、定性分析,对配送中心在一定经营期间的经营效益和经营者的业绩,做出客观、公正和准确的综合判断。

(一)配送中心内部各项物流活动的分析

以某配送中心为例,配送中心的基本作业流程如图 14-7 所示。由进出货、储存、盘点、订单处理、拣货、配送、采购作业以及总体策划等八个部分组成。

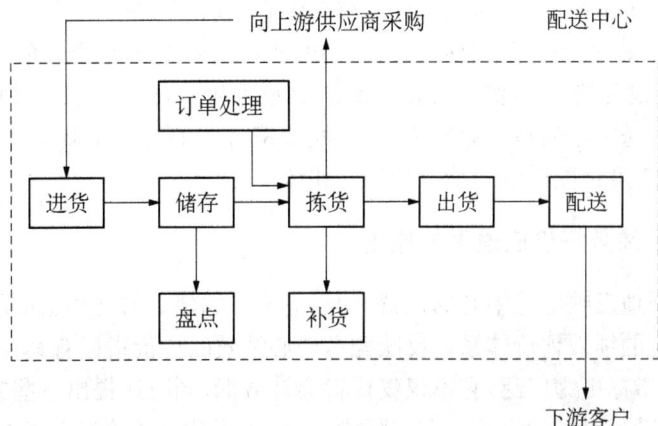

图 14-7 配送中心基本作业系统

(二) 配送中心绩效评价指标的作用

为了能评价配送中心的运营给客户提供服务的质量和给自身带来的效益,方法之一就是对配送中心的运行状况进行必要的度量,并根据度量结果对配送中心的运行绩效进行评价。因此,配送中心绩效评价主要有以下四个方面的作用。

1. 用于对整个中心的运行效果做出评价

主要考虑配送中心之间的竞争,为配送中心在市场中存在(生存)、组建、运行和撤销的决策提供必要的客观依据。目的是通过绩效分析评价而获得对整个中心的运行状况的了解,找出配送中心运作方面的不足,及时采取措施予以纠正。

2. 用于对配送中心内各个部门做出评价

主要考虑配送中心对其各部门的激励,调动各个部门的积极性。

3. 用于对配送中心内部门与部门之间的合作关系做出评价

主要考察配送中心为客户提供的产品和服务的质量,从用户满意度的角度来评价质量。

4. 用于对配送中心人员的激励

除了对配送中心运作绩效的评价外,这些指标还可起到对配送中心的各个部门和人员的激励作用。

二、配送中心绩效评价体系的设计要求

(一) 配送中心绩效评价指标的特点

现行企业绩效评价指标侧重于单个企业,评价的对象是某个具体配送中心的内部职能部门或者员工个人,其评价指标在设计上有如下特点:

(1) 现行企业绩效评价指标的数据来源于财务结果,在时间上略为滞后,不能反映配送中心的动态运营情况。

(2) 现行企业绩效评价主要评价配送中心职能部门工作的完成情况,不能对配送中心的业务流程进行评价,更不能科学、客观地评价整个中心的运营情况。

(3) 现行企业绩效评价指标不是对配送中心的业务流程进行实时评价和分析,而是侧重于事后分析。因此,当发现偏差时,偏差已成为事实,其危害和损失已经造成,并且往往很难补偿。

因此,为衡量配送中心的整体运作绩效,以便决策者能够及时了解配送中心的整体状况,应该设计出更适合于度量配送中心绩效的指标和评价方法。

(二) 配送中心绩效评价应遵循的原则

为了科学、客观地反映配送中心的运营情况,应该考虑建立与之相适应的配送中心绩效评价方法,并确定相应的绩效评价体系。反映配送中心绩效的评价指标有其自身的特点,其内容比现行的企业评价指标更为广泛,它不仅仅代替会计数据,同时还提出一些方法来测定配送中心是否有能力及时满足市场的需求。在实际操作上,为了建立能有效评价配送中心的指标体系,应遵循如下原则:

（1）突出重点,要对关键绩效指标进行重点分析。

（2）采用能反映配送中心业务流程的绩效指标体系。

（3）评价指标要能反映整个中心的运营情况。

（4）尽可能采用实时分析与评价的方法,要把绩效度量范围扩大到能反映配送中心实时运营的信息上去,因为这要比仅做事后分析要有价值得多。

（5）在衡量配送中心绩效时,要采用能反映配送中心与客户之间关系的绩效评价指标,把评价的对象进一步扩大。

（6）把最终用户对配送中心的产品或服务的满意度指标作为配送中心绩效评价的一个最终标准。

三、配送中心绩效评价的要素

为了客观、全面地评价配送中心的运营情况,一般可以通过一个相应的指标体系来进行配送中心绩效的评价。对于指标体系,要注重客观性和实际可操作性。这个指标体系主要由工作成果指标、工作消耗指标、工作效率指标、工作质量指标四项构成。

(一) 工作成果指标

1. 作业规划管理能力

衡量目前管理层所做的决策规划是否合适。

规划是一种方法,用来拟定根据决策目标应采取的行动。规划的目的是为整个企业的活动过程选择合理的作业方式、正确的行动方向。

要使配送中心得到最佳的产出效果,规划管理人员必须先决定作业过程中最有效的资源组合,才能配合环境设计出最好的资源方式,来执行物流运作过程中的每一环节的工作。这里面及时修正是很重要的一环。

2. 产销率指标

产销率是指在一定时间内已销售出去的产品(服务)与已生产的产品(服务)数量的比值。配送中心产销率指标反映企业在一定时间内的产销经营状况,其时间单位可以是年、月、日。随着配送中心管理水平的提高,时间单位可以取得越来越小,甚至可以做到以天为单位。该指标也反映了配送中心资源(包括人、财、物、信息等)的有效利用程度,产销率越接近1,说明资源利用程度越高。同时,该指标也反映了企业的库存水平和产品质量,其值越接近1,说明配送中心的库存量越小,产品质量越高。

3. 产需率指标

产需率是指在一定时间内,配送中心所提供的产品和服务的数量与顾客(或用户)对该产品或服务的需求量的比值。

配送中心产需率指标反映了企业和客户之间的供需关系。产需率越接近1,说明配送中心和客户之间的供需关系协调,准时交货率高;反之,则说明准时交货率低或者管理水平较低。

该指标还反映了配送中心的整体生产能力和快速响应市场能力。若该指标数值大于或等于1,说明配送中心整体的生产能力较强,能快速响应市场需求,具有较强的市场竞争能力;若该指标数值小于1,则说明配送中心的生产能力不足,不能快速响应市场需求。

配送中心各部门的主要工作成果指标如表14-5所示。

表14-5 工作成果指标

指标种类	指标细分
货物流转额	货物购进额、货物销售额
原材料供应指标	原材料供应量、供应计划完成率、供应增长率
货物购进指标	货物购进量
货物销售指标	销售额、纯销售额、计划完成率、增长率

(二) 工作消耗指标

1. 周转费

周转费包括进货费、仓储费、管理费和利息支出等,即工作消耗总额。

2. 费用率

一定时期物流费用总额与货物销售总额的比值,即工作消耗水平。

3. 费用水平降低率

费用水平降低率是考核配送中心各部门费用节约的一项指标。

4. 成本率

用成本率来衡量各项作业的成本费用是否合理。

配送中心的运作成本,是指直接或间接用于收货、储存保管、拣货配货、流通加工、信息处理和配送作业的费用的总和。

5. 配送中心总运营成本指标

配送中心的总运营成本包括通讯成本、库存费用及外部运输总费用。该指标是企业管理水平的综合体现。

6. 成本利润率

成本利润率是指单位产品净利润占单位产品总成本的百分比。在市场经济条件下,产品价格是由市场决定的,因此,在市场供需关系基本平衡的情况下,配送中心提供的产品价格可以看成是一个不变的量。按成本加成定价的基本思想,产品价格等于成本加利润,因此产品的成本利润率越高,说明配送中心的盈利能力越强,企业的综合管理水平越高。在这种情况下,由于配送中心在市场价格水平下能获得较大利润,就必然会对企业的有关设施和设备进行投资和改造,以提高生产效率。

(三) 工作效率指标

工作效率是衡量配送中心绩效的另一个指标。通常用比率或指数表示。

1. 设施空间利用率

衡量配送中心的车辆、库房等空间设施是否已充分利用。

所谓设施,指除人员、设备以外的一切硬件,包括办公室、休息室、仓储区、拣货区、收货区和出货区等等区域空间的安排及一些消防设施等周边硬件。

所谓设施空间利用率就是针对空间利用度、有效度来考虑。简言之,提高单位土地面积的使用效率,要考虑货架、仓储区的储存量,每天理货场地的配货周转次数等。

2. 人员利用率

衡量每一个人员是否尽到自己最大的能力。

对于人员作业效率的考核分析,是每一个配送中心经营评估的重要指标。人员利用率的评估主要从三个方面着手:

(1) 人员编制。要求人员的分配达到最合理化的程度,避免忙闲不均,这里包括上班、作息时间的安排。通常要研究工作需要性、工作量、劳逸合理性、人员流动性、加班合理性等方面的问题。

(2) 员工待遇。

(3) 人员效率。人员效率管理的目的,是为了提高人员的工作效率,使每一个作业人员作业期间内能发挥最大的生产效率。也就是说,掌握操作人员的作业速度,使配送中心的整体作业水平相对提高。

3. 设备利用率

设备利用率是衡量资产设备能否发挥最大产能的指标。

配送中心的设备主要用于保管、搬运、存取、装卸、配送、运输等物流作业活动。由于各种作业有一定的时间性,设备工时不容易计算,通常从增加设备作业时间和提高设备每单位时间内的处理量来实现提高设备利用率的目的。

4. 商品、订单效率

配送中心应抓好以下几项工作:

(1) 通过对配送中心的出货情况分析,提示采购人员调整采购物品的结构;

(2) 要根据客户的需求,快速拆零订单;

(3) 严格控制配送中心的库存,留有适当的存货以减少缺货率,同时保证避免过多的存货造成配送中心的资金积压、商品质量出问题等损失。

5. 时间效益率

用来衡量每一作业有无掌握最佳时间。

缩短资源时间,一方面可使工作效率提高,另一方面可使交货期限提前。

时间是衡量效率最直接的因素,最容易看出整体作业能力是否降低。例如,某段时间搬运了多少商品,平均一小时配了多少箱商品,平均每天配送了多少家门店的要货等等,从而很容易了解配送中心整体经营运作的优劣,促使管理人员去寻找问题的症结。

评估时间效益,主要是掌握单位时间内收入产出量、作业单元数及各作业时间比率等情况。

几种典型行业的物流部门的主要工作效率指标如表 14-6 所示。

表 14 - 6　工作效率指标

工作效率指标	各行业使用某项指标的百分比(%)		
	制造商	批发商	零售商
每位员工发送的单位			
每位员工的订货盘			
与以往的标准对比			
目标计划			
生产率指数			

（四）工作质量指标

1. 质量水平

用来衡量配送中心的服务质量是否达到客户满意的水准。

所谓质量,不仅包括商品的质量优劣,还包括各项物流作业的特殊的质量指标,如耗损、缺货、呆滞品、维修、退货、延迟交货、事故、误差率等。

对于配送中心作业质量的管理,一方面要建立起合理的质量标准,另一方面需多加重视存货管理及作业过程的监督,尽可能避免不必要的损耗、缺货、不良率等,以降低成本,提高客户的服务质量。

维持和提高质量标准,其对策不外乎从人员、商品、机械设备和作业方法等四个方面着手。

在配送中心的作业活动中经常会出现质量事故。例如,在业务过程中出现商品丢失、损坏、变质、延误等,这不仅使商品的数量受到损失,而且使商品质量受损,其结果是对商品本身和配送中心的经营活动两个方面都产生不利影响。从另一个方面来说,配送中心的业务质量直接与客户相关,与市场占有率有关。

2. 配送中心的产品和服务质量指标

该指标反映了配送中心提供的产品和服务的质量。主要包括合格率、废品率、退货率、破损率、破损物价值等指标。

3. 准时交货率

准时交货率是指配送中心在一定时间内准时交货的次数占其总交货次数的百分比。配送中心的准时交货率低,说明其协作配套的生产能力达不到要求,或者是对生产过程的组织管理跟不上配送中心的运行要求;配送中心的准时交货率高,说明其生产能力强,生产管理水平高。

4. 产品质量合格率

产品质量合格率是指质量合格的产品数量占产品总数量的百分比,它反映了配送中心提供产品或服务的质量水平。质量不合格的产品数量越多,则产品质量合格率就越低,说明配送中心提供产品的质量不稳定或质量差,配送中心必须承担对不合格的产品进行返修或报废的损失,这样就增加了配送企业的总成本,降低了其成本利润率。因此,产品质量合格率指标与产品成本利润率指标密切相关。同样,产品质量合格率指标也与准时交货率密切相关,因为产品质量合格率越低,产品的返修工作量越大,必然会延长产品的交货期,使准时交货率降低。

工作质量指标体系中的每个指标又可以用一个或多个具体指标来表示。下面以目标质量指标和储存工作质量指标为例，说明可以采用的具体指标。目标质量指标如表 14 - 7 所示。

表 14 - 7　目标质量指标

指标名称	计算公式
服务水平指标	满足要求次数/客户要求次数×100%
交货水平指标	按交货期交货次数/总交货次数×100%
缺货率	缺货次数/客户要求次数×100%
满足程度指标	满足要求数量/客户要求数量×100%
交货期质量指标	规定交货期－实际交货期(天)
商品完好率指标	交货完好商品量/物流商品总量×100%
缺损率	缺损商品量/物流商品总量×100%
货损货差赔偿费率	货损货差赔偿总额/同期业务收入总额×100%
物流吨费用指标	物流费用/物流总量(元/吨)

储存工作质量指标，如表 14 - 8 所示。

表 14 - 8　储存工作质量指标

指标名称	计算公式
仓库吞吐能力实现率	期内实际吞吐量/仓库设计吞吐量×100%
仓容利用率	储存商品实际数量或容积/设计库存数量或容积×100%
仓库面积利用率	库房、货场等占地面积总和/仓库总面积×100%
储存商品面积利用率	库房内储存商品面积/库房使用面积×100%
商品完好率	(某批商品库存量－出现短缺商品量)/同批商品库存量×100%
库存商品缺损率	某批商品缺损量/该批商品总量×100%
商品收发正确率	(某批吞吐量－出现差错总量)/同批吞吐量×100%
储存吨成本	储存费用/库存量(元/吨)

美国几个典型行业的企业所采用的物流工作质量指标，如表 14 - 9 所示。

表 14 - 9　美国物流工作质量指标

质量指标	按行业分类各指标使用频率(%)		
	制造商	批发商	零售商
损坏频率			
损坏总金额			
货方追讨次数			
客户退货数			
退货费用			

(五) 配送中心的经营管理综合指标

1. 配送中心坪效

衡量配送中心单位面积(每平方米)的营业收入(产值)。

$$配送中心坪效 = \frac{营业额(产值)}{建筑物总建筑面积}$$

2. 人员作业能力

衡量配送中心人员的单产水平。

$$人员作业量 = \frac{出货量}{配送中心的总人数}$$

$$人员作业能力 = \frac{营业额}{配送中心的总人数}$$

改善对策:

(1) 有效地利用节省人员的物流机械设备;

(2) 减少配送中心的从业人员,首先考虑削减间接人员,尤其是当直间工比率不高时。

3. 直间工比率

衡量配送中心作业人员及管理人员的比率是否合理。

$$直间工比率 = \frac{一线作业人员}{配送中心的总人数 - 一线作业人数}$$

4. 固定资产周转率

衡量配送中心的固定资产的运行绩效,评估所投资的资产是否充分发挥效用。

$$固定资产周转率 = \frac{产值}{固定资产总额}$$

5. 产出与投入平衡率

判断是否维持低库存量,与"零库存"的差距多大。

$$产出与投入平衡率 = \frac{出货量}{进货量}$$

改善对策:产出与投入平衡率是指进出货件数比率。而如果想以低库存作为最终目标,且不会发生缺货现象,则产出与投入平衡率最好控制在 1 左右,而实现整改目标的关键是要切实做好销售预测。

四、配送中心绩效评价的实施步骤

(一) 配送中心绩效评价的内容

配送中心的绩效评价的内容一般从三个方面考虑:一是内部绩效度量,二是外部绩效度量,三是综合绩效度量。

1. 内部绩效度量

内部绩效度量主要是对配送中心的内部绩效进行评价,常见的指标有成本、客户服务、生产率、良好的管理、质量等。

2. 外部绩效度量

外部绩效度量主要是对与配送中心有关的企业的运行状况的评价。外部绩效度量的主要指标有用户满意度、最佳实施基准等。

3. 综合绩效度量

21世纪的竞争是非常激烈的,这就引起人们对配送中心的总体绩效和效率的日益重视,要求提供能从总体上观察透视配送中心的运作绩效的度量方法。这种透视方法必须是可以比较的。如果缺乏整体的绩效衡量,就可能出现配送中心对用户服务的看法和决策与用户的想法完全背道而驰的现象。综合绩效的度量主要从用户满意度、时间、成本、资产等几个方面展开。

除一般性统计指标外,配送中心的绩效还辅以一些综合性的指标,如以配送中心的生产效率来度量;也可由某些定性指标组成的评价体系来反映,如用户满意度、企业核心竞争力、核心能力等。

(二)配送中心绩效评价的实施

配送中心的绩效评价可采用以下方法:分析配送中心的目标和流程的现状,对作业绩效量化,把其与目标数据相比。将组织最高层次的四个基本商业流程(计划、获取资源、制造、交付)逐层分解下去,一直到包含了成百个作业的第五层次为止。一旦某个配送中心的计量被计算出来,它们将与行业中的最好水平和平均水平相比较,这可以帮助配送中心确定其优势以及寻找改善的契机。这种绩效评估方法可以从上到下,一层一层地与 ABC 法配合使用。表 14-10 列出了用于评估配送中心绩效的一些衡量项目。

表 14-10 配送中心绩效评估的衡量项目

类　别	衡量项目	衡量单位
配送企业的可靠性	按时交货	订单完成提前期
	订单完成提前期	天数
	完成率	百分比
	完好的订单履行	百分比
柔性和反应力	企业的反应时间长度	天数
	企业的柔性	天数
费用	企业的管理成本	百分比
	保证成本占收益的百分比	百分比
	每个员工增加的价值	现金
资产利用	库存总天数	天数
	现金周转时间	天数
	净资产周转次数	次数

总之,绩效度量只是一种手段,目的是通过对配送中心绩效的衡量,发现问题,解决问题,并据此激励配送中心的各部门。

复习题

一、单选题

1. 配送具有(　　)的特征。

A. 商流和物流的合一　　　　　　　　　　　B. 物流与商流的分离

C. 纯粹是送货　　　　　　　　　　　　　　D. 纯粹储存

2. 杭州娃哈哈集团给市内各饮用水供应点配送饮用水,此种配送形式称之为(　　)。

A. 共同配送　　　　　B. 定量配送　　　　　C. 定时配送　　　　　D. 生产企业配送

3. (　　)是共同配送的特点。

A. 送货一方实现少量物流配送　　　　　　　B. 收货一方可以统一进行总验货

C. 适合中小型企业　　　　　　　　　　　　D. 一车多户,经济送货路线

4. 配送中心 A 距配送点 D 和 E 距离分别为 12 千米、20 千米,DE 的距离为 25 千米,则 A 一次向 D 和 E 配送比 A 分别向 D 和 E 配送可以节约(　　)千米里程。

A. 7　　　　　　　　　B. 12　　　　　　　　C. 20　　　　　　　　D. 25

5. (　　)指产品的空间移动或时间占有中所耗费的各种活劳动和物化劳动的货币表现。

A. 设备费用　　　　　B. 包装成本　　　　　C. 物流成本　　　　　D. 生产成本

6. 以(　　)为基础的成本分析法是被人为确定和控制物流费用最有前途的方法。

A. 活动　　　　　　　B. 成本　　　　　　　C. 功能　　　　　　　D. 费用

7. 配送成本的特性有(　　)。

A. 隐蔽性　　　　　　B. 效益背反　　　　　C. 不可控性　　　　　D. 随机性

8. 配送货物的影响因素有(　　)。

A. 配送货物的价值　　　　　　　　　　　　B. 配送货物的密度

C. 易碎性　　　　　　　　　　　　　　　　D. 特殊要求的货物

二、判断题

1. 按支店或营业所核算物流成本,就是要算出各营业单位物流成本与销售金额或毛收入的对比,用来了解各营业单位物流成本中存在的问题,以加强管理。　　　　　　(　　)

2. 狭义的配送服务成本,包括狭义的配送服务成本与客户服务成本。　　　　　(　　)

3. 物流配送中心的成本一般细分为以下方面:管理费用、劳动力成本、补贴、租金(建筑物折旧)、电、热、动力、电话、税、设备租金或折旧及其他。　　　　　　　　　　(　　)

4. 配送中心既要提高服务水平,又要降低配送运营总成本,是一个难度很大的课题,配送企业应在整个物流企业的。　　　　　　　　　　　　　　　　　　　　　　　　(　　)

5. 基本定价法是指根据配送经营的成本确定价格。价格由成本、利润、税收三个部分组成。　　　　　　　　　　　　　　　　　　　　　　　　　　　　　　　　　　(　　)

6. DRP 在逻辑上是制造需求计划(Manufacturing Requirements Plannmg,MRP)的扩展,这两种技术之间不存在根本性的差异。　　　　　　　　　　　　　　　　　　(　　)

7. DRP 的存货计划对配送设施之间的运输的完成周期没有明确要求。　　　（　　）

三、简答题

1. 配送成本核算中存在哪些方面的问题?

2. 配送成本控制的方法有哪些?

3. 试简要分析影响配送服务成本的因素。

四、案例题

自世界上第一家连锁店诞生以来,连锁经营就以独特的魅力风靡世界,目前已成为国内外零售企业发展的主流趋势。位列于财富 500 强的正大集团是易初莲花的总公司。1997 年 6 月 23 日,中国第一家易初莲花在上海浦东开业。易初莲花的成立把最先进的大型零售购物中心的概念带入了中国,为人们提供种类丰富的高品质商品,包括生鲜、食品、酒类、服装、家电、进口产品等等,并成功地成为人们生活的一部分。易初莲花立志成为中国消费者的首选购物场所,为所有顾客提供便利优越的购物环境和亲切友好的服务。通过双赢的供应商合作模式,易初莲花把最有价值的商品,最新鲜、最流行、最合意的商品,提供给顾客。易初莲花坚持顾客第一的承诺,通过更好、更新鲜的运营服务,持续不断地为改进人们生活质量、生活标准而奋斗,努力成为顾客美好生活的一部分。

一、易初莲花的物流配送现状

作为一家跨国零售企业,易初莲花在华发展迅速。据统计,截至 2007 年,易初莲花已经在华开设了 75 家卖场,销售额以每年 20% 以上的速度增长。易初莲花的业务之所以能迅速增长,很大的原因是在节省成本以及在物流配送、配送系统方面有所成就。主要表现在以下几个方面。

（一）搭建供应商与卖场的中转平台

与其他竞争者相比,易初莲花能够给客户提供更好的价值,这是因为易初莲花把注意力放在物流运输和配送系统方面。卖场配送中心是在供应商和卖场之间搭建的一个中转平台,目的是减少整个供应链的运作成本及保证商品能快速、及时地运送到卖场进行销售。在整个供应链环节中配送中心是一个很重要的组成部分。易初莲花先后在上海、广州、北京建立了三个大型干货配送中心及一家生鲜配送中心,负责对全国的卖场进行商品配送,目前易初莲花卖场的绝大部分商品是通过这四家配送中心进行配送的。易初莲花的配送中心为划区域配送,即每个配送中心只负责配送本区域内的易初莲花卖场,但三个配送中心之间也会有商品的配送,是区域间的商品调拨。

（二）低成本与高效率

在有着比较完善的系统支持下,易初莲花的物流以配送为主,仓储为辅,呈现出商品周转快的特征。配送的职能就是将商品集中起来,配送给门店,同时可以储存部分促销商品。就配送中心而言,易初莲花是通过采购和门店订货,有专门的订单管理部门向供应商发出订单,供应商接到订单后,按照订单的要求备货,并将商品直接送到配送中心,不用去配送到每个门店,这样既节省了供应商的配送费用又加强了对商品的掌控力度,可以保证商品及时到店,减少商品的缺货概率。这一点是没有配送中心的零售企业无可比拟的。

（三）无缝的补货系统

易初莲花物流配送的成功,是因为它有一个补货系统,每一个卖场都有这样的系统。这使得易初莲花在任何一个时间点都可以知道,现在这个商店当中有多少货品,有多少货品正在运输过程当中,有多少是在配送中心,等等。与此同时,易初莲花也可以了解到某种货品上周卖了多少,去年卖了多少,而且可以预测易初莲花将来可以卖多少这种货品。这个自动补货系统,可以自动向商场经理来订货,这样就可以非常及时地对商场提供帮助。经理们在商场当中走一走,然后看一看这些商品,选到其中一种商品,对它扫描一下,就知道现在商场当中有多少这种货品,有多少订货,而且知道有多少这种产品正在运输到商店的过程当中,会在什么时间到。所有关于这种商品的信息都可以通过扫描这种产品代码得到,不需要其他的人再进行任何复杂的汇报。另外,作为易初莲花的供货商,他们也可以进入易初莲花的零售链接当中,可以了解他们的商品卖得如何。通过零售链接,供货商们就可以了解到卖的情况,根据易初莲花每天卖的情况,他们可以对将来卖货进行预测,以决定他们的生产情况。这样他们产品的成本也可以降低,从而使整个过程是一个无缝的过程。

(四)"精准"是硬道理

在易初莲花的物流当中,有一点非常重要,易初莲花必须要确保卖场所得到的产品是与发货单上完全一致的产品,因此易初莲花整个的物流配送过程都要确保是精确的,没有任何错误的。精准的良好传统让易初莲花赢得了消费者的心,也为他们赢得了大量的时间和金钱。这些货品直接可以摆上货架,并让消费者满意。当消费者买了某产品的时候,系统会精准地设定需要补货的情况,所以整个物流配送是个循环的过程,每个环节都是做到精准。

根据上述资料,回答下列问题:

易初莲花物流配送中心是如何实现企业物流配送合理化的?有哪些具体措施?

第十五章
仓储与配送企业经营战略

学习目标

学习本章,掌握企业经营战略的概念和主要组成部分;理解仓储与配送企业的环境分析、战略选择及实施。

本章案例

首钢进口矿原料供应及海运物流战略

首钢发展现状:首钢始建于 1919 年,现已发展成为以钢铁业为主,兼营矿业、机械、电子、建筑、房地产、服务业、航运、金融、海外贸易等跨行业、跨地区、跨国经营的大型企业集团。

"以成本为中心"是首钢确定的管理理念。近年来,随着中国经济的迅猛发展以及世界经济的转暖,世界航运市场注入了强劲的动力。当今的航运经济一日千里,海运费所占到岸成本的份额不断攀升,已经引起广泛关注。海运已经成为一项巨大的成本控制工程,同时也是一笔巨大的市场资源。

首钢在做好国外铁矿石资源锁定及进口工作的同时,在跟踪国际海运市场、降低铁矿石进口物流成本等方面也进行了积极的探索并取得了很大的成效。

到"十一五"后期,首钢将逐渐形成中长期运力控制达到 80% 的战略目标。可控运力采用即期、短、中、长期 COA 以及期租船相结合的有效方式,各种操作方式对应不同的市场主体,只有组合操作模式才能够享受到不同类型船东的优质服务。

未来首钢海运市场主要操作模式将采取以下两种方式。

1. 中、长期 COA、期租船和新造船项目相结合

中、长期 COA、期租船和新造船项目可为工厂提供稳定、经济的运力,对控制成本起重要作用。其中,长期 COA(10 年以上)采取指定船或新造船的连续航次合约形式,新造船的长期 COA 以成本加合理利润方式定价,构成首钢海运市场的运费价值中枢,可以提供长期稳定的运价,是未来各种操作方式的价格基础和参照,长期 COA 的比例取决于对货源和港口的控制,曹妃甸钢厂投产后其比例可达到 40% 以上,以突显首钢优越的港口优势,弥补首钢地处北方导致的海运距离高于其他南方市场的运输成本劣势。

2. 中、短期操作相结合

中、短期操作可调节中长期运力的缺口,操作灵活,便于跟踪市场,更适用于固定航线。

以低于五年期为例,其洽约时机很重要,市道低迷时以中期为宜,航运市场强势时以短期

为宜,如巴西、秘鲁航线主要以 COA 锁定运力,可有效监控成本,同时中、短期 COA 以长期 COA 为蓝本,便于对比成本导向,对成本控制起到良好的辅助作用。

同时,首钢为弥补期租船运力短缺,为获得较低成本的运价,也会择机适当与船务公司签订中、短期 COA 合约,用以保证期租船因航行距离过长、难以调配以及某些时段无法调剂使用的不足。

(案例来源:http://www. wangxiao. cn/wl/98381562605. html。)

思考题

1. 首钢海运物流战略有何特点?

2. 本案例对其他企业有何启示?

第一节 企业战略概述

一、企业战略与战略管理

(一) 企业战略的概念和特征

战略一词来源于希腊语 Strategos,这个词的意义是指挥军队的艺术和科学。在企业经营战略理论的发展过程中,许多管理学家和战略学家从不同的角度来认识经营战略,因此,经营战略的概念存在很多种说法。例如,安索夫认为经营战略是企业为了适应外部环境,对目前从事和将要从事的经营活动所要进行的决策,其内容包括产品市场范围、成长方向、竞争优势和协同效应四个部分。德鲁克认为经营战略要回答两个问题:我们的企业是什么? 它应该是什么? 钱德勒认为企业战略是企业的长远性经营决策,其内容包括企业的长远发展、确立基本目的、为达到基本目的的方针目标以及实现目标而进行的资源配置等等。综合上述观点并结合现代经营战略理论研究的成果,我们可以对企业经营战略做如下定义:经营战略是企业为了适应未来环境的变化,寻求长期生存和稳定发展而制定的总体性和长远性的谋划和方略。具体地说,经营战略是在符合和保证实现企业使命条件下,在充分利用环境中存在的各种机会和创造新机会的基础上,确定企业同环境的关系,规定企业从事的业务范围、成长方向和竞争对策,合理调整企业结构和分配企业的全部资源。

根据经营战略的概念,可以看出经营战略具有以下特征。

1. 全局性

经营战略的全局性是指经营战略以企业的全局为研究对象来确定企业的总目标,规定企业的总行动,追求企业的总效果。即经营战略的重点不是研究企业的某些局部性质的问题,而是将重点放在企业的整体发展上。

2. 长远性

经营战略的长远性是指经营战略的着眼点是企业的未来,是为了谋求企业的未来发展和长远利益,而不是为了求得眼前的利益。有时,为了谋求企业的长远利益甚至需要牺牲眼前的利益。

3. 纲领性

经营战略的纲领性是指经营战略所确定的战略目标和发展方向是一种原则性和概括性的规定,是对企业未来的一种粗线条的设计。经营战略对企业未来成功进行总体谋划,而不纠缠现实的细枝末节。要将它变成企业的实际行动,需要经过一系列的展开、分析和具体化的过程。

4. 抗争性

经营战略是关于企业在激烈的竞争中如何与竞争对手抗衡的行动方案,同时也是迎接来自各方面的挑战的行动方案。它与那些不考虑竞争、挑战而单纯为了改善企业现状、增加经济效益、提高管理水平等为目标的行动方案不同。企业制定竞争战略的目的,就是要在优胜劣汰的市场竞争中战胜对手,赢得竞争优势,赢得市场和顾客,使自己立于不败之地。

5. 风险性

经营战略是为企业未来所做的总体规划,而未来具有不确定性,因而战略必然带有一定的风险性。经营战略的风险性特征要求战略决策者必须敢于承担风险,同时也要求决策者根据环境的变化及时地调整企业的经营战略,以便提高企业承担风险的能力。

(二) 企业战略的目标与实质

著名管理学家杜拉克认为企业管理与企业战略有三个核心问题:

(1) 你的业务(产品或服务)是什么——产品定位;

(2) 谁是你的客户——市场定位;

(3) 客户认知的价值到底是什么——价值定位(功能——成本优势)。

而企业战略专家,哈佛商学院教授波特则从企业战略产生的依据的角度指出企业战略的核心问题应是在产品竞争中考虑的,也就是在该产品的需求与供应环境中考虑的。

综合上述意见,不妨认为企业战略就是对本企业所属的产业竞争环境进行审慎研究后做出的对企业的产品定位、市场定位与价值定位的总体决策与完整的实施计划,从而为公司赢得超常的投资效益。

(三) 战略管理

战略管理过程包括战略规划和战略实施两个阶段。

1. 战略规划阶段

战略规划阶段的工作是拟定多种可行的战略方案和选择满意的战略决策方案。具体包括以下几项决策:

(1) 明确企业的使命。企业的使命是指公司的目的、责任及其发展方向。它是在对企业所处的战略环境进行全面深入分析的基础上确定的,反映了战略决策者的思想和价值观,是企业确定战略目标的前提,也是选择战略方案的根据和分配资源的基础。它为企业指明了今后较长一段时期内经营发展的方向。企业使命一般包括两个方面的内容:经营哲学和企业宗旨。经营哲学是指企业为其经营活动方式所确立的价值观、经营理念和行为准则。企业宗旨是指规定企业去执行或打算执行的活动,以及企业现在的或期望成为的类型的规定。明确企业的宗旨是非常关键的,没有明确的宗旨,要制定出清晰的目标和战略实际上是不可能的。

(2)制定战略方针。战略方针是指企业为贯彻战略思想和实现战略目标、战略重点所确定的企业经营活动中应遵循的基本准则。战略方针有助于确保企业中的各个组成部分按相同的基本准则来行动,也有助于各组成部分之间的协调和信息的沟通。

(3)建立战略目标。战略目标包括长期目标和短期目标,是指在战略方针的指导下,根据对企业的外部环境和自身实力的分析和研究而确定的企业在一定的战略时期内应该达到的总体水平,即将公司的宗旨具体化为公司的长期目标和短期目标。

(4)战略选择。战略选择是指为选择某一特定战略方案所做出的决策,即从多种可行方案中选择用以实现组织目标的战略。可供企业选择的战略方案有很多种,这些方案可以是企业目前战略的延续,也可能完全改变了企业的发展方向。企业要根据自身的情况,对可供选择的战略的数量、类型和特点进行充分的分析,从而选择适合自己的战略。

2. 战略实施阶段

战略实施阶段的工作是将战略决策方案具体化,然后发动全体员工付诸执行,并在执行中加以控制。具体来说,包括以下三个方面的工作:

(1)建立组织结构,即根据战略规划的要求建立组织结构。建立组织结构是制定适当的职权职责关系和组织结构,从而保证企业战略和计划的实施。

(2)通过控制来管理组织活动,即通过有效的管理确保实现战略的必要活动的有效进行。战略控制是战略实施过程中必不可少的条件,没有控制战略就不可能协调、有效地管理组织活动。当然,战略控制也离不开组织的保证。

(3)监控战略在实现企业目标中的作用,即通过监督控制工作确保战略在实现目标中的有效性。在战略实施过程中,通过衡量和控制来确保公司经营战略能使公司达到目标。

二、企业经营战略的层次结构

(一)企业经营战略的组成

1. 战略思想——灵魂

战略思想是整个战略与管理的指导思想与准则。要形成一个正确的战略思想,首先要有敏感的、超前的意识,或者说是战略性的设想(Idea)。但单有这个意识或设想是不够的,还必须进行周密的分析,以验证战略设想,并使之系统化、科学化。为此,要进行下述三个阶段的工作:

(1)态势分析,包括宏观分析(经济环境分析、技术趋势预测等)、微观分析(市场需求状况、竞争对手状况等)、自身分析(本企业的优势与劣势分析)。

(2)方针确定,确定总体方针是进攻战略、防御战略、撤退战略,还是有进有退战略。

(3)战略方向确定,战略本质上总是主动的,即便是全线撤退也必然是为了今后某一时间在某一方向的进攻,因此必须确定当前或今后"进攻"的主导方向。

2. 战略目标——核心

单纯有一个正确的战略思想是不足以具体指导整个企业的经营活动的,为此,必须把战略思想演化为具体的可操作的战略目标。在战略目标中必须十分明确地阐述三个问题：

（1）企业定位——做什么；

（2）发展目标——达到什么目标；

（3）时间进程——什么时间完成。

对战略目标我们要求正确，但特别是要求明确。大量的调研表明，企业在战略上的失误，20％在于战略的不正确，但80％的错误是由于战略的不明确，为此在战略制定中有一种提法是 KISS——"Keep It Simple, Stupid"。

3. 战略重点——关键

有了战略思想，并有了正确且明确的战略目标，下一步就是要确定关键的、全局性的"进攻策略"与"重点战役"。具体要确定：

（1）正确的产品组合战略——用什么产品去竞争。

例如，运输公司是用空运货代、海运货代、陆上运输、仓储这样单个的服务，还是空海联运、海陆空联运或者集约化物流，作为主要产品进入市场。

（2）市场竞争战略——战线拉多长。

（3）技术创新战略——进攻方式。这里有四种策略可供选择：

① 抢先战略——第一名（国际第一，国内第一）；

② 紧随战略——紧跟国际，紧跟国内；

③ 模仿战略——再慢一步；

④ 市场服务策略——产品不新但用加强售中、售后服务来取胜。

4. 战略部署——保证

任何战略行动都是要有周密的、切实可行的资源配置和思想动员来保证的，否则都是一纸空文。为此，在完成了上述三步后就要进入一个仔细计算、全面筹划与协调平衡的战略部署阶段。简单讲就是必须有硬、软两个方面的周密部署。

（1）战略资源配置，资金、设备、人力资源的支撑体系与计划；

（2）战略文本编制；

（3）战略动员。

（二）企业经营战略的层次结构

一个企业的经营战略往往都不是单一的战略，而是由多个战略构成的战略体系。经营战略一般由三个层次的经营战略构成：总体战略、经营领域战略和职能战略。

1. 总体战略（公司战略）

总体战略是指导企业在今后若干年的总体发展、统帅全局的综合性战略。它是在充分考虑到资源能力和协同作用的条件下，解决企业应在哪些经营领域里从事生产经营活动的问题。总体战略的制定，实际上是对经营领域结构的优化，即对在战略期中发展或收缩，进入或退出哪些经营领域并进行资源配置的决策和行动的总称，它是企业各个经营领域战略和各职能战略的依据。根据企业在同行业中所处的地位和基础水平不同，一般将总体战略分为发展型战略、稳定型战略和紧缩型战略。

2. 经营领域战略(事业部或分公司战略)

经营领域战略是指企业在某一行业或某一细分行业内确定其市场地位和发展态势的战略。经营领域战略与总体战略的关系是:某一经营领域的战略服从于总体战略,而总体战略的制定又要以经营战略为依据。

3. 职能战略

职能战略是在总体战略和经营领域战略的指导下,针对企业各职能部门、各专业工作的重大问题所制定的谋划和方略。它是总体战略和经营领域战略的具体实施战略,并结合研究开发、生产、财务、营销、人力资源、组织等专业职能的实施,使总体战略确定的战略目标和战略方针得以实现。

第二节　仓储与配送企业的环境分析

一、环境分析的意义

经营战略的环境是指在制定经营战略时要着重考虑的与企业经营有关的外部环境和内部条件的总和。经营战略环境分析的任务是通过外部环境分析明确企业将要面临的机会(Opportunity)和威胁(Threat),通过内部条件分析明确自身的优势(Strength)和劣势(Weakness),从而为制定能够发挥优势,克服或弥补劣势的经营战略及其实施提供依据。其中,外部环境主要包括宏观环境,如政治、经济、技术、社会等因素;行业状况,如行业结构、行业生命周期、竞争状况等因素。内部条件分析主要是针对影响仓储与配送企业实力的内部可控因素进行分析,如产品或服务、销售情况、人财物等资源。

二、仓储与配送企业的宏观与中观环境分析

(一)宏观环境分析

宏观环境是指所有仓储与配送企业共有的一般环境条件,主要包括国内外的政治、经济、技术、社会和自然条件等环境因素。这些因素一般被称为间接环境,但这并不意味着它们对经营活动的影响较小。恰恰相反,由于宏观环境的变化性和不可控性,往往会给企业的经营活动带来重大的影响。当然,同样的宏观环境因素可能对于某一领域是机会,而对于另一领域来说就可能是威胁。

1. 政治或法律环境

政治或法律环境主要是指一个国家的政治形势、政治体制、法律法规和对外友好关系等,这些都会对企业的经营产生重大影响。

2. 经济环境

经济环境是指一个国家的经济制度、经济结构、产业布局、资源状况、经济发展水平以及未来的经济走势等,它涉及国家、社会、市场及自然等多个领域,也是国家进行宏观调控,影响企

业经营决策的重要环境。其中国民经济结构、经济发展水平、经济体制和经济政策是应重点分析的问题。

3. 技术环境

技术环境是指与企业的产品或服务有关的科学技术的现有水平、发展趋势和发展速度等。在现代化大生产中,科学技术是第一生产力,科学技术的发展变化对企业的经营活动产生巨大影响。当今,整个世界都处于新的技术革命时期,在信息技术、生物技术、新材料技术、新能源技术、空间技术和海洋开发技术等方面都有突破性进展。技术革命一方面给企业带来新的发展机遇,同时也使企业面临新的挑战。

4. 社会文化环境

社会文化环境是指一个国家的社会性质、人口状况、教育程度、社会风俗习惯、宗教信仰等。社会文化因素比较复杂,包含的内容很多,对企业有着多方面的影响,其中有些是直接的,有些是间接的。社会文化环境主要通过两个方面影响企业的经营:

(1) 社会的价值观念规范着人们和组织的社会行为,从而影响企业的价值观念和企业文化,规范配送企业的经营行为;

(2) 影响人们的消费结构和消费行为,从而影响企业的产品或服务,即市场战略和经营策略的选择。

5. 自然环境

自然环境是指一个国家的自然资源和生态环境,具体包括自然资源拥有情况、气候、能源、自然灾害、生态平衡、环境保护等方面的状况。这些因素的变化,同样会给企业提供新的市场或者是生存的威胁。在这些环境因素中,自然资源储藏量以及一定时期的开发利用状况,是制约企业经营活动的重要因素。企业应学会充分利用现有的自然资源去开发新产品和市场。战略的制定必须考虑资源的可得性。

(二) 中观环境分析

仓储与配送企业的中观环境分析也可称为行业环境分析。企业所处的行业环境就是它的直接的经营环境。行业环境主要从两个方面影响企业的经营活动:一是行业长期盈利能力及其影响因素决定了行业的吸引力,同时也决定该行业中企业的盈利能力。二是企业在行业中相对竞争地位影响了其战略选择及获利水平。因此,在进行行业环境分析时,可根据表 15 - 1 来进行,主要分析行业结构和竞争状况以及行业生命周期。

表 15 - 1　行业环境分析要点

经济环境:是上升还是下降	经济周期进入上升期,加入 WTO 后将进一步推动经济
产业环境:是"夕阳"还是"朝阳"	对仓储配送企业而言是"朝阳"产业,加入 WTO 与中国成为世界上最大的市场之一,将大大推动仓储配送企业的发展
技术预测:本行业技术的重大变动	信息技术的广泛使用,制造业、连锁商业、跨国采购的发展将大大推动我国仓储配送企业的转型,对物流集约化水平、信息技术水平的要求将迅速提高

1. 产业结构和竞争状况分析

可以用迈克尔·波特的"五方力量图"来分析行业结构和竞争状况。波特认为,一个行业的吸引力是决定企业盈利能力的首要和根本的因素,而任何企业的盈利能力是由五种竞争作用力决定的,即潜在进入者的威胁、替代品的威胁、卖方的讨价还价能力、供应商的讨价还价能力以及现存竞争对手之间的竞争。为此,他提出了著名的五要素产业结构分析理论。

一个行业内部的竞争状态取决于五种基本竞争作用力,这五种基本力量决定了行业的竞争结构,如图15-1所示。这些作用力汇集起来决定着该产业的最终利润潜力。因此,企业在进行战略分析时,应把重点放在产业结构分析上。

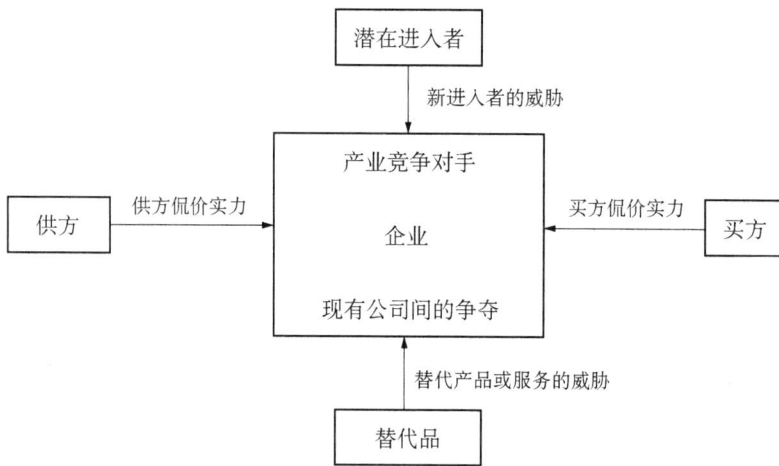

图 15-1 驱动产业竞争的力量

五种竞争作用力(Competitive Force)——新进入者的威胁、替代产品或服务的威胁、买方砍价实力、供方砍价实力、现有竞争对手的竞争——反映出的事实是:一个产品的竞争大大超越了现有参与者的范围。顾客、供应商、替代品、潜在的进入者均为该行业的"竞争对手",并且依具体情况会或多或少地显露出其重要性。这种广义的竞争可称为拓展竞争(Extended Rivalry)。下面对五种竞争力加以简要分析。

(1) 新进入者的威胁。加入一个行业的新对手将引进新的业务能力,带有获取市场份额的欲望,同时也常常带来可观的资源。结果价格可能被压低或导致守成者的成本上升,利润率下降。对一个行业来讲,进入者的威胁的大小很大程度上取决于呈现的进入壁垒。一般而言,下述六种壁垒源是主要的:规模经济、产品歧异、资本需求、转换成本、分销渠道的获得、与规模无关的成本劣势。

(2) 现有竞争对手间争夺的激烈程度。现有竞争对手以人们熟悉的方式争夺地位,战术应用通常是价格竞争、广告战、新服务引进、增加顾客服务及质量优势。

(3) 替代产品或服务的威胁。广义地看,一个行业的所有企业都与生产替代服务或产品的行业竞争。替代品设置了行业中企业可谋取利润的定价上限,从而限制了一个行业的潜在受益。替代品所提供的价格、性能选择机会越有吸引力、行业利润的"上盖"压得就越紧。第三方物流服务的一个很奇特的替代产品就是客户企业由外包而转为自己干。由此,设立了物流服务价格的上限,企业要取得高利润,就必须通过集约化提高效率,降低成本,以显示专业化服务企业的优势。

(4) 买方砍价实力。与上面提到的相同,在物流的服务上买方的砍价实力取决于:自营的可能性,该行业竞争的激烈程度,还有就是它自身面临的竞争压力,如许多物流客户自身面临着降低价格的巨大压力,他在砍价时往往出乎意料的强硬。

(5) 供方砍价实力。供方实力的强弱是与买方实力相互消长的。具备下述特点的供方集团将更强有力:供方行业由几个企业支配,且其集中化的程度比买方行业高。供应商在向较为零散的买主销售产品或服务时,往往能够在价格、质量及交货期上施加相当影响。

2. 行业的生命周期分析

行业的生命周期是指从行业出现直到行业完全退出社会经济活动所经历的时间。行业生命周期由幼稚期、成长期、成熟期、衰退期四个发展阶段构成,如图 15‑2 所示。

行业的生命周期是由社会对该行业的产品需求情况决定的。因为行业是随着社会某种需求的产生而产生,又随着社会的这种需求的发展而发展,最后,当这种需求消失时,整个行业就随之消失。由于不同行业阶段所具有的不同特点,对于企业经营战略的选择和实施有重大影响。因此,正确识别仓储与配送企业所处行业的发展阶段非常重要。在识别一个行业处于哪个阶段时,主要的衡量指标有:市场增长率、需求增长率、产品品种、竞争者数量以及进入和退出壁垒、技术创新和用户购买行为等。

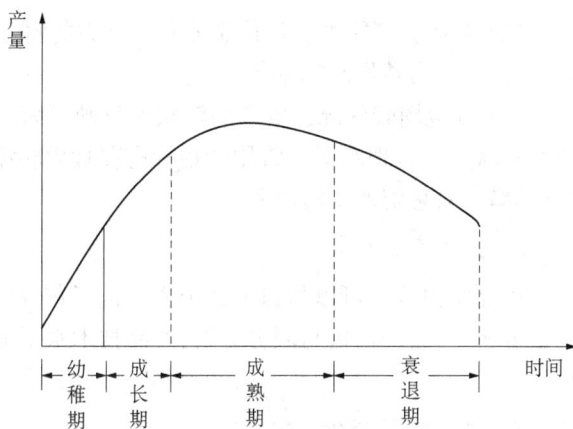

图 15‑2　行业生命周期曲线

研究行业生命周期的目的是确定行业所处的发展阶段,可以对行业的现状和前景有基本的了解。然后,根据行业在该阶段的特点决定适合于企业发展的总体战略。

三、仓储与配送企业的微观环境分析

微观环境分析也可称为内部条件分析,包括微观分析和自身分析两个方面。

(一) 微观分析——行业的需求与供给分析

仓储与配送企业内部条件分析的目的,是评估企业自身所拥有的资源和能力,分析资源和能力的变化趋势,从而把握自身的优势和劣势,这对企业正确制定经营战略非常关键。企业的内部条件是由若干要素组成的,这些要素都以各自不同的方式影响着企业的实力。可根据表15‑2对供给和需求两方面进行分析,具体要从以下四个重要方面进行分析:企业的经济效益分析、产品实力分析、竞争优势分析、内部管理分析。

表 15－2　微观分析要点

需求：数量上是上升还是下降，上升速度多快	上升而且是快速上升，今后每年增长速度在 10％以上，集约化物流年增长速度在 25％以上
在质量上有何新变化	由于大型制造业、连锁商业与跨国采购的高速增长，集约化、一站式的服务将逐步取代粗放的单功能服务
供给——竞争对手情况	民营企业大量出现，少数已完成资本积累，而进入高速扩张期 国外企业进入中国的步伐正在加快 目前，就国内公司而言，不管是大公司还是小公司，对集约化物流还缺乏经验，但是在配送、仓储、运输等集约化程度较低、服务要求较低的业务上，却形成了一窝蜂而上的无序竞争，由此导致利润率的持续下降，且有愈演愈烈之势

1．经济效益分析

（1）企业获利能力。评价企业获利能力的财务指标有资产报酬率、所有者权益报酬率、销售利税率、成本费用利润率等。

（2）资金周转状况。资金周转状况反映了资金使用的效率及有效性，因此可以反映企业的经营状况及管理水平。常用的指标有存货周转率、应收账款周转率、流动资产周转率、固定资产周转率、总资产周转率等。

2．产品实力分析

产品实力分析可以从以下几个方面进行：产品的质量分析、产品的品种分析、产品成本与价格分析、产品的销售与服务分析、产品技术水平分析、产品及企业形象分析、产品获利能力分析等。

3．竞争优势分析

竞争优势分析的目的是要发现企业自身的优势，培养优势，并且充分发挥优势。不同的企业由于处于不同的行业和不同的竞争环境，因此需要建立和突出的竞争优势也不同。企业应根据环境的特点和自身的特点，建立不同类型的竞争优势。常见的竞争优势有技术优势、成本优势、资源优势和品牌优势等。

4．内部管理分析

企业内部管理分析主要是分别针对管理的五大职能（计划、组织、人员配备、指导与领导和控制）进行分析。

（二）自身分析——SWOT 分析

SWOT 分析法，即态势分析，就是将与研究对象密切相关的各种主要内部的优势（Strengths）、劣势（Weaknesses）和外部的机会（Opportunities）、威胁（Threats）等，通过调查列举出来，并依照矩阵形式排列，然后用系统分析的思想把各种因素相互匹配起来加以分析，从中得出一系列相应的结论，而结论通常带有一定的决策性。

运用这种方法，可以对研究对象所处的情景进行全面、系统、准确的研究，从而根据研究结果制定相应的发展战略、计划以及对策等。SWOT 分析法常常被用于制定集团发展战略和分析竞争对手情况，在战略分析中，它是最常用的方法之一。

1. 优势

要分析自身在设备、设施、信息技术、市场占有率与营销网络、资金、人力资源、与供方关系等方面的优势，而且必须指出这种分析应该是一个详尽的比较分析，即要与各个主要竞争对手做比较，可能的话，应该是定量比较。

2. 弱点

同样的也要在上述各个方面与竞争对手做详尽的比较，要分析弱势点对竞争能力的危害以及可能的补救措施。

3. 机会

要与上述宏观与微观分析相衔接，着重分析需求与供应之间的缺口（Gap）。因为正是这种现实的或者潜在的缺口才是企业的生存与发展的机会。这种缺口的分析应该分门别类，在量与质上面都进行，从而为企业的市场定位打下基础。

4. 威胁

主要是分析现实竞争者、潜在竞争者的竞争能力与主攻方向，从物流行业看，既要看到现有物流企业的竞争，更要看到承运人以至于大客户从企业物流而转化出新的独立的物流企业的可能性。当然也要分析市场总体需求在质上的变化对企业所产生的新的要求及不适应可能产生的后果。

第三节　仓储与配送企业的战略选择与实施

一、仓储与配送企业战略的类型

（一）总成本领先战略

总成本领先战略的核心是通过采用一系列对本战略的具体政策，以求在行业中赢得总成本领先。成本领先战略要求建立起达到经济规模的生产设施，在经验积累的基础上全力以赴降低成本，抓紧成本与管理费用的控制，以及最大限度地减少研究开发、服务、推销、广告等方面的成本费用。尽管质量、服务以及其他方面也不容忽视，但贯穿于整个战略中的主体是使成本低于竞争对手。

赢得总成本最低的地位通常要求具备较高的相对市场份额或其他优势，诸如良好的供方或原材料供应等。对企业而言，可能要求一个覆盖面较宽、效率较高、弹性较大的公共服务平台，保持一个较宽的相关产品系列以分散成本，以及为建立起批量而对所有主要客户群进行服务。由此，实行低成本战略就可能要有很高的购买先进设备的前期投资、激进的定价和承受初始亏损，以取得高的市场份额。而高市场份额又可进而获得采购的经济性而使成本进一步降低。一旦赢得了成本领先地位，所获得的较高的利润又可对新设备、新设施和现代化信息系统进行再投资以维护成本上的领先地位。这种再投资往往是保持低成本地位的先决条件。实行这种战略的企业必须努力处理好这个良性循环，而不能落入被动状态。

（二）标新立异战略（歧异战略）

第二种战略是将企业提供的产品或服务标新立异，形成一些在全行业范围中具有独特性的东西。实施歧异战略可以有许多方式：设计品牌形象（如 Fedex、UPS）、技术特点、外观特点、经销网络及其他方面的独特性。最理想的情况是使企业在几个方面都标新立异。应当强调，这个战略并不意味着企业可以忽略成本，但此时成本不是企业的首要战略目标。如果标新立异战略可以实现，它就成为在行业中赢得超常收益的可行战略。标新立异战略利用客户对品牌的忠诚以及由此产生对价格的敏感性下降使企业得以避开竞争。它也可使利润增加却不必追求低成本。客户的忠诚以及某一竞争对手要战胜这种独特性需付出的努力就构成了进入壁垒。

实施这个战略有时会与争取获得更大的市场份额相矛盾。它往往要求企业对于这一战略的排他性有思想准备，即这一战略与提高市场份额两者往往不可兼顾。较为普遍的情况是，提供标新立异战略的服务往往成本高昂，如广告的研究、产品设计、高质量的材料或周密的顾客服务等，因而实现产品歧异将意味着以成本地位为代价。但是，即便全行业范围内的顾客都了解企业的独特优点，也并不是所有顾客都愿意或有能力支付企业所要求的较高价格。

（三）目标集聚战略

该战略主攻某个特定的顾客群、某产品系列的一个细分区段或某一个地区市场。集聚战略的核心是围绕着很好地为某一特定目标服务这一中心建立的。这一战略的前提是：企业能够以更高的效率、更好的效果为某一狭窄的战略对象服务，从而超过在更广阔范围内的竞争对手。企业或者通过较好满足特定对象的需要实现了标新立异，或者在为这一对象服务时实现了低成本，或者二者兼得。尽管从整个市场的角度看，集中战略未能取得低成本或歧异优势，但它的确在其狭窄的市场目标中获得了一种或两种优势地位。

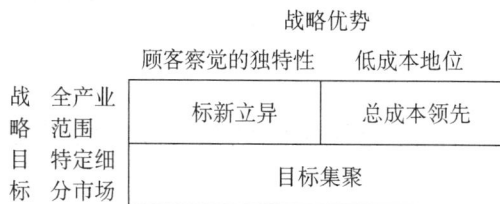

图 15 - 3　三种基本战略

三种战略之间的区别如图 15 - 3 所示。

（四）三种基本战略的比较

成功地实施上述三种基本战略需要不同的资源和技能。基本战略也意味着在组织安排、控制程序和创新体制上的差异。三种基本战略在这些方面的含义如表 15 - 3 所示。

表 15 - 3　三种基本战略的比较

基本战略	通常需要的基本技能和资源	基本组织要求
总成本领先战略	持续的基本投资和良好的融资能力 设备设施的先进性 对工人严格监督 所设计的服务易于被用户接受 低成本的分销系统	结构分明的组织和责任 以满足严格的定量目标为基础的激励 严格的成本控制

续表

基本战略	通常需要的基本技能和资源	基本组织要求
标新立异战略	强大的生产营销能力 满足严格的定量目标 对创造性的鉴别能力 很强的基础研究能力 在质量或技术上领先的公司声誉 在产业中有悠久的传统或具有从其他业务中得到的独特技能组合 得到销售渠道的高度合作	在研究与开发、产品开发和市场营销部门之间的密切合作 重视主观评价和激励而不是定量指标 有轻松愉快的气氛，以吸引高技能工人、科学家和创造性人才
目标集聚战略	针对具体战略目标，由上述各项组合构成	针对具体战略目标，由上述各项组合构成

二、仓储与配送企业战略的实施

众所周知，无法实施的战略只能是没有实际意义的"纸上谈兵"。但是，即使是一个适当的战略，若未能得到有效的实施，也将会导致战略的失败。因此，从某种意义上说，战略的实施比制定更困难。美国一位学者对 93 位企业总经理和事业部总经理的调查表明，一半以上的被调查者认为其战略实施遇到以下十个问题：① 战略实施所需要的时间比最初计划的时间要多；② 发生一些未预料到的重大问题；③ 未能有效地协调各种经营活动；④ 出现的危机分散了对战略实施的注意力；⑤ 工作人员执行战略的能力不足；⑥ 无法控制的外部环境因素发生变化；⑦ 部门经理人员的领导和指挥不适当；⑧ 对基层人员未进行适当的培训和指导；⑨ 没有明确主要的实施任务和实施活动；⑩ 企业信息系统未能适当地进行监控活动。

因此，为提高仓储与配送企业战略实施的有效性，以卓越的战略实施来获得战略的成功，就必须建立完善的信息支持系统，建立完善的组织支持系统，建立完善的文化支持系统。

(一) 信息支持系统

每一个仓储与配送企业，要想成功地进行经营管理，特别是要想成功地进行战略管理，就必须建立健全自身的战略管理信息支持系统。

1. 信息支持系统的功能

在仓储与配送企业战略管理中，从战略分析直至战略实施，每一环节都与信息支持系统密切相关，因此信息支持系统必须具备以下功能：

(1) 扫描功能。要制定企业战略，进行战略分析，就要求信息支持系统对企业周围的环境（包括宏观和微观环境）进行扫描，取得有关的重要信息，为战略实施提供广泛而可靠的数据和资料。

(2) 分析功能。通过扫描取得信息后，哪些信息是可用信息，哪些信息适用于哪个层次的需要，均是信息支持系统要完成的工作，即对所收集的信息进行分析和加工。

(3) 综合存储功能。在分析的基础上，对信息进行综合利用，并储存起来，此乃信息支持系统的综合存储功能。

（4）论证功能。战略实施的方案很多，哪个方案能被选中，在很大程度上取决于人们对信息的占有和评价。若信息支持系统对其中某方案提供的信息越详细，说服力越大，则其论证功能越显著，方案的利弊展开也就越充分。

（5）反馈功能。无论战略实施的情况如何，信息支持系统均会将战略实施状况反馈给企业的高层管理人员，以便于其对战略及战略实施做出正确的判断和评价，并及时做出各种调整。

2. 信息支持系统的建立原则

要建立具有上述功能的信息支持系统，并使信息收集、存贮、加工处理的配合达到最佳效果，就要遵守以下原则：

（1）系统性原则。信息支持系统是企业战略管理的子系统，它应根据战略管理的需要而建立。信息的种类、规格，信息的流动方向、流动速度，信息量的大小均应与企业的全部战略管理活动联系起来，综合考虑。

（2）渐变原则。信息支持系统只能在原有基础上逐步调整和改变，如果操之过急，企图一步到位，极易造成战略管理的混乱。为此，应制订和实施分阶段建立健全信息支持系统的计划。

（3）初步信息最低化原则。所需各种信息必须保证及时有效地提供，但是，过量的信息也会造成不必要的干扰。为减少超过需要的信息干扰，必须压缩下级向上级传送的信息（即初步信息），使之保持在必要的最低限度上。

（4）通用性原则。信息支持系统提供的信息不仅应满足企业内部各个不同管理层次的不同需要，有些信息还应满足企业外部有关部门（如国家、社会、上级机关）的需要，保证信息的通用性。

3. 信息支持系统的要素

为使信息支持系统的功能得到有效和充分的发挥，每个仓储与配送企业可根据自己的情况确定信息支持系统的结构，其要素主要有：

（1）扫描子系统。该子系统负责收集企业的内、外部信息，并输入处理子系统。

（2）处理子系统。该子系统负责接收和处理扫描子系统及反馈子系统提供的信息，对此进行加工分析，并输送到存储子系统。

（3）存储子系统。该子系统负责将处理子系统发送的信息储存起来，随时提供给其他需要信息的子系统。

（4）论证子系统。该子系统实质上是战略决策支持系统，它将所得到的信息加以论证，选择出可行的，甚至是令人满意的战略实施方案。

（5）反馈子系统。该子系统将企业战略实施过程中的信息反馈给处理子系统或直接反馈给其他各子系统，保证战略的实施过程完全处于监控状态。

4. 信息支持系统的运行

仓储与配送企业战略管理的信息支持系统的运行如图 15-4 所示。

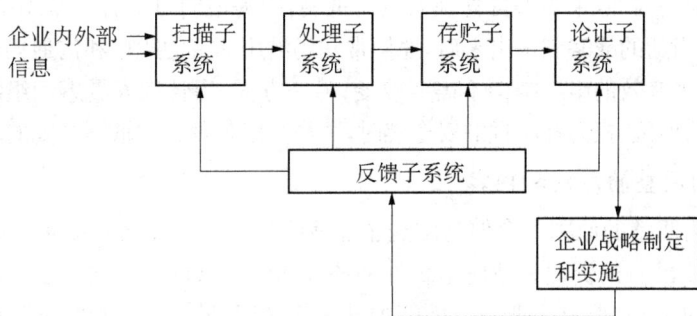

图 15-4 信息支持系统运行图

上图表明了信息在各子系统之间的流动及与企业的战略制定和实施的关系。

值得注意的是,人们在建立和完善信息支持系统时,不能只重视信息的收集、处理、存贮等,还必须重视信息支持系统渠道的畅通,杜绝人为地歪曲信息、制造虚假信息和截留信息。

(二) 仓储与配送企业组织支持系统

1. 组织结构的战略含义

仓储与配送企业的组织结构是实施战略的一项重要工具,一个好的企业战略需要通过与其相适应的组织结构去完成方能起作用。实践证明,一个不适时宜的组织结构必将对企业战略产生巨大的损害作用,它会使良好的战略设计变得无济于事。因此,企业组织结构是随着战略而定的,它必须按战略目标的变化及时调整。在战略运作中,采取何种组织结构,主要取决于企业决策者和执行者对组织战略结构含义的理解,取决于企业自身的条件和战略类型,也取决于对组织适应战略发展标准的认识。

2. 组织结构随战略调整的必要性

由于战略实施过程中存在战略的前导性与组织结构的滞后性,所以在战略实施的过程中,对组织结构进行适时的调整十分必要。

仓储与配送企业作为一个开放系统,总是处于不断变化着的外部环境之中。相对于外部环境的变化而言,战略与组织结构做出反应的时间是有差别的。钱德勒通过对美国工业企业历史发展的分析得出结论:战略首先对环境的变化做出反应,而后组织结构才在战略的推动下对环境变化做出反应。这样就形成了战略的前导性和组织结构的滞后性。

(1) 战略的前导性。仓储与配送企业战略的变化要快于组织结构的变化。这是因为,企业一旦意识到外部环境和内部环境的变化提供了新的机会和需求时,首先是在战略上做出反应,以此谋求经济效益的增长。例如,经济的繁荣与萧条、技术革新的发展都会刺激企业发展或减少现有的产品或服务。而当企业自身积累了大量的资源时,企业也会据此提出新的发展战略。当然,一个新的战略需要一个新的组织结构,至少在一定程度上需要调整原有的组织结构。如果组织结构不进行相应的变化,新战略也不会使企业获得更大的效益。

(2) 组织结构的滞后性。组织结构的变化常常要慢于战略的改革。造成这种状况的原因有两个:一是新旧结构的交替有一定的时间过程。当新的环境出现后,企业首先考虑的是战略。新的战略制定出来后,仓储与配送企业才能根据新战略的要求来改组企业的组织结构。二是旧的组织结构都有一定的惯性,主要来自管理人员的抵制,因为他们对原有的组织结构已经熟悉、习惯,且运用自如。当新的战略制定出来后,他们常常仍沿用旧有的职权和沟通渠道去管理新的经营活动,总认为原来有效的组织结构不需要改变;另一方面,当管理人员感到组织结构的变化会威胁到他们个人的地位、权力和心理的安全感时,往往会以各种方式抵制必要的改革。

3. 组织结构调整的原则和内容

(1)组织结构调整的原则。仓储与配送企业战略的重要特性之一便是它的适应性。它强调企业组织能运用已有的资源去适应组织外部环境和内在条件的变化。这种适应是一种极为复杂的动态调整过程,它要求企业一方面能加强内部管理,另一方面则能不断推出适应性的有效组织结构。因此,适应的特殊性决定了这种适应不是简单的线性运动,而是一个循环上升的过程,企业组织理论界人士将这个过程称之为适应循环。它明确地指明组织结构如何适应企业战略的原则。因此,适应循环原则是仓储与配送企业组织结构调整的根本原则。

(2)组织结构调整的内容。与企业战略相适应的组织结构工作包括三个内容:

① 正确分析仓储与配送企业目前组织结构的优势和劣势,设计开发出能适应战略需求的组织结构模式。

② 通过仓储与配送企业内部管理层次的划分,相应的责权利匹配和适当的管理方法与手段,确保战略的实现。

③ 为仓储与配送企业组织结构中的关键战略岗位选择最合适的人才,保证战略的顺利实施。

(3)组织结构调整的准备工作。为了帮助上述组织结构调整工作的有效开展,需做好以下几个方面的前期准备工作:

① 确保战略实施的关键活动。我们应从错综复杂的活动中,如制度建设、人员培训、市场开发等方面,去寻找对战略实施起重大作用的活动。

② 把战略推行活动划分为若干单元。将企业整体战略划分为若干战略实施活动单元,这些单元实际上就组成了组织结构调整的基本框架,这样在客观上保证了企业战略居于各项工作的首要地位。

③ 将各战略实施活动单元的责权利明确化。企业战略管理者应全面权衡集权与分权的利弊,从而做出适当选择,给每个战略实施单元授予适度的决策权力,并责成其制定符合企业战略的单元战略并负责贯彻执行。

④ 协调各战略实施活动单元的战略关系。这种协调包括:一是通过整个组织权力等级层次的方式来实现目的;二是在实施企业整体战略的过程中吸收各战略活动单元共同参加,让其在实施过程中相互了解、相互沟通,从而充分发挥和协调各方面的作用。

(4)组织结构适应战略发展的标准。仓储与配送企业战略的内容应充分考虑到员工的行为特点,适用于指导和调动整个组织,这是组织结构适应战略的最本质内容。这种组织结构应有三个标准:产生共同远景;反映企业组织的前进趋势;具备催人奋进的精神张力。

4. 组织结构类型的选择

组织结构是战略实施的一种手段和措施。为了有效地实施战略,必须根据战略的特点和要求、环境、技术、企业规模等要素的特点来选择相应的组织结构类型。经过几十年的管理实践,人们已经总结设计出了若干个可行的组织结构类型。这些类型包括以职能为基础的、以产品或服务为基础的、以地理区域为基础的以及以其他内容为基础的结构等等。

有关各种类型组织结构的特点以及所适应的战略条件,如表 15－4 所示。

表 15－4　各种组织形式的比较

比较项目 组织类型	性　质	优　点	缺　点	适应性
职能 组织结构	按组织的主要任务(如生产、营销、人事)设立部门	专业人员参与;易于管理; 职业技术最大限度专业化; 其他部门有专业技术	各部门之间有较大的争论和摩擦	在稳定环境中的稳定企业
产品 组织结构	按产品或服务设立部门	简化职能间的协调; 允许有控制的成长; 允许对经营活动负有会计责任; 部门目标明确,对部门管理有促进作用; 决策结构较接近现实问题	各部门重复需要相同的资源; 降低职业技术的专业化程度; 助长部门间竞争; 不利于其发挥作用	有较宽生产线的正在成长的企业
地区 组织结构	按最终用户的地区设立部门	简化职能间的协调; 允许有控制的成长; 允许对经营活动负有会计责任; 部门目标明确,对部门管理有促进作用; 决策结构较接近现实问题	各部门重复需要相同的资源; 降低职业技术的专业化程度; 助长部门间竞争; 不利于其发挥作用	有狭窄的生产线的成熟企业
矩阵 组织结构	两个完整的同时发生、相互交叉的组织因素; 双重报告责任	信息流丰富; 加强了控制; 资源适应性增强; 注意组织的平衡	结构不稳定; 冲突会产生或加剧	企业面对两个同样重要的因素,如产品多样化和职能知识的要求或产品多样化与地区知识的要求
市场导向 组织结构	按产品需求、购买行为、产品用途相似设立部门	营销和生产有效性增强; 有利于计划的制订	难以协调和控制	具有良好信息网络的市场导向型企业
混合 组织结构	按两个或两个以上同时执行的因素设立部门,如产品和地区、职能和产品、职能和地区。每个部门是局部完整的	最大限度地注意到产品地区或职能的需要; 在实行矩阵结构之前,是一种有用的过渡性结构; 产品和地区混合结构,有助于处理资本预算问题,允许转移价格; 职能和产品混合结构,不管生产线如何,而使职能专业化; 地区市场专业化	难以协调和控制; 部门间工作重复; 不利于职能专业化; 职能和产品混合结构,没有考虑地区因素; 职能和地区混合结构,不强调产品因素	过渡性企业,或产品增长模型不同的企业

（三）战略实施模式选择

1. 指挥型

在这种模式里，仓储与配送企业的管理人员运用严密的逻辑分析方法重点考虑战略制定问题。高层管理人员或者自己制定战略，或者指示战略计划人员去决定企业所要采取的战略行动。当管理人员采用指挥型模式时，一般采用份额增长矩阵和行业竞争分析作为分析手段，一旦制定出满意的战略，高层管理人员便让下层管理人员去执行战略，而自己并不介入战略实施的问题。

这种模式有个明显的缺陷，即不利于调动配送企业员工的积极性。员工会因此感到自己在战略制定上没有发言权，处于一种被动执行的状态。不过，在稳定行业里的小型企业会有效地运用这种模式。在原有战略或常规战略变化的条件下，仓储与配送企业实施战略时不需要有较大的变化，结果会比较明显。

2. 变革型

变革型与指挥型模式相反，在变革型模式中仓储与配送企业的高层管理人员重点研究如何在企业内实施战略。他的角色是为有效地实施战略而设计适当的行政管理系统。为此，高层管理人员本人或在其他方面的帮助下，进行一系列变革，如建立新的组织结构、新的信息系统，合并经营范围，增加战略成功的机会。

变革型模式多是从企业行为角度出发考虑战略实施问题，可以实施较为困难的战略。但是，这种模式也有它的局限性，即只能使用于稳定行业中的小型企业。如果企业环境变化过快，企业来不及改变自己的内部状态，这种模式便发挥不出作用，同时，这种模式也是自上而下地实施战略，同样不利于调动员工的积极性。

3. 合作型

在这种模式里，负责制定战略的高层管理人员启发其他的管理人员运用头脑风暴法去考虑战略实施的问题。管理人员仍可充分发表自己的意见，提出各种不同的方案。这时，高层管理人员的角色是一个协调员，确保其他管理人员所提出的所有好的想法都能够得到充分的讨论和调查研究。例如，通用汽车公司曾组成过"经营小组"，小组的成员由不同职能的管理人员构成，这个小组的任务就是对可能出现的战略问题提出自己的看法。

合作型模式可以克服指挥型和变革型两种模式的不足之处。这是因为高层管理人员在做决策时，可以直接听取来自基层的管理人员的意见，并将他们的意见加以综合分析，保证决策时所使用的信息的准确性。在这个基础上，企业可以提高战略实施的有效性。

4. 文化型

文化型模式扩大了合作型模式合作的范围，将仓储与配送企业基层的员工也包括进来。在这种模式里，负责战略制定与实施的高层管理人员首先提出自己对企业使命的看法，然后鼓励员工根据企业使命去设计自己的工作。在这里，高层管理人员的角色就是指引总的方向，而在战略执行上则放手让每个人做出自己的决策。

在这个模式里，战略实施的方法有很多。有的企业采取类似日本企业的社训，有的利用厂歌，也有的通过规章制度和其他影响员工行为的方式来进行。所有这些方法最终要使管理人员和员工有共同的道德规范和价值观念。

可以看出,文化型模式打破了战略实施中存在的只想不做与只做不想之间的障碍,每一个员工都或多或少地涉及战略的制定与实施。这是前三个模式中所没有的。但是,这种模式也有它的局限性。它要求企业的员工有较高的素质,受过较好的教育,否则很难使企业的战略获得成功。同时,企业文化一旦形成自己的特色,又很难接受外界的新生事物。

5. 增长型

在这种模式里,为了使企业获得更快的增长,高层管理人员鼓励中下层管理人员制定与实施自己的战略。这种模式与其他模式的区别之处在于它不是自上而下地灌输企业的战略,而是自下而上地提出战略。这种战略集中了来自实践第一线的管理人员的经验和智慧,而高层管理人员只是在这些战略中做出自己的判断,并不将自己的意见强加在下级的身上。在大型的多种经营企业里,这种模式比较适用。因为在这些企业里,高层管理人员面对众多的事业部,不可能真正了解每个事业部所面临的战略问题和作业问题,不如放权给事业部,以保证成功地实施战略。

这种模式的优点是给中层管理人员一定的自主权,鼓励他们制定有效的战略并使他们有机会按照自己的计划实施战略。同时,由于中下层管理人员和员工有更直接面对战略的机会,可以及时地把握时机,自行调整并顺利执行战略。因此,这种模式适合于变化较大的行业中的大型联合企业。

这五种战略实施模式的发展与管理的实践是分不开的。在企业界认为管理需要拥有绝对权威的情况下,指挥型模式是必要的。在为了有效地实施战略,需要调整企业的组织结构时,战略实施中便出现了变革型模式。合作型、文化型和增长型三种模式出现得较晚。从这三种模式的思路中可以看出,战略实施与战略最初制定时一样,充满了各种问题。在实施的过程中,企业管理人员要调动各种积极因素,才能使战略获得成功。从原则上讲,每一种模式只适用一种特定的环境和条件。实际上,在战略实施过程中,这些模式往往是交叉或混合使用的。

复习题

一、单选题

1. 仓储与配送企业的宏观环境不包括(　　)。
A. 经济环境　　　　　　　　　B. 技术环境
C. 行业环境　　　　　　　　　D. 社会文化环境

2. 一个完整的企业经营战略是由战略思想、战略目标、战略重点和(　　)组成。
A. 战略方向　　B. 战略部署　　C. 战略实施　　D. 战略动员

3. 在仓储与配送企业的战略模式选择中,(　　)是自下而上提出的战略。
A. 增长型　　B. 文化型　　C. 合作型　　D. 变革型

4. 在企业战略的规划阶段不包括(　　)。
A. 明确企业使命　　B. 建立战略目标　　C. 建立组织结构　　D. 制定战略方针

5. 仓储与配送企业在制定战略时,负责制定战略的高层管理人员启发其他管理人员运用头脑风暴法去考虑战略实施的问题。这种战略实施模式是属于(　　)模式。

A. 指挥型　　　　　B. 文化型　　　　　C. 增长型　　　　　D. 合作型

6. 被认为是企业经营战略核心的是(　　)。

A. 战略思想　　　　B. 战略目标　　　　C. 战略重点　　　　D. 战略部署

7. 五要素产业结构分析理论的提出者是(　　)。

A. 钱德勒　　　　　B. 拉德纳　　　　　C. 迈克尔·波特　　D. 麦克逊

8. 经营战略环境分析的任务是通过外部环境分析明确企业将要面临的_____
和_____,通过内部条件分析明确自身的_____和_____,从而为制定经营战略和实施提供依据。(　　)

A. 机会　威胁　优势　劣势　　　　　　B. 优势　劣势　机会　威胁

C. 机会　优势　威胁　劣势　　　　　　D. 优势　机会　劣势　威胁

9. 从企业内部和外部收集相关信息,确认企业的优势和劣势、外在机会和威胁,一般使用
(　　)方法。

A. 因素分析法　　　B. SWOT 分析　　　C. 统计分析法　　　D. ABC 分析法

10. SWOT 分析不包括(　　)。

A. 优势　　　　　　B. 成本　　　　　　C. 机会　　　　　　D. 威胁

二、多选题

1. 仓储与配送企业使用矩阵组织结构时,其优点是(　　)。

A. 信息流丰富　　　　　　　　　　　　B. 加强了控制

C. 结构稳定　　　　　　　　　　　　　D. 资源适应性增强

E. 注意组织的平衡

2. 经营战略的特征是(　　)。

A. 全局性　　　　　B. 长远性　　　　　C. 纲领性　　　　　D. 抗争性

E. 风险性

3. SWOT 分析包括(　　)。

A. 优势　　　　　　B. 资金　　　　　　C. 弱点　　　　　　D. 机会

E. 威胁

4. 在企业战略实施阶段,主要工作包括(　　)。

A. 建立组织结构　　　　　　　　　　　B. 建立战略目标

C. 通过控制来管理组织活动　　　　　　D. 监控战略在实现企业目标中的作用

E. 策划新的战略

三、判断题

1. 可以用彼德·德鲁克的"五方力量图"来分析行业结构和竞争状况。　　　　(　　)

2. 被称为企业经营战略关键的是企业的战略思想。　　　　　　　　　　　　(　　)

3. 仓储与配送企业使用市场导向组织结构的缺点是难以协调和控制。　　　　(　　)

4. 职能战略是指企业在某一行业或某一细分行业内确定其市场地位和发展态势的战略。
　　　　　　　　　　　　　　　　　　　　　　　　　　　　　　　　　　(　　)

5. 企业实施变革式战略模式有利于调动员工积极性。　　　　　　　　　　　(　　)

6. 经营战略环境是指制定经营战略时要着重考虑的与企业经营有关的外部环境和内部

条件的总和。　　　　　　　　　　　　　　　　　　　　　　　　　　　（　　）

四、名词解释

目标集聚战略　总成本领先战略　标新立异战略　职能战略　企业战略　宏观环境
SWOT 分析

五、简答题

1. 仓储与配送企业的微观环境分析主要分析哪些方面?

2. 简述仓储与配送企业进行环境分析的意义。

3. 仓储与配送企业的微观分析(行业的需求与供给分析)具体从哪些方面进行?

4. 仓储与配送企业的宏观环境分析的具体内容包括哪些方面?

六、案例题

1. 1962 年,山姆·沃尔顿开设了第一家沃尔玛(WAL—MART)商店。迄今沃尔玛商店已成为世界第一大百货商店。按照美国《福布斯》杂志的估算,1989 年山姆·沃尔顿家族的财产已高达 90 亿美元。沃尔玛在世界零售业中排名第一。《商业周刊》2001 年全球 1 000 强排名,沃尔玛位居第 6 位。作为一家商业零售企业,能与微软、通用电器、辉瑞制药等巨型公司相匹敌,实在让人惊叹。

沃尔玛取得成功的关键在于商品物美价廉,对顾客的服务优质上乘。

沃尔玛始终保持自己的商品售价比其他商店便宜,是在压低进货价格和降低经营成本方面下工夫的结果。沃尔玛直接从生产厂家进货,想尽一切办法把价格压低到极限成交。公司纪律严明,监督有力,禁止供应商送礼或请采购员吃饭,以免采购员损公肥私。沃尔玛也把货物的运费和保管费用降到最低。公司在全美有 16 个配货中心,都设在离沃尔玛商场距离不到一天路程的附近地点。商品购进后直接送到配货中心,再从配货中心由公司专有的集装箱车队运往各地的沃尔玛商场。公司建有最先进的配货和存货系统,公司总部的高性能电脑系统与 16 个配货中心和 1 000 多家商场的 POS 终端机相联网,每家商场通过收款机激光扫描售出货物的条形码,将有关信息记载到计算机网络当中。当某一货品库存减少到最低限时,计算机就会向总部发出购进信号,要求总部安排进货。总部寻找到货源,便派离商场最近的配货中心负责运输路线和时间,一切安排有序,有条不紊。商场发出订货信号后 36 小时内,所需货品就会及时出现在货架上。就是这种高效的商品进、销、存管理,使公司迅速掌握商品进销存情况和市场需求趋势,做到既不积压存货,销售又不断货,加速了资金周转,降低了资金成本和仓储成本。

压缩广告费用是沃尔玛保持低成本竞争战略的另一种策略。沃尔玛公司每年只在媒体上做几次广告,大大低于一般的百货公司每年的 50～100 次的水平。沃尔玛认为,价廉物美的商品就是最好的广告,我们不希望顾客买 1 美元的东西,就得承担 20～30 美分的宣传、广告费用,那样对顾客极不公平,顾客也不会对华而不实的商品感兴趣。

沃尔玛也重视对职工勤俭风气的培养。沃尔玛说:"你关心你的同事,他们就会关心你。"员工从进公司的第一天起,就受到"爱公司,如爱家"的店训熏陶。从经理到雇员,都要关心公司的经营状况,勤俭节约,杜绝浪费,从细微处做起。这使沃尔玛的商品损耗率只有 1%,而全美零售业平均损耗率为 2%,从而使沃尔玛大量降低成本。

沃尔玛每周五上午召开经理人员会议,研究商品价格情况。如果有报告说某一商品在其他商场的标价低于沃尔玛,会议可决定降价,保证同种商品在沃尔玛价格最低。沃尔玛成功运用低成本竞争战略,在激烈的市场竞争中取胜。

根据上述资料,回答下列问题:

(1)沃尔玛是如何实施低成本竞争战略的?

(2)本案例对我国零售业有哪些启示?

2. 某新成立的第三方物流企业拥有3吨普通卡车50辆,10吨普通卡车30辆,高级无梁仓库20 000平方米,层高14米,地处上海市的莘庄南部,邻近沪闵路和莘松公路。

根据上述资料,回答下列问题:

请比较以下四种市场定位中哪一种最适合于该企业,为什么?

(1)上海西部地区的国际货运代理;

(2)企业的第三方物流业务;

(3)车辆外包,仓库出租;

(4)省际运输仓储企业。

参考文献

[1] 白世贞,李腾. 现代仓储管理[M]. 第 2 版. 北京:科学出版社,2016.

[2] 陈胜利,李楠,雷福民. 仓储管理与库存控制[M]. 北京:经济科学出版社,2015.

[3] 傅莉萍,姜斌远. 配送管理[M]. 北京:北京大学出版社,2014.

[4] 何庆斌. 仓储与配送管理[M]. 第 2 版. 上海:复旦大学出版社,2015.

[5] 李岩. 运输与配送管理[M]. 第 2 版. 北京:科学出版社,2017.

[6] 李育蔚. 仓储物流精细化管理全案[M]. 超值珍藏版. 北京:人民邮电出版社,2015.

[7] 梁军,李志勇. 仓储管理实务[M]. 第 3 版. 北京:高等教育出版社,2014.

[8] 梁军,沈文天. 物流服务营销[M]. 第 2 版. 北京:清华大学出版社,北京交通大学出版社,2016.

[9] 梁军,杨铭. 配送实务[M]. 北京:中国财富出版社,2015.

[10] 梁军. 运输与配送[M]. 第 3 版. 杭州:浙江大学出版社,2014.

[11] 梁军,王刚. 采购管理[M]. 第 3 版. 北京:电子工业出版社,2015.

[12] 梁旭,刘徐方. 物流仓储与配送管理[M]. 第 2 版. 北京:清华大学出版社,2017

[13] 慕庆国,李雪松. 现代仓储运营管理[M]. 北京:中国财富出版社,2017.

[14] 青鸟英谷教育科技股份有限公司. 电子商务与现代仓储管理[M]. 西安:西安电子科技大学出版社,2015.

[15] 青鸟英谷教育科技股份有限公司. 物流配送中心规划与运作管理[M]. 西安:西安电子科技大学出版社,2016.

[16] 汝宜红,宋伯慧. 配送管理[M]. 第 3 版. 北京:机械工业出版社,2016.

[17] 宋巧娜. 仓储与运输管理实训教程[M]. 哈尔滨:哈尔滨工程大学出版社,2015.

[18] 孙家庆,杨永志. 仓储与配送管理[M]. 北京:中国人民大学出版社,2016.

[19] 滕宝红. 图说工厂仓储管理[M]. 实战升级版. 北京:人民邮电出版社,2014.

[20] 王兰会. 仓库管理人员岗位培训手册[M]. 北京:人民邮电出版社,2015.

[21] 王远炼. 库存管理精益实战手册[M]. 图解版. 北京:人民邮电出版社,2015.

[22] [日] 小林俊一. 精益制造 009:库存管理[M]. 张舒鹏,译. 北京:东方出版社,2012.

[23] 徐健. 从零开始学做仓库主管[M]. 北京:人民邮电出版社,2016.

[24] 张雁,焦叔斌. 管理学原理[M]. 第 4 版. 北京:中国人民大学出版社,2015.

[25] 周凌云,赵钢. 物流中心规划与设计[M]. 北京:北京交通大学出版社,2014.

[26] 周兴建,蔡丽华. 现代仓储管理与实务[M]. 第 2 版. 北京:北京大学出版社,2017.